U0525026

价值

强制阐释争鸣集

中国社会科学出版社重大项目出版中心 编

中国社会科学出版社

图书在版编目(CIP)数据

强制阐释争鸣集:1—6卷/中国社会科学出版社重大项目出版中心编. —北京:中国社会科学出版社,2019.12
ISBN 978-7-5203-5044-0

Ⅰ.①强… Ⅱ.①中… Ⅲ.①阐释学—文集 Ⅳ.①B089.2-53

中国版本图书馆 CIP 数据核字(2019)第 196452 号

出 版 人	赵剑英
项目统筹	王 茵 张 潜
责任编辑	张 潜
责任校对	王丽媛
责任印制	王 超
出 版	中国社会科学出版社
社 址	北京鼓楼西大街甲 158 号
邮 编	100720
网 址	http://www.csspw.cn
发 行 部	010-84083685
门 市 部	010-84029450
经 销	新华书店及其他书店
印刷装订	北京君升印刷有限公司
版 次	2019 年 12 月第 1 版
印 次	2019 年 12 月第 1 次印刷
开 本	710×1000 1/16
印 张	159
字 数	2448 千字
定 价	699.00 元(全六卷)

凡购买中国社会科学出版社图书,如有质量问题请与本社营销中心联系调换
电话:010-84083683
版权所有 侵权必究

《强制阐释争鸣集》编委会名单

主　任　赵剑英
副主任　张政文
编　委（按姓氏笔画排列）
　　　　王　宁　王秀臣　王双龙　朱立元
　　　　张　跣　周　宪

《强制阐释争鸣集》编写组名单

组　长　王　茵
副组长　张　潜
成　员　喻　苗　孙　萍　马　明　范晨星
　　　　李凯凯　王玉静　王丽媛　刘　洋

编选说明

"强制阐释"是中国当代文艺理论领域最具影响力的概念之一。

从 2012 年开始，中国社会科学院张江教授陆续发表了一系列文章，对当代西方文论存在的问题和局限进行辨析。2014 年 11 月，张江教授发表《强制阐释论》（《文学评论》2014 年第 6 期）一文，在充分肯定西方文论创造性成果的基础上，对当代西方文论的理论缺陷进行了全面反思，并系统阐述了"强制阐释论"的理论观点。

强制阐释是指，背离文本话语，消解文学指征，以前在立场和模式，对文本和文学作符合论者主观意图和结论的阐释。其基本特征有四：第一，场外征用。广泛征用文学领域之外的其他学科理论，将之强制移植到文论场内，抹杀文学理论及批评的本体特征，导引文论偏离文学。第二，主观预设。论者主观意向在前，前置明确立场，无视文本原生含义，强制裁定文本意义和价值。第三，非逻辑证明。在具体批评过程中，一些论证和推理违背基本逻辑规则，有的甚至是逻辑谬误，所得结论失去依据。第四，混乱的认识路径。理论构建和批评不是从实践出发，从文本的具体分析出发，而是从既定理论出发，从主观结论出发，颠倒了认识和实践的关系。

文章认为，"强制阐释"是当代西方文论的基本特征和根本缺陷之一。各种生发于文学场外的理论或科学原理纷纷被调入文学阐释话语中，或以前置的立场裁定文本意义和价值，或以非逻辑论证和反序认识的方式强行阐释经典文本，或以词语贴附和硬性镶嵌的方式重构文本。它们从根本上抹煞了文学理论及批评的本体特征，导引文论偏离了文学。其理论缺陷表现为实践与理论的颠倒、具体与抽象的错位以及局部与全局的分裂。文章指出当代文学理论话语的建构必须坚持系统发育的原则，在吸纳进步因素的基础上，融合理论内部各个方向和各个层面，建构出符合文学实践的新理论系统。

一石激起千层浪。"强制阐释论"一经提出，就在文艺理论界激起了强烈反响，并引发了持续数年的讨论和争鸣。

2015年1月，《文艺争鸣》杂志率先在长春召开"强制阐释论"理论研讨会。如何认识西方文论话语体系中存在的"强制阐释"问题，是与会学者关注的核心问题。来自中国社会科学院、北京大学、清华大学、北京师范大学、南京大学、澳门大学、华东师范大学等高校和科研机构的三十余位专家汇聚一堂，围绕这一理论的内涵和意义进行了热烈讨论。

同年4月，由中国社会科学院文学研究所、中国社会科学院外国文学研究所、中国文学批评研究会、中国社会科学出版社共同主办的"当代西方文论的有效性"国际高层论坛在北京召开。来自美国、英国、俄罗斯等国以及国内部分高校和研究机构的专家学者围绕当代西方文论存在的问题及有效性、当代文论的建构等主题展开交流和对话，大家普遍认为，"强制阐释论"为当代文论建构提供了新的视角。

同年9月，由上海市社会科学界联合会、上海大学批评理论研究中心、中国社会科学院马克思主义文学理论与批评研究室、《马克思主义美学研究》编辑部等单位联合主办的"欧美左翼文论与中国道路"学术研讨会在上海大学召开。"强制阐释"成为会议的热门话题，应邀与会的张江与有关学者就"强制阐释"问题进行了对话式研讨。

在此期间，张江教授还与朱立元、王宁、周宪等学者就"强制阐释论"涉及的诸如"场外征用""主观预设"等理论问题，先后多次以通信的方式展开探讨和争论。这些讨论在国内理论界产生了重要影响，并引发了国内学界对这一讨论的广泛参与。

2016年以后，关于"强制阐释"的讨论一再成为人文社科领域的学术热点。多家学术期刊设置专栏专题讨论"强制阐释论"及相关问题，以"强制阐释"为主题词的学术论文数以百计，以不同方式用到或者提到这个标识性概念的文章更是难以计数。可以这样说："强制阐释"这个概念的影响力逐步由文艺理论学科扩展到人文社科领域的多个学科，并开始进入日常生活领域。昔日少人问津的阐释学，在中国学界几乎成为"显学"。

中国学界有关"强制阐释论"的争鸣引起了国外理论界的关注。美国、法国、俄罗斯、意大利等国先后有二十多位文艺理论家撰写论文，加入到关于"强制阐释论"的讨论中。美国著名文论家希利斯·米勒还多次就此问题与张江教授通信，展开深度交流；当代德国著名哲学家哈贝马斯，英国著名社会学家安东尼·吉登斯、约翰·汤普森、迈克·费瑟斯通等人也就阐释学的基本问题同张江教授进行了深入对话。这些交流与对话拓展了所涉问题的深度和广度，促进了中外文论的交流互鉴，在推动中国文论走向世界方面迈出了实质性的一步。

有关"强制阐释论"的探讨和争论，至今方兴未艾。据中国知网统计，截至 2019 年 12 月，《强制阐释论》被引用频次高达 330 次，被下载频次高达 5500 次，在近年来的文学分类和文学理论分类发表期刊文献引用排名中名列第一。

围绕强制阐释论展开的理论论争，是当下中国文艺理论研究中最引人注目的"理论事件"。论题之集中，争论之激烈，研讨之深入，影响之广泛，持续时间之久长，参与专家之众多，可以说在整个人文社科领域为近十几年所罕见。

强制阐释论是近四十年来中国文学理论界对西方当代文论最彻底、最根本的反思与批判，是"中国话语介入当代西方文论价值判断的一个有力尝试"。强制阐释论具有鲜明的价值立场、宏大的理论视野以及切身的中国问题意识。学界以"强制阐释论"为焦点开展的研讨，把中西文论关系作为思考的重点，提出了在阐释学视域中构建当代中国文论的新思路，这不仅对中国当代文学理论如何恰当地把握当代西方文论范式具有积极的理论价值，对中国当代文学理论如何构建自己的话语体系、学术体系和学科体系，同样具有重要的理论意义。

编选说明

经过几年的学术探究和理论沉淀,我们越来越深切地认识到,张江教授提出的强制阐释论仍然具有丰富的理论探讨空间,它所包含的批评实践价值、理论范式意义以及哲学方法论启示仍然有待进一步深入。鉴于此,我们组织编纂了《强制阐释争鸣集》。

《强制阐释争鸣集》全书六卷,凡240余万字,收录中外学者围绕"强制阐释论"展开的学术论文200余篇。这200多篇论文,显然不是讨论强制阐释的全部论文,但是它们都是具有代表性的论文,显示着这场讨论的深度和广度。这些论文角度不同,观点各异,既有着各自的阐发和论证,又有着相互之间的对话和勾连,共同构成了这一"理论事件"的思想图景。

第一卷《价值》,主题集中于强制阐释论的理论价值和方法论研究,包括四个部分:"从'强制阐释论'到'理论中心论'""理论价值研究""方法论研究""研究综述"。

第二卷《内涵》,主题集中于强制阐释论的理论内涵,包括四个部分:"关于理论内涵的对话""理论内涵研究""意义生成研究"" '强制阐释'与'过度阐释' "。

第三卷《概念(一)》,主题集中于场外征用、主观预设、前见和立场等几个关键概念,包括三个部分:"场外征用""主观预设、前见与立场""场外征用和主观预设"。

第四卷《概念(二)》,主题集中于作者意图、阐释模式、阐释边界等几个关键概念,包括四个部分:"作者意图""阐释的前置模式""阐释的边界""批评伦理"。

第五卷《反思》,主题集中于强制阐释理论的应用以及对西方文论的反思,包括三个部分:"在历史研究中的应用""在中国文学研究中的应用""西方文论批判"。

第六卷《重建》,主题集中于强制阐释理论对于中国文论重建的意义和启示,包括四个部分:"文学理论的未来""文论重建的理论资源""中国古代文论的理论自觉""重建中国文论的可能路径"。

我们期盼,《强制阐释争鸣集》的出版,既是历史性的回顾,也是可能性的开启——回顾这一"理论事件"的历程和启示,开启构建中国特色当代阐释学的新路径、新实践。

编选说明

本书在编选过程中，得到了中国社会科学院大学阐释学高等研究院、中国文学批评研究会的大力协助，以及各论文原发表刊物的支持。特此表示由衷的感谢！

《强制阐释争鸣集》编委会

目　　录

第一编　从"强制阐释论"到"理论中心论"

强制阐释论 ………………………………………… 张　江(3)
理论中心论
　　——从没有文学的"文学理论"说起 ……………… 张　江(32)

第二编　理论价值研究

读张江《理论中心论》所想到的 …………………… 王元骧(51)
"强制阐释论"系列研究的理论建构意义
　　——兼就几个问题做进一步商讨 ………………… 谭好哲(67)
理论的批判机制与西方理论强制阐释的病源性探视 …… 高　楠(81)
"强制阐释"与理论的"有限合理性" ………………… 李春青(89)
作为理解之艺术的诠释学 …………………………… 潘德荣(97)
"强制阐释论"的理论路径与批评生成 ……………… 段吉方(108)
强制阐释论的意义阐释 ……………………………… 范玉刚(117)
强制阐释论的理论范式意义 ………………………… 张清民(125)
强制阐释论的逻辑支点与批评策略 ………………… 张玉勤(133)
重建文本客观性
　　——强制阐释论的解释学谱系 …………………… 陈立群(146)

强制阐释论的文学性诉求 ·· 江　飞(156)
唯知识论和强制阐释 ·· 文　浩(168)
强制阐释与跨文化阐释 ··· 李庆本(181)
"强制阐释"现象及其批判
　　——兼反思百年中国文论现代化道路 ······················· 刘阳军(195)
强制阐释与文本批评 ·· 赵雪梅(208)
"强制"之后如何阐释：文本意义的阈限空间与
　　叙事策略 ·· 张　伟(221)
保留文学激情 ·· 劳伦·迪布勒伊(236)
批评的宽度 ··· 托马斯·帕威尔(249)
文学、文学批评及文本可读性的历史指数 ········ 西格丽德·威格尔(259)
评强制阐释论 ·· 陆　扬(270)
本体阐释，路在何方
　　——对"强制阐释论"的冷思考 ································· 王齐洲(286)
接受主体"负"问题之"强制阐释"论 ······························· 陈仲义(299)
关于"强制阐释"的七个疑惑 ··· 魏建亮(314)
理论霸权、阐释焦虑与文化民族主义
　　——"强制阐释论"略议 ·· 王　侃(331)

第三编　方法论研究

过度阐释与文学研究的未来
　　——读张江《强制阐释论》 ··· 张隆溪(343)
"强制阐释论"的方法论元素 ··· 姚文放(362)
强制阐释论的范式定位 ··· 傅其林(370)
从"强制"到"虚无"
　　——批判的武器不能代替武器的批判 ························· 陈众议(377)
具体性误置：强制阐释论的哲学方法论探讨 ··············· 刘方喜(389)
阐释的冲突："认识"与"理解"的张力
　　——关于"强制阐释论"的哲学方法论思考 ··············· 宋　伟(401)

从"强制阐释"到"界面研究":一种文化分析的
　　理论视角 …………………………………… 王　进(412)
"强制阐释"的方法论危机
　　——兼论20世纪西方文论的"强制阐释"倾向 ……… 董希文(423)
从"反本质主义"到"强制阐释论"
　　——中国当代文艺学的"本质论"迷失及其理论突围 …… 单小曦(436)

第四编　研究综述

"强制阐释论"的回应与思考 ……………… 李庆本　凌淑珍(457)
"反思与重构:'强制阐释论'理论研讨会"综述 ………… 李明彦(469)

第一编

从"强制阐释论"到"理论中心论"

强制阐释论[*]

张 江[**]

从 20 世纪初开始，当代西方文论以独特的理论力量和影响登上了历史舞台，在一百多年的时间里彻底颠覆了自古希腊以来的理论传统，以前所未有的巨大动能冲击、解构了历史和理论对文学的认识。一些重要思潮和流派、诸多思想家和理论家，以惊人的想象力和创造力，造就和推出无数优秀成果，为当代文论的发展注入了恒久的动力。但回顾百年历史，我们体会到，当代文论的缺陷和遗憾同样很多。一些基础性、本质性的问题，给当代文论的有效性带来了致命的伤害。割断与历史传统的联系、否定相邻学派的优长、从一个极端转向另一个极端，以及轻视和脱离文学实践、方法偏执与僵化、话语强权与教条等问题，随处可见。特别是在最近四十年的传播和学习过程中，一些后来的学者，因为理解上的偏差、机械呆板的套用，乃至以讹传讹的恶性循环，极度放大了西方文论的本体性缺陷。对此，许多学者已有清醒的认识和反思。然而，当代西方文论的根本缺陷到底是什么，如何概括和提炼能够代表其核心缺陷的逻辑支点，对中国学者而言，仍是应该深入研究和讨论的大问题。本文提出"强制阐释"的概念，目的就是以此为线索，辨识历史，把握实证，寻求共识，为当代文论的建构与发展提供一个新的视角。

强制阐释是指，背离文本话语，消解文学指征，以前在立场和模式，对文本和文学作符合论者主观意图和结论的阐释。其基本特征有

---

[*] 本文原刊于《文学评论》2014 年第 6 期。
[**] 作者单位：中国社会科学院。

四：第一，场外征用。广泛征用文学领域之外的其他学科理论，将之强制移植文论场内，抹杀文学理论及批评的本体特征，导引文论偏离文学。第二，主观预设。论者主观意向在前，前置明确立场，无视文本原生含义，强制裁定文本意义和价值。第三，非逻辑证明。在具体批评过程中，一些论证和推理违背基本逻辑规则，有的甚至是逻辑谬误，所得结论失去依据。第四，混乱的认识路径。理论构建和批评不是从实践出发，从文本的具体分析出发，而是从既定理论出发，从主观结论出发，颠倒了认识和实践的关系。

一 场外征用

场外征用是当代西方文论诸多流派的通病。弗莱说过，在他看来，无论是马克思主义、托马斯主义、自由人文主义，还是弗洛伊德学派、荣格学派，或是存在主义，都是以文学之外的概念框架来谈论文学的。① 我们可以做一个大致的统计，从 20 世纪初开始，除了形式主义及新批评理论以外，其他重要流派和学说，基本上都是借助于其他学科的理论和方法构建自己的体系，许多概念、范畴，甚至基本认知模式，都是从场外"拿来"的。这些理论本无任何文学指涉，也无任何文学意义，却被用作文学理论与批评的基本范式和方法，直接侵袭了文学理论与批评的本体意义，改变了当代文论的基本走向。特别是近些年来，当代国际政治、经济、文化发生深刻变革，一些全球性问题日趋尖锐，当代文论对其他前沿学科理论的依赖愈深愈重，模仿、移植、挪用，成为当代文论生成发展的基本动力。

场外理论来源的大致方向是，第一，与文学理论直接相关的哲学、史学、语言学等传统人文科学理论。特别是哲学，成为当代西方文论膨胀扩张的主要资源。一些重要的思潮和流派都是由哲学转向文学，借助文学实现、彰显其理论主张。德里达就承认："我常常是在

---

① Frye, Northrop, *Anatomy of Criticism*: *Four Essays*, Princeton: Princeton University Press, 1957, p. 6.

'利用'文学文本或我对文学文本的分析来展开一种解构的思想。"①罗蒂也指出：所谓"文学理论"，就是"有意识地、系统地把这种功能政治化的企图"。② 第二，构造于现实政治、社会、文化活动之中，为现实运动服务的理论。因为这些理论的实践和先锋意义，它们被引进场内，为文学理论打开新的方向。女权运动生发了女性主义批评，反殖民主义浪潮催生后殖民理论，法国"五月革命"驱动罗兰·巴尔特由结构主义转向后结构主义，性别问题挑起同性恋批评，全球环境持续恶化反推生态批评不断高涨。第三，自然科学领域的诸多规范理论和方法，因其严整性和普适化，也被挪用于文论场内，淬炼成文学批评的有力武器。符号学移植数学矩阵方法，生态批评使用混沌理论概念，空间理论以天文和物理学时间与空间范畴为起点，等等，均属此类。

场外理论进入文论场内的方式大致为三种。一是挪用。这在一些与符号学有关的理论中表现得尤为突出。法国结构主义文论家格雷马斯曾用数学的方法，设立了叙事学上著名的"符号矩阵"：任何一部叙事作品，其内部元素都可以被分解成四项因子，纳入这个矩阵。矩阵内的四项因子交叉组合，构成多项关系，全部的文学故事就在这种交叉和关系中展开。③ 二是转用。伽达默尔的解释学文论就是由其哲学解释学扩展而来。作为海德格尔的学生，为了建立与19世纪方法论解释学相区别的本体论解释学，伽达默尔把目光转向了文学和艺术。他说："艺术的经验在我本人的哲学解释学起着决定性的、甚至是左右全局的重要作用。它使理解的本质问题获得了恰当的尺度，并使免于把理解误以为那种君临一切的决定性方式，那种权力欲的形

---

① [法]德里达：《书写与差异》上册，"访谈代序"，张宁译，生活·读书·新知三联书店2001年版，第20页。

② [美]理查德·罗蒂：《后哲学文化》，黄勇编译，上海译文出版社1992年版，第98页。

③ 1985年，詹姆逊曾用这个方法阐释过中国古典小说《聊斋志异》中的《鸲鹆》故事。参见[美]杰姆逊《后现代主义与文化理论》，唐小兵译，北京大学出版社1997年版，第119—124页。

式。这样，我通过各种各样的探索把我的注意力转向了艺术经验。"①就此，有人评论，"伽达默尔对艺术的思考显然不是出于一般艺术学学科研究的需要，而是他整个解释学大厦的一部分"②。很明显，伽达默尔是为了构建他的哲学解释学而转向文学的，其目的是用文学丰富和扩大哲学，用艺术解释证明哲学解释。三是借用。空间理论借用的色彩极为浓厚。作为地理学家的迈克·克朗（Crang Mike），用地理学的观念和方法讨论、认识文本的另外意义，主张"在文学文本内部探究特定地域和特定空间的分野，这些分野见诸作者对小说情节的构思以及作者的性格和自传……文本创造了纯地理性的家或故乡的感觉，构成了一个'基地'，由此我们可以深刻认识帝国时代和当代世界的地理"③。就是用这种方法，他重新阐释了古希腊史诗《奥德赛》，阐释了雨果的《悲惨世界》，指出文本当中的空间意义，以及对文本的地理学认识。他认为雨果的这部小说"通过地理景观揭示了一种知识地理学，即政府对潜在威胁（贫穷市民的暴动可能性）的了解和掌控，所以，它也是一种国家权力地理学"④。

场外理论与文学理论特别是文学批评有很大区别。把场外理论无缝隙、无痕迹地运用于文论场内，并实现其理论目的，需要许多技巧。这些技巧既能为理论包装出文学能指，也能利用文学为理论服务，其本身就是一种很高超的理论和艺术追索。概括起来，大约有这样几种方式。一是话语置换。这是指为贯彻场外理论的主旨诉求，将批评对象的原生话语转换为场外理论指定的话语，可以称作"再生话语"。这个话语既不是文本的主旨话语，也不体现作者创造的本来或主要意图。为适应场外理论的需要，征用者暗调背景，置换话语，将批评对象的主题锁定在场外理论需求的框架之内。二是硬性镶嵌。这是指搬用场外理论的既定方法，将批评对象的原生结构和因子打碎分割，改变其性质，强硬镶嵌到场外理论所规定的模式和程序之中，以

---

① ［德］伽达默尔：《〈美的现实性〉中译本前言》，郑涌译，《外国美学》第七辑，商务印书馆1989年版，第357页。
② 朱立元主编：《当代西方文艺理论》，华东师范大学出版社2005年版，第277页。
③ Crang Mike, *Cultural Geography*, London: Routledge, 1998, p. 47.
④ Ibid., p. 50.

证明场外理论的前在判断和认识。所谓硬性，是指批评对象的原生结构和因子并不符合征用理论的本意和指征，使用者单方面强行编码，将它们塞挤进既定范式之中。三是词语贴附。这是指将场外理论既有的概念、范畴、术语直接贯注于批评对象，无论其原本概念的内涵和外延如何，都要贴附上去，以创造一个场外语境，做出文本以外的专业评述。这里，"贴"是粘贴，意即将场外理论的术语粘到批评对象上，使之在表面上与场外理论相似；"附"是附加，意即将场外术语变换为批评对象的内生含义，使批评对象依附于场外理论，获取自立的意义。四是溯及既往。这是指以后生的场外理论为标准，对前生的历史文本作检视式批评。无论这个文本生成于何时，也无论文本自身的核心含义是什么，都要用后生的场外理论予以规整，以强制姿态溯及既往，给旧文本以先锋性阐释，攀及只有后人才可能实现的高度。

生态理论的一个批评文本很能说明问题。《厄舍老屋的倒塌》是爱伦·坡的经典之作，描写了一个古老家族的一对孪生兄妹住在一座令人窒息的幽暗古屋里，妹妹疾病缠身，哥哥精神分裂。妹妹病笃，哥哥活埋了妹妹。雷雨之夜，妹妹破棺而出，冲到哥哥怀里，哥哥就此吓死，古屋在风雨中倒塌。这原本是一部恐怖小说。小说诞生以后，对这一文本的无数阐释尽管形形色色，众说纷纭，但对文本主旨的理解大致相同，应该说符合文本的原意，符合作者的意图。但在一百多年后，有人用生态批评理论对这部小说作了另外方向的阐释，得出了与生态和环境有关的结论。① 这里的手法和技巧，首先是话语置换。小说原本讲的是人和事，无关生态与环境，但批评者却把原来仅仅作为背景的环境描写置换成主题，将小说变成一个生态学文本。其次是词语贴附。把文本中散在的情境描写集中起来，连缀演绎为生态符号。比如，古屋不是房子，而是能量和熵；古屋倒塌不是砖瓦的破碎，而是宇宙黑洞收缩；主人公的生活是一个星球的日渐冷却；主人公怕光的生理表现是人与自然的对立……再次是硬性镶嵌。按照批评者的需要，把精心挑选的意象镶嵌到整个生态理论的图谱中，最终完

---

① [英]彼得·巴里：《理论入门：文学与文化理论导论》，杨建国译，南京大学出版社2014年版，第250—251页。

成对原有文本的重构和改造。最后，小说诞生时，还没有出现生态理论，生态批评者却用当下的认识对前生的文本进行强制规整。这就是溯及既往。

很明显，这种脱离文本和文学本身，裁截和征用场外现成理论，强制转换文本主旨的做法，不能恰当地阐释文本，也无法用文本佐证理论。如此阐释，文学的特性被消解，文本的阐释无关于文学。这样的阐释已经不是文学的阐释。这里提出两个问题。第一，各学科之间的碰撞和融合已成为历史趋势，跨学科、跨领域的交叉融合已成为科学发展的主要动力，文学征用场外理论难道不是正当的吗？我们承认，从积极的意义上说，这种姿态和做法扩大了当代文论的视野，开辟了新的理论空间和方向，对打破文学理论自我循环、自我证明的话语怪圈是有意义的。但同时也应承认，理论的成长更要依靠其内生动力。这个动力首先来源于文学的实践，来源于对实践的深刻总结。依靠场外理论膨胀自己，证明当代西方文论自身创造能力衰弱，理论生成能力不足，难以形成在文学和文论实践过程中凝聚、提升的场内理论。近百年来，新旧理论更迭淘汰，从理性到非理性、从人本主义到科学主义、从现代到后现代，无数场外理论侵入和张扬，当代文论的统合图景却总是活力与没落并行。场外理论的简单征用挽救不了西方文论不断面临的危机。当然，指出场外征用的弊端，并不意味着文学理论的建设就要自我封闭，自我循环，在僵硬的学科壁垒中自言自语。我们从来都赞成，跨学科交叉渗透是充满活力的理论生长点。20世纪西方文论能够起伏跌宕，一路向前，正是学科间强力碰撞和融合的结果。但必须强调的是，文学不是哲学、历史和数学。文学是人类思想、情感、心理的曲折表达。文学更强调人的主观创造能力，而人的主观特性不可能用统一的方式预测和规定。用文学以外的理论和方法认识文学，不能背离文学的特质。文学理论在生成过程中接受其他学科的研究方法和思路，其前提和基础一定是对文学实践的深刻把握。离开这一点，一切理论都会失去生命力。其必然结果是，理论的存在受到质疑，学科的建设趋向消亡。盲目移植，生搬硬套，不仅伤害了文学，也伤害被引进的理论。20世纪末出现的"索卡尔事件"应该给我们以警醒。有人把这个事件归结为文学理论史上的十件大事之一。① 索卡尔是物理学家，他杜撰了一篇"诈文"，投给了一个著名的文化研究杂志。这个杂志没有发现索卡尔有意捏造出来的一些常识性科学错误，也没能识别出索卡尔在后现代主义与当代科学之间有意识捏造的"联系"，发表了这篇"诈文"，引起了知识界的轰动。索卡尔写这篇"诈文"的目的，是对文学理论界尤其是法国理论界滥用数学物理学成果表达不满。索卡尔事件证明，文学理论向场外理论借鉴的，应该是科学的思维方式和研究方法，而不是对现成结论和具体方法的简单挪用。特别是一些数学物理方法的引用，更需要深入辨析。强制性的照搬照抄只会留下笑柄。

第二，新的理论一旦形成，能否运用这个理论重新认识和改写历史文本？这是一个关于解释学的老问题。几经轮回，终无定论。历史地看，文本永远是即时的，这个观点从尼采开始就有，海德格尔、伽达默尔把它推上了巅峰。"解释只是添加意义而并非寻找意义"②，由此，对文本的理解永远是漂移的，居无定所。21世纪初兴起的"当下论"，对抗有鲜明历史主义倾向的新历史主义及文化唯物主义，主张"更注重文本的当下意义，以区别于注重历史意义的历史主义方法"③。我们赞成对文本作当下理解，并通过使用文本更广泛地发挥文学的功能，但是，对文本的历史理解与当下理解是不同范畴的实现过程。对文本历史的理解，也就是对文本原生话语的理解，是一切理解的前提。只有在这个基础上，当下的理解才有所附着，才有对文本的当下理解。对文本的当下理解可以对文本原意有所发挥，但是不能歪曲文本的本来含义，用当下批评者的理解强制文本。用新的理论回溯旧的文本更应警惕，可以用新的眼光认识文本，但不能用今天的理论取代旧日的文本。或许文本中有批评者希望存在的理论一致，但偶然的认识巧合、碎片化的无意流露，不是自觉的理论，不能作为作者的主导意念而重新定义作品。生态主义对《厄舍老屋的倒塌》的批

---

① ［英］彼得·巴里：《理论入门：文学与文化理论导论》，杨建国译，南京大学出版社2014年版，第281页。
② ［德］伽达默尔：《真理与方法》，洪汉鼎译，商务印书馆2010年版，第426页。
③ ［英］彼得·巴里：《理论入门：文学与文化理论导论》，杨建国译，南京大学出版社2014年版，第288页。

评就是很好的说明。爱伦·坡的写作时间是19世纪中叶，那个时代人类的生态环境意识基本空白。硬把百年后兴起的自觉理论强加到作者头上，不是科学的态度。中国魏晋时代的陶渊明隐逸山水之间，"采菊东篱下，悠然见南山"，我们可以说他是自觉的生态主义者吗？他的时代比梭罗早，我们可以说他是环境保护主义的伟大先行者吗？这显然是荒唐的。用新的理论认识旧的文本可以，这是批评者的权力，但是，改写不行。文本的存有与他人的理解不能等同。一旦改写，理解就不是文本的理解，而是理解者的理解。两者的关系应该是：存有在先，理解在后；存有生发理解，理解依附存有；失去存有就失去理解。

二　主观预设

主观预设是强制阐释的核心因素和方法。它是指批评者的主观意向在前，预定明确立场，强制裁定文本的意义和价值。主观预设的批评，是从现成理论出发的批评，前定模式，前定结论，文本以至文学的实践沦为证明理论的材料，批评变成对文本和文学作符合理论目的的注脚。其要害有三。一是前置立场。这是指批评者的站位与姿态已预先设定，批评的目的不是阐释文学和文本，而是要表达和证明立场，且常常为非文学立场。征用场外理论展开批评，表现更加直白和明显。其思维路线是，在展开批评以前，批评者的立场已经准备完毕，批评者依据立场选定批评标准，从择取文本到做出论证，批评的全部过程都围绕和服从前置立场的需要展开。批评和阐释选取文学文本，只是因为文学广泛生动的本体特征，有益于提升前置立场的说服力和影响力。二是前置模式。这是指批评者用预先选取的确定模板和式样框定文本，做出符合目的的批评。批评者认为，这个模式是普适的，具有冲压一切文本的可能，并据此做出理论上的指认。当代西方文论的诸多流派中，符号学方法，特别是场外数学物理方法的征用，其模式的强制性更加突出。通过这种方式，理论和批评不再是人文表达，文学抽象为公式，文本固化为因子，文学生动飞扬的追求异化为呆板枯索的求解。三是前置结论。这是指批评者的批评结论产生于批评之前，批评的最终判断不是在对文本实际分析和逻辑推衍之后产生，而是在切入文本之前就已确定。批评不是为了分析文本，而是为了证明结论。其演练路径是从结论起始的逆向游走，批评只是按图索骥，为证实前置结论寻找根据。

在历史文本的解读上，女性主义批评家肖瓦尔特站在女性主义的前置立场上，带着女性解读的模式，对诸多作品强制使用她的前置结论，无遮蔽地展现了主观预设的批评功能。在《阐释奥菲利亚：女性、疯癫和女性主义批评的责任》中，肖瓦尔特对《哈姆雷特》的解读一反历史和作品本意，推翻以主人公哈姆雷特为中心的批评立场，提出要以奥菲利亚——莎士比亚剧中的一个配角，重新布局。她认为，奥菲利亚历来被批评界所忽视不是偶然的，而是男权征霸的结果。"文学批评无论忽略还是突出奥菲利亚，都告诉我们这些阐述如何淹没了文本，如何反映了各个时代自身的意识形态特征。"① 但是，从女性主义的立场出发，这个角色就有着非同寻常的意义。她历数以往的批评历史中对奥菲利亚的多种解读，锋利地表达了不满："女性主义批评应该怎样以它自己的话语描述奥菲利亚？面对她以及与这个角色一样的女人，我们的责任是什么？"② "要从文本中解放奥菲利亚，或者让她成为悲剧的中心，就要按我们的目的重塑她。"③ 肖瓦尔特的追索是鲜明的。第一，必须改变以往的批评标准，以女性主义的既定立场重新评价作品。在这个立场下，无论作者的意图是什么，作品的原生话语如何，都要编辑到女性主义的名下，作品是女性主义的作品，作者是女性主义的作者。不仅这部作品如此，以往的文学史都要如此，要按照女性主义的企图重新认识和书写，女性经验是衡量作品以至文学价值的根本标准。对女性主义批评家而言，这个立场是前置的，是开展全部批评的出发点。离开这个立场，女性主义的批评将不复存在。第二，要重新评价人物，"就要按我们的目的重塑她"，

---

① Showalter, Elaine, "Representing Ophelia: Women, Madness, and the Responsibilities of Feminist Criticism", In Geoffrey H. Hartman & Patricia Parker eds., *Shakespeare and the Question of Theory*, New York and London: Methuen, 1985, p. 91.

② Ibid., p. 78.

③ Ibid., p. 79.

让以往被忽视、被曲解的角色，作为女性主义的代表，站到前台，站到聚光灯下，集中表达对男性父权制的反抗。第三，为此，必须重新设置剧目的主题，其中心不是哈姆雷特的故事，而是奥菲利亚的故事。这个故事是一段"被再现的历史"。这个历史是作者有意识的书写，是莎士比亚反抗男性中心主义的证明，也是文学史中女性主义早已存在的证明。对此，肖瓦尔特的态度是坚定的，她将此视为女性主义批评家对文学和妇女的责任。

在这个主观预设的指挥下，莎士比亚的经典剧目被彻底颠覆。尽管全剧20幕中只有5幕出现奥菲利亚，她和哈姆雷特的爱情也只由几个模糊的倒叙提起，但现在必须重新审视她，以往所有被忽略的细节都要被赋予特定的含义加以阐释。奥菲利亚头戴野花被赋予双重的象征：花是鲜花，意指处女纯洁的绽放；花是野花，象征妓女般的玷污。她死的时候身着紫色长裙，象征"阴茎崇拜"。她蓬乱的头发具有性的暗示。至于她溺水而逝，更有特殊的意义："溺水……在文学和生活的戏剧中成为真正的女性死亡，美丽的浸入和淹没是一种女性元素。水是深奥而有机的液体符号，女人的眼睛是那么容易淹没在泪水中，就像她的身体是血液、羊水和牛奶的储藏室。"① 肖瓦尔特还仿拟法国女性主义的批评，认为在法国父权理论话语和象征体系中，奥菲利亚"被剥夺了思想、性征、语言，奥菲利亚的故事变成了'O'的故事，这个空洞的圆圈或女性差异之谜，是女性主义要去解读的女性情欲密码"②。这些阐释要证明什么？就是要证明在莎士比亚的戏剧里，以至于在漫长文学的历史中，女性是被男权所蹂躏、所侮辱的群体，是被文学所忽视、所误读的对象，在女性主义的视阈中，女性形象必须重新解读，或揭露男权的暴力，或歌颂女性的反抗。一切文学行为和结果都要符合女性主义的阐释标准，都要用这个标准评价和改写。但问题是，这种预设的立场与结论是莎士比亚的本

---

① Showalter, Elaine, "Representing Ophelia: Women, Madness, and the Responsibilities of Feminist Criticism", In Geoffrey H. Hartman & Patricia Parker eds., *Shakespeare and the Question of Theory*, New York and London: Methuen, 1985, p. 81.
② Ibid., p. 79.

意吗？或者说他写哈姆雷特的目的中，含有蔑视女性的动机及意图吗？女性主义者把自己的立场强加给莎士比亚，是不是合理和正当的阐释？如果说以上分析只是一个具体文本和个别作家的分析，那么女性主义的名著《阁楼上的疯女人》则对此作了更远大的推广。桑德拉·吉尔伯特和苏姗·格巴对19世纪前男性文学中的妇女形象作了分析，划分了两种女性塑造的模式，认为以往的文学中只有两种女性形象——天使和妖妇。这些天使和妖妇的形象，实际上都是以不同方式对女性的歪曲和压抑，反映了父权制下男性中心主义根深蒂固的对女性的歧视和贬抑、男性对妇女的文学虐待或文本骚扰。作者举了一些具体例证。① 应该承认，这种一般性概括具有强大的冲击力，因为它已经从个别上升为一般，为女性主义学说涂抹了普适性和指导性色彩。但我们也更加疑惑，预设立场以类归人物，证明立场的正确，到底有多少令人信服的理论力量？

我们不否认女性主义批评的理论价值和有益认识。它提出了一个认识和阐释文学的新视角，对文学批评理论的生成有重要的扩容意义。我们要质疑的是文学批评的客观性问题：文学的批评应该从哪里出发？批评的结论应该产生于文本的分析还是理论的规约？理论本身具有先导意义，但如果预设立场，并将立场强加于文本，衍生出文本本来没有的内容，理论将失去自身的科学性和正当性。更进一步，如果我们预设了立场，并站在这个立场上重新认识甚至改写历史，企图把全部文学都改写为这个立场的历史，那么历史事实的真实性和历史文本的真实性又在哪里？预设立场，一切文学行为和活动都要受到质询和检验，这种强制阐释超越了文学批评的正当界限。文学阐释可能是多元的，但不能预设立场。预设了立场，以立场的需要解读文本，其过程难免强制，结论一定远离文本。立场当然可以有，但只能产生于无立场的合理解读之后。对此，有几个疑问应该解决。

第一，经验背景与前置立场的区别。我们承认，置身批评实践，

---

① ［美］桑德拉·吉尔伯特、苏姗·格巴：《镜与妖女：对女性主义批评的反思》，董之林译，载张京媛主编《当代女性主义文学批评》，北京大学出版社1992年版，第271—297页。

批评家的心灵经验不是洛克所说"白板"。① 伽达默尔有"前见"说，姚斯有"期待视域"说，如何才能抛弃先见，"清白"地开始理论的批评？必须要明确，作为主观的经验背景，如读书必须识字，表达要符合逻辑等，此类知识准备，是人类认知的必要前提，不是我们指认的立场。强制阐释的立场是指主观指向明确的判断性选择，这个选择是具体的、结论前在的。其具体操作办法是，考察文本之前，确定主观姿态，拼凑立论证言，甚至不惜曲解文本实际，以文本证实立场。与伽达默尔的前见不同，强制阐释的立场目标是清晰的，不是前见的"隐而不显"；立场的外延是明确的，不是前见的"模糊"混沌。前见是无意识地发挥作用，立场是自觉主动地展开自身。至于期待视域，更多的是指读者的审美期望，而非批评家的理论判断。在意向选择上，期待是"作品应该如何"，立场是"作品必须如何"。很明显，预设立场的批评，是从理论出发的批评，是强制文本意义和价值的批评，文本的全部意义是证明理论的材料，文本以至文学的实践，成为前置立场的同谋。前置立场与经验背景的区别就在于此。

第二，理论指导与前置立场的不同。任何实际研究，都应该以正确的理论为指导。那么，以理论为指导本身是不是前置立场？正确的理论指导与强制的前置立场之间的界线在哪里？可以确定，理论的正确指导与强制的前置立场是完全不同的。前者是世界观、方法论的指导，是研究和实践的指南。所谓指南，是方向性的预测和导引，不是先验的判断和结论。在具体研究过程中，理论服从事实，事实校准理论。后者则是主观的、既定的标准。这个标准，内含了确定的公式和答案，研究的过程是执行标准，用公式和答案约束、剪裁事实，强制事实服从标准，前在的立场是刚性的。对此，恩格斯有明确论述。19世纪末期，德国社会主义运动中出现了一批青年著作家，这些著作家以唯物主义的立场，对德国历史及正在推进的社会主义运动做出许多错误的判断和结论。恩格斯深刻地指出："如果不把唯物主义方法当作研究历史的指南，而把它当作现成的公式，按照它来剪裁各种历史

---

① 参见［英］洛克《人类理解论》上，关文运译，商务印书馆1983年版，第68页。

事实，那它就会转变为自己的对立物。"① 恩格斯强调，不要把理论当作"套语"和"标签"贴到各种事物上去，而不再对事物做深入研究。用唯物主义解决历史问题，"必须重新研究全部历史，必须详细研究各种社会形态存在的条件，然后设法从这些条件中找出相应的政治、私法、美学、哲学、宗教等等的观点"②，这样才可能对历史做出正确的认识。恩格斯的话提示我们：首先，理论不能是公式和标签，用以套用事物；其次，以理论为指导研究事物，必须从头研究事物的全部存在条件和内容；最后，要从事物本身"找出"观点，而不是把理论强加给事物，更不能根据理论需要剪裁事物。否则，一切理论都将走向反面。界线十分清楚：把理论作为方法，按照事实的本来面目认识事物，根据事实的变化和发展校准和修正理论，是理论指导；把理论当作公式，用公式剪裁事实，让事实服从理论，是前置立场。科学的理论指导与公式化的立场强制是完全不同的。

第三，统一模式的可能。西方文论的科学主义转向，一个很艰苦的探索是，努力寻找和建构理论和批评的统一模式，用超历史的、置诸一切时代和文本而有效的统一方法，阐释文本和文学。结构主义特别倾注于此，符号学、叙述学就是典型。这些理论竭力探寻文本世界乃至人文世界的支配性要素和统一性形式，企图运用一种大一统的普适模式组合结构纷繁变化的现象。对此，詹姆逊不无嘲讽地指出：结构主义追求独立超然的"统一性"，这只是一种幻觉，"它本质上就是康德的自在之物不可知论的翻版"③。我们并不否认结构主义等各类主义的探索态度和取得的有益成果，但问题的前提是，人文科学，特别是文学，本质上不同于自然科学，我曾经论述过它们在研究对象与路径上的根本性区别：自然科学的研究对象是客观物质世界，它的存在和运动规律不以人的意志为转移，科学工作者不能以个人的主观意志和情感改变对象本身及对它的研究。文学则完全不同。文学创作

---

① 《马克思恩格斯选集》第4卷，人民出版社1995年版，第688页。
② 同上书，第692页。
③ [美]詹姆逊：《语言的牢笼 马克思主义与形式》，钱佼汝译，百花洲文艺出版社1997年版，第89页。

是作家独立的主观精神活动,作家的思想和情感支配着文本。作家的思想是活跃的,作家的情感在不断变化,在文本人物和事件的演进中,作家的意识引导起决定性作用,文学的创造价值也恰恰聚合于此。而作家的意识、情感不能被恒定地规范,由此,文本的结构、语言,叙事的方式和变幻同样不能用公式和模板去挤压和校正。此外,作家的思想情感基于生活,而生活的曲折与丰富、作家的理解与感受,甚至会有前一秒和后一秒的差别,抑或为惊天动地的逆转和突进,作家创造掌握的文本会因此而天翻地覆,这不是公式和模板能够容纳的。

第四,批评的公正性。这表现在对文本的确当认知上。从认识论的意义上说,认识事物,首先是认识事物的本真性,认识其实际面目。对一个文本展开批评的首要一点,也必须是对文本存在的本体认知。这包含以下三个方面:其一,文本实际包含了什么,意即文本的客观存有。其二,作者意欲表达什么,其表达是否与文本的呈现一致。其三,文本的实际效应是什么,读者的理解和反映是否与作品表现及作者意图一致。这是正确认识、评价文本的最基本准则。我们赞成对文本的深度解析,承认作者意图与文本实际呈现存在的分离,欣赏批评家对作品的无限阐释和发挥,但是,所有这一切都应以上述三点为基准,在这个基准上开展超越文本的批评。批评的公正性集中在对文本的公正上。文本中实有的,我们承认和尊重它的存在。文本中没有的,我们也承认和尊重它的缺失。因为理论和批评的需要而强制阐释文本,影响甚至丢失了批评的公正。从道德论的意义上说,公正的文本阐释,应该符合文本尤其是作者的本来意愿。文本中实有的,我们称之为有,文本中没有的我们称之为没有,这符合道德的要求。对作者更应如此,作者本人无意表达,文本中又没有确切的证据,却把批评家的意志强加于人,应该是违反道德的。当然,文本的复杂性决定了批评的复杂性,文本的自在含义并不是容易确定的。多义文本使得批评的准确性难以实现,作者的表达可能与文本的实际呈现差别甚大,深入的讨论和辨认是非常必要的。批评家可以比作者更深刻地理解文本,找到文本中存在而作者并不自觉认知的内容,这都是认识论和道德论本身可以承纳的。然而,强制阐释不在此列。强制阐释是事前决定的结论，对文本的阐释是目的推论，即以证实前在结论为目的开展推论，作品没有的，要强加给作品，作者没说的要强加给作者，以论者意志决定一切，在认识路线和程序上违反了规则，在道德理性和实践上违反了律令。正确的认识路线和基本的道德律令保证批评的公正性。

三 非逻辑证明

非逻辑证明是指，在具体批评过程中，理论论证和推理违背了基本的逻辑规律，有的甚至是明显的逻辑谬误；为达到想象的理论目标，批评无视常识，僭越规则，所得结论失去逻辑依据。更重要的是，一些逻辑上的明显错误，恰恰是因为强制阐释造成的。

一是自相矛盾，即一个学者自己的各种观点之间，或理论与方法之间相互矛盾，违反了矛盾律。这是用理论强制文本的常见现象。跟随德里达一路走来的希利斯·米勒就是典型，他坚持认为"解读的不可能性"是个真理。在《作为寄主的批评家》中，米勒强调任何阅读都会被文本自身的证据证明为误读，文本就像克里特迷宫一样，每个文本都"隐居着一条寄生性存在的长长的连锁——先前文本的摹仿、借喻、来客、幽灵"，文本自身因为吸食前文本而破坏了自身。①因此，企图在文本中寻找确当的单一意义是不可能的，文本已经在连续运动的寄主与寄生物的关系中形成无限联想的结构，从而导致文本话语表现为语义的模糊和矛盾。虽然认为解读是不可能的，但是米勒并不放弃入侵解读的冲动，而是以全新的解构主义立场，深入解读了七部经典名著，提出了具有独创性意义的"重复"理论。米勒阐释这些小说，其目的是要"设计一整套方法，有效地观察文学语言的奇妙之处，并力图加以阐释说明"②。这就出现了矛盾，既然阐释是不

---

① ［美］J. 希利斯·米勒：《重申解构主义》，郭英剑等译，中国社会科学出版社1998年版，第104页。
② ［美］J. 希利斯·米勒：《小说与重复：七部英国小说》，王宏图译，天津人民出版社2008年版，第23—24页。

可能的，为什么还要去阐释？设计"一整套方法"，从"重复"入手解析文本，这是一个大的方法论构想，绝不会以阐释七个文本为终结。如果是要建立一个以重复论为核心的批评体系，并用这个方法解释所有文本，这就偏离了解构主义无中心、无意义的根本取向。《小说与重复：七部英国小说》的实践证明，米勒不是不要解读，而是要用解构主义的立场来解读。他反复强调，哈代的文本包含多重因素，这些因素"构成了一个相互解释的主题系列，每个主题存在于它与其他主题的联系之中"。我们"永远无法找到一个最重要的、原初（或首创）的段落，将它作为解释至高无上的本原"。但是，阐释的结果呢？尽管复杂缠绕，扑朔迷离，米勒的各种解释，最终还是要读者去"探索苔丝为何不得不重蹈自己和其他人的覆辙、在那些重复中备受折磨这一问题的答案"。① 这不是在说哈代的小说是有主旨的吗？这个主旨就是苔丝难逃宿命，终究要蹈自己和他人的覆辙，无论怎样挣扎都无法改变。如果这是误解，那么再看米勒开篇的表白："我们说苔丝的故事发人深省，为什么苔丝的一生'命中注定'要这样度过：其本身的存在既重复着以不同形式存在的相同的事件，同时又重复着历史上、传说中其他人曾有过的经历？是什么逼使她成为被后代其他人重复的楷模？"米勒还说："我将苔丝遭遇的一切称作'侵害'（violation），将它称作'强奸'或'诱奸'将引出这部作品提出的根本性的问题，引出有关苔丝经历的意义和它的原因等问题。"② 他引用了哈代的一首诗——《苔丝的悲哀》——继续揭示："和序言、副标题一样，这首诗以另一种方式再次道出了这部小说的主旨。"而这首诗的第一句就是："我难以忍受宿命的幽灵。"③ 这就把哈代文本的主题或主旨揭示得更清楚了。尽管这只是米勒的认识，但是哪里还有找不到主题或主旨的问题？米勒的立场和他阐释的结果构成了矛盾。这样的自相矛盾在其他大师那里也常常会见到。如此基本的逻辑错误，

---

① ［美］J. 希利斯·米勒：《小说与重复：七部英国小说》，王宏图译，天津人民出版社 2008 年版，第 144 页。
② 同上书，第 145 页。
③ 同上书，第 132 页。

对当代西方文论的有效性构成了致命的伤害。①

二是无效判断。判断是理论与批评的主要逻辑形式，假言判断又是其中最基本的推理方法。假言推理以前后两个要件构成，一般表达为 P→Q。其中，前件 P 为后件 Q 的必要条件。P 真，Q 未必真；P 假，则 Q 一定为假。违背这个规则，判断无效。不仅简单判断如此，复杂的判断过程亦如此。前提为假，结论一定为假。海德格尔为证明一对充满隐喻性的概念，即"世界"与"大地"及其关联，以凡·高的一幅关于"鞋"的油画作为例证。海德格尔首先假设了这双鞋是一个农妇的鞋，然后充满诗意地描述道："从鞋具磨损的内部那黑洞洞的敞口中，凝聚着劳动步履的艰辛。这硬梆梆、沉甸甸的破旧农鞋里，聚积着那寒风陡峭中迈动在一望无际的永远单调的田垅上的步履的坚韧和滞缓。鞋皮上粘着湿润而肥沃的泥土。暮色降临，这双鞋底在田野小径上踽踽而行。在这鞋具里，回响着大地无声的召唤，显示着大地对成熟谷物的宁静馈赠，表征着大地在冬闲的荒芜田野里朦胧的冬冥。"写这样长的一段文字，海德格尔的意图是，从这双农妇的鞋（这是 P），来证明大地与世界的关系，证明鞋子是世界与大地之间的存在（这是 Q）。他为什么假言这鞋子是农妇的鞋子？因为他的论证目的是"大地"。他为什么要言及那么多有关田野、泥土的文字？因为这才是大地的实在表征。接着他又说："这器具浸透着对面包的稳靠性无怨无艾的焦虑，以及那战胜了贫困的无言喜悦，隐含着分娩阵痛时的哆嗦，死亡逼近时的战栗。"② 这段几乎与鞋子无关的话意图又是什么？显然在"世界"，是农妇的世界。世界与大地就这样关联起来，论证者的目标由此而实现。可是这个假言推理不能成立，很彻底的打击就是，"据后来美国艺术史家梅叶·夏皮罗的考证，

---

① 海德格尔认为，文本意义完整的、总体性的理解永远不可能达到，因而文本意义不可能是确定不变的。但海德格尔在分析、解读、评价特拉克的诗歌时却认为："特拉克所有优秀诗作中都回响着一个未曾明言但却贯穿始终的声音：离去。"（参见朱立元主编《当代西方文艺理论》，第 148 页）既然在解释学的总体原则上已经确定，文本意义的完整性、总体性理解是永远不可能达到的，那么具体作品的分析又如何有了"贯穿始终"的声音呢？这个贯穿始终是不是一个总体性的理解？

② ［德］马丁·海德格尔：《艺术作品的本源》，载孙周兴编译《依于本源而居：海德格尔艺术现象学文选》，中国美术学院出版社 2010 年版，第 24—25 页。

这双因为海德格尔的阐释而无人不知的鞋子并不是农妇的鞋,相反,它们是城里人的鞋,具体说是凡·高自己的鞋子。德里达则更进一步告诉我们,这两只鞋甚至不是'一双'"①。这就违反了假言推理的规则。P已假,Q一定为假。海德格尔犯了一个低级的逻辑错误。农妇鞋子的阐释,不能为真。②

三是循环论证。这是指在批评过程中,论据的真实性依赖于论断的真实性。论断是一个尚未确知为真的判断,需要利用论据和论证确定其真实。但在论证过程中,论据的真实性却要由论断的真实性来证明,两个都未确定为真的判断相互论证,最终的结论在逻辑上无效。这是强制阐释的文学批评中常见的错误。众所周知,"恋母情结"是弗洛伊德精神分析学说及其文学理论的立论基础。为了论证俄狄浦斯情结,弗洛伊德从"亲人死亡的梦"说起。总的线索是,人们会经常梦到自己的亲人死亡,这种情况的发生证明儿童的性欲望很早就觉醒了,"女孩的最初感情针对着她的父亲,男孩最初的幼稚欲望则指向母亲"③。由此,弗洛伊德开始了他的论证:

> 这种发现可以由古代流传下来的一个传说加以证实:只有我所提出关于儿童心理的假说普遍有效,这个传说的深刻而普遍的感染力才能被人理解。我想到的就是伊谛普斯王的传说和索福克勒斯以此命名的剧本。④

这一论证的逻辑方法是,第一,作者的"发现",意即儿童性心理的"假说"在先。这个"假说"来源于作者其他方面的研究,按照作者自己的表述,主要是精神和神经病人的案例分析。第二,这个"假说"要由一个"古老的传说"来证实。这表明,在此处,作者是

---

① 陆扬主编:《20世纪西方美学经典文本》第2卷,复旦大学出版社2000年版,第414页。
② 弗洛伊德对达·芬奇的名画《蒙娜丽莎》的解释也有同样的错误。参见张江《当代西方文论若干问题辨识——兼及中国文论重建》,《中国社会科学》2014年第5期。
③ [奥]弗洛伊德:《释梦》,孙名之译,商务印书馆1996年版,第257页。
④ 同上书,第260页。

在借用传说特别是由传说而衍生的经典文本证明自己的假说。第三，这个被经典文本证明了的"假说"，又使那个"古老传说"得到证明。其用意是，古代经典文本的有效性是不被充分承认的，只有运用他的"假说"，人们对经典文本的理解才有可靠的证明。第四，"我想到的就是"进一步证明了作者的论证程序：先有假说，再想到经典；用经典证明假说，再用假说反证经典。非常明显，弗洛伊德关于儿童性心理的假说与俄狄浦斯王的相互论证是循环论证，是典型的逻辑谬误。这可以表达为：假说是 P，传说是 Q。因为 Q，所以 P；因为 P，所以 Q。这种循环论证无法得出正确判断，逻辑上根本无效。

四是无边界推广。这是指在逻辑上的全称判断靠个别现象和个别事例，亦即单称判断来证明。普通逻辑的规则是，完全归纳可得出一般结论。完全归纳不可能实现，大概率统计亦可以有近似的全称判断。个别事例无论如何典型，只能是单称判断的根据，不能无约束地推广为普遍适用的全称结论。在一些文艺理论问题的讨论上，单个文本甚至词语分析，若无进一步的演绎推理，亦无相应的概率统计，任意推广开来，强加于其他文本，甚至上升为普遍规律，违反逻辑规则。在一些流派的理论和学说中，我们遇到这样的情况，即用个别现象和个别事例证明理论，用一个或几个例子推论一般规律。这是强制阐释的基本逻辑方法。普洛普的神话学研究是做得比较好的，他从阿法纳西耶夫故事集里的 100 个俄罗斯神话故事中排列出 31 个功能项，作为神话故事的基本要素，并推论这是所有神话及文学的共同规律。然而，逻辑上是不是应该持续提出疑问：从这 100 个故事中提炼的规律适用于所有的俄罗斯神话吗？其他民族、其他时代的神话故事也一定如此吗？将之推广为对全部文学构成的判断，是否有可靠的可以证实的根据？个别事例的典型性是大范围推广的基础，但要做出全称意义的可靠判断，必须依靠恰当规则的命题演绎或大概率统计归纳。文学理论和批评似乎缺少这样的意识，有人把一个例子或研究结果无约束地推广到全部文学，使文学理论的可靠性遭到质疑。

这里要讨论两个问题，一是文学理论构建的统计支持是不是必要。回答应该是肯定的。首先要区别文学和文学理论。文学不是科学，而是人的创造性的自主表达，包括人的潜意识、无意识的表达。

把文学作为科学来对待，企图让它像自然科学一样有完整的符号体系、定义系统、运算法则，并由此规定和推演文学创作，既不应该，也不可能。文学理论则不同，它是探寻和总结文学规律的科学。小说家和诗人不考虑的诸多元问题，比如文学的起源、功能及多种创作方法、风格等，文学理论必须给予回答。文学理论是指导并评判文学创作的。理论的规则和定义必须是科学的，是能够重复并经得起检验的，否则，所谓的理论行则行矣，却难以行远。特别是那些由特殊起步，却要规定一般的理论企图，更需要坚实的统计支撑。具体如拉康对爱伦·坡《窃信案》的文本分析，试图"利用某一文本来对一切文本的本质予以说明，用结构精神分析来描绘所有文本的动作机制"①，这显然需要更大样本的统计支持，否则，就是猜测，无法令人信服。一般如弗莱，"弗莱相信，批评处于可悲的非科学的混乱之中，因而必须严加整饬。它只是种种主观的价值判断和无稽之谈，极其需要受到一个客观系统的约束"②。弗莱的愿望是好的，几乎是所有文学理论家的愿望。但是，他把古往今来的文学概括为春夏秋冬的循环往复，这就有些可疑。尤其可疑的是，他的根据是什么？是几千年文学史的一般规律吗？如果是，那么做过切实的统计，也就是有可靠的统计计量的支持吗？如果没有，则很难令人信服，可以新鲜一阵，但无法持续。他的理论日渐消殒不见光大，这应该是主要原因。二是文学的统计是否可能。我们已经看到许多有意义的尝试。如文体学家证实海明威的简洁风格，他们会列举小说中海明威的独特语言用法，然后根据统计得出结论："海明威的某某小说中，73%的名词没有形容词和副词修饰。同时，还会把海明威同那些公认不那么朴实无华的作家做番比较，指出那些作家笔下，没有形容词和副词修饰的名词仅仅只占总数的30%。"③ 此类统计或许远没有成熟，但是，建立一种统计意识，增强理论的说服力，是非常必要的。同时应该指出，

---

① 参见朱刚编著《二十世纪西方文论》，北京大学出版社2006年版，第152页。
② [英]伊格尔顿：《二十世纪西方文学理论》，伍晓明译，北京大学出版社2007年版，第88页。
③ [英]彼得·巴里：《理论入门：文学与文化理论导论》，杨建国译，南京大学出版社2014年版，第206页。

在今天大数据、云计算的网络时代里，过去无法做到，甚至难以想象的海量数据的统计与分析，已经成为可能，理论的统计应该大有作为。①

四 混乱的认识路径

反序路径是指理论构建和批评过程中认识路径上的颠倒与混乱。构建理论以预定的概念、范畴为起点，在文学场内作形而上的纠缠，从理论到理论，以理论证明理论。开展批评从既定的理论切入，用理论切割文本，在文本中找到合意的材料，反向证实前在的理论。在局部与全局的关系上，用局部经验代替全局，用混沌臆想代替具体分析。获取正确认识的路径不是从实践到理论，而是从理论到实践，不是通过实践总结概括理论，而是用理论阉割、碎化实践，这是强制阐释的认识论根源。

一是实践与理论的颠倒。理论来源于实践，文学理论生长于文学实践，这样的例证很多。"从文学发生学的角度来说，总是先有文学，后有文学理论。这一点举世皆然。没有文学的产生和存在，也就不可能有文学理论的出现。可以肯定地说，如果没有古希腊悲剧的繁荣发展，就不会有亚里士多德的《诗学》；没有莎士比亚的戏剧探索和1767年汉堡民族剧院的52场演出，历史上也不会留下莱辛的《汉堡剧评》；同样，没有现实主义、浪漫主义、象征主义的创作潮流，也不会诞生相应的文学理论思潮。文学理论来自文学实践，并以走向文学实践为旨归，这是一切文学理论合法性的逻辑起点。"② 关于这一点，米勒指出："伟大的文学作品常常是在它们的批评家前面。它们先已候在那里。它们先已清楚地预见了批评家所能成就的任何解构。

---

① 在逻辑规则上，单个例证即可否定一个全称肯定判断。例如，某公式是否具有全称意义，最终确定为真的例证必须为事件全部，确定为假，只一例便可证伪。本文以单个例证所做的否定判断，逻辑上有限指涉相关学说或学派，并不推延概称到西方文论的全部学说。

② 张江：《当代西方文论若干问题辨识——兼及中国文论重建》，《中国社会科学》2014年第5期。

一位批评家可能殚思竭虑，希望借助作家本人不可或缺的帮助，把自己提升到像乔叟、斯宾塞、莎士比亚、弥尔顿、华兹华斯、乔治·艾略特、斯蒂芬斯，甚至威廉斯那样出神入化的语言水平。然而他们毕竟先已候在那里，用他们的作品为神秘化了的阅读敞开着门扉。"①米勒的话是对的。文学的创作生产在文学理论的前面，文学的实践造就文学的理论，这是不需要辩驳的道理。但在西方文论的成长路径上，这却成了一个很大的问题。首先，因为一些西方文艺理论直接移用其他场外理论，并形成极大势力和影响，造成了理论来自理论的假象。伊格尔顿说："事实上并没有什么下述意义上的'文学理论'，亦即，某种仅仅源于文学并仅仅适用于文学的独立理论。""从现象学和符号学到结构主义和精神分析，都并非仅仅（simply）与'文学'作品有关。"② 这是对现象的评述，但不意味着真理。这有两重意思。其一，仅仅源于文学的理论是有的，中国古典文论的许多观点就是仅仅来源于文学，比如众人皆知的各种诗话。这不排除与其他理论的联系与相互作用。其二，一种仅仅适用于本学科的理论也是存在的，不排除这种理论对其他学科的衍射和影响，但这种影响常常是外在的，是一种应用，不能否定它主要适用于本学科的骨干意义。更主要的是，我们说西方文论的场外征用，有些是完全的非文学理论，这类理论对文学的阐释是外在的强制，应用于文学领域，如果不能很好地改造其基本范式并与文学实践深度融合，终将被淘汰。当代西方文论的潮流更替证明了这一点。其次，一些重要流派，展开批评不是依据文本分析得出结论，而是从抽象的理论出发，用理论肢解改造文本，迫使文本服从于理论。这给人造成错觉，以为文学的理论可以脱离文学的实践，并且理论高于实践。理论和实践的关系可以从两个视角来把握。一是现实性视角。从这个视角看，实践明显高于理论，因为它有改造客观世界的特殊品格。二是普遍性视角。从这个视角看，

---

① 转引自［美］乔纳森·卡勒《论解构——结构主义之后的理论与批评》，陆扬译，中国社会科学出版社1998年版，第245—246页。

② ［英］伊格尔顿：《二十世纪西方文学理论》，伍晓明译，"第二版序"，北京大学出版社2007年版。

有人会以为，只有理论才有这个特性，而实践没有，因此，理论高于实践，不仅可以指导而且可以阉割实践，如同一些当代文论用理论阉割文本一样。这是错误的。实践同样具有普遍性品格。因为现实中的实践含有共同的规律，只要具备了大体相同的条件，就可能得到大体相同的结果。这恰恰是普遍性的含义。所谓理论的普遍性品格也正来源于此。① 从实践到理论的认识次序不应该颠倒。最后，一个普遍的现象是，一种理论被另一种理论否定，不是依据于文学实践，不是实践否定理论，而是以理论否定理论，是一种理论瓦解了另一种理论。这会产生误解，以为理论的自言自语也是自身成长的动力。理论对理论的批判同样要以实践为根据。"人的思维是否具有客观的真理性，这不是一个理论的问题，而是一个实践的问题。"② 离开了实践，再冲动的理论也难以为继。费尔巴哈企图否定黑格尔的道德论，其根据是他所谓爱的幻想。恩格斯批评说："费尔巴哈的道德论是和它的一切前驱者一样的。它是为一切时代、一切民族、一切情况而设计出来的；正因为如此，它在任何时候和任何地方都是不适用的。"③ 克罗齐以"艺术即直觉""直觉即表现"的表现主义理论，否定社会历史批评，然而汤因比从历史哲学的角度否定了他："毫无疑问，社会环境是决定一个艺术作品的形式与内容的首要因素"，尽管"艺术中所包含的见识的效力却会超越创作时的历史时空的暂时性和地域性"，但是因为"艺术综合了人的感知和思考"，艺术作品的历史背景和时代因素还是能够被迅速地判断出来。④ 德里达仅仅从消解意义的目的出发，用解构主义取代结构主义，然而"德里达所称的逻各斯中心论的最大讽刺在于，它的阐释（即解构主义）和逻各斯中心论一样张扬显赫，单调乏味，不自觉地参与编织系统"⑤。海登·怀特说得更

---

① 参见列宁《哲学笔记》，人民出版社1974年版，第230页。
② 《马克思恩格斯文集》第1卷，人民出版社2009年版，第500页。
③ 《马克思恩格斯选集》第4卷，人民出版社1995年版，第240页。
④ ［英］汤因比：《历史研究》，刘北成、郭小凌译，上海人民出版社2005年版，第407页。
⑤ Said E., "Opponents, Audiences, Constituencies and Community", In *Critical Inquiry*, Vol. 9, No. 1, *The Politics of Interpretation*, Chicago: The University of Chicago Press, 1982, p. 9.

辛辣一些："德里达以为自己的哲学是对结构主义的超越，殊不知却是对结构主义的彻底崇拜，成了它的俘虏。"①

二是具体与抽象的错位。这有两个维度的问题。一方面，理论生成不是从具体出发，上升为抽象，而是从抽象出发，改造、肢解具体，用具体任意证明抽象。另一方面，隔绝抽象，抵抗抽象，用碎片化的具体替代抽象，理论的统一性、整体性、稳定性遭到瓦解。正确关系应该是：文本的批评必须从具体出发，立足于具体，从具体的分析和研究中上升为抽象；抽象应该指导具体，具体的分析和研究应该上升为抽象，而不能停滞于碎片化的具体。符号学批评就是从抽象出发的批评。符号学把文学抽象为无感情、无意义的符号，并构造近乎数学模型的方法，用以文本分析。符号学由瑞士语言学家索绪尔和美国哲学家皮尔士分别创立，其生成基点与文学无关。格雷马斯在叙事学研究中引进符号学方法，在文本分析上用抽象统治了具体。前面我们提过的詹姆逊对中国古典小说的矩阵阐释就是一个例子。这种从抽象出发的文本分析把握不好，极易消抹作品的文学特征，得出令人难以接受的另样结论。巴特更把符号方法推向极端，认为"符号就是符号本身，并不代表任何事物"，"文学评论应当从语言的上下文来了解，不能涉及现实内容与思想内容"。② 这种不涉及内容的符号方法充分表明，在符号学理论中，抽象是主导一切的，是文本批评的出发点和落脚点，具体服从于抽象，是证明抽象的工具。这种由抽象出发强制具体的批评，其缺陷是明显的。其一，在文本批评上，用抽象集纳具体，具体存在的思想和内容凝缩于抽象结论，导致文本内容尤其是思想内容的虚无。特别是用抽象符号解构文本，将承载复杂思想和情感的文本演变为无意义符号的叠加，内容的碎片化、思想的碎片化难以避免。福柯批评德里达"完全陷入文本之中"，"作为批评家，他带着我们进入文本，却使我们难以从文本中走出来。超越文本轴标

---

① White, Hayden, "The Absurdist Moment in Contemporary Literary Theory", In Murray Krieger & L. S. Dembo eds., *Directions for Criticism, Structuralism and Its Tematives*, Madison: The University of Wisconsin Press, 1977, p. 85.

② 参见刘放桐等编著《现代西方哲学》下，人民出版社1990年版，第738页。

的主题与关怀，尤其是有关现实问题，社会结构，权力的主题与关怀，在这个曲高和寡的超级语言学框架里完全看不到"。① 其二，如果说文学是审美，是独具创造性的意义表达，那么具体对文学的意义就重于抽象。更确切地说，没有抽象的文学，只有具体的文本。离开具体的文本，离开对具体文学的具体分析，就没有文学的存在。无感情、无意义的符号必然导致对文学特性的消解，导致理解的神秘化。海登·怀特批评德里达"攻击整个文学批评事业"，"编出令人眼花缭乱的符号游戏，使理解无法进行。阅读原本面对大众，属于大众行为；但是现在文本被符号化，语言被神秘化，阅读成为少数人的智力游戏和炒作的资本"。② 其三，共性本身就是消解和规约个性的。用共性的抽象强制个性的具体，固守单一的抽象方法，阐释变幻无穷的文本，当然要导致批评的僵化。从相反的方向说，拒绝抽象，满足于具体也是片面的。所谓"逻各斯中心主义"有它的短处，但这不意味着可以放弃对本质和中心的探究，使批评停留于琐碎而无联系的具体。晚近的米勒十分重视解构批评的操作实践，通过对大量文学作品的分解式阅读和评论，赋予文本的具体以极丰富的意象。然而，"米勒把解构批评看成为将统一的东西重新拆成分散的碎片或部分，就好像一个小孩将其父的手表拆成一堆无法照原样再装配起来的零件"。③ 这样的解构主义拆分，具体确是具体，但是整体不在了，合理的抽象不在了，对文本的阐释、对文学的理解，成为零乱飘飞的一地鸡毛，这样的批评没有意义。如果将文本比喻为手表，其中各个零件都有确定的作用，单独存在时，它只是零件，作用是明白的，功能却无效。拆解了零件作透彻的分析是必要的，但是，这种分析必须落实在功能上，只有在整体中发挥功能，这个零件才是有用的零件。文本中的具

---

① Wolin, Richard, *The Terms of Cultural Criticism*, New York: Columbia University Press, 1992, p. 200.

② White, Hayden, "The Absurdist Moment in Contemporary Literary Theory", In Murray Krieger & L. S. Dembo eds., *Directions for Criticism, Structuralism and Its Tematives*, Madison: The University of Wisconsin Press, 1977, pp. 107–108.

③ [美] J. 希利斯·米勒：《小说与重复：七部英国小说》，王宏图译，天津人民出版社2008年版，第135页。

体都是文本的具体，离开了文本，具体就是另外的味道，无论怎样细致精密，都要失去它本来的意义。只有在文本的总体框架中，在对文本的抽象总结中认识具体，认识各个具体之间的联系，并把握其抽象意义，才是科学的批评。再进一步，我们说的抽象，不是空洞的强制的抽象，而是由感性具体上升而来的理性抽象。解构式的拆分是必要的，但不能停留于拆分。拆分是为了抽象的意义，没有对拆分的意义整合，没有对文本的意义认识，具体的拆分仅仅是技术分析而非文学分析。用技术分析代替文学分析，对文本批评而言，是强制的片面阐释。

三是局部与全局的分裂。这是指在文学理论的建构中，诸多流派和学说不能将局部与全局有机统一起来，形成一个相对完整、自洽的体系。从局部始，则偏执于一隅，对文本作分子级的解剖分析，且固执地停留于此，声称这就是文学总体，以局部代替全局。从全局始，则混沌于总体，面向总体作大尺度宏观度量，且离开具体的研究作无根据的理论臆想。应该说，新批评是一种具有独特优势的批评方法，细读应该成为一切文本批评的基点。新批评的历史作用没有人能够否定。但问题是，新批评绝对地强调文学的内部因素，否定外部因素，彻底抛弃文学外部因素研究的理论和学说，尤其排斥社会历史批评理论，声称只有其自身理论符合文学的规律和批评的要求，由此陷入了极大的片面性。姚斯创立了接受美学，开辟了文学理论和批评的新的发展空间，这是一个重大的贡献。但是，如果声称"文学史不是别的，就是作品的接受史"，把其他文学因素完全排斥于文学研究之外，将其他理论和方法弃之不顾，这样不仅是对其他理论的意义和作用的轻贬，而且也使自己的理论处于单兵突进、孤立无援的状态，难以对文学的整体发展发挥更大的作用。同时，我们也很怀疑，说"文学史就是作品的接受史"，如此决绝，文学难道不是作品的创作史吗？没有创作，没有作品，何来接受？在与传统和历史的关系上，也有一个全局和局部的关系。如果把总的历史图景看作全局，把某一历史片断，包括当下的即时研究作为局部，那么一些重要的批评理论，把自己同历史作断崖式的割裂，严肃声称这是一个全新的理论，和一切传统无关，这也是一种认识路线上的混乱。从形式主义开始，西方文论的主流从作者转向作品，取消了一切与作者有关的研究，一直到后来响亮的口号"作者死了"，社会历史研究的有益因素被全部抛弃。结构主义被解构主义彻底碎片化，不仅如此，德里达坚决地宣称："解构主要不是一个哲学、诗、神学或者说意识形态方面的术语，而是牵涉到意义、惯例、法律、权威、价值等等最终有没有可能的问题。"① 这不仅是对文学，而且是对以往价值的彻底颠覆。不仅学派如此，就是一些理论家个人也对自己的理论进程不断否定和自新，我们从中也能看到这种断崖式否定的症候。米勒就是一个典型。他从新批评到意识批评再到解构主义，对自己的持续否定既体现他不断进取、不断创新的精神，也体现了西方文论一波又一波无限延宕的自我否定。

　　这里有两个问题需要讨论。第一个问题关涉西方文论的理论范式。西方文论发展中各思潮和学派的狂飙突进，以抵抗传统和现行秩序为目的。提出一个方向的问题，从一个角度切入，集中回答核心的焦点问题，攻其一点，不及其余，不求完整，不设系统，以否定为基点澄明自己的话语，这是一种很普遍的范式。其长处是突出了理论的锋芒和彻底性，但弱点也是致命的。这种单一化、碎片化的理论走向本身就是解构，其结果必然是文学理论及其学科的存在受到质疑。面对各种主义丛生、各种方法泛滥的现象，"你可以讨论这位诗人的有气喘病史的童年，或研究她运用句法的独特方式；你可以在这些'S'音中听出丝绸的窸窣之声，可以探索阅读现象学，可以联系文学作品于阶级斗争状况，也可以考察文学作品的销售数量"。② 这是伊格尔顿的调侃。20世纪西方文论的方法远不止这几种，各种主义创造的方法数不胜数，每一种方法都以独到、新风而自诩。但是，由于场外理论的征用移植是当代西方文论生成的主要方式，一些理论和方法之间几乎没有联系和照应。新批评与历史主义之间、结构主义与文化研究之间、女性批评与东方主义之间，如鸿沟般相互割裂。各种

---

①　Derrida, Jacques, "The Time of a Thesis: Punctuations", In Alan Montefiore ed., *Philosophy in France Today*, London: Cambridge University Press, 1983, pp. 44 – 45.
②　[英] 伊格尔顿：《二十世纪西方文学理论》，伍晓明译，北京大学出版社2007年版，第199页。

理论的隔阂、各种学派的矛盾，以至于一个独立学说、一位独立的思想家自身学说内部的自相矛盾，让理论的未来走向混沌不清。任何从相对系统、整一的角度界定理论的企图，都成为妄想。如此，就提出第二个问题，当代西方文论的理论范式是不是意味着文学理论和批评就不应该有一个完整的构成或体系？

理论构成的局部与全局是什么关系？实践证明，一个成熟学科的理论，大体上应该是一个完整有序的系统，在这个系统中，各方向的专业分工相对明确，配套整齐，互证互补。在理论生成和发展的整个过程中，某个方向的理论可能走得快一点，具有开拓和领军的作用。但是，随之而来的，其他方向的配套理论必须接续上来，逐步构成一个能够解决本学科基本问题的完整体系。同时，系统内不同方向的研究，其水平和深度应该大抵相当，某一方向的单兵突进，各方向之间的相互隔绝，会使整个系统处于不健全、不完整、不稳定的发育状态。无是非的矛盾、无标准的争论、无意义的相互诋毁，使整个学科面临常态化的危机，理论的有效性受到质疑，理论的发展成为空话。英伽登就曾指出，作品的艺术价值是一种集合性构成，任何孤立看待某一价值特征的做法都可能不得要领："'审美价值'是某种仅仅在审美对象内、在决定对象整体性质的特定时刻才显现自身的东西。"①文艺作品如此，文艺理论是不是也应该如此？从20世纪理论发展的事实看，各种学说和流派的单兵突进，并不意味着那些理论的创立者否定和放弃理论的统一性，只不过这种统一性的追求，一方面是通过自身理论的统一性而实现，另一方面则表现为试图以自己的理论替代他人的理论而成为唯一的理论。解构主义主张无中心，以往的一切理论都要被否定。真若如此，解构主义不是成为理论中心，而且是唯一的中心吗？形式主义、新批评、结构主义、后现代主义，以至于文化研究、新唯美主义，哪一个不是以对以往历史的完全否定、对场内其他理论的完全否定而表达自己理论的整一性和全局性的？一个成熟学科的理论必须是系统发育的。这个系统发育体现在两个方面。从历时

---

① ［波兰］英伽登：《艺术的和审美的价值》，载蒋孔阳主编《二十世纪西方美学名著选》下，复旦大学出版社1988年版，第278页。

性上说，它应该吸取历史上一切有益成果，并将它们贯注于理论构成的全过程；从共时性上说，它应该吸纳多元进步因素，并将它们融为一体，铸造新的系统构成。理论的系统发育不仅是指理论自身的总体发育，而且是指理论内部各个方向、各个层面的发育，相对整齐，相互照应，共同发生作用。系统发育是理论成长的内生动力，也是一个理论、一个学科日趋成熟的重要标志。期望以局部、单向的理论为全局、系统的理论，只能收获畸形、偏执的苦果。

理论中心论

——从没有文学的"文学理论"说起*

张 江**

从19世纪末到20世纪后期，西方文艺理论的发展经历了从"以作者为中心"到"以文本为中心"再到"以读者为中心"三个重要阶段。在这三个历史阶段中，各个中心话题分别生成和衍化出诸多重要理论和学派。这些理论和学派各有优长，彼此之间的交叉渗透和主题论争也时有起伏。但是，直面当下，我们可以做出这一判断，即经过百年发展和嬗变，西方文论的总体格局已经发生了深刻变化，自20世纪80年代始，以后现代主义特别是解构主义的兴起为标志，当代西方文论总体放弃了以作者—文本—读者为中心的追索，走上了一条理论为王、理论至上的道路，进入了以理论为中心的特殊时代。其基本标志是：放弃文学本来的对象；理论生成理论；理论对实践加以强制阐释，实践服从理论；理论成为文学存在的全部根据。短短百年间，西方文艺理论的中心话题多次转移、变幻，后来者否定、阻绝前在者，从以作者为中心到以理论为中心，从没有文学的庸俗社会学批评到没有文学的文学理论，沿着一条闭合循环的行进路线，无奈地回到起点，给我们以深刻的警醒与启示。

一 对象的变幻与迁移

任何一种成熟的理论，都有自己确定的对象。理论依据对象而生

---

* 本文原刊于《文学评论》2016年第5期。
** 作者单位：中国社会科学院。

成,没有对象就没有理论。放弃和改变对象,理论就不再是关于该对象的理论。从发生学的意义上来说,对象先于理论而存在,对象在自身运动中展现其规则和动律,提供人们以逻辑和理论归整的必要条件。理论的成长,由感性和对表象的体验出发,经过反复归纳推理,零碎散乱的表象集合抽象为概念、范畴,再由实践多重调整校正,形成与对象本身生成及运动规律相一致的规则、范式,最终达到深入本质、把握规律的理论目的。从功能论的意义上来说,理论的功能是认识和把握对象,指导乃至改造对象,实现理论到实践的转化。理论依据对象丰富发展自己,对象依靠理论服务指导自己,理论在与对象的互动中显现和印证自身,对象在理论的指导下调整和丰富自身。对象的存在决定理论的存在,对象消失了,理论就失去了存在的根据,或早或晚也要随之消失。就学科发展而言,任何一个学科的创生都是以具体对象的创生和存在为前提的。具有实践能力的对象,在其发展进程中,不断地提出问题、创造话题、建制论域,由此保证和推动学科的生成和延续。从学科独立的意义上来说,研究对象的清晰存在是学科成立并保持下去的第一根据。失去了确定的对象,学科及其理论将不复存在。离开确定的学科论域,学科的理论也难以维系。一个对象模糊、论域失范的学科,不可能成为有生命力的学科。对象的存在和生长是学科存在和生长的必备条件。

　　20世纪的西方文论,经过分别以作者、文本、读者为中心的不同阶段的演进,其历史脉络清晰而完整。对此,学界早有共识。在演进过程中,尽管"三个中心"的理论盘亘交错且多有融合,但主流思潮和学派的地位难以动摇。19世纪及以前的文学理论和批评,以文本生成的社会历史背景为主要指向,其阐释与批评的锋芒集中于作者,与作者相关的历史传统和社会语境分析构成文学批评的基本内容。以作者为中心,忽略乃至弃绝对文本自身的研究,此类非文学的社会分析与考量,远离文学的本来意义,为理论的变革和进步提供了有利契机。正因如此,20世纪初期的俄国形式主义,开始推进当代西方文论的语言论转向。这个转向以索绪尔的深刻创意为主线,把文学理论的核心目标集中为文本的形式与技巧。由此起始,经过语义学和新批评学派,特别是经过结构主义、符号学、叙事学的延宕和深化,牢固确立了以文本为中心的立场与倾向。一些重要口号,如所谓"作者死了"和"文本之外别无他物"等,把这个历史性追索推向极端,为新的理论生产打开了缺口。20世纪60年代,以姚斯为代表的接受美学,直指以文本为中心的弊端,瓦解了单纯以文本为中心的理论的历史。作者不在,文本不在,读者成为决定文本以至文学存在的唯一根据;没有读者,一切文学创作和文本书写都不可能完成和实现;文学史成了作品被接受的历史。接受美学以对作者和文本的双重否定,再一次改变了西方文论的行进方向,以读者为中心开始引领潮流。无论怎样评价以前"三个中心"的理论意义和得失,有一点可以断定,以作者、文本、读者为中心的理论和批评,其追索目标及思维路线是基本一致的,即都是以理论自身之外的文学实践及活动结果为对象,构建和丰富理论本身。应当说,在这个历史过程中,理论与自身对象的关系是清晰的。以作者为中心,其理论对象是作者。作为文学实践的行为主体,作者的创造与书写构成文学活动的核心。研究作者,通过作者关涉文本,其理论的对象是正当的,理论的合法性据此而成立。以文本为中心,理论的对象是文本。文本是文学活动的结果,是具体文学过程的重要节点。以文本为中心展开研究和阐释,是以对象为基点建构和推进理论,为理论生产确立了实践依据,理论生成的认识论根基牢固而可信。以读者为中心,理论的对象是读者及读者对文本的理解和阐释,其合理性在于,作为文学活动的直接参与者,读者对文本的理解和阐释,对作者的书写及其文本意义产生影响。通过对读者的理解的分析,既可考察作者书写是否确当表达其意图,也可证明文本播撒的意义和影响。读者参与的文学活动,应该是理论研究的确切对象,是理论生成的重要源头与根据。准此,我们判断,"三个中心"的理论以现实文学实践、文学结果、文学传播过程为对象,通过对实践活动的认识和总结生成理论并指导实践,理论的对象集中于文学,为文学的生长服务,理论的存在是必要的,且理由充分。

但是,从20世纪后期诸多思潮和流派的演变看,当代西方文艺理论似乎离此渐行渐远。其基本流变和倾向是,文艺理论不以文艺为对象,而以文艺场外的理论为对象,借助或利用文艺膨胀和证明自己,"文艺理论"的存在受到质疑。具体表现有以下三个方面。

一是放弃对象。文学理论不讨论文学,而是以自身为目的,借助文学讨论和证实自己；文学理论的骨干线索远离文学，成为理论本身的自我膨胀和无界话语。乔纳森·卡勒认为，20世纪60年代以来的文学理论，"已经不是一套为文学研究而设的方法，而是一系列没有界限的、评说天下万物的著作，从哲学殿堂里学术性最强的问题到人们以不断变化的方法评说和思考的身体问题，无所不容。'理论'的种类包括人类学、艺术史、电影研究、性别研究、语言学、哲学、政治理论、心理分析、科学研究、社会和思想史，以及社会学等各方面的著作"①，但就是没有文学，文学理论放弃文学对象而自成一统，文学理论不再有自己特定的边界，文学理论不再论文学，不再是关于"文学"的理论，而是飘摇和徘徊于文学之外的他物。

二是关系错位。理论与对象的关系被彻底颠倒，不是文学理论来源于对象并依靠对象而存在，而是文学对象依靠于文学理论，离开了文学理论，文学研究和评论活动便失去理由，一切都从理论出发，由理论生成对象。在一个具体的批评展开以前，必须首先立足于一套现成的理论，以这个理论为框架规范和制约批评的方向与结果。例如，没有拉康的导引，就没有资格谈论抒情诗；不用"福柯关于如何利用性征和女性身体的歇斯底里化的阐述，还有加亚特里·斯皮瓦克对殖民主义在建构都市主体中所起的作用的论证"，也就没有资格评论维多利亚时期的小说。② 于是，人们抱怨文学研究中"非文学的讨论太多了，关于综合性问题的争辩太多了（而这些问题与文学几乎没有任何关系），还要读太多很难懂的心理分析、政治和哲学方面的书籍"③。这充分证明了理论与对象关系的严重错位，非对象性的理论在生成和建构理论的对象。

三是消解对象。"'理论'已经使文学研究的本质发生了根本的变化。"④ 文学是什么，文学理论是什么，这些基础性的文学元问题被彻底消解。既然理论本身把哲学、语言学、历史学、政治理论、心

---

① [美]乔纳森·卡勒：《文学理论入门》，李平译，译林出版社2013年版，第4页。
② 同上书，第16页。
③ 同上书，第1—2页。
④ 同上书，第1页。

理分析等各方面的思想融合在一起，所谓的文学研究就没有必要去正视其所要研究和解读的文本究竟是不是文学。由此，人们对西方文艺理论最普遍的责难，当然就是"它借用其他学科的概念来统制文学"，"主张一切阐释均等有效"，从而"威胁到文学研究生死攸关的存在理由"。①

现在的问题是，以理论为中心的理论有没有自己的对象？回答是肯定的，理论在以自身为对象，而这正是后现代文艺理论以理论为中心持续展开的重要标识。这些对象是理论自己制造和培植的，主要来自文学场外的其他学科。文学理论放弃自己的对象展开自身，并自称为"理论"，这个理论不研究文学，对文学实践活动没有任何认证或指导作用，其文学的价值和意义又在哪里？历史上一些理论和学派的生成之所以可能，且可以留存下来持续发生影响，甚至成为基本思想因子，像空气和影子一样无意识、非自觉地发挥作用，无一不是因为它们对象明确、指称清晰、为对象所生。形式主义就是一个很好的证明。形式主义的确立，是以对象的确定性为前提的。前已述及，形式主义以前的理论，其研究对象是作者，是文本生成的哲学、政治、科学、宗教等历史话语，或社会、经济、文化现实对作者及其书写的影响。毫无疑问，这些背景内容是与文学直接或间接相关的，且最终落实于文本和文学。但是，形式主义并不满足于此，它要以更精确的独立对象为目标，确立自己的理论基点，使文学理论进一步文学化。

艾亨鲍姆特别强调：

> 对于"形式主义者"来说，在文学研究中，主要的不是方法问题，而是作为研究对象的文学问题。②

---

① ［美］乔纳森·卡勒：《论解构——结构主义之后的理论与批评》，陆扬译，中国社会科学出版社1998年版，第10页。

② ［俄］艾亨鲍姆：《"形式方法"的理论》，载［法］茨维坦·托多罗夫编选《俄苏形式主义文论选》，蔡鸿滨译，中国社会科学出版社1989年版，第19页。同时参见艾亨鲍姆《关于"形式主义者"问题的争论》中的如下表述："问题不在于文学研究的方法，而在于建构文学科学的原则，亦即该学科的内容，研究的主要对象，以及建构作为特殊科学的文学的问题。"参见［爱沙尼亚］扎娜·明茨、伊·切尔诺夫编《俄国形式主义文论选》，王薇生编译，郑州大学出版社2005年版，第256页。

> 我们的研究工作的实质是研究文学艺术的内在特点，而不在于建立固定不变的"形式方法"……这是研究对象的问题，而不是研究方法问题。①

真可谓一语中的。形式主义能够成为一个重要的学术流派而发生作用，其根本之处就在于重新确立具有广阔理论空间的对象，并锁定对象，对之做持续深入的研究和开掘。正是这个对象选择，使形式主义流派取得重大成就，开辟了20世纪西方文艺理论研究的新方向。对象的清晰，决定了理论的清晰；对象的确定性，决定了理论的确定性。这就从根本上保证了形式主义的研究方法成为普遍的研究范式，深刻影响了整个西方文论研究的走向，引导和带动了诸如新批评、符号学，甚至结构主义旗帜下的诸多理论思潮和学派，成就了20世纪西方文艺理论的宏大格局。现在看来，虽然形式主义的一些观点和方法已经过时，但它以文学自身的独立性为对象，建立和展开理论，使文学理论成为关于文学的理论，其影响广大而深远。形式主义作为文学理论进入历史，没有人能够怀疑。

二 理论的生成路线

理论的生成路线，即理论从哪里出发，落脚于哪里，是我们判断西方文论发展进入以理论为中心的历史阶段的重要标志。其总体倾向是：文艺理论不是从文艺经验和实践出发，而是从概念和范畴出发；概念生成概念，范畴生成范畴；理论是唯一的出发点和落脚点，理论成为研究和阐释的中心。从原生理论看，以场外理论的强制征用为基础，自我推衍，自我认证，制造凌驾于文学之上的空洞话语。强制征用之所以能够大行其道，几乎成为当代文艺理论的基本建构方式，就是因为理论本身失去了从文艺经验与实践生成和发展理论的能力，只能从文艺场域之外，强制征用本与文学和艺术无关的各种理论，规约

---

① ［俄］艾亨鲍姆：《"形式方法"的理论》，载［法］茨维坦·托多罗夫编选《俄苏形式主义文论选》，中国社会科学出版社1989年版，第48页。

和解构文艺。与此同时,诸多场外理论,强制反征文学艺术,借经典之名,膨胀和播撒自己。从次生理论看,仅以原生理论的已有概念和范畴为对象,制造新概念、模拟新命题、推衍新范式。许多次生理论,仅仅是为了阐释原生理论,为原生理论作注解或说明,重复的理念、重复的语言,为"论"而生、因"论"而亡,既不必创新,亦不能守成,似乎就是为了理论而理论。从理论的应用看,以歪曲文学经验、强制阐释经典的方式,推行和认证理论。文学成为理论的侍女,任人随意打扮。同一个文本,置于不同的理论之下,生产完全不同的意义;同一个理论,针对不同的文本,生产完全相同的意义。目的论、独断论的阐释,令人难以理解和接受。"作者死了,文学与世界全然无关,同义现象本不存在,所有的阐释都有价值,经典乃非法概念"[①],理论成为与文学现实没有干系的纯粹思维运动,成为从概念到概念、从范畴到范畴的随意堆砌和推演。理论本身成为无须证明似乎也无法证明的东西,它不仅是自身的标准,而且是不可拒斥的现实的裁判。理论成为真正的王者,被赋予天马行空般的神秘力量。

这样的理论路线,鲜明地承袭了近代以来从笛卡尔起始,经过斯宾诺莎、莱布尼茨、康德,一直到黑格尔的唯理论路线,将绝对的理性主义进一步推向极端。20世纪中后期大行其道的后现代主义,曾奋力超越理性的束缚,极力否定逻各斯中心主义、本质主义,抵抗宏大叙事,然而,无论怎样挣扎,却依然挣脱不了传统理性的巨大惯性,以更加极端的方式,让脱离现实、脱离实践的理论彻底地主宰了自己。这样一条思想和理论路线,是黑格尔早已走过并作系统规整的老路,他的"绝对精神"的展开和演变,就是当下文论路线的直接映照。这条路径的大致方向,从概念论的意义上说,主观概念是客观事物生成的根据。事物之所以能够产生并存在,完全依赖于主观概念,概念外化为客观事物。概念在先,存在为后。"概念最初只是主观的,无须借助于外在的物质和材料,按照它自身的活动,就可以向

---

① [法]安托万·孔帕尼翁:《理论的幽灵——文学与常识》,吴泓缈等译,南京大学出版社2011年版,第244页。

前进展以客观化其自身。"① 从真理论的意义上说，真理并不是主观认识对客观事物的正确反映，而是概念自身的实现。"理念就是真理"，一切客观事实符合理念就是真理，概念及理性成为认证真理的标准。"概念的形式乃是现实事物的活生生的精神。现实的事物之所以真，只是凭借这些形式，通过这些形式，而且在这些形式之内才是真的。"② 从绝对观念论的意义上说，绝对观念是最深刻最具体的概念，是一切对立的统一，理念实现并超越自己，生命与认识、主观与客观、理念与意志完全统一起来，纯粹思想、纯粹概念转化为自己的反面，外化为客观自然和客观实在。理念以自身为对象，理念包含了全部的真理。"理念作为主观的和客观的理念的统一，就是理念的概念。——这概念是以理念本身作为对象，对概念说来，理念即是客体。——在这客体里，一切的规定都汇集在一起了。因此这种统一乃是绝对和全部的真理，自己思维着自身的理念，而且在这里甚至作为思维着的、作为逻辑的理念。"③ 检点后现代主义理论武库，诸多思潮和学派，包括那些坚定反对理性主义，主张非理性、主张意志论的学说，依然在重复着黑格尔一直崇尚并实际运作的老旧手法，在思维方式和理论推演路线上了无新意。就某些所谓后现代主义理论而言，伊格尔顿认为，其出发点就是"拒绝接受下列观点的当代思想运动：整体、普遍价值观念、宏大的历史叙述、人类生存的坚实基础以及客观知识的可能性。它怀疑真理、一致性和进步，反对他所认为的文化精英主义，倾向与文化相对主义，赞扬多元化、不连续性以及异质性"④。这是从1968年以法国"五月风暴"为肇始的欧洲政治运动的"兴奋与幻灭、解放与纵情、狂欢与灾难"的"混合中产生出来的"政治和社会理论及思潮⑤，而非文学场域内自生的经验和理论。有人把它们移植到文学场域之内，碾碎了文学理论依据文学经验和实践自

---

① [德]黑格尔：《小逻辑》，贺麟译，商务印书馆1980年版，第378页。
② 同上书，第331页。
③ 同上书，第421页。
④ [英]伊格尔顿：《理论之后》，商正译，商务印书馆2009年版，第14页。
⑤ [英]伊格尔顿：《二十世纪西方文学理论》，伍晓明译，北京大学出版社2007年版，第139页。

我生长的规律，生造出诸多强加于文学的概念，曲解和消费文学，使文学理论远离文学。

例如，解构主义本是一种思想和思维运动，是形而上的哲学思辨，作为"一种政治实践"，"它试图摧毁特定思想体系及其背后的那一整个由种种政治结构和社会制度形成的系统借以维持自己势力的逻辑"①，但是，僵硬甚至暴力地把它挪进文学场域中来，以这个理论——如果它是一种理论的话——为基点制造理论，文学话语突变为"理论"和对文学历史及经典文本的解构之旅，文学理论走上了以理论为中心的歧途。解构主义的出发点不是文学，它的思想根源和历史根基，它的理论企图和价值取向，都不是文学和文学经验的诉求。但是，在当代西方文论中，也包括在当下中国文论领域中，以德里达的理论为理论的"理论"汗牛充栋，甚至成为一个难以躲避的灾难。德里达生生制造了"延异"这个概念，其造词的目的，从大的方向说，是要抗击逻各斯中心主义，颠覆西方哲学传统；从小的方向说，是要使他"关于文字不能被简单视作言语之再现的说法，使每一种意义理论同时既被确认又被颠覆的问题"更加鲜明地凸显出来。② 这是标准的哲学概念，思辨之极，生涩之极。造词者使用这个词，揭露和批评索绪尔语言学中被遮蔽的逻各斯中心主义。文学理论家运用这个词，无中生有地阐释文本，让文本幻化为解构主义的谜团，或者让文本"自动地解构自己"，以证明文学从来就是解构语言的游戏。显然，这已不是文本的确当阐释，而是一种理论的展开，是概念依附于文本展开和实现自己，借文学证明理论、扩大影响。在这里，文学既不是对象，也不是目的，只是一种用以证明自身的工具而已。这种以理论为中心，以概念制造客体，以抽象规定颠覆文本的理路，在后现代主义的文本观上表现得更加突出。文本的含义由理论任意生成和决定，完全是理论的自由展开和自我实现。以概念的"延异"显现自

---

① ［英］伊格尔顿：《二十世纪西方文学理论》，伍晓明译，北京大学出版社2007年版，第128页。
② ［美］乔纳森·卡勒：《论解构——结构主义之后的理论与批评》，陆扬译，中国社会科学出版社1998年版，第82页。

身,以理论的能动外化客观意义,颠覆文本,解构文本,强迫文本服从概念并反证概念,将文本占为己有,使对象成为"自己的"私产,实际上就是黑格尔的"实践的理念",也就是所谓"意志",在对客观对象的改造甚至颠倒重建的过程中,外化自己、实现自己的当代镜像,透彻显现了理论中心的主导和决定意义、经验与实践的被动与从属的消极处境。理论外化文本,文本证明理论,解构主义,就是以"陌生化"的场外理论,颠覆对文学本身的研究,极大地歪曲了文学理论的学科形态,文学理论失去了对文学的意义。

同性恋批评也是如此。从起点上看,"同女性主义批评一样,同性恋批评有着自己的社会和政治目标,尤其体现出针对社会的'对抗性设计'"①,"对抗同性恋恐惧,对抗异性恋……以及在对抗视异性恋为理想和制度,赋予其特权的行为中,同性恋研究日益增长"。在这一社会政治潮流下,同性恋话语进入文论领域,同性恋批评成为同性恋研究的组成部分,成为同性恋运动所借助的力量。同一切从场外进入文学研究的理论一样,同性恋批评要做的最重要的事情就是,寻找确立载入正典的同性恋作家,寻找主流文学中与同性恋有关的情节,制造同性恋话语的文学图景,证明同性恋批评的正当性与合法性。他们就是要尽一切努力,把正典作家和经典文本,紧紧贴附于同性恋诉求,对之重新加以审视,并以此为主线,重写全部文学历史。凡此种种,诸多场外理论大肆侵袭的直接结果是,文学理论的整体气象与文学无关,成为各种深奥繁复的非文学概念和范畴的无序组合,"就是一大堆名字(而且大多是些外国名字),比如雅克·德里达、米歇尔·福柯、露丝·依利格瑞、雅克·拉康、朱迪恩·巴特勒、路易·阿尔都塞、加亚特里·斯皮瓦克"②,成为"竞新斗奇或骇人听闻的理论"的竞技场。③

后现代主义的文艺理论,就以这些名字为中心开展,以这些名字

---

① [英]彼得·巴里:《理论入门:文学与文化理论导论》,杨建国译,南京大学出版社2014年版,第137页。
② [美]乔纳森·卡勒:《文学理论入门》,李平译,译林出版社2013年版,第2页。
③ [美]乔纳森·卡勒:《论解构——结构主义之后的理论与批评》,陆扬译,中国社会科学出版社1998年版,"序"第5页。

构建学科，文学理论研究者就以这些名字为中心，成就或顿挫自己的事业，什么作者、文本、读者，包括文学及其理论，不再是文学理论的主流话语。理论以及理论的名字成为文学理论的中心。

三　阐释的强制方式

以理论为中心，理论成为文学存在的根据。文学的研究与批评从理论出发，研究、阐释文学和文本，再反证理论。问题的关键在于，各种所谓理论，包括形而上的思辨哲学，都要入侵文学，以文学为武器，张扬自己的学说，而这些理论却不是从文学生成或出发的理论，不是文学的直接经验的映照和总结，理论者却执拗地以理论为基准阐释和规整文学。这就迫使理论的阐释方式发生根本性变化，所谓强制阐释也就成为必然。

强制阐释是指，阐释者从既定的立场和目的出发，对文本作符合论者主观意图及前置结论的阐释，而不论这个文本是否具有与论者主观意图和结论相关的任何线索和因素。[①] 在人们的理解与阐释过程中，强制阐释是经常可见的方式。中国古代就有"我注六经""六经注我"的治学之道。在许多学者那里，"注我"与"注经"就是以强制阐释的方式展开和实现的。南宋理学家朱熹对此就有批评，称以经典为名强制文本的方法是"只借圣人言语起头，自演一片道理"，"直以己意强置其中"[②]。几乎同一时期，中世纪的罗马教会，全权掌握和垄断了对《圣经》的阐释。路德宗教改革的目的之一，就是回到经文的本义，改变教会对《圣经》的独断论阐释，意即教会按照自己的意志和利益，对文本实施的强制阐释。当时这些强制阐释的现象还是无意识和非自觉的，或者说还是非理论化的。然而，到了19世纪中期以后，由尼采的"重估一切价值"，到李凯尔特的价值哲学，特别是经过克罗齐的绝对历史主义，断定"一切历史都是当下的历史"，再到海德格尔等人的本体论阐释学，从阐释者意志出发，以理

---

① 张江：《强制阐释论》，《文学评论》2014年第6期。
② 转引自潘德荣《西方阐释学史》，北京大学出版社2013年版，第530页。

论为先导、理论主宰文本的强制阐释似乎已为正统。在这种思想潮流的主导下,各种各样的理论纷纷涌入文艺理论与批评领域,努力寻找同情和佐证。

为什么会出现这个局面?乔纳森·卡勒说得好,"有鉴文学以全部人文经验为其题材,尤重于经验的整理、解释和连接,诸色纷呈的理论工程之受益于文学"①。文学是经验的,男人与女人之间的关系,是文学亘古不变的主题,女权主义的政治和社会诉求会在这里找到无数同情的眼泪;文学要描写人类万千复杂的心理并猜想它的生产机制,精神分析学说以至实证病理研究,能够得到神话般的确证;社会物质生活条件对人类的束缚、人类追求自身解放和自由的斗争,是文学最生动的历史和当下书写,存在主义、文化唯物主义、后殖民主义都会在这里攫取巨大的阐释空间。更为重要的是,文学的虚构性,为理论的扩大与膨胀提供非逻辑推演的巨大空间,所有的理论都可以挤进文学,而无须逻辑证明。对此,德里达从不隐瞒自己。他承认要颠覆二元对立的统治,要实现如此沉重阔大的抱负,必须"通过一种双重姿态,双重科学,双重文学,来在实践中颠覆经典的二元对立命题,全面移换这个系统"②。德里达毫不隐晦他"双重文学"的追索意义,在他那里,文学是实现解构主义目的的文学,是表达和证明解构主义的文学。然而,现实的问题是,文学能否担负起这个责任,具体而言,那些被历史选择、为读者承认而流传经久的文本,能够驯服地为理论服务,或者说理论能够在文本中如愿找到自己吗?似乎很难。在许多时候几乎难以实现。安贝托·艾柯坚决反对神秘主义的符指论者把兰花的两个球径类比于睾丸③;伊格尔顿调侃道:"莎士比亚不太可能认为自己是在描写核战争。"④ 马尔克斯在与门多萨谈及

---

① [美]乔纳森·卡勒:《论解构——结构主义之后的理论与批评》,陆扬译,中国社会科学出版社1998年版,"序"第4页。
② 同上书,第72页。
③ [意]安贝托·艾柯等:《诠释与过度诠释》,王宇根译,生活·读书·新知三联书店1997年版,第59页。
④ [英]伊格尔顿:《二十世纪西方文学理论》,伍晓明译,北京大学出版社2007年版,第68页。

《百年孤独》时，说他在其中临时设计情节，引诱批评家上当，果然有人受骗，让作家本人极尽嘲笑。① 但是，玄妙的理论家们不会就此罢休，他们要实现自己的理论目的，要以理论为中心，强制阐释文学，使之为理论所用，无论这个文本的核心内容是否符合理论。特别是在溯及历史经典文本的情况下，当下的理论、后人的理论，强制套用于历史文本，以今天的立场和视角重新编排历史，其理论野心霸道无边界地弥漫与膨胀。且不论那种毫无文本根据和依靠的强制阐释，就是那些似乎有相关迹象和线索的强制阐释，是否合理、确当，也值得我们认真讨论。

其一，文本中呈现某种理论试图阐释的情节和意识，但这种书写是作者无意识的书写，或者说非主题、非自觉的书写，文本中涉及与理论相关的片断现象和感受，在此时此地，阐释者定要将某种理论生硬地套用于文本，证明文本是这个理论的结果，文本证明了理论的正确。对这种现象应如何认识？例如，我们用当代的生态批评理论阐释中国古代陶渊明的山水田园诗，并给他贴上生态主义者的标签，且更夸张地指出，陶渊明是全球生态主义运动的先驱者，这是不是合理的？在陶渊明的诗歌里，"采菊东篱下，悠然见南山"一类的句子俯拾皆是，音韵优美，词语清新，立场鲜明，生态意蕴丰富，理论家可以用当下生态理论的所有概念、范畴、逻辑，给陶诗以尽情演绎和发挥。但是，我们必须正视的是，陶渊明退隐田园、寄情山水的根本动因是，"他对当日的政治社会，表现了强烈的厌恶和反抗"，面对当时的环境与现实，他既无力拨乱反正，又不能同流合污，"逼得他不得不另找寄托生命的天地"，"追求自己的理想，保全自己的品质"②。陶渊明寄情田园，歌颂或者描写自然，并非生态的自觉，更非主义的斗争，而是对他所处时代政治与社会的反抗。

其二，相关书写，而且是自觉的相关书写，虽然只是片断而非主旨，甚至可以看成是某理论的表现或端倪，但如果扩大为自觉的主旨

---

① ［哥伦比亚］加西亚·马尔克斯、P. A. 门多萨：《番石榴飘香》，林一安译，生活·读书·新知三联书店1997年版，第104页。

② 刘大杰：《中国文学发展史》上卷，上海古籍出版社1997年版，第306—307页。

描写,而且是在某理论指导下的自觉书写,对这类现象该如何认识?劳伦斯的名著《查特莱夫人的情人》,相信没有人会认为这是一部生态主义的文本。如果我们抱定这个立场,用生态主义的眼光去寻找其中有关自然与环境的描写,男女主人公对自然的热爱、对大自然的欣赏和敬畏、对现代工业及其环境污染的痛恨与谴责,绝对可以做出生态批评的优秀文本。但是,书写者的本意不是如此,文本的核心意义也不是如此,如果我们非要做出生态主义的强势压迫,阐释的公正性、合法性当然要受到质疑。

其三,碎片扩张,亦即从文本中找到若干与理论相关的碎片化描述或议论,便根据理论需要,做出符合论者意志的阐释,甚至扩大为对整个文本及作者书写意图的定性分析。对这种现象应如何认识?奥威尔的《一九八四》是一部政治小说。奥威尔自己就明确表达,他为政治而定,写的是政治。在整个文本中,只有不多的几处与自然和环境有关。文本的起笔,就是一段风和沙土的描述。风是阴冷的;大厦的玻璃门挡不住旋风卷着沙土。小说主人公温斯顿与人偷情时,一路上"盛开着欲迷人眼的蓝铃花","从树林里更深的地方,传来了斑鸠的咕咕叫声",主人公甚至抱怨了"伦敦那混合着煤烟的空气已经渗进他的皮肤毛孔"[①]。这些对自然和环境的描写,是为小说的政治主旨服务的。如果我们根据生态批评理论的需要,将文本借题发挥为生态主义文本,可以肯定,也可以非常玄妙和学术化,然而,越是如此,就越是牵强和暴力,完全是令人难以接受的强制阐释。

我们从来没有否定生态主义理论的积极意义,我们质疑的是以理论为中心的思维方式与批评方法。以理论为中心考察文本,必须处理好以下三个问题。

一是自在与自觉。文本中的理论表达,有自在和自觉之分。对文本的定义,应以文本的自觉表达为基准。自在的、非自觉的相关描写,不是理论决定的结果。以理论裁剪文本,以文本比附理论,其结果只能是强制阐释。譬如,自在的生态描写古已有之,其中诸多精彩因引发读者强烈感受而成为经典,这正是后人借题发挥的空间。但

---

① [英]奥威尔:《一九八四》,孙仲旭译,译林出版社2013年版,第122—123页。

是，我们必须体察，这些描写并非出于书写者的自觉目的，只是他为实现另外目的的具体手段，这样的文本不应定性为生态文本。阐释者为了理论的目的，把一切关于环境生态的描写都视为作者的自觉意识，借此把作者鼓吹为自觉的生态主义先锋，如此强制阐释，当然要被质疑。上文提及的陶渊明的诗歌就是很好的说明。对陶诗而言，其政治反抗意义是自觉的目的，只是借田园负载而已。忽略这个事实，否认这个大势，再强制的阐释也难以立论。

二是边缘与中心。中心话语是文本的核心，决定了文本的主旨意蕴。在一个具体文本中，多重话语的存在与混响是一种常态，但真正优秀的文本，不会为混响优美而放弃主调深入。因为理论的立场否认主旨话语的核心引导，以边缘消解并冒名中心，使文本成为理论自己的文本，其阐释办法只能是强制的、暴力的。去中心、反本质是20世纪西方从哲学开始到其他多种理论的核心追索。为达到这个目的，许多理论走上了非理性、非逻辑的迷途，从形而下的常识到形而上的思辨，为了反正而反正，为了颠倒而颠倒，撒下一地碎片。但是，现实却是，如瞎子摸象，各有各的感受和表达，对局部而言都是真切的，然而，大象是在的。一只鼻子一条腿，不是大象。就生态主义而言，如果任一文本中有几处环境描写，就是生态主义文本，那么，甚至一本旨在鼓吹法西斯主义的文本，因为有环境描述，也可以定义为生态主义文本。上述劳伦斯的作品也是一例。《查特莱夫人的情人》中有关环境和生态的描写几乎随处可见，但无论怎样的理论压榨，都不会令人信服此文本是生态主义的文本。

三是溯及既往。这是需要深入讨论的问题。当下的先锋理论，首先是当下政治、经济、文化生活的总结，由当今时代的物质和思想实践淬炼而成。理论的形成当然有传统的积淀和影响，其历史源头甚至可以追溯至远古的神话与传说。但是，此类成果一定要转化为当下生活的运动逻辑，由实践出发，归于实践。用当今时代的理论溯及既往，不能把今天的话语强加于历史。还以生态主义理论为例，如果有一点环境描写就可以是生态主义，那么《诗经》《希腊神话与传说》就都是生态文本了。我们认为，由当下理论溯及既往，必须正视这样几个问题：其一，文本是否具有理论展开自身所必备的可靠根据，特别是历史的经典文本,几百年甚至几千年以前的文学文本,是否如期包含当下阐释者强迫自己必须阐释的思想;其二,文本的书写者是否具备阐释者所希望的高度自觉;其三,迫使理论强制于文学,因为这些理论不是依靠文学自身的切实经验而生成并展开的,理论与文学之间存在着巨大阻隔,理论阐释者若定要以目的论的动机介入和切割文本,必须解决理论展开自己的逻辑和实践根据,不能简单地从意志出发,强制文本实现和证明自己。韦勒克曾对海德格尔关于荷尔德林诗歌的阐释评论说:"论者需要提出两个问题。他的那些解释是否照明荷尔德林的诗作,还是海德格尔为己所用,作为印证他本人的思想情感的佐证?"[①] 在我看来,这应是对以当下理论溯及既往并证明理论的最好警示。

以理论为中心,依循理论的意志展开和运行自己,是20世纪西方文艺理论生成和发展的基本特征。理论放弃对象,理论生成理论,大领域的强制阐释成为可能,此类倾向对理论本身的有效性伤害尤重。更为重要的是,在理论为中心的时代,绝对的唯理论和相对主义占据中心,成为理论家们的主要思维方式和逻辑演绎方式。从此表象出发,我们可以更深入地分析,当今名目繁多的西方理论,它们的结论和成果,它们的价值取向和方法论立场,对人类精神科学及思想进步的影响,我们应如何批判借鉴,进而改变过去曾经有过的盲目依从和追随,推动中国自己的理论健康壮大。这不只是当代文论领域面临的重大问题,也是人文社会科学诸多学科应深入思考和回答的重大问题。

---

① [美]韦勒克:《近代文学批评史》第7卷,杨自伍译,上海译文出版社2009年版,第159页。

第二编

理论价值研究

读张江《理论中心论》所想到的*

王元骧**

一

张江先生针对"后现代主义文论"在我国产生的流弊所提出的"强制阐释论"迄今有三四年了。初次读到让我感到似闻空谷足音而为之一振。因为自21世纪以来,西方的后现代主义文论似乎已成为我国文学理论的主要潮流,它的观念集中体现在20世纪60年代费德勒提出的"跨越边界,填平鸿沟",促进审美文化与大众文化联合,而使文学批评转化为"文化批评"中。它被有些学人认为是文学理论的"真经",是我们文学理论所应走向的"当代形态",并据此对一些文学作品作牵强附会的解释。这让我深感困惑和不解,所以感到张江先生的文章说出了埋在我内心已久的一些想法。现在张江先生把"强制阐释论"加以发展,提到了"理论中心论",即作为一种颠倒理论与现实的关系,以理论来规整文学的思想倾向来谈。本文拟谈点自己的看法。

张江先生强调:"任何一种成熟的理论,都有自己确定的对象。理论依据对象而生成,没有对象就没有理论。放弃和改变对象,理论就不再是关于该对象的理论";"从学科独立的意义上来说,研究对象的清晰存在是学科成立并保存下去的第一根据";"一个对象模糊、

---

* 本文原刊于《文学评论》2017年第6期。
** 作者单位:浙江大学人文学院中文系。

论域失范的学科，不可能成为有生命力的学科"。并根据上述认识认为当代西方文艺理论，已离此渐行渐远，其基本流变倾向是："文艺理论不以文艺为对象"，而是"借助或利用文艺膨胀和证明自己，成为没有文学的'文学理论'"。① 这些分析可谓深中肯綮，令人深省。但何以会产生这种现象？张江先生似还没有论及，而在我看来，大概有两方面原因。

（一）从文学理论与哲学的关系来看

在西方思想文化史上，哲学向来被认为是"知识之母"，是"科学的科学"。所以西方文学理论最初也是从哲学生发，引申出来的，即以一定哲学观念解释文学现象所获取的认识的总结。就古希腊流行的文艺观来看，尽管它最初是从"本体论"的意义上把文学（诗）的本源归之于"自然"或"理念"，但是通过"摹仿说"这一中介，最后还是落实到对文学的具体解释上，而到了近代逐步发展为现实主义和浪漫主义两大理论潮流。19世纪以来的西方现代哲学中出现的两大派别——"科学主义"与"人本主义"，它们对于文学观念都产生过深刻的影响，其中又以人本主义的影响为大。因为人本主义哲学，不论是意志哲学、生命哲学、还是生存哲学，它们的共同之点都在于所研究的主题都是人，是人的生存以及人生的意义和价值的问题。而文学实际上就是以具体形象的方式向人们显示的一部分人的生存状态的写照，是人生的一面镜子。这就使得许多人本主义哲学家如叔本华、尼采、海德格尔等都常常借助文学来印证哲学，来说明自己的哲学主张，从而使他们的哲学被认为是"诗化哲学"，他们本人也被称为"诗人哲学家"。因而尽管他们的著作用意本非为了说明文学问题，按自觉的文学理论的要求来看，甚至比科学主义门下的如结构主义和符号学的差距还远，但是人们还是把它们当作美学或文学理论来看待和研究，来借以说明文学现象。

（二）从对于文学的性质的认识来看

我们说现代西方哲学的两大系统中以人本主义对现当代文学观念

---

① 张江：《理论中心论——从没有文学的"文学理论"说起》，《文学评论》2016年第5期。

的影响为大，人本主义是一种非理性主义哲学，它在思维方式上反对思辨理性而推崇直觉、感悟。因而到了20世纪中叶，经过巴尔特的结构消融论、德里达的解构主义，福柯的后结构主义等而发展为反本质主义，并以所谓"扩大边界、填平鸿沟"为理由，把原本历史地形成的关于文学性质的观念解构殆尽，就像张江先生在谈到德里达的思想时所指出的，"在他那里，文学是实现解构主义目的的文学，是表达和证明解构主义的文学"，因而都否定文学的审美属性，转而把研究的重心聚焦在阶级、性别、种族、民族、国籍、生态等问题，而把原本的文学研究扩大为"文化研究"。而这些著作却被某些学人视为"文学理论的当代形态"介绍到我国，并与在我国长期流行的"规范型"的、教条主义的批评范式结合起来，成了强制阐释在近年流行的另一重要起因。所以我非常赞同张江先生提出的要克服强制阐释，就应该从建立文学自身的理论，从文学活动特别是它的成果文学作品中提炼入手。

那么，怎样才能从文学作品中提炼出文学自身的理论呢？我觉得首先就要对文学自身性质有一个正确的认识：文学作品作为作家创造的一种艺术美，是以作家的感觉和体验与世界建立联系的，它所面对的不仅是未经知性分解的生活世界，而且总带有作家自身的主观态度和倾向的某种印记，所以作家不在作品之外而就在作品之中。这就决定了任何文学作品不仅都是感性与理性的统一，而且也是主观与客观的统一，同时也使得它只有以形象的方式才能获得真切而生动的表现。因此，以文学为对象的文学理论，虽然不可能像作品本身那样以"感性的具体"的方式予以复现，但也应该是以"理性的具体"即"理论的具体"而不可能以"知性的抽象"来把握的。

这里就涉及对于"具体"的理解。对于具体，通常人们以常识的眼光认为它是现象世界中为感官所切实感知到的东西，这样，一切理论当然也就被视之为抽象的了。其实，按唯物辩证的观点，"具体之所以具体，在于它是许多规定的综合，因而是多样性的统一"[①]。这表明在思维活动中，判定什么是具体并不在于是经验的还是思辨的，

[①] 《马克思恩格斯选集》第2卷，人民出版社1972年版，第103页。

最根本的一点是在于能否把对象置于一定的现实关系中，在关系和联系中来进行把握。这就意味着理论从文学对象中生成，不能只是依据归纳推理作简单的数量的统计和集合，还需要借助演绎推理对事物的内在关系和联系作深入揭示才能完成。所以爱因斯坦认为："科学的目标在于发现规律，使人们用以把各种事实联系起来，并且能预测这些事实"①；"一个理论可以用经验来检验，但是并没有从经验建立理论的道路"。② 下文就先按这一认识来谈谈我对文学理论生成路线的认识。

二

张江先生认为，理论应该是"文学直接经验的映照和总结"，它的生成的路线应该是"由感性和想象的体验出发，经过反复归纳推理，把零碎散乱的表象集合抽象为概念、范畴，再由实践多重调整校正，形成与对象本身生成及运动规律相一致的规则、范式，最终达到深入本质、把握规律的理论目的"。但是它是否还需要演绎推理？在文学理论研究中，归纳推理与演绎推理的关系又是怎样？我觉得还很需要作进一步的研究。

理论研究最早是由古希腊哲人开创的。他们把世界的现象与本质二分，认为现象的东西不断变化，是不真实的，唯有事物的本质才能说明真理，因而认为要认识世界就应该从把握本质开始，从本质出发去进行演绎推理，"在推理中寻找存在物的真理"③。这样，就形成了自古希腊以来西方理性主义哲学研究中的思辨形而上学，而使理论与经验趋向分离和对立。到了近代它被视为"独断论"受到批判，而导致经验主义的兴起。经验主义在研究中强调的是归纳法，反对以抽象的本质为认识起点，而主张从个别感性现象出发，通过归纳推理使

---

① [美] 爱因斯坦：《科学与宗教》，载《爱因斯坦文集》第3卷，许良英等编译，商务印书馆1978年版，第185页。
② [美] 爱因斯坦：《自述》，载《爱因斯坦文集》第1卷，商务印书馆1976年版，第46页。
③ 苗力田主编：《古希腊哲学》，中国人民大学出版社1990年版，第205页。

之上升为普遍真理。相对于思辨的方法,这似乎与文艺理论的研究路径更为切合。因为文艺作为感性意识的存在形态,是直接诉诸人的感觉和体验的,离开了感性形象的观照和体验,我们就无法理解文艺。所以经验的方法即使在西方理性主义哲学居于主导地位的时候,在文学研究中也还有很大的势力。这突出地表现在古典主义文论对人物的典型性的理解上,像贺拉斯和布瓦罗,就是按亚里士多德在《修辞学》中对于不同年龄阶段的人的心理特征的描述,来要求作家在塑造人物时必须严格遵守如下思想原则:如青年人欲念强烈,急躁、冲动、不能控制自己的情感;而老年人谨慎、懦怯、冷漠、吝啬;中年人则介于两者之间。这要求自然都是从经验中归纳出来的,但这种由归纳推理所得的结论能否达到对艺术形象作出具体的把握?答案恐怕还是否定的。因为在现实生活中,任何特定的个人总是处身于一定的现实关系之中,他的思想行为不可能完全只是由年龄特征,而同时还是由某些现实关系所决定的。因而通过归纳推理所得的不同年龄的性格特征,充其量也只能说是一个统计的平均数,是一种排除了个别性的一般性。所以狄尔泰认为这种由"经验归纳所造成的如同思辨性思想一样,都完全是抽象的,各种富有影响的经验主义学派从那些感觉和表象出发构想的人,就像从各种原子出发所构成的人一样,都是与内在的经验相抵牾的"[①]。因而按此所创造的人物形象也只能说是"类型"而非"典型",是不足以反映生活的丰富性、多样性和生动性的。所以恩格斯认为经验主义由于排除思维只求事实的归纳,也就"不能忠实地跟着事实走或者只是忠实地叙述事实,结果变成实际性经验相反的东西"[②]。这种把事物从现实关系中分离出来作孤立的考察的经验方法,也反映在近些年受我国文艺理论界所热捧的"现象学方法"所倡导的"本质直观"中,它的路径按胡塞尔的描述是:"将一个被经验的或想象的对象性变成一个随意的例子,这个例子同时获得了指导性的范本的性质,我们让事实变作范本来引导我们,以便把

---

① [德] 狄尔泰:《精神科学引论》第1卷,童奇志等译,中国城市出版社2002年版,第202页。

② 《马克思恩格斯全集》第20卷,人民出版社1971年版,第454页。

它转化为纯粹的想象，……作为想象的形象，这些形象全部都是与那个原始形象具体地相似的东西。以这种形式在进行变更时，当多个差异点对我们来说无关紧要时，就把自己呈现为一个绝对同一的内涵，一个不可变更的，所有变体都与之相吻合的'什么'：一个普遍的本质。"① 那么这"本质"与事物的内在与外在的关系和联系如何？这个问题若不能做出令人信服的回答，那么，想以"本质直观"来把握具体的文艺现象仍不免只是一种主观的愿望。

这就足以说明单凭归纳法如同单凭演绎法一样，都是无法达到对事物的性质做出具体把握的。我认为只有把归纳推理与演绎推理结合起来才有可能。这就是前文谈到的我们所说的"具体"，它作为"许多规定的综合，是多样性的统一"，只能放到一定的关系和联系中才能理解，否则必然走向抽象。感性现象是如此，理性观念也是如此。辩证思维的方法起源于德国古典哲学，它不再是像以往认识论哲学在感性与理性二元对立中去寻求统一的归纳法和演绎法那样，而是在"感性"与"理性"二分的基础上引入了"知性"（理智）这一中介环节，把认识活动分为"感性—知性—理性"三个阶段。这思想始于康德而完成于黑格尔。这里，"感性"是指反映在意识中的经验的具体，"知性"则是在意识中以概念的形式对于经验具体所做的"固定的规定性，以及各规定性之间的差别"的把握，但由于"知性把每一有限的抽象概念都看作是独立自存的"，它所关注的"是个别的区别，而不是整体和联系"，所以"由知性所建立的普遍性乃是一种抽象的普遍性，是与特殊坚持对立着的"②。因此在认识过程中还需要通过思维活动把"知性的抽象"按事物的内在联系加以整合而使之上升为"理性的具体"，使"感性具体在理性层面上达到整体的再现"。这种"经验的东西在它综合里面被把握时"在黑格尔看来就是"思辨"③，它的路径就是把对于事物根本性质的知性的抽象作为思想

---

① ［德］胡塞尔：《经验与判断》，邓晓芒、张廷国译，生活·读书·新知三联书店1999年版，第394—395页。
② ［德］黑格尔：《小逻辑》，贺麟译，商务印书馆1980年版，第172—176页。
③ ［德］黑格尔：《哲学史讲演录》第2卷，贺麟译，商务印书馆1959年版，第308页。

内核（即通常说的"逻辑起点"）通过层层的限制和规定来得以完成。这种思维方式也为马克思所批判吸取，并运用到他对"政治经济学"的研究之中。它不同于黑格尔的只是，不是把理论思维仅仅局限于从"知性抽象"到"理性具体"这一阶段，看作仅仅是概念的"自我综合、自我深化、自我运动的工作"，陷入了思辨形而上学；而是要求从人类整个认识活动的背景中来开展理论工作，提出认识过程是两条相互依存又相互补弃的道路：先是将"完整的表象蒸发为抽象的规定"，然后才使"抽象的规定在思维行程中导致具体的再现"。这表明理论"决不是处于直观和表象之外或凌驾于其上而思维着的，自我产生着的概念的产物，而是把直观表象加工成概念这一过程的产物"。这样，"概念的辩证法本身就变成了现实世界的辩证运动自觉的反映"，是一项通过思维活动对于感性知识进行综合把握所达到的理性的具体和理论的具体的工作。① 这就把归纳推理与演绎推理结合起来，发展和完善了黑格尔的辩证思维方法。不过我认为黑格尔纯思辨的方法虽然在理论上没有给归纳推理以合法的地位，但实际上他在意识深处已作为一项隐性的工作，作为其思辨工作的基础和前提来予以完成。否则他对于许多问题包括文艺问题的阐述是不可能如此深刻精到、鞭辟入里的。

现在我们就来看看黑格尔是怎样以思辨的方式来完成对艺术本质所做的综合把握的。我们知道，西方近代认识论哲学从霍布斯和笛卡尔以来，一直存在着经验主义和理性主义的两大派别的对立，这也反映在对美的理解上。虽然也有些学者试图把两者统一起来，如狄德罗认为"真、善、美是些十分相似的品质，在前两种品质上加以一些难得出色的情状，真就显得美，善也显得美了"②；但由于不能掌握辩证思维的方法，而使得他的认识始终停留在对两者只是作简单的相加，未能揭示它们之间的内在关系和联系而完成统一的工作。这工作直到黑格尔那里才予以完成，这就是体现在"美是理念的感性的显

---

① 《马克思恩格斯选集》第2卷，人民出版社1972年版，第102—103页。
② ［法］狄德罗：《画论》，载《狄德罗美学论文选》，张冠尧等译，人民文学出版社1984年版，第329页。

现"这一定义中。但是在学界由于受传统的思维惯性的束缚,这认识上的重大突破却长期以来没有被人所理解,如在鲍桑葵那里,就被误以为它不过表明"美与真是有同一本质,只是形式的不同"①。别林斯基也由此推论出艺术只不过是"寓于形象的思维""肉身化了的概念"②。这岂不就等于把艺术看作只是思想加形式?其实,黑格尔所说的理念的感性显现,指艺术是心灵的一种外化,是心灵的产物。而"心灵最高的定性是自由",但与自然对立的心灵是有限的而非无限的、真实的心灵,因而要达到"自由",就必须消除对立面的限制,使心灵与世界达到和解,并在世界里得到满足,而实现主观与客观、理性与感性、内在与外在的统一。而心灵之所以能达到与自然和解,就在于它不仅是认识主体同时也是实践主体,它与世界同时建立在认识与实践的双重关系之上。③ 认识是从外在世界接受过来的东西中认出自己,它所把握的是事物的一般性和普遍性,这样在认识活动中理性与感性、普遍性与个别就趋向分离。但艺术所追求的不是抽象的理性与普遍性,而是理性与感性、普遍性与个别性的统一。之所以能实现这一理想,在他看来就在于心灵不仅是认识主体,同时也是一个实践主体。实践作为意志行为是身心统一的活动,它所面对的不是抽象的普遍性而是个别的、特殊的具体事物,从而使得心灵有可能通过实践在改变外界事物的过程中在外界事物上打下自己内心生活的烙印而获得对自己的认识。所以他在康德的"实践理性"的基础上又提出了"实践感觉"这一概念,借以表明实践活动不仅面对个别事物,而且是以激情为动力的,并以此表明审美不同于认识活动是一种情理交融的,是在审美主体全身心投入下完成的。④ 正是由于实践主体的参与,才能在认识过程中使理性与感性、普遍性与个别性不再分离而统一为一个有机的整体。从而通过对艺术创作的心理活动的特征的揭

---

① [德] 鲍桑葵:《美学史》,张今译,商务印书馆1985年版,第433页。
② [俄] 别林斯基:《智慧的痛苦》,《别林斯基选集》第2卷,满涛译,上海文艺出版社1963年版,第96页。
③ [德] 黑格尔:《美学》第1卷,朱光潜译,商务印书馆1979年版,第117—121页。
④ [德] 黑格尔:《精神哲学》,杨祖陶译,人民出版社2006年版,第299—308页。

示,表明"在艺术里,感性的东西心灵化了,而心灵的东西也只能借感性而显示出来",它使"心灵只有放在感性的形式里才可能被认识",以此说明"艺术家之所以抓住这个形式,既不是由于他碰巧在那里,也不是由于除它以外,就没有别的形式可用,而是由于具体的内容本身就包含有外在的、实在的也就是感性的表现形式作为它的一个因素"。正是由于在艺术中理性与感性、普遍性与个别性都达到了对立面的和解和统一,它也就摆脱了有限而进入无限,"正是这种自由和无限,美的领域才脱离了有限事物的相对性,上升到理念和真实的绝对境界",而使"审美带有令人解放的性质"①。

  这就是黑格尔通过对"美是理念的感性显现"的内涵的阐释而完成的把知性层面上的局部的、分散的知识,按照艺术的内在关系和联系,在思维中所做的综合把握的工作。这一过程确如张江先生所言以"'绝对精神'的展开和演变来表明主观概念是客观事物生成的依据",认为"事物之所以能够生成并存在,完全依赖于主观,是概念外化"。但原因不在于他运用了演绎推理,而在于他是一个客观唯心主义者,他把整个世界都看作是由理念的自我运动而产生的,因而在研究中往往把演绎推理与归纳推理分割开来;由于重在演绎推理,看重的是知性抽象到理性的具体,所以他的理论在一定程度上也确实像恩格斯当年所批评的把理论看作是"概念自己运动的翻版","由于'体系'的需要,……常常不得不求救于强制的结构"②,以致他的论著中所阐述的"这些规律作为思维的规律强加于自然界和历史的,而不是从它们当中抽引出来的,从这里就产生出整个牵强的并且常常是可怕的虚构,世界,不管它愿意与否,必须符合于这一思想体系"③。如,他的《美学》就是从"美是理念的感性显现"这一基本规定出发,就内容与形式的不同侧重和统一状况,把艺术发展的历史分为象征型、古典型和浪漫型三类,并断定人类精神的发展必将由哲学取代

---

  ① [德]黑格尔:《美学》第1卷,朱光潜译,商务印书馆1979年版,第49、50、89、147—148页。
  ② 《马克思恩格斯选集》第4卷,人民出版社1972年版,第239、215页。
  ③ 《马克思恩格斯选集》第3卷,人民出版社1972年版,第484页。

艺术等，这显然主观武断，是分解历史和逻辑而做出的，以致他的理论体系就形式来看"一切真实的联系都是颠倒的"；但他同时也指出"在这里形式是唯心的，内容是现实的"，我们应该把它"颠倒过来"，去发现其"神秘外壳中的合理内核"①，而不是简单地予以否定。

三

我们肯定演绎推理在理论建构中的重要作用，但并不表明可以把它推广到文学评论（批评）中来。虽然理论与评论在我国学界往往不作分别而加以混用，但实际上是两门学问。理论是认识性的，其研究的目的是把由经验归纳所及的分散的、局部的知识按照事物内在关系和联系综合成一个有机的整体，使之上升为普遍的真理；而评论则是实践性的，它的职能在于把普遍的真理运用于客观实际，在解决实际问题中获得科学的展示，所以它的方法不可能是思辨的。但是由于以往我们没认识到二者的区别，在评论中往往把理论视为教条，按演绎推理的方法套用到丰富多彩的文学现象上来，像张江先生说的以"理论为基准来规整文学"，试图反证"文本就是这些理论的结果"，去"对文本做符合论者主观意图和前置结论的阐释"。我认为这只是对理论的误用，我们不能因噎废食而以此否认理论对批评的指导作用。但张江先生似乎没有分清这一点，他强调批评应"从作品出发"时，把凡是"从既定立场和目的出发"，都视作为"理论中心论"，而与从作品实际出发的评论对立起来，我觉得这未免失之偏颇。这里有两个问题需要作进一步的辨析。

我认为，强调批评应从作品出发是完全正确的，但从作品实际出发并不等于就是张江先生说的以"作家主观意图"和作品中的"自觉描写"为依据。这是因为文学作品是通过作家的情感体验，借助艺术形象的塑造来反映现实生活的，生活世界是一个未经知性分解的鲜活的有机整体，它的内涵本身就是多方面而非概念所能穷尽的；加之

---

① 《马克思恩格斯选集》第3卷，人民出版社1972年版，第470页。

体验是一种情感活动，它不同于认识就在于并非是在明确的意识活动支配下进行，在很大程度上是属于我们通常所说的无意识心理，它被康德称之为"模糊的观念"，并认为这是"人心中最大的领域"，反之"清晰的观念却只包含其中呈现给意识的极少地区，仿佛我们心灵的巨大地图上只有很少的地方被照亮着"①。这样，通过体验就如同狄尔泰所说的"能将生命从未被意识照亮的深渊中提升出来"，以致任何作家自己笔下形象的内涵不可能只限于作家自觉意识到的领域，而总会留给读者和批评家以再发现的广阔空间，它的意义是开放的。这就决定了作品的思想与形象、作家的主观意图和作品的客观效果往往并不完全是统一的。所以尽管现实生活中的某些现象为作家所感觉到了，并写进了他的作品，但对它的内在意义却未必就完全理解。如对于奥勃洛摩夫的性格的内涵，冈察洛夫本人在写作过程中就并没有完全意识到，只是在看到杜勃留波夫的评论《什么是奥勃洛摩夫的性格？》之后，他才豁然开朗。他说："我在描绘的那么一会儿，很少懂得我的形象、肖像、性格意味着什么"；"我只是在完成了自己的作品，与它们相隔一段距离和时间以后，才十分明了它们的含义，它们的意义——思想。我期待着除了我以外，会有什么人在小说的字里行间看出什么来"。② 所以他认为奥勃洛摩夫这个形象是杜勃罗留波夫和他一起创作的。而杜勃罗留波夫则从批评家的立场出发，认为"有时候，艺术家可能没有想到自己描写什么；批评家之所以存在，就是为了说明隐藏在艺术家创作内部的意义"③。这种作家主观意图和作品的客观意义的差别有时甚至会发展到完全对立、相反的情况，如列夫·托尔斯泰在评论契诃夫的《宝贝儿》时引《圣经》巴兰的故事来说明的："他像巴兰一样，原来是想诅咒的，但是诗神不允许，命令他祝福，于是他祝福了，不自由自主地使这个可爱的人焕发如此奇妙的光辉，并且永远成为一个典范，指出妇女为了使自己幸福，也

---

① ［德］康德：《实用人类学》，邓晓芒译，重庆出版社1987年版，第12页。
② ［俄］冈察洛夫：《迟做总比不做好》，《古典文艺理论译丛》第1册，人民文学出版社1961年版，第146页。
③ ［俄］杜勃罗留波夫：《杜勃罗留波夫选集》第1卷，辛未艾译，新文艺出版社1957年版，第248页。

使得和她共命运的人幸福能够怎么做。"① 他自己的《安娜·卡列尼娜》也庶几近之。要是作品所显示的这种客观意义获得社会的认同，它还会在形象中沉淀下来丰富和充实着作品的内容，以致豪泽尔认为："但丁的作品，莎士比亚的作品，莎士比亚的戏剧，米开朗基罗和伦勃朗的作品，部分地都是他们后世的创造。"② 它们今天为人们所公认的思想意义，都是这样历史地积累起来的，是历代无数读者和批评家对之不断理解和解释的结果。所以在评论中要对作品作出真切的阐释，所依据的只能是文学形象所显示的客观的、实际意义，而不可能完全囿于作家的主观意图和自觉书写。

而且，作为一种阐释活动，评论不能完全排除阐释者自己的思想和视野，总是以评论者自己独到的见解和发现来为读者理解作品打开一个新的世界。这里就涉及理论（观念）在阐释活动中的指导地位和作用，表明阐释者"既定的立场和目的"不论是从认识论还是价值论的观点来看，都是不可排除而必不可少的。首先，这是由于阐释在哲学上是属于认识论的问题。而任何认识都是一个主客体交互作用的过程，它所反映的不仅是客体的属性，同时也是主体的观念，它不可能完全是纯客观的。这不仅由于历史上流传至今的许多作品，作家都没有表明他写作的本意是什么，甚至连作者是谁也已很难查考；而且更在于人的头脑不是一块白板、一面镜子，它储存着在以往实践中所积累起来的许多经验和认识的成果，人们总是在已有经验和认识的条件支配下来进行认识的，所以"世界体系的每一个思想映像，总是客观上被历史状况所限制，在主观上被得出该思想映像的肉体状况和精神状况所限制"③。你看到什么很大程度上还得取决于你怎么看，以什么观点去看。人的一切认识活动都无非是把客观存在的东西整合到已有的经验和认识的框架之下所作出的判断。这就是康德所说的"先天综合判断"，也就是伽达默尔解释学所说"视界融合"。他强调

---

① ［俄］列夫·托尔斯泰：《列夫·托尔斯泰文集》第14卷，人民文学出版社1992年版，第403页。
② ［匈］豪泽尔：《艺术社会学》，居延安编译，学林出版社1987年版，第157页。
③ 《马克思恩格斯选集》第3卷，人民出版社1972年版，第76页。

理解的历史性，认为不管我们愿意不愿意，传统都是先在于我们，是我们理解的先在的基本条件，所以尽管事物有它的事实属性，但我们在意识中所把握到的只能是经过自己选择和理解的成果。再说，文学与一般的认识对象不同，它是作家所创造的一种艺术美，是作为一种价值意识的载体而存在的。价值是相对于人的需要而言的，是客观事物能否满足于人的某种主观需要而生的一种对象的属性，所以它不可能完全以认识的方式，而只能以评价的方式才能把握。评价是按照一定的价值标准对评价对象所做的一种评估和裁决。文学评价虽然不同于一般价值判断，按康德的说法它不属于"规定的"判断而属于"反思的"判断，它不是按"僵硬的合规则性"而是以"趣味"为标准的，这就使得对于文学的评价在人们之间往往存在巨大的差别而难以完全一致。但不论怎样，凡是正当的评价其背后总是以某种理性的观念为支撑。以上两方面都足以表明，对于文学作品，不论把它作为事实意识还是作为价值意识的载体，不论是从认识的观点还是从评价的观点来看，就阐释主体方面而言，都离不开一定的先在观念为指导。因此，张江先生所否定的"理论先导"的问题，以及他所批评的"阐释者从既定立场和目的出发，对作品作符合主观意图及前置的结论"的问题，我认为还需要进一步作具体的分析。

  要说明这个问题，我认为首先要明确什么才是我们所应选择、倡导和遵循的阐释模式。因为文学评论的模式是多种多样的，自古至今，我认为主要有三种，即规范型的、描述型的和反思型的。[①] 在方法上，除了描述型的倾向于立足经验现象，从现象出发评价作品和提炼理论之外，像规范型、反思型的思路几乎都倚重理论指导，但二者之间又有着根本的区别。其中，"规范型"的模式是一种基于古希腊哲学的普遍主义原则所生的阐释方法，它把理智看作是万物的起因和安排者，把通过理论思维所把握的事物的"本质"视为推理的出发点，把只有凭借推理才能"找到存在物的真理"[②] 的思维方式带到文学评论的领域，就像有些学人所指出的它的工作的程序就是"先给某

---

① 王元骧：《审美：向人回归》，浙江大学出版社2015年版，第114—133页。
② 苗力田主编：《古希腊哲学》，中国人民大学出版社1990年版，第375页。

些概念规定某种定义",然后"再用这些概念来衡量具体的文学现象",就像"先掘了一个坑等待一棵合适的树"那样。其结果就必然会"滤掉那些没有本质意义的现象",去寻找"一种独立的、不受任何外来影响的文学语言结构"。张江先生所批评的颠倒理论与现实的关系,以"理论为先导","以理论规整文学","强迫文本顺从概念并反证概念",所指的实际上正是"规范型"的研究和评论方式。

不过,张江先生忽视了还有一类倚重理论的阐释方式,即"反思型"的研究和批评。反思是人的自我意识,是人对自身活动及其精神现象的反观自照;它被亚里士多德认为是"对思想的思想",是哲学的本性之所在。反映在文学研究中,它不同于规范型的研究就在于:它认为真理是具体的,所以既反对把理论视作为万古不变的教条,从抽象的普遍出发凭纯思辨的演绎来解释文学现象,而强调必须立足于作品实际;但又不同于描述型的研究,以停留在现象的描述为满足,而认为"经验本是需要理智的知识,而理智的规则是必须假定在对象向我们呈现以前就先天地在我心中的,它先天地表现在概念里,所以经验的一切现象都必须是依照概念的必定与概念符合一致"①。它表明经验的现象只有经过一定的观念的整合与同化,才能构成我们对事物的认识和评价。但是,这先天观念只是逻辑在先而非时间在先,它归根到底是从经验中概括、提升而来的。因此,伽达默尔既认为理解不离"前见",一切理解都不能完全超出传统之外,因此理解不是消极的,而是积极的;同时又认为这种"前见"是发展的,通过实践会使"人不断地形成一种新的前理解"。所以"前见"不是凝固不变的,它是"经验的不知疲倦的力量"的产物。② 这都表明理论不像在规范型研究中那样作为抽象的法规,而是一种实践的智慧,是作为我们研究问题的思想原则而不是凝固不变的教条而参与评论的。它不是用来"规整对象",以求演绎、扩张和反证自身,而是作为我们看待

---

① [德]康德:《〈纯粹理性批判〉第二版序》,《西方哲学原著选读》下卷,商务印书馆1981年版,第243页。
② [德]伽达默尔:《哲学解释学》,夏镇平等译,上海译文出版社1994年版,第39页。

问题的立场、观点和视域而发生作用。它的性质不仅是认识性的而且是实践性的。因为实践是面向个别事物的活动，所以在实践中，包括我们在文学研究和评论活动中，我们所要掌握的"不只是对于普遍的知识，而且还应该通晓个别事物"。这就需要我们根据实际情况对普遍的知识加以自由灵活的创造性运用，按亚里士多德说法是一种"明智"，一种实践的智慧，而非"理智"——仅从书本中所能获得的知识，"它须通过经验才能熟悉"①，在实际的训练活动中为我们所掌握。因而舍勒认为这种作为反思的思想前提不是什么"'不变的'理性组织"，而是"服从历史变化的"，"只有理性自身作为禀赋和能力，通过把这些本质观点变为功能，不断创造和塑造新的思维与观照形式，以及美与价值判断的形式"而把观念转化为解决问题的实际能力才有意义。②"所以判断力一般来说是不能学到的"，艺术感觉的迟钝不可能仅靠学习理论去改变，而"只能从具体事情上去训练，而且在这一点上，它更是类似一种感觉的能力。……因为没有一种概念的说明能指导规则的应用"③，而只有通过理解力与想象力的协同作用才能生效。这样，就突破了理性主义哲学的纯思辨的倾向而使理论与批评趋向与实际经验结合。这表明理论作为以原则的形式所承载的真理，它的内涵需要联系具体的客观实际并借助一定的方法才能在实际运用中得到激活和展开；它只有在一定条件下，在实际运用过程中才能使普遍的原则转化为具体的真理。这就需要借助一定的方法。所以按唯物辩证的观点来看，在一切理论包括文艺理论中，观点与方法总是统一的。

正是基于这样的认识，恩格斯在谈到马克思主义时特别强调："马克思的整个世界观不是教义而是方法"，它提供的"不是现成的教条，而是进一步研究的出发点和供这种研究使用的方法"。④全部

---

① [古希腊]亚里士多德：《尼各马可伦理学》，苗力田译，中国社会科学出版社1990年版，第124页。
② 刘小枫选编：《舍勒选集》下卷，上海三联书店1999年版，第1341页。
③ [德]伽达默尔：《真理与方法》，洪汉鼎译，上海译文出版社1999年版，第40页。
④ 《马克思恩格斯全集》第39卷，人民出版社1975年版，第466页。

马克思主义著作,就是运用唯物辩证的思维方法分析、解决问题的具体演示。所以不懂得唯物辩证法也就不可能真正理解马克思主义。按希腊文的本意,"方法"一词是指沿着道路,后来引申为认识和把握事物的途径和手段,"主观方面就是通过这个手段与客体发生联系的",从根本上说,就是对象"内容自身辩证法"的具体体现。① 因此,要使理论在阐释中生效,就需要找到与之相应的方法,像我国古代文论所提倡的"直觉"与"感悟",狄尔泰所提出的"理解"与"解释",我觉得都是值得我们重视的。它们把文学阐释视为一个主体生命置入的过程,就是因为文学是以作家的审美情感为中介反映生活的,"情感只是向情感说话,情感只有为情感所理解"②,所以唯有凭借自身的感觉和体验,自身的情感的移入,我们才有可能把握文学的精妙;同时,唯有当观念对于阐释者来说不再是一种外在于他的东西,而已转化为自己的审美"趣味",一种与阐释者自身艺术经验和艺术修养融为一体的评判标准而非抽象的思想规定时,文学阐释才能生效。

所以,对于理论的价值以及怎样才能在阐释中发挥自己应有作用的问题,我认为是很值得我们再作细致、深入分析与研究的。我认为张江先生把"强制阐释"视为颠倒理论与现实的关系时,若能进一步正面阐明理论与评论之间的关系,那么,我们就不仅不会因丧失思想原则指导使评论流于肤浅乃至迷失方向,而且对于当今在经验主义、实证主义、实用主义和后现代主义双重夹攻下的我国文学基础理论的研究和发展,也将会有更积极的促进作用。

---

① [德]黑格尔:《逻辑学》,转引自列宁《列宁全集》第38卷,人民出版社1957年版,第71页。
② [德]费尔巴哈:《基督教的本质》,荣震华译,商务印书馆1984年版,第38页。

"强制阐释论"系列研究的理论建构意义

——兼就几个问题做进一步商讨[*]

谭好哲[**]

一

近年来，张江先生以"强制阐释论"为理论核心的西方文论批判与当代文论话语重建问题的系列研究，不啻一股强劲的旋风，猛烈地搅乱了中国文论界的一池春水。"强制阐释论"是对当代西方文论的基本特征和根本缺陷的批判性理论概括与分析，此论认为当代西方文论强行征用各种发生于文学场外的理论或科学原理来规约和解构文艺，或以前置的立场裁定文本意义和价值，或以非逻辑论证和反序认识的方式强行阐释经典文本，或以词语贴附和硬性镶嵌的方式重构文本，脱离文本话语，消解文学指征，对文本和文学做符合论者主观意图和结论的阐释，从根本上抹杀了文学理论及批评的本体特征。[①] "强制阐释论"之外，张江先生又提出了"理论中心论"[②] 和"本体

---

[*] 本文原刊于《文艺争鸣》2017 年第 11 期。
[**] 作者单位：山东大学文艺美学研究中心。
[①] 参见张江《强制阐释论》，《文学评论》2014 年第 6 期。
[②] 参见张江《理论中心论——从没有文学的"文学理论"说起》，《文学评论》2016 年第 5 期。

阐释论"①，对"强制阐释论"的理论意涵做了进一步的调整、补充和完善，并将自己的理论思考重心由对西方文论的批评反思转向当代文论"话语重建"的出路上来，形成了以"强制阐释论"为基础、自身理路连贯统一的系列文论研究。对于张江先生的相关理论观点和阐发证明，学界赞成认同者有之，否定质疑者有之，有看法却因各种原因而选择沉默不语者亦有之。可以说，由"强制阐释论"系列研究引发的种种反应，十多年来热点不多的文艺理论界，已经构成一个不同凡响的理论事件。

能够形成这样一个理论事件是中国当代文论界的幸事，因为这有助于将大家的理论思考聚焦，使相关研究得到拓展与深化。"强制阐释论"系列研究不仅以其对于西方文论问题与局限直击要害的揭示，打破了长期以来许多人对于西方文论照单全收的盲目崇拜，而且由西方文论研究得与失的分析转而进入到对中国文学理论与批评建构路线的思考，所涉问题重大，理论意义深远，值得引起学界的广泛关注。张江先生论述中所涉及的西方理论派别及其理论特征和发展走向，其对中国文论和批评的积极作用与负面影响，以及文艺理论的生成路线和科学建构理想等，都是当代文艺理论和批评绕不过去而必须加以面对和处理的问题，甚至是具有文艺理论元理论、元问题性质的大问题，需要理论聚焦和更多地深入思考，这是中国文艺理论和批评成就自我、走向成熟的前提和基础，没有这类基础性工作的切实展开，理想形态的中国文艺理论和批评大厦就只能是一个臆想中的空中楼阁。仅就将学界的理论注意力聚焦于基础性、元理论性重大理论问题上来，从而改变了当下学界中心问题缺失、论者各说各话的散漫无序状态这一点而言，张江先生的系列研究就有其不可抹杀的重要理论价值。

相比于当下学术界的通常之论，张江先生的系列研究观点鲜明，辩锋犀利，理路清晰，充溢着明显可感的理论雄心和自信，理论个性鲜明。张江先生把"强制阐释"作为当代西方文论与批评的根本缺

---

① 参见《当代文论重建路径：由"强制阐释"到"本体阐释"——访中国社会科学院副院长张江教授》，《中国社会科学报》2014年6月16日。

陷之一，并且对这一缺陷的诸种话语特征及其"理论中心"的思想根源做了条分缕析的分析与评判，在此基础上，他又提出了以"本体阐释"取代"强制阐释"的主张，强调理论以实践为出发点，阐释以文本为对象，力图厘清理论与实践、阐释与文本的正确关系，前者立足于破，后者聚焦于立，在一破一立之间显示出其系列研究的内在辩证关联。我们应该从这种辩证关联中来审视其基本的理论意图和整体的理论思路，考量其系列研究对于当代理论建构所具有的价值和意义，进而来探讨他所提出和论证的理论命题与观点是否确当，有无进一步商讨的理论空间与价值。

二

张江先生的系列研究有其自成逻辑的理论思路，这就是：中国当代文艺理论和批评深受西方一百多年来现当代文艺理论和批评的影响，这种影响不都是积极正面的，因为西方现当代文艺理论和批评存在着"强制阐释"的根本缺陷；"强制阐释"根本缺陷的思想认识根源在于西方近代以来的唯理论路线，20世纪80年代以来的"理论中心论"既是唯理论路线的极端发展，也是"强制阐释论"的理论逻辑前提；中国当代的文艺理论与批评要成为成熟的理论研究，达成理论建构的理想状态，必须克服西方当代文艺理论与批评以理论为中心、以理论强制阐释文本的错误阐释方式，走向以文本为阐释中心、从文学实践生成理论的"本体阐释"之路。"强制阐释论""理论中心论"和"本体阐释论"构成了张江先生系列研究的三个串联性关键词。前两个关键词所涵括的相关理论内容主要是对西方现当代文艺理论和批评的反思性认识和评价，第三个关键词则集中涵括了他对理论生成路线应然状态和当代文艺理论与批评未来理想的设计和思考，从前者走向后者，显示出一种具有建构意义的学术担当和使命意识，而其建构意识的创生则首先导源于它对西方现当代文论"强制阐释论"以及"理论中心论"的辨析与批评。

这里先不论张江先生对现当代西方文艺理论和批评的反思性认识

和评价是否确当和精彩,单就其系列研究以中国当代文论建设与西方文艺理论和批评的关系入手这一点而言,他就提出了中国文论发展中一个至关重要的问题。正如恩格斯所指出的,"每一个时代的哲学作为分工的一个特定的领域,都具有由它的先驱传给它而它便由此出发的特定的思想材料作为前提"①。中国当代文论的发展当然也是如此。它以中国古代文论和西方文论,尤其是后者中的现当代文论为前提性思想资料,因而其理论运行中自然就存在着一个中、西文艺理论关系问题。由于各种社会历史和思想文化的原因,20世纪七八十年代以来,中国文艺理论和批评界对西方现当代文艺理论和批评的接受虽说借鉴良多,但也存在不少问题,相当多研究者唯西方文论马首是瞻,不加鉴别和选择地追新逐后、亦步亦趋,全然丧失了主体立场,致使中国当代文论几乎变成了西方文论的跑马场,从而引生了各种不同的理论焦虑和批评,其中尤以中国文论患上"失语症"的观点最为著名。"强制阐释论"和"理论中心论"正是在这样一种理论语境下,以清醒的反思意识、刺目的理论概括与犀利的批判锋芒,将对于西方现当代文艺理论和批评的反思置于学界面前。张江先生的系列研究首先给学界提出了一个为什么要学习、研究西方文论的问题。学习、研究西方文论是为了促进中国自身文论的创造,绝不能用他人理论之用替代自身理论之创新,如此则失去学习、研究的意义。其次是如何学习、对待西方文论的问题。不辨优劣、不分良莠,亦步亦趋地盲目崇拜,不是正确的态度,而披沙拣金,有批判有选择地取用才是正道。再次,是怎样将理论认识落到实处,转化为思想创新的问题。张江先生用自己自创的一套理论语汇和提法来概括西方现当代文论的特点和缺陷,比起以往习惯于用传统的话语形式或与西方文论话语完全相同的概念术语谈论西方文论,不仅仅是别出心裁、给人耳目一新的问题,而且其不少概括都准确地抓住了研究对象的特点,同时也清楚地显明了自己的价值评判。在《中国社会科学报》的访谈中,采访者用清晰的概念切割、流水一般涌现的抽象的专业术语来概括其文章给

---

① 《恩格斯致康拉德·施密特(1890年10月27日)》,《马克思恩格斯选集》第4卷,人民出版社2012年版,第599页。

予读者的感受,这正表明了张江先生在将自己的思考、认识和主张付诸表述的时候没有流于空泛和口号,而是携带既有和自创的理论语汇进入理论现场,以此来用心构筑自己独特的话语世界。这对于习惯了居住他人屋子、供奉外来神灵的当代学界是一个警醒也是一个启示,这就是:在跨文化跨语言的中外文艺理论交流与借鉴关系中,"洋为中用"的目的不能丢,批判选择的精神不可缺,主体立场的站位不应失,同时这一切都应在自主创新的话语形式中得到表达,也就是要落实到话语形式的创造中。

总体而言,张江先生的系列研究不仅在如何对待和处理西方现当代文论和批评的问题上重新摆正了"我与他"(自我与他者、本土与外来、民族性与世界性)的关系,找回了一个中国文论研究者应该有的主体立场和批评精神,在整体思路和倾向上能够被中国主流学界所认同,值得充分肯定,他在所涉相关问题的界定、辨析上也大多清晰明确、切中肯綮,给人耳目一新的提示和启发。比如他对场外理论与场内理论、场外征用与场外借鉴、强制阐释与过度阐释的区分,以及西方文论的反序认识和"本体阐释"的三个层次、三重话语的分析等都是如此。这些相关问题的辨别论析为当代西方文论研究和自身文论建设,或是提供了直接可用的思想构架、话语形式,或是提供了可资利用与借鉴的切入视点与理论支点,是对当代西方文论研究的有力拓展与丰富,也是对当代文论建构的强劲助推与提升。

三

张江先生系列研究的理论价值还在于他实际上提出了文艺理论的生成路线这样一个文艺理论元问题。就当下学界的反应来看,很多人更加关注的是他"强制阐释论"和"理论中心论"对西方现当代文论和批评的分析和评判,其实,我们更应该重视的倒应该是他以"本体阐释论"为关键词而提出来的概括意义上的理论生成路线以及中国当代文论走向成熟状态的正确路径选择,正是在这个方面,显示出其系列研究的科学建构取向,以及由此展现出的理论自觉和抱负。

张江先生在谈到理论思维和认识的时候多次使用了"生成"这一

概念，还明确地提出了"理论的生成路线"问题。① 这是一个极有理论意义、值得深加思考的提法。的确，理论是如何形成的，不仅是从事文艺理论研究的人，也是所有理论工作者都应该弄明白的初始性、本原性问题。从根本上讲，理论不是自我生成的，亦非某个圣贤提出之后便摆放在那里从此就一成不变的东西，理论是生成性的，并且永远处于生成之中。那么，理论是如何生成的呢？宏观而言，理论是社会实践的产物，来自社会实践的认识、反思和总结，又反过来指导和引领社会实践的行进和发展。具体而论，各种不同的理论都是在一定社会生活实践的基础上，在一定的时代语境中由对一定的研究对象的认知而创生和发展起来的。纵观人类学术理论的发展史实，不同时代的理论，甚至同一时代的不同理论，既有错误的生成方式，也有正确的生成方式。当进入文论史的时候，从理论生成路线的角度审视我们所面对的不同理论文本，有助于理清其生发脉络、缘生关系、来路去向，并有助于对其理论内容、思想取向、学术价值等做出厘定和评判。

在张江先生看来，西方当代文艺理论就是错误的生成方式的产物，其错误即在于"以理论为中心"，并由此而进入到了"以理论为中心的阶段"，"其总体倾向是：文艺理论不是从文艺经验和实践出发，而是从概念和范畴出发；概念生成概念，范畴生成范畴；理论是唯一的出发点和落脚点，理论成为研究和阐释的中心"。他还认为，当代西方文艺理论"以理论为中心"的总体倾向和根本缺陷在原生理论、次生理论、理论应用三个方面均有其理论表征。② 其实，只要沿着"理论中心论"的思路进一步反思，就不难发现，19世纪末20世纪初以来的西方文艺理论，不仅仅是在其当代的"理论中心论"发展阶段上，而且自此之前的时期开始就一直走在错误的道路之上。如同张江先生所指出的那样，西方当代文艺理论生成路线的错误在于将理论自身作为出发点和落脚点，脱离文学实践，

---

① 参见张江《理论中心论——从没有文学的"文学理论"说起》，《文学评论》2016年第5期。

② 同上。

用理论强制阐释文学文本，偏离了文艺和文学实践，而19世纪末到20世纪中后期依次经历的从"以作者为中心"到"以作品为中心"再到"以读者为中心"都是以文学实践及其活动结果为文学理论的对象，通过对文学实践的认识和总结生成理论，在一定程度上是走在理论生成的路线上，有其理论合理性。虽然如此，以作者、文本、读者为中心的文学理论也还是存在问题的，因为他们存有共同的理论局限，就是在文学活动内部系统中割裂了部分与整体的有机联系，以对文学活动局部特点的认识代替了对文学活动整体的认识，同时在文学活动外部系统中切断了文学和社会生活、时代语境之间的有机联系，以至在反对"庸俗唯物主义"和"教条主义文论"的名义下将马克思主义有关文艺与社会生活、社会生活实践与文学实践之间的辩证关系思想抛弃掉，陷于文学自律论的泥淖而不能自拔。从社会生活实践的广阔领域退回到文学实践的一隅，以文学实践活动的某一个构成部分作为文艺理论的唯一研究对象，显然还不能算是真正走在了文艺理论生成的正确路线之上。文艺实践依存于一定的社会生活和时代语境，而文艺理论既依存于一定的文艺对象，同样也历史地依存于一定的社会生活和时代语境。文艺理论的时代性，它对时代的呼应和反映，不仅仅是对于一定时代的文艺实践及其活动成果的认识和总结，这种认识和总结也是在对一定的生活和语境的呼应中历史地生成的。

　　诚如张江先生所指出的，西方当代理论和批评在理论建构过程中以预定的概念、范畴为起点，从理论到理论，以理论证明理论，是认识路径上的颠倒和混乱，是一种"反序路径"，与正确的理论生成方式反向而行。因此，只有将这个"反序路径"再"反"过来，让批评从文本和作品出发，让文艺理论以文艺实践为出发点和落脚点，文艺理论和批评才算是走向成熟，才能走在科学发展的正确认识路径之上，这就是张江先生由对于西方当代文论的理论批判所得出的结论。然而，这样一个再"反"过程的实现殊非易事。事实上，"当代文学理论建构始终没有解决好与文学实践的关系问题。一些西方文学理论脱离实践，相当程度上源自对其他学科理论的直接'征用'，中国文学理论脱离实践则表现为对西方理论的生硬'套用'。从这个意义上讲，东西方的文学理论和实践都处于一种倒置状态"①。那么，如何克服和改变这种状况呢？张江先生认为，当代文论必须进行"话语重建"，其出路即在于重回理论生成的正路，具体而言就是要以"本体阐释"取代和超越"强制阐释"。他一再指出："本体阐释"遵循正确的认识路线，从文本出发而不是从理论出发，它是以文本为核心的文学阐释，是让文学理论回归文学的阐释。因而，以文本为依托的个案考察是建构当代文学理论体系最切实有效的抓手，也是最具操作性的突破点。② 应该说，撇开对一些具体问题的提法和论证不论，就宏观理路而言，张江先生针对西方和中国当下文艺理论研究弊端和病象所开出的药方是对症下药的，其理论主张总体上也是应予认同的。

四

当然，从"强制阐释论"到"本体阐释论"，从西方文论根本缺陷的批判反思到中国当代文论的科学建构，涉及诸多宏大、根本的时代性理论话题，更涉及大量具体而微的批评理论问题，而张江先生的基本主张和思想脉络虽然已经大致明确、初具轮廓，但具体思考还在不断深化，理论话语还处于不断调整丰富之中，因而难免存在一些表述尚不明晰，条分有待辩证，甚至是观点有待改进之处。其中，关于"强制阐释"话语特征的概括最为引人注目，也最易于引发不同观点的争论。张江先生把"强制阐释"的话语特征总结为四条：一是场外征用；二是主观预设；三是非逻辑证明；四是反序认识路径。③ 三、四条明了准确，一般不会有什么争议之处，存在争议的主要是一、二条。关于"场外征用"，张江先生意在反对在文学领域以外，征用其他学科的理论，强制移植于文论场内，认为场外理论的征用，直接侵

---

① 参见《当代文论重建路径：由"强制阐释"到"本体阐释"——访中国社会科学院副院长张江教授》，《中国社会科学报》2014年6月16日。
② 同上。
③ 参见张江《强制阐释论》，《文学评论》2014年第6期。

袭了文学理论及批评的本体性，文论由此偏离了文论。这里，涉及在多大程度上认可理论的跨学科性质问题，或者说涉及理论的应用问题。正如卡勒在关于理论是什么的探讨中所概括的那样："理论是跨学科的——是一种具有超出某一原始学科的作用的话语。"① 如果我们认可理论的跨学科性质，那么也就应该在一定程度上认可对文学场域之外的理论的征用。在中外学术发展史上，有许多理论在其原始学科产生以后，又被跨学科、跨领域地应用于其他学科之中，从而延展出新的理论维度，以至发展出新的理论形态。比如西方现当代文艺理论和美学中的许多理论形态和派别，理论形态如文艺社会学、文艺心理学、生态文艺批评等，理论派别如精神分析美学和文论，符号学美学和文论，以及现象学、存在主义、阐释学等美学和文论，都是这样形成的。这些理论可能在总体理论性质和具体问题分析中存在这样那样的问题，但不都是毫无价值的。此外，马克思主义的历史唯物论也并非产生于文学场域之内，而是在政治经济学的研究中产生的社会理论，但其基本理论观点和方法论原则却成为此后各种马克思主义的人文社会科学理论研究的共同遵循，包括文艺理论和批评在内。换言之，当今时代的马克思主义文艺理论和批评无不在"征用"着原生于政治经济学领域的历史唯物主义理论。脱离文学实践和阐释对象而强制征用固然不对，但并非一切的征用都不对，都应加以排斥和否定，这个界限应该加以厘定。要求文艺理论研究从具体的文学实践的归纳总结中得来，从对具体文本的阐释中得来，这对于原生理论来说是应该的，对于次生理论，对于理论的应用来说就要具体分析。如果完全排斥理论的跨学科征用，那么理论的应用性也就谈不上了。

与场外征用相关的是理论研究和批评可否具有预设立场的问题。张江先生以"前置立场、前置模式、前置结论"来界定"强制阐释"的第二个话语特征"主观预设"②，在其与朱立元等人的通信中似乎也认可理论和批评避免不了前见、前理解，但依然对"前置立场"

---

① ［美］乔纳森·卡勒：《文学理论入门》，李平译，辽宁教育出版社1998年版，第16页。
② 参见张江《强制阐释论》，《文学评论》2014年第6期。

不予认可。就现代解释学,或就古今理论与批评的历史事实来看,"前置结论"肯定是应该摒弃的"主观预设",但"前置立场、前置模式"似乎均有其一定的存在合理性。立场尽管在有时候特指政治、阶级或党派的倾向,但通常意指认识和处理问题时所处的地位和所抱的态度。立场一般情况下由理论研究者或批评家所秉持的基本审美观、人生观、世界观所设定,表明其"立"于一定文学场域中自觉秉持的态度或姿态,自主选择的站位和视角,以及自我守持的价值、理想与标准等,是理论和批评中不可避免的。罗根泽先生在其《中国文学批评史》里界说"文学批评"时已然指出,文学批评不仅包括对文字的解释、文意的提叙和对作品及作家的考证,还包含着价值的判断,而价值的判断总是基于一定的文学标准、研究方法和理论观念,因而批评总是要显示"立场",以一定的"前置立场"为前提的。据此,他写道:"批评者对任何作家和作品的裁判,大都是见仁见智,人各不同,这是由于个人的批评立场与批评方法不同。有的批评者,在进行批评之前,首先说明自己的立场与方法,有的并不说明。不过虽不说明,而他的如何裁判,仍然决定于他的立场如何与方法如何。譬如赞成尚用的人,不会颂扬尚文的文学家;采用客观的批评方法者,不会下主观的武断批评。所以欲深切地了解批评者的批评,必先探求批评者的立场与方法。"[①] 20世纪30年代,也曾有人讥笑批评家们糊涂,"因为他们往往用一个一定的圈子向作品上套,合就好,不合就坏"。对此,鲁迅先生辩解说:"我们曾经在文艺批评史上见过没有一定圈子的批评家吗?都有的,或者是美的圈,或者是真实的圈,或者是前进的圈。没有一定圈子的批评家,那才是怪汉子呢。""我们不能责备他有圈子,我们只能批评他这圈子对不对。"[②] 鲁迅先生这里所说的"圈子",就意味着一定的标准或立场。如果像张江先生所说,纯以与文学无关而预设的场外理论强制裁定文学文本的优劣高低,自然应该批判和摒弃。但完全排斥"前置立场"也包

---

① 罗根泽:《中国文学批评史》一,上海古籍出版社1984年版,第7页。
② 鲁迅:《花边文学·批评家的批评家》,载《鲁迅全集》第5卷,人民文学出版社2005年版,第449页。

括"前置模式",不完全符合文学批评的实际。同时作为一个否定性理论命题,"前置立场"也包括"前置模式"的界说不能涵盖当代西方理论与批评的全部情况,比如俄国形式主义、英美新批评等,他们也是有立场(如俄国形式主义对俄国革命的态度)、有模式的,但并不脱离文学,因此不应一概否定,而应具体分析。

五

"强制阐释"话语特征的概括之外,有必要进一步加以思考和辨析的重要问题还有两个,都关系到张江先生的系列研究在大破之后能否大立的问题。

其一是关于"本体阐释"的概念内涵,即如何理解文学本体的问题。张江先生在其研究中使用了"文学本体""本体阐释"一类概念和提法,而且把"本体阐释"作为科学的文学理论与批评的建构主张,用以取代西方文论的"强制阐释",可见"文学本体"在张江先生这里是构筑理论与批评世界的基础,具有重中之重的位置。我们知道,"本体"这个概念与"本体论"作为一门学问,所指究竟为何,在哲学界和文学理论界存有很大的分歧,甚至术语本身如何翻译都有争论。大致而言,有的是从"是其所是"的角度理解和规定"本体",还有的是从"存在"角度理解和规定"本体",没有一定之论。具体到当代文论研究中,关于"文学本体"有社会本体论、人学本体论、形式本体论以及存在本体论、物质本体论等不同的观点和分歧,它们合力构成关于文学本体认识的不同理论视域,从多个方面、多种视域中拓展、深化着对于文学特点与性质的认识。那么,张江先生是在何种意义上使用"本体"概念?所持的是一种什么样的本体观呢?似乎还没有很清晰明确的说明。张江先生对"本体阐释"是有解释的,就是要以文学文本为核心,而且大量使用了"文学文本"这一概念。比如,他概括说:"'本体阐释'是以文本为核心的文学阐释,是让文学理论回归文学的阐释。'本体阐释'以文本的自在性为依据。原始文本具有自在性,是以精神形态自在的独立本体,是阐释的对象。"① 那么"文学本体"与"文学文本"又是什么关系？换言之，"文本"的概念能够置换为"本体"的概念吗？这些都是需要进一步讨论和明确的。

我们知道，英美"新批评"文论就是一种以文本为中心的"文本批评"或"本体论批评"，20世纪80年代之后在中国文论界兴起的本体论研究中也有人受英美"新批评"以及俄国形式主义、法国结构主义等西方形式主义文艺理论和批评的影响，打出过"回到文学自身"的理论口号，形成了"形式本体论"的理论观点和主张。但这些理论批评派别和主张，均以文本的存在为中心，以对文本语言形式的推崇为旨归。张江先生的"本体阐释论"也主张以文本为核心的文学阐释，以文本的自在性为依据，但却不将文本的自在性指向文学的语言形式和结构，而是指向文本自身的"确当含义"，并且认为文本自身的确当含义的阐释，包含文本所确有的思想和艺术成果。这表明张江先生所提出的"本体阐释论"与注重语言形式、文本中心主义的"新批评"等形式主义理论流派是不同的，他自己在采访中也明确划清了与英美"新批评"的界限。不过，在"本体阐释论"相关问题的具体解释中，也有一些值得深加推敲的问题。比如，关于"文本自身的确当含义"存在于哪里，张江先生一方面说"这个确当含义隐藏于文本的全部叙述之中。叙述一旦完成，其自在含义就凝固于文本，他人，包括作者无法更改。文本的自在性对文本的阐释以规约，对文本自在含义的阐释是阐释的基本要义"。而在解释"核心阐释"时他又讲"就文本说，是对文本自身确切含义的阐释，包含文本所确有的思想和艺术成果。就作者说，它是作者能够传递给我们，并已实际传递的全部信息。这些信息构成文本的原生话语。对原生话语的阐释，是核心阐释"②。显然，张江先生这些解释的本意是要恢复被"新批评"之类理论割断了的文本与作者之间本应具有的联系。的确，正如张江先生所指出的，文本是书写者的文本，是作者精神客

---

① 参见《当代文论重建路径：由"强制阐释"到"本体阐释"——访中国社会科学院副院长张江教授》，《中国社会科学报》2014年6月16日。
② 同上。

观化的产物,因此作者或者说文本的书写者作为一种"存在"、一种"有",在文本生成及后来的阐释中必定都是"在场"的,其客观影响和作用永远都是"在"的。①但仔细分析起来,其中似乎也存在一定的观点游移与矛盾。这就是文本自身的"确当含义"既然存在于"文本的全部叙述之中",那么理论阐释凝神关注于"全部叙述"即可,为什么又将文本信息传递的主体——作者引入文本阐释的维度?"新批评"对"意图谬误"(即以作家的意图为依据和标准解释、评判作品)不无偏颇的批评已经表明,作家的创作意图与作品的意义之间是有所区别、不能完全画等号的。那么,在张江先生的"本体阐释"中,"文本的全部叙述"与作者信息传递形成的"原生话语"是等同的吗?二者之中所隐藏着的"确当含义"是一致的吗?此外,张江先生把"本体阐释"区分为核心阐释、本源阐释和效应阐释三个层次②,这是很有创意的术语命名与理论区隔。但应该指出的是,文本的"叙述"不会自动显示"文本自身的确当含义",而且"文本自身的确当含义"也不会有一个完成状态的固定不变的解释,因为任何的理论家和批评家以"核心阐释"名义对"文本自身的确当含义"的揭示也是作为一个"受众"的"反应",放在理论批评的历史上看,他也就会成为"效应阐释"的对象。

其二是其"理论生成路线"之论中文学理论研究的出发点问题。撇开对当代西方文论的评判不论,从理论建构的意义上来看,张江先生的系列研究主要谈了两个方面的大问题,一个是何为正确的文学阐释路线,一个是何为正确的理论建构路线。就前者他提出文学文本是文学阐释的出发点和落脚点,就后者他强调文学实践是文学理论的出发点和落脚点。由于阐释也是理论工作的一部分内容,所以从逻辑上讲文学阐释的出发点也包括在整体理论建构的出发点之内,张江先生甚至说前一个出发点的路线调整是后一个出发点的路线调整的突破口,强调只有在研读了大量文学文本的基础上概括、提升出来的理论

---

① 参见张江《作者能不能死》,《哲学研究》2016年第5期。
② 参见《当代文论重建路径:由"强制阐释"到"本体阐释"——访中国社会科学院副院长张江教授》,《中国社会科学报》2014年6月16日。

才是有效的。从根本上看,这些关系的调整和设定符合文学理论研究应有的常规,因为没有文学实践,理论就无所依存;没有文学文本,阐释就失去对象。不过,西方文学理论史上历来有描述诗学与规范诗学的区分,有许多规范诗学,其理论观念往往不见得都是直接来自文学实践。有一些理论对于同时代的文学审美气候有敏锐的把握,对时代的精神走向有清晰自觉的理解,并将此投射入自己的理论建构,具有公认的理论成就,而且对当时或其后的文学实践有影响甚至有规范,却不一定熟悉多少具体的文学文本,比如康德美学就是如此。进而言之,一个时代的文学观念不纯粹是由文学家创造的,理论家、批评家也是观念的创造者,在某些情况下,理论研究由此前的理论观念出发做学理、逻辑层面的反思和推论也可能具有理论上的创新。这里还有一个相关性的问题也需要追问,这就是:作为一个人文学科,文学理论是否仅仅具有认识属性呢?学界通常认为,文学理论还具有价值属性,必基于一定价值观来评判和规范文学实践。介入到文学实践评判之中的价值理想与规范可能是前此历代积累下来的,也可能来自文学审美观念与文学场外的社会价值观、人生观等的融汇,因而未必直接来自文学实践和文本研读。所以,说实践是理论的出发点,是就二者的根本关系而言,有些具体的理论创造未必直接来自实践,因而对理论与实践的关系还要分层次、分情况来加以具体分析和认识。

理论的批判机制与西方理论强制阐释的病源性探视[*]

高 楠[**]

张江的《强制阐释论》，在新时期以来我国文论界被动接受西方文论及西方理论的大背景下，拉开了对西方文论及西方理论进行整体性批判的厚重的大幕。毫不夸张地说，这是一个重要的时代性标记，它标记着中国文论界终于迈入富于批判精神、以自身为主体的能动接受期，也可以说，这是中国文学理论对西方理论的接受具有逆转意义的重要理论事件。

一 激活文论批判机制

批判是理论建构的前提，又是理论建构的过程。在汹涌而来的西方理论大潮中，中国的文论建构常常只是无批判地挪用与套用，其后果便只能是中国文学理论的混乱与消解。

任何理论都不可能纯然自生，总要对外有所吸纳，但吸纳并不是《强制阐释论》所批判的"场外征用"。对其他理论有所吸纳，其合理性在于，不同理论所面对、所思考的，归根到底是人及世界的共同问题，因而彼此之间在探索的领域上具有融通性。"场外征用"则不同，它是一种对其他理论的掠夺，是强行征用，其中隐藏着深刻的理论危机。21世纪初，面对西方理论颓败的状况，美国很有影响的左

---

[*] 本文原刊于《文学评论》2015年第3期。
[**] 作者单位：辽宁大学文学院。

翼跨学科理论杂志《批评探索》，举行了创刊30年来第一次面对面的具有真正跨学科意义的编委会。与会编委都是来自不同学科领域的代表人物，他们各持专长，对共同的理论问题发表意见。一批在当时西方有着重要影响的理论家，包括詹姆逊、米勒、费什等，对这次会议做出书面答复，尽管没有用到"场外征用"这一说法，但都多方面地涉及理论建构的"场外征用"问题。在讨论中，弗雷德里克·詹姆逊提出了一个令人备感严重的"理论枯竭"问题。他说，所谓"理论枯竭"，"不过是这个或那个学科领域的转化挪用的完成"。他具体举例说："首先人类学借用了语言学的基本原则，接着文学批评在一系列新的实践中发展了前者的含义，经过改造后又运用到心理分析和社会科学、法律和其他文化学科。"① 他认为，这种理论的转化挪用之所以会导致"理论枯竭"，是因为所挪用的不是思想，而只是概念式的词或许多词的集群。詹姆逊的这一说法在西方引起很多学者的关注与讨论。《强制阐释论》对"场外征用"的概括、批判，注意到了这种对其他领域理论所进行的停留于概念水平的词或词的集群的征用。

在西方理论的场外征用中，确有很多富有重要思想意义的理论因思想被蒸发掉而"枯竭"，西方文学理论就是正在被如此"枯竭"的理论。这样说并非要否定学科间的融通，然而，使不同学科得以实现理论沟通的领域上的融通性，只能是基于社会实践的融通性，而非基于观念的融通性。社会实践需要并生成有指导性的思想，扎扎实实的社会实践的过程，使它有力量拒绝那些没有实在意义的词和词的集群挪来挪去的把戏。《强制阐释论》强调了这一点，使其对"场外征用"的批判具有深刻的实践合理性。更有深意的是，《强制阐释论》从实践的文学理论角度指出"场外征用"的后果："这种脱离文本和文学本身，裁截和征用场外现成理论，强制转换文本主旨的做法，不能恰当地阐释文本，也无法用文本佐证理论。"② 这一批判，显然是出于实践论的理论立场，既认可概念与思想各有其相对独立性，又坚

---

① 王晓群主编：《理论的帝国》，中国社会科学出版社2004年版，第22页。
② 张江：《强制阐释论》，《文学评论》2014年第6期。

持二者互为表里的一体性。这就在詹姆逊的概念挪用的批判之外，又多了一重批判，即认为对其他理论的文本主旨亦即文本思想的挪用，更是一种后果严重的挪用，这种挪用不能恰当地阐释文本，而只能是思想的扭曲或偷梁换柱的修正。对西方理论与中国文论的现实而言，这一批判具有很强的针对性。

《强制阐释论》对西方文论强制阐释症候的整体性批判，启动了中国文论长期以来疏于强化的面对西方理论的批判机制。这种机制，不是对某些著述或某类传人理论个别的、局部的批判，而是一种中国文论整体性的实践批判程序，是这种程序的不断操作运用。长久以来，中国文论出于观念的兴趣，而非实践问题的兴趣，与西方理论进行对话，而传入的西方理论已然被过滤掉其实践语境，因此，这种对话成为纯然的观念对话，并且是不对等的对话。观念对话取决于观念设定，无批判的观念设定的接受，只能是被动的观念接受，相应地，批判机制的问题没有得到应有的重视。在这一语境中，《强制阐释论》对西方理论强制阐释四个要点的批判，不仅具有姿态性意义，而且具有凝聚国内文学理论界批判西方文论及自我批判的召唤性意义。

二 将西方理论的强制阐释症候作为批判的目标

西方理论源远流长、盘根错节、驳杂多门。中国文论的批判机制怎样抓住西方理论的普遍性症候进行批判，同时，这一批判又不仅是观念性的他证与自证，更是引发中国文学实践与文论建构实践的当下务求，这是一个难题，对中国文论批判机制总体性启动的首发一矢能否中的，对接下来的批判阵容能否续发，都是一个考验。

可以说，对强制阐释这一症候的确认，确实击中了西方理论的要害。这样说有三点根据。首先，强制阐释是观念性阐释，西方思想理论界历来有重观念轻实践的传统。观念之物如同语言，一经产生便可以自行组合，不少西方学者都有这种沉迷于观念组合的倾向。尽管柏拉图与亚里士多德在理论思路及世界观上有很大差异，但均认为理论生活高于实践生活。古罗马时期的教父哲学，延续柏拉图的理念论，从观念中玄想彼岸。而经院哲学的观念玄想与观念逻辑推演的性质更加突出，如全增嘏所说，"经院哲学所研究的对象不是自然界和现实生活中的客观事物，而是什么超验世界、上帝、天使和圣人的世界"①，在经院哲学中，人不过是神学观念的符号。到笛卡尔，西方观念思辨进入更高层次，"我思故我在"的说法把"自我"的全部本质或本性都锁定在观念中，并将之实体化。此后，专事研究"实体"论、"属性"论、"样式"论的斯宾诺莎，追问简单观念与复杂观念的洛克，强调单子论与先验论的莱布尼茨，不厌其烦地阐发"物是观念的集合"的贝克莱，注重印象与观念之说的不可知论者休谟等，无不沉浸于观念的思辨。至于德国古典哲学，从康德、费希特、谢林到黑格尔，更是将观念理论推到极致。

其次，西方思想理论界延续古希腊二元论思维取向，为《强制阐释论》所说的西方文论场外征用与主观预设倾向，提供了思维模式。柏拉图所倡导的理式说奠定于理念与现象二元论的根基之上。在亚里士多德哲学体系中占有重要位置的模仿说与悲剧论，则坚持一种主体与对象、意志与命运的二元论。此后，二元论成为西方最具代表性的思维取向，其要点便在于主体与对象的两分对立关系。根本而言，这是一种主体设定的关系。主体独立于对象并设定对象，这一单向的设定决定了主体对对象的理解与阐释。这使得二元论的主体阐释，在设立何者为对象时便成为一种强制性选择。用《强制阐释论》的说法，这是"主观意向在前"的设定，是"从现成理论出发的批评"②。

再次，西方理论追求封闭的体系。当思想理论进入一种前后圆合状态时，它便成了自我封闭的体系。这种前后圆合，不仅是指思想理论本身力图符合某种规定性，如观念的规定性、方法的规定性、过程的规定性，而且，它还指理论将这种规定性贯穿始终，由此实现它对各种既有观念及现象的统领，使之合于体系的规定性。而实现这种统领的途径，则是体系性阐释。如康德为了建构完整的体系，将一切纳入其三大批判之中；黑格尔则把一切统一在一以贯之的精神哲学中。

---

① 全增嘏主编：《西方哲学史》上，上海人民出版社1983年版，第297页。
② 张江：《强制阐释论》，《文学评论》2014年第6期。

实际上，追根寻源，柏拉图的理式说、亚里士多德的实体论、托马斯·阿奎那的亚里士多德体系、培根的经验论与归纳法，乃至霍布斯的机械唯物论、莱布尼茨的单子论、休谟的不可知论，等等，都存在这种体系性阐释，将一切纳入圆合理论体系的观念自足的运作。可以说，任何观念体系都是自我规定、自我圆合的理论结构体系，也都通过强制阐释，力图将一切纳入这一体系。

这三种传统导致西方理论的强制阐释趋向。

《强制阐释论》将强制阐释视为西方理论的典型症候，对之进行批判，这为中国文论对西方理论的批判性转换提供了有重要拓展意义的批判母题。它将引发一系列批判性思考，例如：强制阐释的西方理论如何面对实践的社会生活？如何评价它延续至今的合理性与合法性？这种强制阐释侵入中国文论，给后者造成怎样的后果，并将进一步引发中国文论何种建构走向？对西方强制阐释的理论影响该如何批判、怎样扫除，这种强制阐释的西方理论能否经过批判转化为中国文论建构的他山之石，其转化途径又是如何？等等。思考这类问题，对当下的中国文论建构具有重要实践意义。阿尔都塞在研究马克思经典著作过程中提出"总问题"这一概念，认为有理论价值的思想，产生于对实践性问题的求解，而在实践性问题的求解过程中，理论的结构、问题及其意义，始终由一个总问题贯穿着。[①] 强制阐释，便是批判西方理论的一个总问题。当然，不同研究者与批判者还可以提出其他总问题，但在这个先行提出的总问题中，中国文论界对西方文论的批判获得了一个具有总体意义的根据。

三　以实践论为批判的基点

任何理论批判都需要批判的武器、批判的根据。西方强制阐释的理论趋向是观念性的，它唯有在观念领域才得以实施，《强制阐释论》对西方理论强制阐释的批判武器与批判根据，当然不会是观念认识论的。对此，《强制阐释论》明确地说，在西方理论的强制阐释

[①] ［法］路易·阿尔都塞：《保卫马克思》，商务印书馆2006年版，第61页。

中，获取认识的路径"不是从实践到理论，而是从理论到实践，不是通过实践总结概括理论，而是用理论阉割、碎化实践，这是强制阐释的认识论根源"①。《强制阐释论》把自己的批判基点确立在实践论的基础上，而这一批判基点，正是中国文论有待建构，并在对西方传统观念认识论展开批判的过程中有待强化的。

西方传统的观念认识论是延续经院哲学唯实论观念的认识论方法与认识论体系。这种认识论认为"一般先于个别事物而存在，是独立于个别事物的客观'实在'"②。观念认识论的核心问题即远离实践，以观念论证观念，并把观念前置，将之预先作为认识的结果；观念认识论的全部努力，是证明这种前置的观念，理所当然地视之为认识的结论，亦即所认识的真理。

德国古典哲学对西方观念认识论的重要贡献，就是对范畴或命题的理论建设意义予以系统性认识与研究。通过缜密而富于智慧的阐释与论证，它揭示了一套哲学范畴与命题得以联贯的逻辑根据，并因此勾画出一个观念认识论的真理途径。这一真理途径，如费希特所说，"这就有必要作一种反思和一种抽象：对人们最初可能认为是的东西进行反思，把一切与此实际无关的东西抽出去"③，即把与其前置观念无关的东西"抽出去"。这就是强制阐释的运作。这一运作得以完成的过程，就是在观念圈定的范围内的"反思"。

只有实践论能够破除这一观念认识论魔咒。如马克思所说："社会生活在本质上是实践的，凡是把理论导致神秘主义方面去的神秘东西，都能在人的实践中以及对这个实践的理解中得到合理的解决。"④实践论不否定观念，也不反对观念的运作。《强制阐释论》说："实践同样具有普遍性品格"，所谓观念的"普遍性品格也正来源于此"。⑤ 但观念运作有一个前提，即以实践为观念活动的根据。实践是一切观念的发生之源，它不仅形成观念，而且动态地规定观念，并

---

① 张江：《强制阐释论》，《文学评论》2014年第6期。
② 全增嘏主编：《西方哲学史》上，上海人民出版社1983年版，第300页。
③ [德] 费希特：《全部知识学的基础》，王玖兴译，商务印书馆1995年版，第7页。
④ 《马克思恩格斯选集》第1卷，人民出版社1975年版，第18页。
⑤ 张江：《强制阐释论》，《文学评论》2014年第6期。

以不容回避的现实力量，不断促使观念向现实的实践过程敞开与转换。在这个过程中，实践成为观念运作的对象。实践的目的性展开、不同阶段展开的差异性形成实践性问题，并要求观念地求解，实践随时提供观念向实践转化的根据。这样一来，观念的封闭性被打破了，观念的反思性自证被否定了，观念违反实践关联的逻辑性组合被废除了，观念本身也在生生不息的实践中获得了生成活力。在这一实践论基础上，《强制阐释论》指出西方理论远离实践或否定实践的强制阐释倾向，并准确地揭示了西方理论强制阐释的具体症候，即场外征用、主观预设、非逻辑论证，以及混乱的认识路径。

立足于实践论的批判，或者说，由实践论基点所展开的批判，同样适用于受西方观念认识论影响、被西方强制阐释所强制的中国文论建构，它既是批判的实践论基点的展示，又是中国文论对西方理论进行批判的实践论基点的批判性阐发。而《强制阐释论》所坚持的实践论基点又正是中国文学理论当下建构须予以重视的基点。受西方理论的强制阐释影响，中国文学理论界普遍存在着观念兴趣大于实践兴趣的倾向，对文学理论问题的研究也往往立足于观念而非立足于实践。对这种倾向的转变，《强制阐释论》通过对西方理论的实践论批判，提供了一条富于启发的路径。

四 强制阐释是实用主义理论运作的历史后遗症

兴盛于美国的实用主义哲学否定思辨式观念活动，强调行动，如威廉·詹姆斯所说："实用主义者果断地抛弃了职业哲学家们的陋习，不在抽象处纠缠，不在字面上下苦功夫。对前提、固定不变的原则、封闭的体系，以及妄想出来的绝对等这些东西，他们不感兴趣。"[①] 这样的哲学本应对在观念中兜圈子的西方理论强制阐释倾向具有纠偏的作用，为什么这里却指认它为西方强制阐释的理论运作根据呢？关

[①] [美]威廉·詹姆斯：《实用主义》，燕晓冬编译，重庆出版社2006年版，第37页。

键就在于，强调行动的实用主义一旦被远离实践地运用于观念思辨时，它所具有的行动性质就被消解，而其工具主义方法也就成为观念运作的方法。对这种运作方法，詹姆斯概括说："实用主义的方法，也是一种态度，一种确定方向的态度。这个方向是传统哲学的倒置。他要查看的，不是什么前提、原则、范畴、假定；而只看结论，在结论上着眼，看的是后果、成效，也就是事实，这就是实用主义的方法，全部方法！"① 这种方法挪用到理论运作中，便成为一种工具主义的信念，即一切都是为了前置的观念目的。为了这个目的，场外征用是合法的，主观预设是合法的，非逻辑论证和混乱的认识路径也是合法的。强制阐释就在这种远离实践的观念实用主义路径上前行。

虽然实用主义主张在美国流行开来是较为晚近的事，但强制阐释的观念实用主义方法的运用在西方却由来已久。甚至可以说，古希腊以降的任何一个时代，都有一批学者运用这种方法，通过强制阐释而提出理论、建构理论体系。詹姆斯在分析实用主义哲学时用了一个很有趣的词，即哲学气质。他认为不同哲学家有不同气质，并在各自的气质中建立自己的哲学。强制阐释的哲学家们所具有的气质也大体相似，都为了自己的观念目的专断地进行强制阐释。近年来国内文论界受西方理论影响，也流行着这种气质。《强制阐释论》在对西方理论强制阐释的批判中，用大量理论事实，使我们发现西方强制阐释的观念实用主义方法，同时，其批判锋芒也有力地触及了西方学者这种蛮横的自我论证的理论气质。

---

① ［美］威廉·詹姆斯：《实用主义》，燕晓冬编译，重庆出版社2006年版，第40页。

"强制阐释"与理论的"有限合理性"*

李春青**

20世纪80年代以来,西方文论的大量引进为我们的文学理论研究提供了新的知识与方法,也制造了一系列新的热点话题,大大促进了我国学术研究的繁荣与发展,这是思想解放的硕果,值得充分肯定,是不容置疑的。然而同样不容置疑的是,西方文论本身以及我们对西方文论的选择与译介存在的问题也极为严重。对此,我国学界一直缺乏深入反思。值得关注的是,近来中国社会科学院张江教授有多篇论文和会议发言,专门探讨西方文论存在的问题及其对我国文学理论研究的负面影响,分析深入细致,见解深刻独到,具有重要的启发意义。"强制阐释"是张江提出的一个重要概念,是对当代西方文论一个具有普遍性的"核心缺陷"的概括。笔者认为,学界有必要就这一提法展开讨论。下面我就围绕这一概念谈点个人的看法,以就教于学界同仁。

所谓"强制阐释",用张江的话说就是"背离文本话语,消解文学指征,以前在立场和模式,对文本和文学作符合论者主观意图和结论的阐释"[①]。我理解,如果概而言之,就是先有一种理论模式和立场,把文学作品作为证明此一理论合理性与普适性的材料。"强制阐释"所得出的结论,不是对文学作品本身固有意蕴的揭示,而是先在地包含在理论模式与立场之中。这确实是西方文论中存在的一个极为

---

* 本文原刊于《文学评论》2015年第3期。
** 作者单位:北京师范大学文学院。
① 张江:《强制阐释论》,《文学评论》2014年第6期。

明显而普遍的问题,特别是在后现代主义思潮浸润下的各种文化理论,诸如女性主义、后结构主义、解构主义、后殖民主义等,更是如此。这些文化理论都有预设的理论观点和立场,面对任何文学作品,都能以不变应万变,得出符合其理论预设的结论。就拿后殖民主义来说,按照这一理论,"东方"不是一种自然的存在,而是被西方学者建构起来的话语存在,因此,东方学也就不是一种实事求是的学问,而是西方用以控制、重建和君临东方的一种方式。这种观点有其深刻性与合理性。世界的发展是不平衡的,特别是近代以来,西方国家得益于工业革命的强力推动,在很多领域都走在了世界各国的前列,这也导致了殖民主义在政治、军事、经济等领域的泛滥。那些走在世界前列的国家也自然而然地成为文化上的优胜者、引领者。在这样的历史语境中,落后于世界潮流的国家与民族常常处于"失语"状态,其文化、历史乃至身份都成为发达国家学者们话语建构的对象。"东方"因此也就不是自主的和独立的存在,而是为"西方"的存在而存在。后殖民主义理论所揭示的这一情形确实存在,而且可以说是一种重要的文化现象。因此,如果从非西方中心主义的立场出发审视东方主义话语,确实可以发现其殖民主义的内核,其理论意义不言而喻。然而,是否一切西方人关于东方的言说都可以纳入这种东方主义的框架来阐释呢?答案显然是否定的。首先,如果承认世界的发展是不平衡的,因而的确存在发达与不发达、科学与不科学、文明与不文明、卫生与不卫生、合理与不合理、进步与落后等文化差异,那么,许多以客观的或科学的态度对东方社会与文化的书写,就不能被简单地视为东方主义话语建构。这里存在的客观性不容置疑。许多文化人类学家的研究成果均属此类。其次,有些西方学者为了更深入地理解自己的文化,进行东西方文化的比较,力求找出二者各自的特点,进而说明某些现实问题的形成原因,其关于东方的言说也不能笼统地归之于东方主义,马克斯·韦伯关于儒教与道教的研究就是如此。最后,西方文化自身存在着诸多问题,而那些以自身文化困境为反思对象的思想家或学者,为自己的文化寻找出路,把目光投向东方,试图从历史悠久的东方文化中寻求参照与启发,他们关于东方文化的言说往往充满赞誉,对东方文化采取了接受、吸取的态度,目的是借以改造自己的文化。这类言说也不能简单名之为东方主义话语。雅斯贝尔斯、海德格尔、郝大为、安乐哲、弗朗索瓦·朱利安等许多西方哲学家关于东方哲学的思考都属于此类。

这就是说,作为一种后现代主义的文化理论,后殖民主义理论确实提供了新的研究视角,开启了一个重要的论域,揭示出一系列被遮蔽的问题,其理论意义是应该充分肯定的。但即便如此,这一理论的适用范围也极其有限,远远不能涵盖全部西方语境中关于东方的言说。换言之,后殖民主义理论只具有"有限的合理性",超出其适用范围,人为地赋予其普遍有效性,就必然导致谬误。其他各种文化理论也同样如此。实际上,西方学界对那种"理论的越界"现象也一直有所反思,许多学者对理论的"强制阐释"倾向也保持着足够的警惕与反思。后殖民主义的主要代表人物赛义德就有"理论旅行"之说,涉及在不同语境中出现的"理论越界"问题。① 美国艺术批评家苏珊·桑塔格在20世纪60年代出版的论文集《反对阐释》中,就对当时流行的精神分析主义与社会批评提出过质疑。她强调面对艺术时的直觉与感受力,反对那种轻视"表面之物"而去挖掘文本背后"真实意义"的艺术阐释。她尖锐地指出:"当今时代,阐释行为大体上是反动的和僵化的。像汽车和重工业的废气污染城市空气一样,艺术阐释的散发物也在毒害我们的感受力。就一种业已陷入以丧失活力和感觉力为代价的智力过度膨胀的古老困境中的文化而言,阐释是智力对艺术的报复。不唯如此,阐释还是智力对世界的报复。去阐释,就是去使世界贫瘠,使世界枯竭——为的是另建一个'意义'的影子世界。阐释是把世界转换成这个世界('这个世界'!倒好像还有另一个世界)。"② 人们通过这种阐释来"驯服"艺术作品。显然,在苏珊·桑塔格看来,"阐释"的最大弊端是对艺术品本身不尊重,是一种"强制阐释",也就是张江所批评的"背离文本话语,消解文学指征"。

---

① 参见[美]爱德华·W.赛义德《理论旅行》,载《赛义德自选集》,谢少波、韩刚等译,中国社会科学出版社1999年版,第138页。
② [美]苏珊·桑塔格:《反对阐释》,程巍译,上海译文出版社2003年版,第9页。

在苏珊·桑塔格的《反对阐释》出版的第二年,即1967年,美国文论家赫施的《解释的有效性》出版了。这部著作是针对伽达默尔的哲学阐释学而发的,也是针对当时在文学批评领域居于主流地位的"文本中心主义"倾向而发的。在赫施看来,文本有含义与意义之分,前者与作者创作意图直接相关,是不变的,后者则与解释相关,是变化的。他说:"显然,作品对作者来说的意义(Bedeutung)会发生很大变化,而作品的含义(Sinn)却相反地根本不会变。"①因此,赫施强调文学阐释活动应该对作者的意图即文本的固定含义给予充分尊重。从某种意义上说,赫施的主张也是对那种"强制阐释"倾向的矫正。到了90年代初,意大利文学批评家安贝托·艾柯在《过度诠释文本》一文中,在"作者意图"之外提出"文本意图""作品意图"以及"标准读者"等概念,旨在对文学阐释的范围予以限定,"试图在'作者意图'与'读者意图'之间保持某种辩证关系"②,也表现出对作者与文本固定含义的尊重,这同样是对"强制阐释"或曰"过度阐释"的抵制。

1994年,美国批评家哈罗德·布鲁姆出版《西方正典:伟大作家与不朽作品》一书,在该书序言中对一系列后现代主义文化理论提出尖锐批评,为之命名曰"憎恨学派"。他说:"女性主义者、非洲中心论者、受福柯启发的新历史主义者或解构论者——我把上述这些人都称为'憎恨学派'的成员。"③布鲁姆之所以对"憎恨学派"持憎恨态度,是因为他们都无一例外地试图"颠覆经典"。在布鲁姆看来,经典是具有原创性和审美价值的作品,代表了人类的崇高品质,具有永恒的艺术魅力,是不容亵渎的。他特别强调了经典的"美学尊严"与"美学权威",对那种无视作品审美特性的政治性的、意识形态的批评表示强烈不满。他要维护的依然是文学作品自身的意义与价

---

① [美]赫施:《解释的有效性》,王才勇译,生活·读书·新知三联书店1991年版,第16页。
② [美]安贝托·艾柯等:《诠释与过度诠释》,王宇根译,生活·读书·新知三联书店1997年版,第77—78页。
③ [美]哈罗德·布鲁姆:《西方正典:伟大作家与不朽作品》,江宁康译,译林出版社2005年版,第14页。

值，这同样是对形形色色的"强制阐释"的否定。

在近三十年的中国文化语境中，西方文论一直处于绝对的强势地位，其"强制阐释"倾向也就显得格外突出，或许正是由于这个原因，张江的批判较之西方学者的反思更加深入而全面，也更加具有现实的针对性。其《强制阐释论》一文从"场外征用""主观预设""非逻辑证明""混乱的认识路径"四个方面进行的剖析是细密的、说理的，因此也是极有说服力的。难能可贵的是，这即使不是唯一的，也是为数不多的中国学者以平等对话的态度对西方文学理论给予的整体性的批判性解读。

西方文学理论与其哲学、社会学等学科一样，是一种具有很强反思性、自我批判性的话语实践，为什么会产生"强制阐释"的问题呢？这可能有两方面的原因。第一个原因是追问真相的恒久冲动。所谓"追问真相"，我们用以指称这一思考方式：认为耳目感官所能及的经验世界是不可信的或非根本性的，经验世界背后隐含着的才是真实的和根本性的。西方思想，从其源头古希腊哲学开始，即有强烈的追问真相的冲动，这集中表现在对"本体"的痴迷上。古希腊哲学的主流是本体论，其核心是对人们生活的经验世界抱有深刻的怀疑，认为它们都不过是某种人的感官无法把握的"实体"的派生物或表征。这种实体可能是物质性的，如泰勒斯的"水"、赫拉克利特的"火"、德谟克利特的"原子"等；也可能是精神实体，如柏拉图的"理念"；也可能介于精神实体与物质实体之间，例如毕达哥拉斯的"数"。总之，在古希腊的本体论哲学看来，哲学的任务就是揭示并证明万事万物之后的"本体"。古希腊哲学为西方哲学奠定了基础，也构成了西方哲学"追问真相"的恒久冲动。这种冲动在中世纪演变为对"上帝"存在方式的追问，近代以来则演变为对主体能力特别是认知能力的追问。无论经验论还是唯理论，都是如此。德国古典哲学把这种追问推到极致，每一种哲学都是无所不包的体系，无论是"绝对同一性"还是"绝对精神"，或者还有"意志"，都是作为世界本体而存在的，都是哲学所要追问的"真相"。这种"追问真相"的冲动构造了西方两千多年的形而上学传统。对这一传统，有人称之为"概念形而上学"，也有人称之为"误置具体性"。19世纪后期，尼采开启了以反传统形而上学为旨归的现代哲学潮流,但"感性""生命""存在""结构"等一旦成为哲学概念,我们在其中就依稀可见"本体"的影子,追问真相的古老传统并没有断绝。这种追问真相的传统,对人们把握自在的客观世界宇宙万物、社会构成、经济状况等,是极为有效的,这也就是西方自然科学、社会学、经济学取得辉煌成就的原因所在。但是,一旦面对精神存在例如文学艺术时,问题就出现了。在两种心灵之间,在实际上是"主体间性"的对话关系中,采用那种对象化的、追问真相式的理论与方法,就只能陷入"强制阐释"的谬误。事实上,从康德、谢林到黑格尔,那些知识渊博、修养深厚的德国古典哲学家们在面对文学艺术时,也同样存在"强制阐释"的倾向。

　　造成"强制阐释"的另一个重要原因是解构的冲动。尼采开启的对传统形而上学的反思与批判是一场伟大的思想革命,确实动摇了西方古代的本体论追问与近代的理性中心主义。作为这场思想革命的最终成果,后现代主义思潮对两千多年来的西方思想传统进行了方方面面的清理与颠覆。"解构的冲动"亦由此而代替了以往的"追问真相"的冲动。所谓"解构",是指这一思考方式:面对一种学说、一种理论、一个命题或者一个文本,不是按照它们固有的思路给出赞成或否定的意见,而是通过揭示它们在形成过程中与其他诸种关联性因素的关系,打乱其表面的逻辑顺序,从而颠覆其合理性。任何完整、神圣的东西面对"解构"的利刃,都会像被拆解的七宝楼台一样不成片段。用张江的话说,这种"解构的冲动"只告诉人们这不是什么,却不告诉人们这是什么,因此无法构成"知识性遗产"。正因如此,解构的伟大意义在于破解神话,让人们从那些被建构起来的精神桎梏中解脱出来,从而大大拓展人们自由思想的空间。然而,一旦面对文学艺术,解构冲动就不那么有效了。何以见得?在某种意义上,文学艺术与宗教一样,需要以"信"为前提。宗教需要信仰,只有在信仰的框架内才能讲道理。文学艺术则需要"信以为真",就像做游戏,如果不信以为真,游戏就无法进行下去。因此,文学批评应更多地尊重体验、感受、想象、联想、直觉等思维方式,如此才能真正把握作品的艺术性与审美特性。解构冲动则不管什么艺术品与非艺术品,都用同样的解读策略与方式来面对,只对作品背后的非艺术性因素感兴趣,完全无视文学艺术的独特性,因此必然导致"强制阐释"。

除了西方文论自身的原因之外,对中国学界而言,"强制阐释"还有另外一种情况,那就是削足适履式的盲目照搬。三十多年来,我们在引进西方文论时常常会自觉不自觉地预设其合理性与先进性,对每一种理论,我们几乎都是当作"灵丹妙药"来看待的,诸如精神分析主义、原型批评、格式塔心理学美学、俄国形式主义、英美新批评、结构主义符号学、叙事学、后殖民主义批评、新历史主义批评、解构主义、女性主义批评、意识形态批评、文化批评,等等,每一家、每一派,我们都曾如获至宝般地对待,一旦时髦过了,大家就弃之如敝屣。这些五花八门的批评理论究竟解决了什么问题?恐怕谁也说不清楚。我们在接受和使用这些理论时,几乎没有什么批判眼光,往往是囫囵吞枣式地照搬,完全不考虑在西方语境中产生的这些批评理论与我们的文学现实之间的错位现象,因此更加凸显了其固有的"强制阐释"倾向。张江《强制阐释论》的重要价值之一,便在于启发我们以冷静的头脑、平等对话的态度对待形形色色的西方理论,既无"我注六经"式的仰视心理,亦无"六经注我"式的随意态度。

面对西方文论存在的"强制阐释"问题,我们是不是应该抵制西方文学理论的引进呢?当然不是,相反,我们应该了解更多的西方文论,以便更全面、更系统地吸收其有价值的因素,从而丰富和推进我们的文学理论研究与文学批评实践。为了避免"强制阐释",我认为坚持"对话"立场十分重要。这种"对话"立场首要地表现在对待西方文论的态度上。我们对西方文学理论的"强制阐释"倾向要保持足够的警惕,但对这些理论的"有限合理性"也要给予充分认识。尤其需要注意区分"强制阐释"与"有限合理性"之间的界限。另外,有些来自西方的哲学、社会学、心理学等领域的理论与方法,在被引进我们的文学研究时,它所引发的可能不是关于文学文本本身的艺术魅力与审美特性的讨论,而是对文学文本蕴含的意识形态、身份政治、政治无意识以及其他文化意蕴的揭示,其结论并非预先包含在理论与方法中,而是对文本进行跨学科的综合性研究之后得出的合乎逻辑的判断。对此类研究，也不能简单地将之归入"强制阐释"之列。对中国学界来说，西方理论既不是解决一切问题的灵丹妙药，也不是致人死命的毒药，这里的关键就在于恰当的选择与利用，所谓"运用之妙，存乎一心"。而选择的标准，则是我们的研究目的与研究对象的独特性。用中国文学经验印证西方理论的合理性与普适性是毫无意义的，用西方的理论重新命名中国的文学经验也不是有意义的学术研究，西方理论对我们的真正意义在于：借鉴其发现问题、提出问题的视角与思考问题、解决问题的路径，发现并解决我们以前没有发现的问题，从而使我们的学术得以推进和深化。

作为理解之艺术的诠释学*

潘德荣**

现代诠释学奠基人施莱尔马赫将诠释学定位为理解的艺术（Kunst des Verstehens）、解释的艺术（Kunst der Auslegung），而不是理解的阐述（Darlegung）①。我们的解释活动是有规则的，但这些规则的合理应用却不是规则本身可以规定的，因此在实际的解释过程中，对诠释者就提出了两个方面的要求：一是对规则的把握，二是合理应用规则的能力。施莱尔马赫认为，获得对文本的正确理解需要借助于两类技术性的规则，即语法规则与心理学规则。语法解释着眼于文本的"客观意义"，心理学解释揭示文本的"主观意义"（隐含于文本的作者意图）。理解与解释作为艺术，乃是指有能力做出这样的判断，在什么样的情况下应采用语法解释，或心理学解释，抑或兼而用之？这也是一切认知性诠释学的根本宗旨。对于伽达默尔而言，诠释学也是一种艺术："诠释学首先是一种实践（Praxis），是理解和促成理解（Verständlichmachens）的艺术。这种艺术是一切意在传授哲学研究的课程之灵魂。在此，首要的是训练自己的耳朵，使其对概念中具有的前规定性（Vorbestimmtheiten）、前把握性（Vorgreiflich-keiten）和前印记（Vorprägungen）有一种敏感性（Sensibilität）。"②

施莱尔马赫与伽达默尔虽同样将诠释学视为理解的艺术，却表达

---

* 本文原刊于《哲学研究》2016 年第 5 期。
** 作者单位：华东师范大学哲学系。
① Schleiermacher, *Hermeneutische und Kritik*, Suhrkamp Verlag Frankfurt am Main, S. 75.
② Gadamer, "Selbstdarstellung Hans-Georg Gadamer", in Gesammeltewerke, Bd. 2., J. C. Mohr（Paul Siebeck）, 1986a, S. 493–494.

出了不同的诠释理念。前者着眼于对诠释规则的正确运用，后者所强调的是诠释者对于隐含在理解的"前"结构中的"意义"之敏感性，阐发其在当代语境中的现实意义。这两种不同的进路，铸就了两种相互对峙的诠释学。

一　问题的提出

自西方诠释学进入我国学界的视野后，海德格尔、伽达默尔一脉的本体论诠释学以其新颖的诠释理念吸引了学者们的目光，而施莱尔马赫及其追随者的方法论传统，则被视为一种被超越、扬弃了的旧有理论形态，乏人问津。如果说施莱尔马赫虽然提出了"一般"诠释学的概念，但其研究的重心仍停留在《新约》的话，狄尔泰对诠释学的反思则已经真正上升到了哲学的高度，他力图证明哲学、历史等人文学科的客观性以及对人文现象进行客观理解的可能性。狄尔泰希望能找出一条出路，以解决爆发于实证主义和历史主义之间的"悲剧性的冲突"。他指出：哲学是一个"两面神"（Januskopf）："它一方面盯着宗教的方向，因而是形而上学；另一面又盯着实证的知识，追求它们的普遍有效性。由于它的双重本质使它在现代陷入了悲剧性的冲突。批判主义已指出形而上学内在地不可能作为科学，而历史意识认识到了科学自身的人类条件性及其动机。另一方面，只是自然科学才具有实证的、普遍有效的知识。哲学就这样被分裂了，并因之而走向衰落：形而上学不是科学，只是'世界观'；现代自然科学不是哲学，它没有回答'生命之谜'。"[①] 在狄尔泰看来，回答"生命之谜"的哲学或全部的精神科学是不可或缺的，关键的问题是如何使之实证化而成为以自然科学为典范的"科学"研究。精神科学是否成为"科学"，取决于是否能创立一套适合于精神科学的方法。为解决这一问题，狄尔泰对自然科学与精神科做出了严格的区分，并指出了它们在方法论上的差异性："自然需要说明（Erklären），人则必须理解

[①] Scholtz, G., "Hermeneutische Philosophie", in J. Ritter, K. Gründerund G. Gabriel (hrsg.): *Historisches Wrterbuch der Philosophie*, 1969, S. 754.

(Verstehen)。"① 关于自然的认识及其认识论上的特征,"说明"的方法所给出的结论是单义的、客观的。对于这一点,实证主义已经做出了充分的论证,无须多言。而"理解"的方法,由于人的个体存在上的差异性,所理解到的东西则是多义的,具有相对性。狄尔泰认为,这种相对性并不意味着相对主义,而多义的理解也非主观随意性,质言之,它们依然是"客观的"理解。这一客观性便基于人对自己的生命之体验的共同性。他指出:"我们可以把正在进行理解活动的主体所遇到的、对于生命的具有个体性的种种表达,都当作属于某种共同的领域、属于某种类型的表达来考虑;而且,在这种领域之中,存在于这种对于生命表达和精神世界之间的关系,不仅把这种表达置于它的脉络之中,而且补充了本来属于这种表达的心理内容。"② 这就是说,人的个体性虽是千差万别,然而在人类的整体之体验结构中,人的行为与表达以及对它们的理解却是基于共同被认可的规则。正是由于我们的精神生活已经被置于一种别人所理解的整体结构中,使个别的意义在意义的整体关联中得以相对固定,理解可能性与客观性便基于此。

对理解的客观性之争,在更为广泛的范围内表现为对"历史主义"(Historismus)的理论之争。历史主义是一个极具争议性的概念,该词首见于诺瓦利斯(Novalis)和施雷格(Friedrich Schlegel)1800年前后的论文中。历史主义与诠释学紧紧地缠绕在一起,使得两者各自的内在分歧愈加尖锐地对立起来。诠释学研究有着实证的、客观的方法论取向,也有伽达默尔的存在论取向,"历史主义"也同样有两种不同的取向。若信奉实证主义,则将历史视为客观历史的史实,无论人们对历史做出什么样的理解,我们始终可以依据"史实"来判断某种理解的正确与否。站在这一立场的历史主义的实质便是历史的实证主义。问题在于,历史并非像自然现象那样"客观"地呈现在人们面前,它本身是作者的作品。作者对历史事件的

---

① Dilthey, *Gesammelte Schriften*, Bd. 7, Stuttgart und Göttingen, 1968, S. 208.
② [法]狄尔泰:《历史中的意义》,艾彦、逸飞译,中国城市出版社2002年版,第80页。

描述，已然打上了作者的主观性之烙印，他的立场、价值观念、对基本素材的取舍与判断，实实在在地制约着他的表达，而读者也无法让历史重演来验证其描述的客观性、正确性。在这种情况下，亦即在我们只能通过以往的历史作品来了解历史的情况下，又如何能做到客观地把握历史呢？基于此种思考的历史主义便是历史的相对主义。

困扰着狄尔泰的，是他看到了历史的相对主义之合理性，并以此来区分自然科学与精神科学。但是精神科学若要成为"科学"，又必须符合自然科学的实证主义要求。他努力建构精神科学的方法论之目的就在于此。施莱尔马赫与狄尔泰以及贝蒂的方法论诠释学，受到了伽达默尔的批评，如舒尔茨（G. Scholtz）所说，伽达默尔针对一种历史的客观主义或实证主义之意义而指责施莱尔马赫及狄尔泰为一种历史主义，这便是说，一种传统的科学化，在它追寻关于文本客观的、正确的事实表述中必须追问文本的效用；它使传统客观化且由此而剥夺了其权利；它只能把意见的多样性带入经验中，而非真理中。施莱尔马赫与狄尔泰的追随者对伽达默尔的批评颇不以为然，舒尔茨继续写道：但是对于赫施和贝蒂而言，由海德格尔所启迪的诠释学也是主观主义的，因为它放弃了正确理解的目标，且将每一种方法弃于不顾，从而打开了对于诠释之随意性的大门。此中显示出双方均被导向根本不同的真理概念：伽达默尔被导向一种真理的准存在论概念（在诠释中，事情存在于言谈中的本质应该被阐明），而贝蒂和赫施则被导向符应性概念（Korrespondenzbegriff）（诠释应该符合于文本的表述）。

显然，论辩的双方都未成功说服对方，也同样没有说服他们的拥护者。贝蒂《作为精神科学方法论的一般解释理论》（*Allgemeine Auslegungslehreals Methodikder Geisteswissenschaften*）构建起迄今最为完备的诠释方法论体系，伽达默尔的《真理与方法》则获得了众多的追随者。其实，伽达默尔并不在意贝蒂的诠释方法论能在多大程度上揭示作者与文本的原意。在他看来，即便贝蒂的方法论能保障读者获得原意，也只是知识性的精确复制。伽达默尔所倡导的，乃是文本或历史事件对我们而言的"意义"，换言之，是历史事件在我们时代的当下作用或影响，因此他将"历史"称为"效果史"（Wirkungsgeschichte）。

以此观之，解决贝蒂与伽达默尔之争，还须另辟蹊径。

二　有效的对话

伽达默尔为理解过程提供了一种独特的见解，就是将我们对文本的阅读纳入对话的辩证结构中。唯在伽达默尔所设定的对话模式中，文本的意义才变成了流动变化、并随着对话的深入而逐渐显现的东西。伽达默尔诠释学有三个理论支柱，即（1）柏拉图的对话理论；（2）黑格尔绝对观念的辩证法；（3）海德格尔的此在本体论。柏拉图的对话理论构成了伽达默尔对话辩证法的理论来源，伽达默尔坦诚："较之德国唯心论的伟大思想家们，柏拉图的对话对我的影响更大，它一直引导着我。"① 受到柏拉图的启发，伽达默尔将阅读文本的过程也置于对话模式："从对话出发思考语言的诠释学尝试，对于一个终身是柏拉图的学生的人而言，乃是一种无可避免的尝试。此一尝试最终意味着通过谈话的展开（Fortgang）而超越这每一种固定的用法。"② 通过对话超越语言的固定用法，意味着语言所承载的意义之变易与新的意义之生成，这是诠释活动的一种理想状态。然就我们的理解经验而言，对文本的阅读无疑是一种单向性的活动。读者无论对文本做出何种解释，文本都得默默地承受着。伽达默尔将阅读转化成对话，亦即在读者与文本之间所展开的对话，他援用了对话的基本方式，即"提问－回答"的结构来解决这一问题。他认为"提问－回答"是诠释现象中的普遍结构，从中呈现出一种"问答的逻辑"（Logik von Frage und Antwort），可以被运用于所有的理解活动中。在伽达默尔构想的对话场景里，文本被设定为提问者，文本自身也就是向读者提出的问题。对文本的理解乃是对这一问题的理解，而我们所理

---

① Gadamer, "Selbstdarstellung Hans-Georg Gadamer", in *Gesammelte Werke*, Bd. 2., J. C. Mohr (Paul Siebeck), 1986b, S. 500.

② Ibid., S. 506.

第二编 理论价值研究

解到的问题同时也是对所提的问题之回答，确切地说，对问题的理解开启了一个"问题视域"（Fragehorizont）。这一视域规定着文本的意义方向（Sinnrichtung des Textes），我们的理解活动便循着这一方向而展开。但是文本事实上并未直接提出问题，此处所谓的文本或作者的提问，其实是诠释者基于自己的视域重构出来的。这意味着，所重构的问题根本不是作者意向中所提的问题。由于作者与读者的"视域"之不同，读者所重构的问题必然携带着读者当前视域中的诸种新因素，从而"开启了意义的诸种可能性"，使得文本的意义获得新的现实性而呈现出新的风貌。所谓"意义"在理解中生成与增长的奥秘便在于此。[①]

伽达默尔的诠释理念，不能说是不可取的，但伽达默尔援用问答逻辑是否提供了真正有说服力的答案？我们究竟能在多大程度上将这种自问自答式的独白视为对话？日常经验告诉我们，若想使对话能顺利进行，有一个基本前提，就是对话双方均将对方视为与己平等的主体，尊重对方的意见，聆听对方的诉说与诉求。以这种方式展开的对话，我们可称之为"有效的对话"。虽然不能保证对话双方都能毫无偏差地理解对方的话语，但必须有这样的意愿：尽可能准确的理解对方，在充分理解对方的基础上陈诉自己的观点。但伽达默尔所谓的问答逻辑实质上是自问自答，是独白的变种。在这里，作者与文本都已淡化到若有还无的地步。提问是诠释者面对文本而构想出的问题，对问题的回答也是诠释者对文本的理解。在这样的问答逻辑中，作者已然消失得无影无踪。至于文本，伽达默尔所谓对文本的理解也并非指向文本自身，而是以文本为中介，通过文本而达到一种自我理解，如他所说："所有这种理解最终都是自我理解（Sichverstehen）。"[②] 我们知道，伽达默尔将理解视为人的存在的规定性，标志着人的此在之存在状态，是以被称为"自我理解"，至于这种理解是否符合文本原

[①] 参见 Gadamer, *Wahrheit und Methocle*, in Gesammelte Werke, Bd. 1., J. C. Mohr (Paul Siebeck), Tübingen, 1990, S. 375–384.

[②] Gadamer, *Wahrheit und Methocle*, in Gesammelte Werke, Bd. 1., J. C. Mohr (Paul Siebeck), Tübingen, 1990, S. 265.

义，根本不予考虑。可以设想，这样的对话在真实的谈话中能够进行下去吗？无论"我"提出什么问题，"你"总是按照自己的思路来"重构"我的提问，你的回答也总是对你重构的问题之回答。对话由此而中断，或者，即便没有中断，也必将是缺乏意义交流的无效对话。

  上述分析表明，伽达默尔所提倡的"对话"模式，应用于他构想的文本理解理论中是不成功的，因为在他那里，对文本的理解已经从对话转换为独白。在笔者看来，与文本的真正"对话"必须以尊重作者的原意、文本的原义为基础，围绕着共同的问题展开讨论。对话双方都应具有一种虚怀若谷的精神，这不仅是说要聆听文本的意见，而且也要求尽量从积极的方面思考文本的意见。虽然如此，我也可能不同意文本所阐发的思想，我就应尽可能准确地针对这种思想做出自己的回应，而非游离于一个宽泛的意义域（意义方向）中寻找有利于自己的那种似是而非的答案。准此，贝蒂的诠释方法论便重新进入了伽达默尔之后的诠释学研究视野，它曾被视为只有诠释学史的研究价值的、过时的诠释学形态，而今重又焕发出它的理论活力。

三　理解作为艺术

  如上所述，将诠释学作为理解艺术，有两种思维进路。伽达默尔视之为一种创造的艺术，表现在察觉文本的微言大义之敏感性。这种敏感性同时也体现在对当代精神的把握，将过去之"微言"与当下之现实结合起来，成就其当代之"大义"。笔者以为这一进路有其可取之处，尽管他援用"对话"模式是不成功的。经他改造过的"对话"实际上是一种"独白"，这也是显而易见的。而在贝蒂，诠释学这门艺术乃是指对各种诠释方法的合理运用，为此他构建了一套方法，并提供了运用这些方法的指导原则，为"诠释者—文本"之间的有效对话提供了可靠的依据。

  诠释学的这两种进路均是可取的，虽然两者在诠释学史上被视为两种对立的主张。但是当我们反思这种"对立"时，会发现它们的

"对立"其实正是内在于诠释学的两种功能的体现。由此出发，我们可在一个更为广泛的诠释学视域中将它们整合为一个整体，在这一整体中使两者都能得到合理的安顿。方法论诠释学致力于对文本的正确理解，存在论诠释学则是在此基础上对文本所做的进一步义理发挥，阐发其现实意义。两者相辅相成，相得益彰。只有这两种功能的综合运用，我们的诠释活动才是完整的。方法论诠释学若止步于原义，便阻塞了进取之路，无补于世教；伽达默尔本体论诠释学之失在于无视诠释学的方法论功能，弃原义而不顾，终使诠释活动失却其根据。若我们进一步细究的话，伽达默尔的观点将会导致一个更为严重的问题，笔者这里指的是学术伦理问题。严肃的学术探讨必须要求对作者、文本表示出充分的尊重，这是一个先于一切理解的诠释伦理之选择。赫施构建起了类似于康德绝对命令的"伦理的诠释准则"（ethische Interpretationsmaxime），依据这一准则，永远不能把他人纯粹地当作手段，而该永远视为其自身就是目的：如果没有更重要的更高价值强迫我们忽视作者意图（即原初意义）——诠释此意图是我们的使命——则我们不应忽视这意图。

　　这种尊重原意的要求具有双向的约束力：对他者的尊重之同时，也是要求他者对自己的尊重。没有人希望别人误解或有意地曲解自己的话语，正如解构主义者们不愿看到自己的理论被"解构"、历史相对主义者们担心自己的见解被相对主义化为虚无一样。

　　以此观之，追求正确的理解不仅是严谨的学术之规范，同时也是对诠释者的伦理规范之要求。如何才能达到正确的理解？贝蒂拟定了诠释四原则（Kanon），并依循这些原则制定了一套具有可操作性的方法体系。

　　（一）诠释对象（文本）的自主性（Autonomie）原则

　　文本的自主性乃是指，文本与它的意义是独立存在的，既不取决于作者，也不依赖于诠释者。虽然作者的主观意愿制约着创作文本的整个过程，但文本一经形成，成为"精神的客观化物"，便获得了独立于作者的"客观意义"，它是由文本的形式结构所规定的。无论我们能够对文本做出多少种理解，但作为诠释对象的文本及其含义是不变的。作者的原意是基于文本推断出来的，推断作者原意是为了能够更准确地理解文本。

贝蒂将文本的自主性作为诠释的首要原则，不仅为方法论诠释学力求把握文本意义的客观性要求提供了理论依据，而且也是他对于诠释活动进行伦理选择的答案：尊重作者与文本，不能因为任何外在的目的而曲解文本，费尽心机地得出自己想要的答案。

（二）意义圆融性原则，亦即整体原则（Kanon der Ganzheit）

文本乃是一整体，是作者的"统一"精神之产物，因此应具有其意义整体性（Sinntotalität）。这一原则，要求诠释者尽可能地厘清构成文本意义的各种因素，所有构成意义的主客观因素都服务于"整体的意向"，圆融和谐地实现着整体意义。是以贝蒂将"意义圆融"原则视为与"整体"原则同一的原则。作为诠释的方法论的"诠释的循环"（其主要形态表现为部分与整体的理解循环），其理论依据便是内在于整体的各部分之和谐一致。

（三）理解的现实性原则（Kanonder Aktualität des Verstehens）

理解的现实性是指，诠释者通过重构他者（文本作者）思想，将其移置于自己的现实生活中，成为诠释者的心理世界的一部分："在创造者自己的经验框架内的创造过程，因基于同样的综合，而将能够创造过程通过一种转换得以适应与植入解释者自己的精神视域（Geisteshorizont），通过这种转换，解释者能够重构与重新认识这一创造过程。"[①] 此即意味着，曾被固化于文本的作者意图，以及内在于文本的客观意义，通过理解者的重构，得以重新"实现"，获得其现实性（Aktualität），回归到当下鲜活的精神世界。

（四）诠释的意义相符原则（Kanon der hermeneutischen Sinnentsprechung）

这一原则也可称为"意义和谐一致原则"，它是第二原则——即意义圆融性原则——之扩展。若我们将人的精神存在视为一个整体，人类的文化世界都是这一精神整体的客观化，不仅我们所解释的文本之意义是和谐一致的，而且诠释者与诠释对象也保持了一致性。不过

---

① Betti, E., *Die Hermeneutik als allgemeine Methodik der Geisteswissenschaften*, Tübingen: J. C. Mohr, 1962, S. 19.

更为重要的，诠释者所持的这种立场表达了自身的一种积极态度，在道德与理论上进行此一原则的理论前提乃是这样一种预设：如果只有心灵能对心灵诉说，那么也只有同样状态与同构性质的心灵，能借助富有意义的形式以一种意义上正确的方式接近和理解另一心灵。整个文化世界都是心灵的产物，是心灵客观化物、亦即富有意义的形式，我们就能够通过它来把握人的精神存在之总体。"和谐"在此不仅意指解释出来的意义本身和谐一致，并与解释对象符合一致，还表明了解释者的一种积极、坦诚的态度，在道德与理论上的反省，主动追求与创造和谐一致的观念，使诠释者与被诠释对象"以一种和谐一致的方式相互协调、共鸣"。①

概而言之，上述的第一、二原则着眼于文本意义的客观性，正确理解的必要性即在于此。然诠释的活动又无疑是作为主体的诠释者之活动，诠释者的主体性也必然会影响到具体的诠释过程。贝蒂的可贵之处是，不仅拟定了针对诠释主体的原则，即第三、四条原则，而且还将诠释中的主体性当作创造性的源泉。因此在他那里，正确的理解与创造性的理解统一于诠释活动之中，正确理解是创造性的理解的依据，创造性理解完善、发展着正确的理解。笔者以为这是诠释学研究突破当前困境的一种理想的出路。

结　语

近日读到张江先生《强制阐释论》一文②，颇受启发。该文对于文学理论的后现代主义转向所引发的种种弊端之剖析，也同样适用于诠释学研究领域。在我国诠释学界，由于受到了海德格尔、伽达默尔的深刻影响，基于生存论阐发诠释学之义理已然成为一种时尚，作者与文本之原意被弃之如敝履，诠释者直以己意裁制文义。就此而言，张江先生将其称之为"强制阐释"乃一语中的。但是，

---

① Betti, E., *Die Hermeneutik als allgemeine Methodik der Geisteswissenschaften*, Tübingen: J. C. Mohr, 1962, S. 53 – 54.
② 张江:《强制阐释论》,《文学评论》2014 年第 6 期。

我们是不是因此就应该放弃存在论意义上的诠释学呢？在这一点上，笔者以为《强制阐释论》一文似有矫枉过正之嫌。本文的第一部分意在厘清传统的方法论与存在论诠释学之分歧的由来，分析了两者之得失。要而言之，"说明"与"解释"（Auslegung）不同于"理解"，解释所指向的是"客观意义"，理解要解决的是"生命之谜"。本文第二部分是针对我国诠释学界的主流看法而为方法论诠释学所做的辩护。伽达默尔援用柏拉图的对话理论以证其说，其失当之处有二：其一，有效的、有可持续性的对话必须以尽可能正确理解对方的观点为前提，舍此，所谓的对话无疑是"独白"；其二，无论文本作者有没有可能成为实际上的对话者，在诠释学的语境中，典型的场景是读者与文本的对话，换言之，当我们阅读文本时，作者是不在场的。对作者原意的辨认，唯有通过对文本悉心解读以及对相关资料（比如关于作者的生平、其他著述等资料）的研判，方能得知。第三部分表明笔者对方法论与存在论诠释学之争的基本观点。笔者以为诠释学作为理解的艺术有两个向度：一是作为合理运用解释规则的艺术，旨在把握文本原义（以及作者原意），这一向度遵循了诠释的"伦理"原则：对作者与文本原意的尊重，表达了诠释者积极与充分理解他人的意愿；二是作为诠释主体实现意义创造的艺术，孔子解《易》就是这种艺术的典范。通过诠释活动，文本在诠释者的视域中获得了新的意义，它是文本意义在当下语境中的实现，是文本（与作者思想）的生命力之确证。有鉴于此，笔者以为诠释学的这两个向度均不可偏废，在整体上观照诠释学，其价值乃存在于这两种艺术的综合运用之中。

"强制阐释论"的理论路径与批评生成[*]

段吉方[**]

一

"强制阐释论"是近年来中国当代文学理论界对当代西方文论的一次大规模的深度批评讨论。中国社会科学院张江先生最早在《中国社会科学》杂志上发表文章《当代西方文论若干问题辨识——兼及中国文论重建》,提出"强制阐释论"的基本概念与理论主张。他指出,当代西方文论生长于西方文化土壤,与中国文化之间存在着语言差异、伦理差异和审美差异,从而决定了当代西方文论运用中国文学理论批评上的局限性,呼吁"面对任何外来理论,必须捍卫自我的主体意识,保持清醒头脑,进行必要的辨析。既不能迷失自我、盲目追随,更不能以引进和移植代替自我建设"。并且强调,"实现与西方平等对话的途径,一定是在积极吸纳世界文艺理论发展经验的基础上,立足本土,坚持以我为主,坚持中国特色,积极打造彰显民族精神、散发民族气息的中国文艺理论体系"[①]。随后在《文学评论》《文艺研究》《中国社会科学报》上,张江先生又分别发表《强制阐释论》《当代文论重建路径:由"强制阐释"到"本体阐释"——访中

---

[*] 本文原刊于《文艺争鸣》2015年第6期。
[**] 作者单位:华南师范大学文学院。
[①] 张江:《当代西方文论若干问题辨识——兼及中国文论重建》,《中国社会科学》2014年第5期。

国社会科学院副院长张江教授》《关于"强制阐释"的概念解说》①，明确提出了"强制阐释论"的批评原则，并深入到具体的文学文本批评实践领域，深入阐释"强制阐释论"的理论内涵——"背离文本话语，消解文学指征，以前在立场和模式，对文本和文学做符合论者主观意图和结论的阐释。"②继续对当代西方文论的阐释正当性问题做出深入的理论剖析，并以"本体阐释"的理论建构路径对中国文论的当代文论建设做出系统探讨，极大地丰富拓展了早先提出的"强制阐释论"理论观点。

中国当代文学理论研究围绕"强制阐释论"的理论观念进行了深入的讨论，"强制阐释论"也获得了中国当代文学理论与文学批评研究领域的广泛共鸣，因此它的理论启发是值得认真总结与思考的。从理论的层面上而言，"强制阐释论"最重要的理论价值在于它的鲜明的问题意识与批判精神，直面当代西方文论影响下的中国文论的话语体系建设与理论重建的核心问题，不但具有深刻的学理研究的内容，而且蕴含着丰富的批评学意义，提出了一系列有着深刻的思想含量和实践价值的问题，因而对中国当代文论的建设具有非常积极的意义。当前，张江先生提出的"强制阐释论"正在引发中国当代文学理论界和文学批评界的极大关注，围绕"强制阐释论"所进行的理论反思与讨论不断深入，也进一步凸显了"强制阐释论"的学理路径层面上的研究价值，这些方面当然是"强制阐释论"发人深省的内容。但在我看来，关于"强制阐释论"的理论探讨与争鸣也不一定仅仅停留在理论方法与观念层面上的判断与思考，如何在整体反思当代西方文论与中国文论建设的理论落差中，更充分地实现它在批评实践方面的效力，这恐怕是接下来需要我们进一步关注的问题。在这个层面上，关于"强制阐释论"其实也存在着一个从理论路径到批评生成层面上的理论思考过程。

---

① 张江:《强制阐释论》,《文学评论》2014 年第 6 期;《文艺争鸣》2014 年第 12 期转载;《当代文论重建路径:由"强制阐释"到"本体阐释"——访中国社会科学院副院长张江教授》,《中国社会科学报》2014 年 6 月 16 日;《关于"强制阐释"的概念解说》,《文艺研究》2015 年第 1 期。

② 张江:《关于"强制阐释"的概念解说》,《文艺研究》2015 年第 1 期。

从理论路径层面上的考虑，张江先生在他的系列论文中已经阐释得非常充分，"场外征用""主观预设""非逻辑证明""混乱的认识路径"，既指出了当代西方文论的基本特征，也指出了它们内在的理论构建的缺陷，这也是"强制阐释论"基本的理论路径。这种理论路径切入的是全球化语境中的中国当代文学理论现实格局，与中国当代文学理论研究中的很多问题之争有着遥相呼应的特性。从20世纪80年代到今天，无论是文学理论的教学实践，还是在文艺学的研究与学科拓展层面上，当代西方文论的理论影响是非常明显的。在我们面对一个经济、文化全球化的过程中，也同时面临一个"理论的全球化"。在文学批评理论发展的层面而言，当代西方文论对中国文论建设在短时期内有非常积极的影响，但引起的理论接受与思想对话困境也是非常集中的，"强制阐释论"正是在中国当代文学理论发展现实面前提出了西方文论的"现实着陆"问题，因而在理论路径层面上既体现出了宏观的理论视野，又展现了鲜明的问题意识。从批评生成的角度而言，"强制阐释论"则有着另一个层次的意义指涉，那就是它超越了简单层面上的中西文论的矛盾立场与阐释间隔问题，更多地在文学批评实践层面上将当代西方文论的"现实着陆"问题引向深入，以大量鲜活的文本阐释个案与批评实践分析确立批评原则，从而体现出了深刻的批判精神。从20世纪80年代西方文论引入中国开始，中国文论就已经存在理论的本土化和现实化的问题，但在以往的研究中，这种本土化与现实化问题往往围绕理论立场与阐释角度展开，基本没有超越阐释与过度阐释的论说范围。"强制阐释论"不但直接面对当代西方文论的阐释与过度阐释问题，而且以大量的"场外征用"事实说明，很多当代西方文论的阐释理解仍然是不成功的，更主要的，"强制阐释论"使我们看到，即使是当代西方文论的"有效着陆"，恐怕仍然难以解决中国当代文学理论的现实危机问题。虽然，张江先生提出的"强制阐释论"无意于立竿见影地解决当代文学理论研究中的诸多问题，也没有将中国当代文论的发展困难全部归结为当代西方文论的引入与发展，但他在一种难得的理论自觉中，深层次地触及当前文艺学研究的学科发展与理论拓展遇到的瓶颈和难题，这正是"强制阐释论"的批评学意义所在。从20世纪90年代中后期以来，随着文艺学的学科反思研究不断出现，特别是围绕"文艺学的苏联体系问题""反本质主义的问题""文艺学的知识生产与知识建构问题"的探讨表明，中国文论的话语体系建设已经迫在眉睫。但在这个争论过程中，很多批评探讨仍然是以西方文学理论话语为底色和理论基础的，甚至是当代文艺学研究的主题、兴趣和方向的变化都直接派生于西方文论话语。在这种情形下，毫无疑问，西方文论的话语阐释遮蔽了中国文论的话语体系建设。如果中国当代文学理论研究仍然凌空蹈虚地围绕西方文论做一般性的阐释研究，不直面中国现实文学经验，提出自己的理论建构路径，那么，当代西方文论话语中的"审美泛化""图像转向""视觉转向""文学边缘化""文学的终结""理论的终结"等各种各样五花八门的声音恐怕将真的是中国当代文论难以摆脱的理论梦魇，"强制阐释论"正是看到了中国当代文论存在着消融在当代西方文论话语中的危险与困境，所以才对当代西方文论的话语阐释问题提出了警醒式的批判。① 正像张江先生提出的那样，如果"因为理论和批评的需要而强制阐释文本，影响甚至丢失了批评的公正"，"期望以局部、单向的理论为全局、系统的理论，只能收获畸形、偏执的苦果"。②

二

"强制阐释论"虽然突出地对当代西方文论提出了有力的质疑，但是首先基于当代西方文论的哲学基础、思潮特性与思想内涵的宏观考察，因此，它对当代西方文论的理论建构性有深入的认识。从理论特性而言，当代西方文论的理论构建色彩是非常明显的。当代西方文论的理论构建过程其实也是文学思想的判断与话语体系的组合过程，

---

① "文艺学的危机"问题是当代文学理论发展中的一个重要问题。这几年来，关于"文艺学的危机"问题的讨论也不断深入，文学理论的课程教学举步维艰，文学理论课程体系复杂，内容深奥抽象，这不但已经成为广大一线教师的共识性问题，而且影响了文学理论的学科拓展与生机。"强制阐释论"虽然没有明确指向"文艺学的危机"问题，但从深层次上呼应并触及了这个问题。

② 张江：《强制阐释论》，《文学评论》2014年第6期。

就像卡勒在《文学理论》中指出的,"理论是一种判断"。① 卡勒所谓的"理论是一种判断",强调的是西方文论的思想样式成分,这一点,是当代西方文论的优势所在。强调思想性,追求智慧的超越性,并坚持理论的写作化,使当代西方文论突出地融合了哲学思维与理论写作的整体特征,从而展现一定的理论启发,卡勒也强调:"那些名目繁多的思想判断之所以成为文学的理论,是因为它们提出的观点或论证对那些并不从事该学科研究的人具有启发作用,或者说让它们从中获益。"② 在当代西方文论发展中,形式主义、英美新批评、结构主义、精神分析、现象学、存在主义、解释学与接受美学、西方马克思主义、女性主义、后现代主义、后殖民主义、文化研究等理论,不同层面的具有拓展文学批评的视野、更新文学批评方法、丰富文学研究思想的启发,这些理论所涉及的领域除了文学之外,还包括美学、社会学、哲学、人类学、政治学以及一些特殊的艺术种类,如绘画、雕塑、电影等,理论的跨界与综合倾向是非常明显的,但这也恰恰是"强制阐释论"提出的当代西方文论值得我们批判思考的地方,张江先生提出的"场外征用"问题就有力地回应了这种观念。

"场外征用"的问题是"强制阐释论"讨论中的一个焦点。所谓的"场外征用"指的就是当代西方文论往往借助于其他学科的理论和方法构建自己的体系,阐释文学问题的现象,"许多概念、范畴,甚至基本认知模式,都是从场外'拿来'的。这些理论本无任何文学指涉,也无任何文学意义,却被用作文学理论与批评的基本范式和方法,直接侵袭了文学理论与批评的本体意义,改变了当代文论的基本走向"③。

"场外征用"之所以会成为"强制阐释论"的批判焦点,并引发人们的关注,④ 更主要的还是由于当代西方文论阐释过程的混乱和盲

---

① [美]乔纳森·卡勒:《文学理论》,李平译,辽宁教育出版社1998年版,第2页。
② 同上书,第4页。
③ 张江:《强制阐释论》,《文学评论》2014年第6期。
④ 参见张江《场外理论的文学化问题》、周宪《场外理论的场内合法性》,《探索与争鸣》2015年第1期;张江《关于场外征用的概念解释》、朱立元《关于场外征用问题的几点思考》,《清华大学学报》2015年第2期。

目所致。卡勒也曾批评："如今当人们抱怨文学研究的理论太多了的时候，他们可不是说关于文学性质方面的系统思考和评论太多了，也不是说关于文学语言与众不同的特点的争辩太多了。"而指的是"非文学的讨论太多了：是关于综合性的问题争辩太多了，而这些问题与文学几乎没有任何关系。"①"场外征用"暴露了当代西方文论在理论建构和批判实践中的本体论缺失的弊病，它在一种"非文本化"的理论建构中忽略了"本体阐释"的方向。针对这种理论痼疾，张江先生提出了他的"本体阐释"的观念。相对于"强制阐释"，"本体阐释"拒绝前置立场和结论，拒绝无约束推衍，它"以文本的自在性为依据。原始文本具有自在性，是以精神形态自在的独立本体，是阐释的对象"②，是一种让文学理论回归文学的阐释。从"强制阐释"到"本体阐释"，体现出了"强制阐释论"超越理论路径方面的考察，走向批评实践效应的宏观视野与观念，这种超越也有效规避了文学理论研究的"他者化"和"本土化"的矛盾立场之争，用张江先生的话说是"阐释的边界规约本体阐释的正当范围"。③

　　朱立元先生在讨论张江先生的"强制阐释论"中曾谈道："事实上，不带任何立场的阅读和阐释是不可能的。不过，我们不要将立场做简单、机械的理解，不应该像过去那样理解为单纯的政治（阶级）立场，而应该理解为包含审美、思想、政治、道德、文化等多方面因素综合一体的一种阅读、阐释的眼光。但是，在阅读、阐释文学作品（文本）时，这种先在的眼光（立场）不是以明确的理性思考方式确立的，而是以潜在的、不自觉的方式暗中影响，制约着阅读和阐释过程。但是，阐释过程是极为复杂、精细的，先在的眼光（立场、前见）并不是唯一的，甚至不一定是主要的决定性因素，阐释的结果与

---

　　① ［美］乔纳森·卡勒：《文学理论》，李平译，辽宁教育出版社1998年版，第1页。
　　② 毛莉：《当代文论重建路径：由"强制阐释"到"本体阐释"——访中国社会科学院副院长张江教授》，《中国社会科学报》2014年6月16日。
　　③ 同上。

结论在多数情况下不可能仅仅由先在的立场所决定。"① 朱立元先生既提出了一个普遍的阐释学问题，同时也对"强制阐释论"如何超越文学阐释的开放性与边界问题做出了有益的理论补充。张江先生提出"强制阐释论"的过程中，他并不回避普遍的阐释学问题，他对桑塔格的"反对阐释"观念、赫施的"解释的有效性"思想以及艾柯的"过度阐释"论均有直接的理论呼应。他提出，艾柯的"过度诠释"观念"是有分量的"，认为艾柯既没有极端地反对阐释，也没有在宏大的阐释主题上发出"主义"的诉求，而是从批评实践中详实地说明和证明过度阐释的实际含义，令人信服。在他看来，"过度阐释"作为一种阐释现象是普遍强制阐释与过度阐释有很多相同之处，他们都承认批评的有限性，不认同"读者无拘无束、天马行空地'阅读'文本的权力"，但也指出，强制阐释不是过度阐释，前者可以包含后者，后者无法代替前者。② 这种深入的理论说明让"强制阐释论"既深入到了阐释学研究的具体问题领域，同时也从理论阐释的思维惯性中跃出，走向了批评效应的考察，从而构成了阐释理论链条上的一个新节点。

三

可以说，从20世纪80年代到今天，中国当代文学理论研究中最热点的话题都与当代西方文论话语阐释有关。但我们也要看到，这种理论研究局面本身是值得反思的。当代西方文论的学科范围太大，理论内涵不容易把握；研究对象模糊，不容易确定；研究主题、话题及各种概念、范畴太复杂，这些都是影响西方文论的阐释接受的客观因素。在这种客观现实面前，中国文论还面临着西方文论的话语压力，所以无论是学科拓展还是理论建构，都存在着一定的发展困境，自然文学理论研究出现的种种危机征兆和危机意识也在所难免。"强制阐释论"在当代文学理论发展的关键时刻提出的当代西方文论的阐释与

---

① 朱立元：《关于"强制阐释"概念的几点补充意见》，《文艺研究》2015年第1期。
② 张江：《关于"强制阐释"的概念解说》，《文艺研究》2015年第1期。

中国文论建设的问题，不但适逢其会，而且有的放矢。进入20世纪90年代以来，中国当代文艺学的学科发展受到了很多瓶颈限制，学科发展相对也比较艰难，这样也让一些复杂的问题凸显出来了，所谓"理论之后"或"后理论"的问题正是这些问题中比较明显的内容。但真正要解决这个问题，我认为并非完全是困难的，也并非是不可能的。"强制阐释论"从理论路径到批评生成的发展，由"强制阐释"走向"本体阐释"正是在这个意义上给我们提供了一条有效的思考样式。

当代西方文论基本是在20世纪取得突飞猛进的发展的，20世纪又是人类社会历史发展进步的重要历史时期，也是一个曾经给人们带来了无限的欣喜、激动、彷徨、哀伤、痛苦、迷惘的时期。当代西方文论诞生在西方20世纪社会发展的复杂的历史语境之中，它的发展历程与理论走向感染了浓厚的社会历史文化色彩，与西方现代性发展的社会现实和文化语境有着密切的联系，在这个层面上，也自然滋生了"强制阐释"的文化土壤与理论土壤。特别是欧美文论，大多产生在发达资本主义国家已进入后工业化社会或信息社会时期，媒介信息的引入与发展也改变着当代西方文论的理论格局与理论路向，在这个现实面前，避免"强制阐释"困境，走向基于批评实践考量的本体阐释，就是我们面对当代西方文论的一种更加重要的态度。在后工业社会中，随着社会经济结构的调整，人类日常交往方式的变换也改变着人类的生产方式和生活方式，包括科学技术变革在内的信息媒介的变化在广泛影响人们的生活资料、生活空间的过程中也对生活主体产生了重大的影响，并进而影响了科学与人文的交融过程。在这个大的背景下，"强制阐释论"正是指出了当代西方文论在现实接受与实践融合过程中的某种"不完全着陆"的格局与态势，也从深层次上体现了当前中国文学理论建构与话语体系建设上的迫切需求。在当代，无论西方还是中国，文学理论知识在生产与接受、基本问题与研究方法、理论走向与价值判断上都展现出变幻多端的格局，基本上到了一个没有"主流理论"的时代。处于"强制阐释"中的当代西方文论刻意突出的就是这种没有"主流理论"的文论话语。在"强制阐释"的过程中，理论上和思想上更新在"场外征用""主观预示""非逻辑判断"和"反序路径"中越走越远,最终的结果是理论阐释融通现实批评问题的失衡与无效,在这种理论发展格局面前,理论的新潮往往也意味着实践效应的缺失,"强制阐释"的话语拥堵更会导致文学理论的实践功能的弱化和缺失,这正是我们从"强制阐释论"中应该反思的地方。

强制阐释论的意义阐释[*]

范玉刚[**]

经过六十多年的社会主义道路探索，21世纪的中国已站在近代一百多年来的历史最高点，随着中国越来越成为在国际社会上有影响力的国家，中华民族走到了一个通向民族复兴和大国崛起的历史节点。历史表明，民族复兴和大国崛起需要文化支撑，中国国际话语权的提升更需要全社会的合力推动，需要学术界的努力和理论自信。中国文论研究和文学批评的使命担当自不待言。就中国当代文论发展而言，自20世纪80年代开始，当代西方文论被大量引进中国，对中国文艺理论和文学批评实践产生了重要影响，对文艺学、美学学科建构发挥了积极作用，有力地提升了中国文论研究的理论水平、世界眼光和国际视野。然而就当下的历史节点而言，从中国文学理论的转型与建构来看，确实有必要全面检视反省西方当代文论之于中国文艺实践的有效性问题，其前提就是较为客观地辨识当代西方文论自身的发展，及其进入中国问题域的重新语境化所带来的问题。近年来，张江在系列论文中详细剖析了当代西方文论研究的根本性缺陷及其对中国文论发展的借鉴价值，引发了文艺学界的高度关注和热烈讨论。

张江通过对当代西方文论本身发展的客观性辨析，考察其对场外理论的征用及其应用于中国文艺实践的有效性问题，在综合分析基础上做出一种学术判断，以"强制阐释"概括其基本特征，把脉当代西方文论研究的根本性缺陷，视之为本体性特征，可谓一针见血。他

---

[*] 本文原刊于《学术研究》2016年第2期。
[**] 作者单位：中共中央党校文史部。

把强制阐释视为20世纪西方文论的一种总体性缺陷,认为诸如"幽灵批评""混沌理论批评"等理论应用于文学研究非常牵强,其实质是这种批评模式消解了对文学意义和美的价值的追问,这种场外征用理论带来的主观预设导致了对文学意义的消解及对文学文本的非文学阐释。就此张江得出的"强制阐释超越了文学批评的正当界限"的论断可谓切中要害,体现了批评者的深刻洞察力和整体把握能力。尤其是他对晚近西方文论,如后现代主义思潮、女权主义、新历史主义及文化研究等的评判更是切中肯綮。可以说,强制阐释论有力地批判、廓清了长期以来萦绕于中国当代文论研究中的一些模糊认识和误区,有以正视听、令人豁然开朗之感。

在张江看来,强制阐释是当代西方文论研究的基本特征和根本缺陷之一,"强制阐释是指,背离文本话语,消解文学指征,以前在立场和模式,对文本和文学作符合论者主观意图和结论的阐释",① 主要表现为实践与理论的颠倒、具体与抽象的错位,以及局部和全局的分裂。其中,主观预设被视为强制阐释的核心因素和方法,具体指批评者的主观意向在前,预定明确立场,强制裁定文本的意义和价值。其要害有三:一是前置立场,二是前置模式,三是前置结论。② 总体上看,强制阐释的最大弊病在于僭越(理论有效性的界域),以及由此导致的理论应用的牵强(一些理论征用无关乎文学经验),仅凭猜想、假设来推演,在理论阐发中难免有削足适履之嫌,以至于出现"偏执与极端"化倾向。正是基于以上理论分析,张江得出"从理论背景来看,许多西方文论的发生和膨胀,都是基于对以往理论和学说的批判乃至反叛"③ 的结论,是令人信服的。事实上,当代西方文论研究不断地追新逐后,话语狂欢式的符号术语内爆,助长了轻视文学理论的传承和过度重视理论的场外征用,致使强制阐释泛滥。就理论建构而言,张江认为,强制阐释不是过度阐释,前者可以包含后者,

---

① 张江:《强制阐释论》,《文学评论》2014年第6期。
② 张江:《强制阐释的主观预设问题》,《学术研究》2015年第4期。
③ 张江:《关于"强制阐释"的概念解说——致朱立元、王宁、周宪先生》,《文艺研究》2015年第1期。

后者无法替代前者。也就是说,过度阐释的意图依旧落在阐释文本上,而强制阐释不在于阐释文本,其把重心落在阐释者的阐释本身上(理论自身),这个理论是阐释者先前持有的,他要借助文本来说明和证明理论。

大体上看,张江以强制阐释来评判当代西方文论研究并视其为根本性缺陷,从当代文论自身发展视角来看,可以说处于当代理论创新的前沿。就此我们不得不追问:谁在阐释?如何阐释?阐释什么?回顾当代西方文论发展史,可以发现是西方文学实践和对文学观念认知的变化引发各种理论进入文学研究和批评场域,这当然会出现种种不适和难以对症,但这些理论操演既深化了对文学内部研究规律的把捉,也有力地拓展了文学外部研究规律的适用性。另外,一个基本的理论现实是:契合时代和理论自身的发展变化,当代文艺学发展的跨界、扩容、多学科的交叉融合,研究范式的不断转换、研究界域的不断拓展,自然关乎到场外理论征用的合法性及其限度。正是在此意义上,我们认为强制阐释有一定的合法性,其合法性意义主要体现在知识论层面上,越来越多的理论成果从不同的视角成为当代文学理论及其研究范式建构的知识资源。其实,文学理论向来不囿于文学自身,它涵括文学却有着广阔的阐释空间和价值指涉能力,从而拥有对社会现实的发言权。但理论的立场和思维是至关重要的,也就是说它不能迷失自身,它必须是文学的。文学理论研究和批评实践是诗学的人文性的,它固然要遵循逻辑、不能背离逻辑,但不能是囿于逻辑来压抑诗性与审美之维。作为人文学科它有着人文属性的特殊性及其精神价值导向,在理论阐释中允许一定的想象与揣测,而不是完全囿于社会科学的"规范性"。如韦勒克所言:"文学研究,如果称为科学不太确切的话,也应该说是一门知识或学问。"① 正是思维的广阔和文学价值的指涉,构成文学研究范式和文学批评的一个特征。

此外,"理论"固然不应遮蔽"文学理论",但理论之间、理论与文学理论之间却应该跨界交融,以共同应对文学实践的变化,应对

---

① [美]韦勒克、沃伦:《文学理论》,刘象愚等译,江苏教育出版社2005年版,第3页。

不断建构中的文化现实。说到底,既然"文学观念""文学理论的观念"发生了变化,再以传统的思维方式看待文学和文学理论自然就是刻舟求剑了。理论当然要有正当性与合法性,要追求一定的客观性,但不能为了追求所谓的"科学性"而封闭自己,把文学理论孤立起来以杜绝与文化现实之间的互动。可以说,任何理论都不是一成不变的,或者只能适用于某一领域,理论的交叉、延展是学科发展的必然。当下,学科的扩容、跨界和交融是社会、经济、文化,当然更是文学理论与文学批评的发展趋势。在此意义上,适当的场外征用是必要的、合理的,当然就域外理论而言要有一个重新语境化的问题,就其他学科理论而言有一个消化、锻造的问题——在文艺学视野中作文学化、诗性化的处理。

在对强制阐释的核心论点进行阐述时,张江以女性主义文学批评实践来论证主观预设的不合理性。他指出"先于文本、凌驾于文本之上的主观预设,说到底,就是无视甚至践踏了文本的这种主观质地,其结果,自然是背离了文本,所生发的阐释无疑属于强制阐释"。① 认为"毫不夸张地说,主观预设已经成为一个多世纪以来文艺批评实践的稳定套路、固化模式,也成为众多批评家操练中常见的思维模式。并且,随着西方文论被引入到国内,这种主观预设的问题在国内批评理论界也已经司空见惯"。② 事实上,文学批评的立场可以预设,甚至批评模式也可以预设,在具体文学文本的解读中需要适时修订,但是结论的确不可预设。在一定意义上,接受美学视野中的"前见"固然是一种潜意识,但在特定文本语境下完全可以被激活为一种自觉意识的表达,此时它就是一种立场,这在理论研究和批评实践中并无不妥。可以说,任何理论都有理论有效性的界域,一旦僭越就会出现偏颇。批评家对文学作品(任何文本)的阐释评判都可以独立于作者的主张(仅作参考),它只是依循理论和批评的逻辑向着文本开掘和发言,可以基于文本的客观性而无关乎作者的文学主张,这就是韦勒克所说的"批评的时代"的意味。但批评家确实不可滥用理论来

---

① 张江:《强制阐释的主观预设问题》,《学术研究》2015 年第 4 期。
② 同上。

强制阐释、随意处置文本。文学批评的客观性基础是文本，还包括作者的文学主张和人生经验，以及批评家的阅读经验和文学感悟，在此之上还要融入理论推演和人文情怀。理论只是观照文本的一种视角，不同的理论有不同的视角。正如一千个读者有一千个哈姆雷特一样，不同理论视角下的文学文本会呈现出"横看成岭侧成峰，远近高低各不同"的格局。理论视角的多样性表征着文学文本的开放性，但不意味着某种理论可以适用于任何文本，可以"包打天下"。面对鲜活的文学文本和文学活动，任何理论都不是万能的，理论与批评对象要相互契合，相互引发阐释，可谓"相看两不厌"。

说到底，文学理论是关于文学的理论，但它的根要扎在文化现实中，以获得深厚的时代底蕴和主流价值支撑，而不是追逐大众文化的狂欢。事实上，确实有很多所谓的理论或文学理论陷入话语狂欢中，其结果就是"文学理论无关文学、没有文学，或者文学只是充当了理论的佐证工具，其学科特性受到了前所未有的削弱，成了凌空蹈虚的'空心理论'"。① 这样的理论招致诟病或者质疑是必然的。因此，有学者指出，文学理论的初衷"是试图从自身外围的学术领域中来获得启发，寻找出路，结果却邯郸学步，丢掉了自身"。② 尤其在当下，文学越发被置于文化观念中来阐释而处于杂糅状态下，对任何文学文本的理解都不可能是单一文学性的视角，任何单一性的文学视角都不可能真正切近文学自身。

强制阐释论启示我们：对当代西方文论的辨识和评判非常重要，它关乎中国文学理论的发展和未来。一百多年来，特别是改革开放三十多年来我们所取得的文论成就，可以说西方文论的引入对中国文艺学、美学的学科建构和理论发展有筚路蓝缕之功，至今依然是重要的参照系。在一定意义上，中国当代文艺学、美学是在西方当代文论的深刻影响下，通过某种程度上的移植、借鉴以及试图相互通约的对话

---

① 张江：《当代西方文论若干问题辨识——兼及中国文论重建》，《中国社会科学》2014年第5期。
② 姚文放：《从文学理论到理论——晚近文学理论变局的深层机理探究》，《文学评论》2009年第2期。

与交融的基础上发展成熟的。因此,中国文艺学学科和美学学科建构以及文学史、文论史和美学史研究,一定程度上都存在着对西方理论的移植、借鉴和参照,存在着"照着讲"与"接着讲"的问题。以美学学科建构为例,有学者就曾辨析过"美学在中国"与"中国的美学"之别。① 对此,我们确实应该站在理论立场进行反思和批判。当代西方文论普遍存在的强制阐释特征,除了理论逻辑的自身惯性外,是否还有着西方语言的暴力因素?它在理论旅行和向域外扩张中是否还有着潜在的"西方中心论"顽疾?西方文化霸权不仅是思想理论的霸权,还有着英语的语言霸权。此外,除了在文论研究领域自古希腊就开始的强制性阐释外,这种特征更显现于中外文学史的研究领域中,特别是以西方概念术语来解释中国文学经验,尤其见之于中国文学史、美学史的写作与研究范式的建构,这其中深刻复杂的原因值得探究。

回到中国文学理论和文学批评范式的建构上来,中国文论应向何处去?文学理论最始源的出发点和价值指涉是文学实践,否则文学理论是没有生命力的。其有效路径是全方位回归中国文学实践,"回归中国文学实践,就是要把中国文学理论的建构基点定位在中国文学的现实上,系统研究中国文学创作、文本、接受规律,在此基础上形成有中国特色的文学理论体系"。② 同时文学理论研究和文学批评要有效切近不断变化中的文化现实。对此,我们不得不追问:是理论阐释和推演偏离了当下的文学实践,还是当下的文学发展已经碎片化并泛化为当前的文化现实而愈益偏离了文学自身?我们正在谈论的"文学观念"是需要重新界定的。与之相应的是,理解"文学本体论"的方式发生了变化,阐述文学理论和文学批评的本体特征离不开特定的文本语境,这是一种历史境域的敞开。关于文学理论与文学批评"脱离文学实践"的现象,我们是否可以追问:是在什么意义上的脱离?是何种意义上的文学实践?如何领会理论与实践的关系?如何认识理

---

① 参阅高建平《"美学"的起源》《全球化与中国艺术》等论文。
② 张江:《当代西方文论若干问题辨识——兼及中国文论重建》,《中国社会科学》2014年第5期。

论的普适性与当前数字化媒体的"虚拟真实"？事实上，对于认识的来源及其理论成果要分层次多维度进行研究，尤其不可忘记理论自身有自我生发的特性，也就是理论可以生成理论。如康德美学的理论建构就是其哲学体系逻辑推演的结果，其关于艺术品鉴和天才艺术家的分析，基本上无关乎康德自身的艺术欣赏实践，却自成理论之高格，被视之为人类思想史上的"美学经典"。

就理论生成而言，一部文学理论或批评史是不断挑战既有文学观念和研究范式（批评模式）的历史，通过对既有文学观念（包括文学结构、情节、人物塑造等）的消解与拒斥，以创新（包括"新奇""怪异"等）手法挑战现成性的文学、审美观念及其核心规范，来重新建构一种新的文学观和批评范式。至于学科间的碰撞和融合，只能是研究方法和思维方式的启迪，而不可能是理论成果的简单翻版或者生硬移植。"文学理论是关于文学的理论，本质上是对某一特定时期文学实践的经验总结和规律梳理。其中最重要的是文学理论对文学创作取材、构思、技法以及对文学作品审美风格、形成构成、语言特质的理论归纳和概括。在总结和梳理过程中，理论的应有之义还包括'问题域'的拓展和思维方式的切换。"[①] 这种认识是全面深刻的。就此而言，这样一种研究思路也是可行的："对文学研究来说，外部研究是必要的，但只有外部研究远远不够；内部研究也是必需的，但只满足于内部研究也万万不可。"[②] 尊重文学的内部研究规律，坚持文学的文本细读原则，回到文学文本和文学活动本身，以此将具有中国特色文艺理论治理体系的建设推向新阶段。只有准确辨识和把脉当代西方文论的本体性缺陷，才能有效地增强中国文学理论研究的有效性。

当代文论的研究不可忘记文学及其文论研究的本土化特征，以及文学理论的人文关怀，其理论建构尤其不可缺少民族的文化底色和历史底蕴。就理论探索而言，吸收、借鉴国外相关文论研究成果非常必

---

① 张江：《当代西方文论若干问题辨识——兼及中国文论重建》，《中国社会科学》2014年第5期。
② 同上。

要，加强与国外理论学派的对话、交流尤其不可或缺，因为任何文论研究都不是封闭的而是开放的。但是，重视当代西方文论不等于依赖甚至产生依附性，不能充当西方文论的爬虫，不应仰仗西方文学理论来阐释和说明中国文学问题及其中国文学经验。近年来中国当代文论和文学批评的乏力，就与其逐渐远离现实、不断丧失社会话语权相关，它越来越不能有效解释中国的文学现实，这样的理论和批评自然就被社会边缘化。西方文学理论与文学批评范式主要基于西方文学经验和文学实践，它不可能真正站在非西方立场上来考虑所谓全球性的文学经验与文学批评问题。也就是说，西方文学理论所提出的问题不完全是发展中国家文学真正存在和需要解决的问题。由于社会发展阶段和所面对的问题不同，特别是文化现实的建构不同，导致西方理论不足以解释发展中国家的复杂情况，尤其是难以说清像中国这样一个急剧变化的发展中大国的文学复杂状况，其理论阐释不足以应对发展中国家的复杂矛盾。生长于西方文化场域的当代西方文论对说明某些方面的文学问题有所启示，但绝不是放之四海而皆准的"真理"，它虽然披着普遍性的外衣，却不能遮蔽其理论的"地方性"和"民族性"。对于我们来说，需要理论借鉴，但更需要基于本土经验的理论建构，只有把脉自身问题的理论才有效，也就是说自己的事情自己最有发言权，自己的问题只有靠自身的理论来阐释。因此，对当代西方文学理论的重新语境化阐释，不能形成过分依赖。对西方学术盲目推崇，会妨碍我们独立思考；对当代西方文学理论资源和文学批评范式的过分倚重，会遮蔽中国文学问题的真实性，导致"顾左右而言他"而难以击中真实的文学"靶子"。理论探索实践一再表明，脱离文学实践基础和文化现实条件提出的理论问题和观点，大多是一种虚假、空洞的概念。只有用中国的话语、中国的方式来研究和阐释中国的文化问题，基于中国的文学经验和文学批评实践，才能真正形成具有中国特色、中国风格、中国气派的当代马克思主义文学理论和文学批评。

强制阐释论的理论范式意义[*]

张清民[**]

20世纪80年代以降,当代西方文论成为中国大陆学界文艺研究中的显学,许多文艺学学者言必称西方,似乎当代西方文论就是文艺真理的化身,就是中国文艺研究水平及成果评价和检验的标尺。张江通过一系列专题研究,发现了"当代西方文论的根本缺陷"以及中国大陆学界在研究当代西方文论时的诸种弊端,找到了这些缺陷及弊端原因所在的核心逻辑支点,并把它从理论上命名为"强制阐释"。[①]所谓强制阐释是指这种研究或批评状况:文艺批评、分析阐释或理论建构不是从文艺实践或文本指称对象出发,而是在既存的社会立场或态度下,以某种适合表明自己立场或态度的理论作为分析问题的思想工具,借题发挥,随意解释,证明一个本已存在于论者意图中的论断。从理论研究的历史与现实来看,中国当代文论中的这种强制阐释观念由来已久,它的典型表现是:文艺主体在文艺活动中含有主观立场和倾向的意图性目标在先,结论作为研究或批评的前提而不是论证的结果出现。这样的研究逻辑从一开始就规约、限定了解释或批评的性质与方向。具有强制阐释缺陷的研究其论点往往是主体从某种理论需要出发硬性赋予或强加于文艺对象的,是先验的而非经验的,其论证过程常常是不顾对象自身的性质强行嫁接、生贴硬附,最终导致文

---

[*] 本文原刊于《学术研究》2016年第2期。
[**] 作者单位:河南大学文艺学研究中心。
[①] 张江:《强制阐释论》,《文学评论》2014年第6期。

学批评强作解人,理论变成普洛克路斯忒斯的铁床式的"名词附会研究"。① 张江以其敏锐的理论直觉,深刻洞察到了强制阐释的根源所在:"理论"过剩,"文艺"过弱,"文艺理论"离"文艺"越来越远,甚至远到毫无关系,文艺研究与批评基本上成为研究主体或批评主体的自言自语。强制阐释并非始自20世纪,但以20世纪为甚,无论西方世界还是中国皆然。西方文艺批评的强制阐释与西方先验主义文论有直接的理论渊源,但又与后者有很大的不同。在西方文论史上,有一种十分奇特却又应当注意的现象,即对文艺发展影响最大的理论往往不是来自作家实践经验的反思和认知,而是那些文艺场以外的哲学家对文艺现象的思考和认识。例如:古希腊人关于文艺的杰出理论不是来自荷马、萨福、欧里庇得斯、埃斯库罗斯等诗人、戏剧家,而是来自苏格拉底、柏拉图、亚里士多德等哲学家;对西方现代文艺界产生普遍深刻影响的理论不是歌德、荷尔德林、巴尔扎克、左拉、狄更斯、普希金、托尔斯泰等人的思想而是康德的先验美学。哲学家的先验认识对文艺的发展影响至深,这在西方两千年的历史中形成了一个传统。西方传统先验文论与当代西方文论不同之处在于,传统先验文论虽多出于哲学家们的理论演绎,却于文艺理论与批评方面无强制阐释意味,人们之所以以之对相关文艺对象进行解释或批评,是因为哲学作为包罗万象的科学,具有通释一切学科问题的权力。而且,在现代意义上的"文艺"概念出现以前,文艺并非独立意义上的批评对象,也没有专门意义上的文艺研究,人皆可以对具有较强审美色彩的文献对象指手画脚、说三道四;即使实实在在可归为强制阐释的神学文论,人亦不觉其不妥。18世纪以后,现代意义上的"文艺"(literature)概念虽然独立为一个新的学科门类,却由于它像其他艺术门类一样被纳入"审美"这一领域,哲学家从哲学角度解释文艺也被人们视为当然。

20世纪以后,西方文化与文艺发展有了很大的变化:哲学失去其万科之王的尊显地位,学科分化越来越细,学科格栅日益明显,不同学科门类形成了各自独特的叙事方式;文艺以其表情和修辞方面的

---

① 张清民:《学术研究方法与规范》,中华书局2013年版,第97页。

先天优势，成为人们普遍认可的叙事类型。借助文艺，各类知识概念能够得到广泛的传播，是以许多非文艺专业的研究者也都借文艺这个酒杯，来浇自己的思想块垒。在文艺领域，批评成为职业，越来越向学院化、知识化方向发展，批评分析与创作实践之间也就渐行渐远；职业批评家由于缺乏创作的经验和体会，也就没有了切近创作与文本的独立言说能力，不得不向其他知识领域乞求。凡此种种，正是强制阐释的理论乱象滋生的文化根源。

中国文艺批评中的强制阐释现象，其发展进程与西方类似，其表现又有所不同。中国人习惯于模糊思维与直觉思维，对文艺作品种类及功能缺乏专业意义上的区分和认识，在评价文艺时少有从文艺自身出发来思考问题的维度，多是从实用理性的思维方式，考量文艺的政治、伦理等社会功能，诸如"兴观群怨""移风易俗""厚人伦美教化""辅察时政""泄导人情"等；更因有"诗无达诂"的诗学观念做理论后盾，竟然牵强附会地把《关雎》这样的爱情诗硬说成是体现"后妃之德"的教化之作。但是，这种类型的强制阐释与20世纪西方文论研究中的强制阐释不同之处在于，中国古人对文艺对象的强制阐释一无专业意义上的边界意识，二无"六经注我"的理论自觉，而是出于流传已久的文艺伦理学思维惯性。

具有现代强制阐释意味的中国文艺批评始自王国维。王国维一度精研西方哲学、美学，深契西方理性诗学的研究范式与叙事模式，他于1904年运用西方理性哲学思辨方法对《红楼梦》所做的分析性评论，便是典型的强制阐释。王氏对《红楼梦》的评论不是从文本中的形象和事件出发，而是从其前在的哲学观念出发，硬是把《红楼梦》解释成了一部体现现代西方哲学美学思想的一个文本：从人生意义的角度，他把贾宝玉佩带的"通灵宝玉"牵强地解释为人生欲望之"欲"，借此展开阐述叔本华的悲观主义人生哲学；从现代知识论角度，他把《红楼梦》解读成一部全面体现现代西方人文精神的万能文本，从中概括出哲学、美学、伦理学等人文价值旨趣以及"文化""科学""理论""优美""壮美""法律"等众多理论话题。

然而，王氏的强制阐释批评与张江所贬斥的强制阐释尚不属于一个类属：王氏对《红楼梦》的评论只是现代学人改造传统文论话语的一个试探性策略，一种探索性的批评方法与批评视角，其批评并无文艺以外的伦理企图和价值取向。张江贬斥的强制阐释属于那种故意曲解批评对象、甚至真实批评意图完全"在诗外"的批评类型，这种批评类型在性质上已不属"文艺研究"而属"话语建构"。强制阐释者在进行话语建构时，常常以西为则，合西赞之，离西则讥。显然，强制阐释型的文艺批评已经误入了批评的迷途。

张江以系列论文的形式，对强制阐释现象进行了深入的理论清理和批判，以强制阐释概念为核心，构建了一个完备而自洽的文艺理论体系。强制阐释论涉及的问题及其自身内蕴的系列概念已经引起文艺界的关注，许多知名学者纷纷就此撰文发表意见。从众多有关强制阐释的讨论文章来看，学者们对强制阐释论的讨论基本停留在微观层面（具体概念、观点、方法），对其理论特质及理论范式意义却未能给予注意。从理论的层面看，强制阐释论的批判对象无论问题或论题都不只限于当代文论研究的个别现象，而具有明显的理论范式意义。若把强制阐释论放在一个更广阔的语境下考察，人们很容易发现一组有趣的对比：从理论创新的角度看，张江的强制阐释论与布鲁姆的"诗的误读"理论、艾柯的"过度阐释"理论异曲同工；从理论的目标诉求和学理取向而言，张江的强制阐释论又与保罗·德曼的"抵制理论"、苏珊·桑塔格的"反对阐释"颇为相似——它们都是对理论过度化的思想反拨。当然，张江的强制阐释论与后现代理论家的观点在内在精神上并不类同：后现代主义者"对理论的抵制"源于其反逻各斯中心主义的哲学立场，张江反对强制阐释是对文艺家不顾实际的"场外征用"的抵制。如果在张江和布鲁姆之间做一个对比，便可十分清晰地看到张江的强制阐释论与布鲁姆的阐释理论间的精神差异：布鲁姆所谓"诗的误读"源于文艺主体对"影响的焦虑"，张江所说的强制阐释起于文艺主体思想自我解释的需要。

与后现代主义者的消解理论相比，强制阐释论并不追求抽象的普适性，它的理论目标十分具体。强制阐释论的基本理论目标就是清扫中国文艺理论界的门前雪，把非文艺化或反文艺化的文艺理论从中国当下的文艺大院中清理出去。强制阐释论的第二个理论目标就是在理论和批评领域正本清源，让文艺理论恢复其思想活力，恢复其对文艺活动的批评和指导能力。这两个目标所针对的也正是中国当代文论界的两个痼疾：文论研究长期不接地气，已成为大而无当的屠龙之术；在文艺理论的身份和边界都不清晰的情况下，文艺自身又怎能奢望成为文艺批评与研究的对象？如此一来，文艺被文艺理论与批评抛置一边也就顺理成章了。

强制阐释论的出现标志着中国文论打破了发展瓶颈，走出了理论创造的低谷。这一理论是中国学人在全球化语境下基于中国文论界存在的问题提出的原创性理论。与当代西方文论中的诸种理论相比，强制阐释论以其具体性、针对性、实践性在理论底色上成为丝毫不输入于西方智慧的文艺阐释理论。这一理论不仅打破了当代西方文论在文艺领域理论阐释的话语权，找到了解决当代西方文论及中国文论研究发展中障碍性问题的强有力出口，成为当代西方文论及当下中国文论精神"中毒"后的有效解毒剂；它将使中国大陆学界文艺理论与批评学术进路、方向发生改变，并引发中青年学者在批评观念、态度及方法上的改变。这正是强制阐释论作为文艺理论研究新范式的价值所在。强制阐释论系列论文表明，作者在理论范式方面明确存有除旧布新的理论考量，尽管他十分谦虚地称其研究只是"为当代文论的建构与发展提供一个新的视角"。[①] 然而，综观张江的系列论文，读者不难看出其建构新的文艺批评范式的研究意图：通过批判、消解中西文论研究中的强制阐释行为，找到一条"中国文艺理论建设的方向和道路"。[②] 这种研究意图的价值旨趣十分明显，那就是以文艺自身为本体，重塑文艺理论与文艺批评的精神系统，使文艺从"话语"回到"学术"，从自说自话、借题发挥回到文艺研究和批评自身，从南辕北辙、言不及义回到紧贴文本、科学评析。

就强制阐释论系列研究成果来看，作者重塑中国文论研究与批评范式的意图已经相当明显，因为强制阐释论所要解决的并不仅仅是"场外征用"之类技术层面的问题，而是理论研究与批评中的观念、

---

① 张江：《强制阐释论》，《文学评论》2014年第6期。
② 张江：《当代西方文论若干问题辨识——兼及中国文论重建》，《中国社会科学》2014年第5期。

态度和方法问题，而这几个因素恰恰是范式构成的核心要素。"范式"是得到人们认可的常规科学研究模式，作为人们处理研究对象的一种规范形式，范式的基本准则如理论信念、研究态度和研究方法等为特定的学术研究共同体成员一致信奉和遵守，且有典范的操作范例供人们效法。范式不同，研究者对同一研究对象做出的反应亦有异；范式一旦转变，研究者的治学信念、态度和方法亦随之而变。就此而言，新范式的出现往往意味着知识进路的转变。

其实，西方文论中的强制阐释也是一种研究范式，只不过是一个存在着诸多问题和毛病的范式。在张江看来，这一研究范式把当下中国的文论界引向了研究与批评的歧途——强制阐释者在进行文艺批评与分析时，不顾文本实际，为征用而征用，且在征用时以西为则、唯西方马首是瞻。强制阐释论的反强制阐释认识目标，就是要扭转这种批评范式，重塑中国当代文论研究与批评的范式。作为新的文艺批评研究范式的奠基，强制阐释论具有实践与思想层面的多重维度的意义。强制阐释论的实践意义在于提醒我们，理论工作者在任何时候都要瞄准活的生活，根据现实的社会需要进行理论思考，而且要脚踏实地，把创新目标落在实处，而不是徒托空言。在理论创新上，关键不是创新的意愿，而是创新的行动。这需要理论工作者保持自觉的理论创新意识，积极跟进变化着的现实的发展。为此，理论工作者必须具有高度的怀疑意识、批判意识、问题意识、建构意识与建构能力。当代中国学人虽不乏怀疑、批判及问题方面的意识，却于建构意识与建构能力方面表现不足，强制阐释论的提出在建构意识与建构能力方面给当下中国文论研究树立了很好的榜样。强制阐释论的思想意义在于，文艺家如欲在理论上有所创新，就必须立足自身，痛下功夫，在理论上保持充分自信。以"批判地继承"眼光看待外来理论而不是盲目崇拜、迷失其中，更不能马首是瞻、亦步亦趋。当然，这种理论自信应当以知己知彼为理据，是建立在入乎其内出乎其外、进得去出得来基础上的"理论自信"，而不是闭门造车状态下的无知狂妄或夜郎自大。强制阐释论之所以能够走出国门，与西方学者进行理论对话，就是因为找到了当代西方文论的阿基里斯之踵以及解决其病因的办法。所以，作为新的文艺批评范式，强制阐释论已经成为中国文艺理论发展过程中可以超越,可以扬弃,却不可忽略的一个链环,它将通过影响中国文艺理论工作者的观念、思维、认知等因素影响未来中国文艺理论的发展。

强制阐释作为一种"有毛病"的文艺研究范式,为什么会在20世纪后期的中国大行其道?强制阐释流行的社会文化土壤,即主客体根据在哪里?笔者认为,挖掘这其中的原因也是更深刻地理解强制阐释论理论范式意义的根本所在。就中国文艺界的强制阐释现象而论,其主观原因并非一种。首先,文艺主体缺乏中西会通能力与创造性转化能力,因此不得不以贩运、学舌西方理论为能事,这是强制阐释行为最为核心的主观原因。其次,文艺主体在理论观念上追新逐奇,也是文艺批评强制阐释行为的内在驱动力。文艺主体不满支配中国文艺批评数十年的苏联文艺政治学批评模式,在遇到陌生而新鲜的西方批评观念与方法后,自然不及选择,拿来便用,此正民间所谓"萝卜快了不洗泥"的情形。再次,微言大义、六经注我、借题发挥是文艺研究中社会批评的惯用方法,强制阐释的逻辑根源即在于此。强制阐释还有其教育及文化体制的客观环境。现行高等教育体制和文化体制把科研成果纳入了科学化、计量化、等级化的管理及考评机制中,而其考评标准很少注意甚至根本忽略了文艺批评的人文特质,基本以自然科学的指标为评价文艺研究成果的尺度,这也给一些强作解人的研究者提供了强制阐释的空间。

从逻辑上说,强制阐释是阐释活动的必然结果,因为阐释是对批评对象意义的分析、说明,与玩味、鉴赏相异,阐释过程中引申、发挥不但是必然的,也是意义逻辑自身所允许的。但在文艺研究与批评中,如果这种阐释用于不该用的对象上,肯定荒谬。依笔者之见,任何文本都包含表象层、抽象层、推解层三个层次,推解层就是批评者可以阐释而不受责备的区域。表象层是美国解释论者赫施所说的"含义"(meaning),具体说就是文本描绘、呈现、指示、传达的可感对象;抽象层就是莫里斯符号学所说的"意谓"(signification),具体说就是文本所表达的意图、意向、意思、意味、意蕴等非可感对象;推解层就是莫里斯所说的"意旨"(significance),具体说就是指文本指称对象与含蕴成分以外的"言外之意""话外之音""味外之旨"等超级非可感对象。表象层和抽象层是作者创造的、客观的、稳定的成分，人皆可以看到或把握得到；推解层对象是基于事物关系、价值基础上的判断、评价等主观性很强的成分，是批评者解读、推断出来的东西，是文本与批评者及其他因素之间互动的产物。用符号学的语言说，"意旨"是意指实践（signifying practices）的产物，是超符号、超语言、超语形的成分，因而是语用学、语义学、价值论、话语理论、文化研究、意识形态等领域的分析对象；意旨受主体、话语、意识形态、文化诸多因素的影响和制约，仁者按仁解，义者据义释，任何阐释在此领域皆可视为有效。海德格尔对荷尔德林、特拉克尔诗的阐释，福柯对马格里特画作"这不是一只烟斗"的解析，虽属强制阐释，却也能为一般读者所接受。在这个层面上，强制阐释论其实也向我们指出了阐释的限度问题。这种阐释的限度就是避免应用上的单维性，任何阐释都需要有理论自身的适用范围，即场外征用的限度，把握了这个限度，其实也是做到了阐释的正当性。

强制阐释论的逻辑支点与批评策略*

张玉勤**

强制阐释论是张江近年来针对西方文论的总体特征和中国文论话语体系构建所提出的一个理论主张。这一理论的提出，在文论界掀起了重新审视西方文论、打破西方话语霸权和理论神话的浪潮，同时也给实现文学理论的本体回归和建构中国文论话语体系提供了警觉性的反思与探索性的路径。一时间，国内的研究媒体和各路学者纷纷回应，或进行深度阐释，或给予延伸辨析，或表示鼎力声援，或提出理论商榷，新的文论讨论热潮正在形成。在这场热潮的背后，有些问题尚需进一步澄清：强制阐释论提出的理论背景究竟是什么？此时西方文论的发展格局究竟发生了怎样的微妙变化？强制阐释论与这些微妙变化究竟有着怎样的内在关联？如何准确把握强制阐释论的逻辑支点与批评策略？强制阐释论与文学理论的未来发展又有着怎样的关系？如何从"强制阐释"走向中国文论的话语重建？关注强制阐释论，就不得不面对上述问题。

一 强制阐释论与"后理论"反思浪潮

张江认为，当前我们面临一个难以解脱的悖论："一方面是理论的泛滥，各种西方文论轮番出场，似乎有一个很'繁荣'的局面；另一方面是理论的无效，能立足中国本土，真正解决中国文艺实践问

---

* 本文原刊于《学术研究》2016 年第 1 期。
** 作者单位：江苏师范大学文学院。

题，推动中国文艺实践蓬勃发展的理论少之又少。"① 正是在此语境下，张江提出了"强制阐释"的论断，并给出界定："强制阐释是指背离文本话语，消解文学指征，以前在立场和模式，对文本和文学作符合论者主观意图和结论的阐释。"② 他还进一步指出了强制阐释所具有的四个基本特征，即场外征用、主观预设、非逻辑证明和混乱的认识路径，并通过一系列的理论推演和案例举证进行颇具说服力的证明。不得不说，张江对西方文论基本特征和根本缺陷的论断是颇有见地、符合实际的。

众所周知，对于文学理论而言，20 世纪堪称批评的世纪。百年间理论纷呈、流派林立，各种观点层出不穷，互不相让，形成了"你方唱罢我登场"的替代式、颠覆式的文论发展格局。文学理论虽然出现了表面繁荣和快速更迭，但其内在的合法性危机一直存在，西方学者对西方文论所提出的质疑和批判声音始终不绝于耳。这种声音大体指向西方文论所存在的三方面弊端。

一是过分倚重文学的非文学化考量。对于"文学是什么"这一基本问题，卡勒、伊格尔顿、托多洛夫、伊瑟尔、韦勒克等理论家都做过系统的梳理和描述。从这些梳理和描述不难看出，有些定义是关乎文学本身的，有些定义则远离或偏离了文学发展的轨道。特别是晚近以来，形成了把文学引向政治、哲学、宗教、文化等的潮流和取向，如新历史主义、后殖民主义、女性主义、后现代主义、文化研究等，文学理论俨然成了无所不包的"万花筒"。卡勒就曾提醒人们，近代的文学和文化研究中有许多关于理论的讨论，但这可不是指"关于文学的理论"，而是纯粹的"理论"，"如今当人们抱怨文学研究的理论太多了的时候，他们可不是说关于文学本质方面的系统思考和评论太多了，也不是说关于文学语言与众不同的特点的争辩太多了"，而指的是"非文学的讨论太多了，是关于综合性问题的争辩太多了（而

---

① 张江：《当代西方文论若干问题辨识——兼及中国文论重建》，《中国社会科学》2014 年第 5 期。
② 张江：《强制阐释论》，《文学评论》2014 年第 6 期。

这些问题与文学几乎没有任何关系)"。① 在他看来，当下的许多理论研究并没有涉及文学理论，"其间诸多最引人入胜的著作并不直接讨论文学"，它所引出的只是"一盘叫人目迷五色的大杂烩"。② 更为主要的，"理论并不是一套为文学研究准备的方法，而是一组对世界上所有事物的不受限制的书写，从经院哲学的问题，到人们讨论和思考身体的不断变化的方式等"。③ 布鲁姆也曾感慨道，如今的文学批评已被文化批评所取代，这是一种由伪马克思主义、伪女性主义以及各种法国/海德格尔式的时髦东西所组成的奇观，西方经典已被各种诸如此类的十字军运动所代替，如后殖民主义、多元文化主义、族裔研究以及各种关于性倾向的奇谈怪论。④ 可以说，五花八门的"理论"远远越过了文学的边界，使文学研究的本质发生了根本的变化。

二是过分倚重文学以外的学科研究范式。文学理论应该具有自身独特的范式。但随着西方科学技术的不断发展和社会的不断进步，社会科学、自然科学和文学以外的人文科学涌现出的各种新理论、新方法，被源源不断地移植到文学研究中。这种移植一方面极大地拓展了文学研究的疆域和视界，另一方面也形成了所谓的"强制阐释"，由此带来文学自身特性的迷失。正如卡勒看到的那样，理论并不是关于"文学的理论"，它虽然大大丰富了对文学作品的研究，但令人吃惊的是，"已经说不清它究竟跨了多少学科"。⑤ 比如，俄国形式主义、布拉格学派、新批评、结构主义等理论流派，把语言学研究成果用于文学研究，使得文学研究成为文本的细读分析；虽然雅各布森推出本体色彩较为浓郁的"文学性"概念，但也没有阻挡住文学成为语音、修辞、结构等孤立、静态的"文本"要素，"文学研究被狭隘地界定

---

① [美] 乔纳森·卡勒：《文学理论入门》，李平译，译林出版社2008年版，第1页。
② [美] 乔纳森·卡勒：《论解构：结构主义之后的理论与批评》序，陆扬译，中国社会科学出版社1998年版，第2页。
③ [美] 乔纳森·卡勒：《当今的文学理论》，《外国文学评论》2012年第4期。
④ [美] 哈罗德·布鲁姆：《西方正典》，江宁康译，译林出版社2005年版，中文版序言第2页。
⑤ [美] 乔纳森·卡勒：《文学理论入门》，李平译，译林出版社2008年版，第45页。

为文学语言及其形式技巧的诗学分析";① 现象学文论更是以"意图谬误"和"感受谬误"把与文本相关的读者、作者彻底屏蔽掉了。如此一来,文学变成了可以肆意解剖的对象,理论家成了解剖师,文学批评活动变成了解剖术。再比如,保罗·德曼看到,如今的文学理论发展成了"更大的哲学思辨的副产品","完全变成了哲学的合理关注",但是"无论在事实上或是在理论上,它都不能同化为哲学"。② 颇具代表性的当属分析哲学。弗雷格所始创的数理逻辑成为大多数分析哲学家的主要研究手段。在这一理念指导下,文学文本变成了可以用来精确分析和科学研究的对象。纵观"当代文学理论",卡勒认为,那些常常被看作是"理论"的东西,就学科而言,其实极少是文学理论,"它们不探讨文学作品的区别性特征及其方法论原则"。③ 客观而论,文学理论的跨界旅行,或者说其他学科范式对文学研究的强行渗透,使得文学理论在很长一段时间内处于依附地位,从而失去了自身的独特品格。20世纪西方文学理论之所以出现"一波未平,一波又起"的替代式发展格局,主要是因为其他学科场域中出现的各种新方法被不断植入文学研究。文学研究固然无法离开对其他学科的借鉴与融通,但文学毕竟是文学,文学研究不能仅凭依附其他学科而存在,否则只能走向消解甚至消亡。韦勒克便坚持认为,"单纯的移用并不能达到预期的效果","科学方法仅就十分有限的文学研究范围或者某些特殊的文学研究手段而言,有时是有价值的","文学研究自有不同于自然科学研究的其他有效方法"。④ 有的学者甚至担心,文学学科在拓展疆域或进行"科际整合"的同时,是否会遗忘和消解自我?⑤

三是文学的阐释标准和意义边界被无限放大。对于一部文学作品

---

① 周宪:《也说"强制阐释"——一个延伸性的回应,并答张江先生》,《文艺研究》2015年第1期。
② [美]保罗·德曼:《解构之图》,李自修译,中国社会科学出版社1998年版,第99页。
③ [美]乔纳森·卡勒:《当今的文学理论》,《外国文学评论》2012年第4期。
④ [美]韦勒克、沃伦:《文学理论》,刘象愚等译,江苏教育出版社2005年版,第4—5页。
⑤ 赵宪章:《也谈思想史与文学史》,《中华读书报》2001年11月28日第10版。

而言，其意义显然是多元的，而不是固定的。艾柯就曾把艺术视为"开放的作品"，认为对作品的每一次欣赏都是一种解释、一种演绎，而且"对作品的每一次演绎都不可能同它的最后阐释相一致；每一次演绎都是对作品的一种解释，而不是使这种解释到此为止；每一次演绎都是使作品得以实现，但这些演绎是互为补充的。最后是，每一次演绎都使作品更完美，更令人满意，但同时又使它不完整，因为不可能把作品所具有的所有其他可能结果都统统展现出来"。① 罗兰·巴特所持有的后结构主义文本观更是把文本的多义性推演到了极致。在他看来，文本是复数，"应不再被视为一种确定的客体"，并"依赖于由能指构成的那种称为立体复合的东西"，它"常常是所指的无限延迟"，是一种"延宕"。赫什所坚守的作者本位的"客观阐释"，到了巴特那里只成了"名义上的作者"，"他的生活不再是情节的来源"，"他的标志不再是特许的和类似于父亲保护的方式，或绝对真理的存在"，② 并且宣称"文本是来自文化的无数中心的引语构成的交织物"，"给文本一个作者，是对文本横加限制，是给文本以最后的所指，是封闭了写作"。③ 他甚至直接抛出"作者之死"的言论，让文本成为彻底的"编织物"。不难看出，20世纪西方文论征用不同的研究方法，以不同的向度和力度，敲开了文学的坚硬外壳，对文学的意义做出了多元化的探索与揭示。这一点无疑是好的。但接下来的问题是，阐释究竟有没有边界？是不是怎样阐释都行？是不是一千个读者心目中的哈姆莱特都是真实和有效的？文学理论采用大量的"场外征用"所带来的直接后果是，文学不仅成为"语言的突出"、"语言的综合"、虚构、审美对象、互文性的或者自反性的建构，而且也意味着政治、性别、身体、权力、欲望、革命、暴力等，成了名副其实的"杂草状态"。

除了上述三个方面，西方文论还存在着其他诸多弊端。这些弊端

---

① [意]安伯托·艾柯：《开放的作品》，刘儒庭译，新星出版社2005年版，第20页。
② [法]罗兰·巴特：《从作品到文本》，《文艺理论研究》1988年第5期。
③ 赵毅衡编：《符号学文学论文集》，百花文艺出版社2004年版，第510—511页。

促使我们在"理论的黄金时期"之后,有必要对西方文论做出审慎而冷静的审视。其实许多文论家早已注意到西方文论自身存在的局限和危机,并不停地进行理性审视。这种审视后来逐渐演变为"理论之后"和"理论之死"等论调。从历史上看,"艺术终结"的声音似乎一直没有停止过。但事实上,艺术不太可能真的走向终结,艺术终结论提出的时候往往都是理论观念出现转变、审美范式出现转型的时候,因而更多的是一种理论策略。"理论之后""理论之死"等所彰显出的其实是对西方既往文论的理性反思,是对西方文论长久以来内在痼疾的清醒审视,是对未来文论寻求发展和突破的审美期待。"后理论"声音的出现是西方文论自身发展的必然逻辑,体现了文论自身的自觉和成熟,也意味着文论的全新时代即将到来。正如伊格尔顿所言,"文化理论的黄金时期早已消失",我们如今正"生活在所谓高雅理论的影响下","毫无疑问,新世纪终将诞生出自己的一批精神领袖",但是新的一代却"未能拿出可与前辈们比肩的观点"。①

　　再把目光投向中国。长久以来,中国的文学理论一直生活在西方文论所投射出的"影子"世界中,靠汲取西方文论的术语表达、言说方式、话语模式、思想资源而立足,把概念轰炸、直接套用、以西释中等作为时尚,从而在另一向度上构成了"强制阐释"。中国台湾一学者引入结构主义诗学分析对汉乐府《公无渡河》所做的现代阐释,便颇具典型性和滑稽感。可以说,中国当代文论对西方文论的本体论缺陷认识还远不够自觉和充分,立足文学自身和本土实际所进行的理论创新成果更是少之又少。在此背景下张江提出强制阐释论,实在是恰逢其时。第一,与西方文论的反思潮流同步合拍。在文论发展的特定阶段,有必要对既有传统进行一次回头看。这种反思性的回顾和评价,是对文论发展规律的尊重和负责,是实现文论发展螺旋式上升的重要路径,是推进文论走向新一轮创新发展的必经之路。张江所提出的强制阐释论,体现的正是对西方文论的一次全面把脉,是对西

---

① [英]特里·伊格尔顿:《理论之后》,商正译,商务印书馆2009年版,第3—4页。

方文论内在机理的症候式分析,是对"后理论"时代文学理论何去何从的一次探索性考量,是新的文论重生转向的力量孕育。第二,体现了破解西方文论神话的迫切愿望。相比西方文论,中国当代文论长久以来处于仰人鼻息的状态。西方文论的霸权地位,不仅是西方中心主义单方面造成的,其实也归咎于我们自身的"间性合作",因为我们长期依赖的恰恰是西方文论的话语资源,是彻底的"拿来主义",而不是立足传统和现代的独特创造。如果说在特定的历史阶段,对西方文论适当的借鉴甚至是移植都是情有可原的,但这样的状态不可能总是持续,必须正视西方文论总体性的弊端、缺陷、漏洞和空白,尽快走出西方文论的怪圈和阴影。第三,彰显了中国文论发出自己声音的强烈诉求。在当下中国,要真正建立中国文论体系,首先遭遇到的一个现实难题便是我们长期依附于西方文论,并对这一"他者"形成了强大的依赖。如果不冲破他者这个壁垒和神话,中国文论建设将寸步难行。所以,强制阐释论首先从"树靶子"开始,并把目标定位于回归文学本体、恢复正常对话、找到真实自我。恰如张江自己所言:"对西方文论的辨析和检省,无论是指出其局限和问题,还是申明它与中国文化之间的错位,最后都必须立足于中国文论自身的建设。"① 可见,强制阐释论最终指向的是中国文论的自身建构。

总之,强制阐释论正诞生于上述理论语境和反思浪潮,它既是对西方文论质疑批判声音的一种延续和深化,体现出了应有的智性和理性,又站在建构的视角对后理论时代的文学理论提出了深入而独到的思考,即走出西方神话、回归文学自身、建立创新体系。从这个意义上说,强制阐释论的提出确实有着特别而深刻的用意。

二 强制阐释论与当代文学研究的审美化趋向

强制阐释论不仅与"后理论"对文学理论的反思浪潮合拍,也顺应了当代文学研究中所出现的审美化趋向。从某种意义上说,西方文

---

① 张江:《当代西方文论若干问题辨识——兼及中国文论重建》,《中国社会科学》2014年第5期。

论表现出了强烈的"自反性":一方面诸多学者充分看到了西方文论自身在高速发展和快速更替中所彰显出的理论繁华以外,尚存在着显而易见的痼疾,始终不绝于耳的"理论之后""理论之死"等论调便是针对西方文论的一种批判性和颠覆性信号;另一方面,西方文论也在逐渐走出过分远离文本、过分走向"非文学化"、过分放大阐释边界等研究范式的控制,慢慢回归文学本体、作品本体、审美本体。有鉴于此,强制阐释论的提出恰恰暗合了当今文学研究中所出现的新的审美化趋向。

首先,强制阐释论呼唤文学理论应以文本为核心。强制阐释论强烈反对从理论到理论,也反对把场外理论生硬地位移到文学作品的分析中,把文学作品仅仅作为理论的注脚和证明。强制阐释论呼吁文学理论应紧紧围绕文学本体进行,即以文本为起点、为核心、为落脚点进行阐释,让理论回归文学自身,从文学中生发出新的理论。这一点恰恰抓住了文学理论的内在逻辑和深层机理,因为文学理论首先是关于文学的理论,即"theory of literature"。在贡巴尼翁看来,"theory of literature"与"literary theory"是两个不同的概念,前者"通常被理解为总体文学或比较文学的一个分支;它旨在反思文学的条件,以及文学批评和文学史的条件;它是批评的批评或元批评",即韦勒克所提倡的"一个文学理论、一个原则体系和一个价值理论",而后者则属于包罗万象的理论。在周宪看来,前者属于"人文学科建构的文学理论",而后者则属于"人类科学建构的理论"。"强制阐释论"也罢,"后理论"也罢,其实呼唤的都是"theory of literature",而不是"literary theory"。正如卡勒所言,"'后理论'就是所说'大理论'(the grand theory)死亡之后的理论"。[①]

其次,强制阐释论呼唤把文学活动作为文学理论的元范畴。艾布拉姆斯便看到,现代批评对美学问题的探讨都是依据艺术与艺术家的关系,而不考虑艺术与外界自然、与欣赏者、与作品的内在要求的关系。在他看来,每一件艺术品总要涉及四个要素,即作品、艺术家、世界和欣赏者,在此基础上他使用三角形模式来安排这四个坐标,其

---

① 周宪:《文学理论、理论与后理论》,《文学评论》2008年第5期。

中"艺术品"这个阐释的对象被放在了中间。艾布拉姆斯注意到，"任何像样的理论多少都考虑到了所有这四个要素"。① 拉曼·塞尔登同样看到了文学理论与文学活动中作品、作家、世界和读者等基本要素之间的内在关联。他认为，"展示文化常理化的效果的一个简单方式是考察不同的理论从不同的兴趣点出发对文学的不同拷问"。他还借鉴雅各布森的语言学交流模式，分析了文学活动诸要素之间的关系，即"作家——语境、写作、符码——读者"："假如我们采用信息发送者的视角，我们关注的重点就是作者，以及他或她对语言'充满感情的'或'表现式的'使用；假如我们侧重的是'语境'，我们就把语言的'参照式'应用特别抬了出来，在作品生产之际，发掘它的历史维度；假如我们对信息接受者特别感兴趣，我们就要研究读者对'信息'的接受，从而引入一个完全不同的历史语境等。"② 可见，文学活动才是文艺理论、文学阐释、文学批评真正意义上的基石。张江的强制阐释论及紧随其后的本体阐释论，都强调从世界（历史）、作品（技巧）、作者（作者）、效应（读者）四个维度建构起阐释和批评体系，在作者意图、文本意义、读者意味之间的张力中找到阐释的标准和理论的平衡。

  强制阐释论强调回到文学、回到文本，与"理论之后"的西方文论界出现的新的发展走向不谋而合。李欧梵就曾注意到，"美国学界不少名人（包括兰特里夏在内），又开始'转向'了——转回到作品的'文学性'，而反对所有这些'政治化'或'政治正确化'的新潮流"。③ 在拉曼·塞尔登等学者看来，尽管出现了所谓的后现代理论裂变，但某些地方依然出现了一种向表面上更传统的立场和偏好的转向，这种转向"反映了那些经过理论历练和希望站在文学本身的立场上向文学研究中理论话语的统治发起挑战的年轻一代学人的观点，他

---

  ① ［美］艾布拉姆斯：《镜与灯：浪漫主义文论及批评传统》，郦稚牛等译，北京大学出版社1989年版，第5—6页。
  ② ［英］拉曼·塞尔登等：《当代文学理论导读》，刘象愚译，北京大学出版社2006年版，第5—6页。
  ③ ［美］韦勒克、沃伦：《文学理论》，刘象愚等译，江苏教育出版社2005年版，"总序一"第7页。

们希望为讨论文学文本、阅读经验和评论文本找到一条道路"。① 卡勒在谈到文学理论领域内的一些最新变化或发展趋势时，专门提出了"返归美学"的问题。他认为："有一种假设认为，美学概念属于一种过时的精英主义的、普泛化的艺术概念；理论的胜利和这种假设的广泛传播留下了一个空间———一种像真空一样的空间，这一空间允许甚至似乎是要求一种新面具下对美学问题的回归。那种有时候被称为'新形式主义'或者'新美学主义'的概念，表明了在理论发展的语境下人们对文学形式和艺术形式的一种刷新了的关注。"② 可以说，强制阐释论对文学的回归和坚守，符合文学理论的内在规律，也顺应了文学理论逐渐"向内转"的发展趋势。强制阐释论的提出似乎在表明，对文学阐释的把握，对文学批评的运用，对文学理论的建构，适当地放开视野是可以的，适当地借鉴和借用也是必要的，但绝不能信马由缰，还应该做到收放自如，文学文本、文学现实、文学活动才是一切理论的真正本源和真正中心。对文学进行文学式的把握，这才是文学理论的实质和旨归；那些针对文学所进行的非文学化考量，都必须最终落到文学考量上才会真正有效。

三 强制阐释论与当代文论话语体系构建

笔者以为，强制阐释论的提出只是一种理论策略。作为对西方文论的一种总体性辨识，强制阐释论其实只是张江整个话语体系的前奏和其中的一部分内容而已。强制阐释论只是树立起了批判的靶子，只是全部理论计划的第一步，最终必然会落到一个问题上，即：当今我们究竟需要什么样的文学理论？如何建构这样的文学理论？这确是一个异常庞杂的理论问题。应该说，在西方文论经过较长时间的理论热潮、中国文论长期依附于西方文论之后，是该进行理论反思和理论重构的时候了。从总体上看，"理论之后"和"强制阐释"之后的文论

---

① ［英］拉曼·塞尔登等：《当代文学理论导读》，刘象愚译，北京大学出版社 2006 年版，第 9 页。
② ［美］乔纳森·卡勒：《当今的文学理论》，《外国文学评论》2012 年第 4 期。

未来发展大体应体现出三个方面的结合。

一是以作品为中心的总体性与专门性相结合。文学理论首先具有"理论"的特质，不能仅仅局限于某一部作品的理论分析，而应带有一般性和总体性的特征。在韦勒克看来，文学理论是"对文学的原理、文学的范畴和判断标准等类问题的研究"，是"一套问题、一系列概念、一些可资参考的论点和一些抽象的概括"。[①] 也就是说，文学理论原本就具有某种普遍性和总体性特征，它从文学作品中来，但反过来一定会对文学创作、文学批评、文学史写作等具有指导性意义。对于文论界而言，这一点应该是不言自明的。按照艾布拉姆斯的观点，文学活动包含世界、作品、作者和读者四个要素。从理论上和总体上看，文学理论应该涵盖世界、作品、作者和读者四个维度，而不能孤立地强调某一方面，否则就会最终走向理论偏执和理论误区。不过，这里的"总体性"是就文学理论的根本特质而言的，具体到文学活动的某一个要素，或针对某一具体文本的研究或批评，则可能是局部性和单一性的。艾布拉姆斯注意到，尽管文学活动包含四个要素，但"几乎所有的理论都只明显地倾向于一个要素。就是说，批评家往往只是根据其中的一个要素，就生发出他用来界定、划分和剖析艺术作品的主要范畴，生发出借以评判作品价值的主要标准"。[②] 20世纪西方文论的发展充分印证了这一点，无论在文本维度、社会历史维度，还是在作者和读者维度，文学理论均得到了较为充分的专门化发展。这里有两点需要明确。第一，总体性理论并不排斥某一领域内的专门性理论，二者可以实现有机结合，达到相得益彰的合力效果。第二，无论是总体性理论还是专门性理论，都必须以文学作品为基础、为中心，就像韦勒克所指出的那样，"文学理论如果不植根于具体文学作品，这样的文学研究是不可能的。文学的准则、范畴和技巧

---

① [美]韦勒克、沃伦：《文学理论》，刘象愚等译，江苏教育出版社2005年版，第32—33页。

② [美]艾布拉姆斯：《镜与灯：浪漫主义文论及批评传统》，郦稚牛等译，北京大学出版社1989年版，第6页。

都不能'凭空'产生"。① 张江也曾强调总体性与专门性理论的结合:"作为一个文本的批评,不一定要面面俱到,四个展开方面可以独立进行。你可以只做作者研究、只做技巧研究、只做历史研究、只做效应研究,单方面的双向阐释可以做出独立的结论","从总体上讲,对经典文本的阐释应该统合各个方面的阐释,集中指向文本,对文本作出确当、合理、全面的阐释"。②

二是以问题为中心的民族性与共通性相结合。文学理论所面对的对象是"文学"。文学作为反映生活、表达情感、体现价值、崇尚表现的艺术,对于人类来说有些东西是共通的,有些东西则体现出明显的差异。对于共通性的内容呈现和方式表达,文学理论可以发挥其普遍共通的功能,打通不同民族之间的界限和壁垒。这是文学理论的共通性表现。但文学是千变万化和错综复杂的,不同的民族有着完全不同的文学理解、文学存在、文学表现和文学特质,理应站在本民族的角度形成带有自身特色的文学理论范型,以特有的方式对世界文学理论的发展贡献言说力量和理论智慧,且不同的民族话语体系之间构成对话和碰撞,客观上也有利于文论整体上的丰富、活跃和发展。但无论是民族性的文学理论还是共通性的文学理论,都应以文学活动为中心,都应以文学活动中的诸问题域为中心,不能出现一方压倒另一方的偏执格局,否则只能产生扭曲、变质的文学理论。"西方中心主义"或"狭隘的民族主义"最终都不利于文论的健康发展。对于当代中国文论建设而言,必须面对和借鉴来自西方与东方的合理文论资源,正确对待马克思主义文论、中国古代文论的当代发展,而不能孤立地去谈民族文论话语体系建设。

三是以有效性为中心的历史性与当代性相结合。在文学理论发展进程中,始终存在如何看待历史传统与当代创新的问题。一方面,要正视文学理论的传统发展。每个民族都有自己独特的历史,每个民族

---

① [美]韦勒克、沃伦:《文学理论》,刘象愚等译,江苏教育出版社2005年版,第33页。
② 毛莉:《当代文论重建路径:由"强制阐释"到"本体阐释"——访中国社会科学院副院长张江教授》,《中国社会科学报》2014年6月16日第4版。

都有对文学的独特理解，每个民族也都在历史上形成了一套独特的文论话语体系，每个民族都在以特定的方式对世界文论做出了巨大贡献。对于这些成果，应该以有效性为中心和标准加以考量，对当代文论有效的不妨继续"拿来"，对当代文论失效的则不必吝啬，不管这种东西是否是本民族的。就西方文论来说，其从作者、社会历史文化、读者和文学文本等领域内所做的理论探索，尽管存在着这样或那样的缺陷，但毕竟功不可没，或深化了文学认知，或拓展了文学的疆界，或助力批评的深入，其中的许多理论成果丝毫不影响我们今天继续使用，没有必要完全另搞一套；就中国文论来说，古代优秀的文论传统非常值得继承发扬、梳理挖掘、拓展深化，而不能一味地满足于跟在西方文论后面依样画瓢，要确立自身的民族自信和学术自信。另一方面，文学理论在固化既有成果的同时，还应增强自身的造血功能，不断地寻求理论创新。在这一问题上，有两点可以明确。第一，文学研究中还存在着大量的空白，中西方文论尽管在多个领域取得了令人瞩目的成就，但文学、文学活动中的诸多问题还远没有得到全部解决，亟待当代文学理论深入到文学活动内部，探讨其中的规律，不断推出新的理论成果。第二，当代文学理论应该更多地关注文学发展中出现的新现象，毕竟文学进入了一个全新的时代，文学在这样的时代里悄然发生着变化，如存在形态、言说方式、语言风格等，这些变化势必会带来文学观念上的转型和理论范式上的变革，所以当代文学理论的创新发展任重道远。

　　总之，张江提出的强制阐释论，锚定了西方文论的根本性缺陷，敲响了中国文学理论长期跟风发展的警钟，催醒了学术界对文学理论当代性和建构中国文论话语体系的反思。强制阐释论这一石激起的是千重浪，它对中国文论乃至世界文论的发展所带来的影响，将是持续和久远的。

重建文本客观性
——强制阐释论的解释学谱系*

陈立群**

  20世纪80年代以来，我国文学理论研究广泛借鉴吸收现代西方的优秀学术成果，取得了长足进展。然而，这种借鉴渐渐逾越了应有的立场与界限，变得唯西方马首是瞻。针对这种情况，有识之士展开了中国文论"失语症"的讨论，但"失语症"讨论仍然保留着对西方话语的信赖和认同，它并没有对整个西方理论话语进行深刻反省与批判，只是惋惜中国没有形成类似的话语生产机制。其实，在现代西方文化生产体制下，学术研究也纳入了商业化生产体系，在生产、传播等流程中被扭曲异化。同时，即使学者有意识地保持戒备、批判的姿态，资本主义的统治意识形态仍然不可避免地对他们的思想理论产生制约作用。正如布尔迪厄的《再生产》《国家精英》所示，知识分子及其生产仍是资本主义自我维护的文化再生产。所以，现代西方学术理论实际上存在着深刻的致命伤。令人欣慰的是，我国学者已经意识到这些问题，开始对西方思想学术进行整体反思。张江提出的强制阐释论不仅是对中国当代文学批评实践与文学理论构建的批判，更指出了西方现代批评理论在学理与方法上的根本偏向。这里，笔者拟对现代西方解释学理论作一番谱系学梳理，进一步丰富对张江提出的强

---

  * 本文系广东省哲学社会科学"十二五"规划2015年度项目"当代西方文论的有效性辨识与强制阐释问题研究"（GD15CZW02）的阶段性成果，原刊于《学术研究》2016年第6期。

  ** 作者单位：华南师范大学文学院。

制阐释论的理解。

一 现代解释学的迷途："阐释者主体"模式的营建

狄尔泰将人类知识划分为自然科学与精神科学，并将"理解"作为精神科学的基本研究方式，解释学也成为精神科学的主要方法论。伽达默尔的哲学解释学则使理解本体化，解释学成为进行"存在之思"的主要路径。虽然二人的学科规划没有彻底成为现实，但理解与解释学在当代人文学科领域的重要地位也由此彰显。解释学也是中国当代学界着力经营的学术重镇，不仅有大量的译著、论文出产，有构建"中国解释学"的宏伟规划，而且流布于各个学科领域，成为一种普遍的研究思路。张江对西方文论的批判也首先是在解释学层面开展的。他将现代西方文论的错误归结为强制阐释，指出："强制阐释是指，背离文本话语，消解文学指征，以前在立场和模式，对文本和文学作符合论者主观意图和结论的阐释。"① "所谓'背离文本话语'是指：阐释者对文本的阐释离开了文本，对文本作文本以外的话语发挥。……所谓'消解文学指征'是指：阐释者对文本和文学作非文学的阐释。……所谓'前在立场和模式'是指：在文本阐释之前，阐释者已经确定了立场，并以这个立场为准则，考量和衡定文本。……至于'对文本和文学作符合论者主观意图和结论的阐释'，是个目的论的企图，意即论者的阐释不是为了揭示文本的本来含意或意义，而是为了论证阐释者主观意图和结论。"②

张江认为，西方文论及其追随者的错误，主要是一种阐释模式的错误。这种阐释模式，没有以文本的客观存在为核心，围绕文本展开阐释，而是凸显了解释者的主体地位，让解释者的权威操控了整个解释行动，从而文本内涵被解释者的主观意志扭曲，解释成为解释者的自我印证。这种自循环的解释模式，正是现代解释学的产物。

古典时代的阐释活动主要是对神话（神谕）、《圣经》、《罗马法》

---

① 张江：《强制阐释论》，《文学评论》2014年第6期。
② 张江：《关于"强制阐释"的概念解释》，《文艺研究》2015年第1期。

等神圣文本的解读，阐释者没有任意解释的权利。而现代解释学的奠基人施莱尔马赫倡导创建解释学，寻求一般文本阐释的普遍原理，文本不仅仅是《圣经》或其他神圣来源的著作，也包括了普通作者的作品。施莱尔马赫强调对文本和作者原意的追寻，要求解释者"使自身与作者等同"，但他又认为这必须结合客观的语法解释和主观的心理学解释才能实现，而后者需要读者的想象。① 这就为读者的主观想象参与文本阐释提供了合法空间。另一位现代解释学的奠基人狄尔泰则认为，理解和阐释是精神科学的基础，它们必须具备"普遍有效性"，② 但它们始终"建立在对自己的体验和理解之上"，"建立在一种特殊的个人的创造性之上"，因而它们是确定的，也是主观的。③ 狄尔泰也给予了阐释者发挥主观能动性的余地。

真正使阐释者取代文本和作者成为阐释活动主体的是伽达默尔。伽达默尔继承了海德格尔的存在阐释观，认为理解和阐释不仅仅是精神领域的一种活动，而且是人类生存在世的基本方式。因而阐释者在面对文本时总是已然"先行领会"，拥有了前见。前见是阐释者在自己的历史性存在中逐渐获得的各种自我规定，包括教育、传统、各种流传物等等，它是理解得以发生的条件，理解与阐释都是在前见的基础上展开的。与施莱尔马赫和狄尔泰不同，后者的读者想象心理活动是致力于消灭主观的自我，贴近作者、贴近文本，前者却容许读者完整地携带着既成的主观规定性进入文本，进入阐释活动，并将对文本的理解建立于其上。因此，伽达默尔实际上是以读者自我为中心构建整个阐释活动的。在伽达默尔这里，文本自身是未完成的，其意义也是不存在的，是阐释者的阐释完成了它。是阐释者，而不是作者，生产了文本的意义。这样一来，文本及其意义的客观性与确定性都解体了。伽达默尔说，当一个法学家"受其自身历史上的前见解和当时流

---

① ［德］施莱尔马赫：《诠释学讲演·1819 年纲要》，载《理解与解释——诠释学经典文选》，洪汉鼎主编，东方出版社 2001 年版，第 61 页。
② ［德］狄尔泰：《诠释学的起源》，载《理解与解释——诠释学经典文选》，第 75 页。
③ ［德］狄尔泰：《对他人及其生命的理解》，载《理解与解释——诠释学经典文选》，第 93—108 页。

行的前判断所支配,他可能'错误地'作了估价。这无非只是说,又有一个过去和现在的沟通,即又有一个应用……这并不意味着历史学家做了某种他本不'可以'或本不应该做的事"。① 读者主体阐释地位的确定,意味着文本意义的无限生产。而这些不可穷尽的产品都从自己的阐释者获得了真理性,是不能有价值区别的。伽达默尔因此给解释学埋下了相对主义的祸根。

在伽达默尔的理论基础上,后结构主义进一步提出了对文本的解构。克里斯蒂娃运用解析符号学方法,将文本视为"一种超语言的程序、一种动态的生产过程,认为文本不是语法的或非语法的句子的静态结合物,不是简单的纯语言现象,而是在语言中受激发产生的一种复杂的实践活动",② 并进一步提出互文性理论。罗兰·巴特用一部《S/Z》亲身示范了对文本的拆解和复数性的重写。他指出:"解释一篇文,并非赋予该文一特定意义(此意义多多少少是有根据的,也多多少少是随意的),而是鉴定此文所以为此文的复数(pluriel)。"而阅读则是"使文呈星型裂开","叙述过程的流动的话语,日常语言的强烈的自然性,均离散开来","将导引之文的能指切割为一连串短而紧接的碎片"。③ 从而,不仅文本内涵的意义是不确定的,文本的符号结构形式也是不确定的,对文本的解读变成了对文本的重组。由此,西方当代文论界各种异想天开的文本解释也得以生产出来。如张江批评的生态理论批评家对《厄舍老屋的倒塌》的解读,利用话语置换、词语贴附、硬性镶嵌等手段对原有文本进行重构和改造,将一部神秘主义恐怖小说硬生生转换为生态学文本。④ 而这种转换、重构、改造,这些话语置换、词语贴附、硬性镶嵌,实质上都是经由现代解释学颁发了生产许可证后制造出来的。

因此,张江的强制阐释一说确实击中了当代西方文论的要害。而其下的前置立场概念对前见参与阐释活动的阈限的界定,场外征用概

---

① [德]伽达默尔:《真理与方法》,洪汉鼎译,上海译文出版社1999年版,第二版序言。
② 罗婷:《克里斯特瓦的符号学理论探析》,《当代外国文学》2002年第2期。
③ [法]罗兰·巴特:《S/Z》,屠友祥译,上海人民出版社2000年版,第62—74页。
④ 张江:《强制阐释论》,《文学评论》2014年第6期。

念对互文性与文本链理论的无限度繁殖的遏制，等等，多维度多层次地厘定了现代解释学的阐释模式，澄清了它的视界与盲区。其总体精神，就是重新树立文本的客观性。这为摆脱解释的困境指出了一条道路。

二　文本客观性的再发现

在西方现代解释学的历史中，对于伽达默尔及其后继者的阐释模式，一直不乏反对的声音，如哈贝马斯与伽达默尔之间的论战、贝蒂的"客观解释"、赫什的"捍卫作者"、桑塔格的"反对阐释"、艾柯的"过度诠释"等。在20世纪60年代就发出这一呼吁的桑塔格，她反对的阐释，"是指一种阐明某种阐释符码、某些'规则'的有意的心理行为"，这使"阐释的工作实际成了转换的工作"。传统的阐释"在字面意义之上建立起了另外一层意义"，现代的阐释更进一步地在破坏，"它在文本'后面'挖掘，以发现作为真实文本的潜文本"。① 从这里看，她与张江的强制阐释论确实有共同点。但是，桑塔格反对的阐释，主要是指向一种深度意义的挖掘，"去阐释，就是去使世界贫瘠，使世界枯竭——为的是另建一个'意义'的影子世界。阐释是把世界转换成这个世界"。② 她的目的是"恢复感觉""削弱内容"，肯定感觉印象的地位，肯定感性在阅读中的地位。她没有意识到读者在阐释运动中的专制、暴政，她意识到并加以反对的是理性的暴政。因而这种对感性的强调，并不能防止强制阐释。相反，以感性的名义，仍然可以放纵读者的主观偏好，歪曲文本，并且由于反对阐释，反对深度探讨，也就是反对文本话语与读者意识的反复辩难、诘问，阻碍了文本对读者直观感受的校正。

二十多年后艾柯提出的"过度诠释"，针对的是"最近几十年的文学研究的发展进程中，诠释者的权利被强调得有点过了火"的情

---

① ［美］苏珊·桑塔格：《反对阐释》，程巍译，上海译文出版社2011年版，第6—7页。
② 同上书，第8页。

况。他表示,"我反对那种认为本文可以具有你想要它具有的任何意义的观点","一定存在着某种对诠释进行限定的标准"。① 这与张江的强制阐释论倒也论调一致。但是,艾柯把诠释的标准置放在读者身上,创造了一个"标准读者",以它为文本建构的根基:"本文被创造出来的目的是产生其'标准读者'","隐含在本文中的标准读者能够进行无限的猜测"。② 艾柯实际上仍然承认读者是阐释的主体,只是后者必须自我克制,保持一个"度"。这一克制,来自读者主体的自觉,而不是文本的约束,文本在这里依然是被动的。他说:"本文……是诠释在论证自己合法性的过程中逐渐建立起来的一个客体","本文的意图只是读者站在自己的位置上推测出来的"。③ 因而文本自身并没有自我防护的措施,仍然暴露于各种"过度诠释"或曰"强制阐释"的威胁之中。

真正注意到要保障文本客观性问题的现代解释学学者是保尔·利科尔。利科尔定义文本为"由书写而确定了的话语"。④ "话语",是当下的语言行为,"确定",即剥离它的当下的偶然性、有限性,从而文本指向的不是日常现实的语境,而是可能性的人的在世存在结构。文本因而是一种深层意义的客观性的结构,既超越作者,也超越读者。诠释是读者在文本的指引下的自我理解,读者在阅读文本之前并没有成为主体。在这个过程中,是文本而不是读者,作为诠释活动的主导者。"理解不是将自身投射于文本,而是将自身展示给文本;就是说,接受一个自我,这个自我是被阐释所展开的意指世界的占有所扩大的。"⑤ 与艾柯等人不同,保尔·利科尔确实强调了文本自身的客观性。但是,利科尔的文本,是纯粹语言的文本,是局限于符号层面的结构。他提出了间距概念,强调文本对自己产生的语境的超

---

① [意]艾柯等:《诠释与过度诠释》,王宇根译,生活·读书·新知三联书店1997年版,第172页。
② 同上书,第48页。
③ 同上书,第77—78页。
④ [法]保尔·利科尔著,[英]J. B. 汤普森编译:《诠释学与人文科学》,孔明安等译,中国人民大学出版社2012年版,第107页。
⑤ 同上书,第53页。

越，强调文本的非历史性："间距化的环节蕴涵在由书写中的固定和话语传递范围中的所有类似现象中。书写不仅仅是对话语的物质上的固定，因为固定还是一种更为基本的现象的条件，即文本独立性的条件。这是一种三重的独立性：一是作者的意图方面；二是生产文本的文化状况和全部社会学条件方面；最后是原初的受众方面。"① 文本的意义根源、文本的客观性就是来自文本的结构，来自话语的固定化结构形式，所以利科尔会对隐喻、象征给予极大重视，其根本，是对人及其世界的非历史化。而张江的强制阐释论却要求文本阐释要还原文本的语境，还原话语生产现场。他指出："对一个文本展开批评的首要一点，也必须是对文本存在的本体认知。这包含以下三个方面：其一，文本实际包含了什么，意即文本的客观存有。其二，作者意欲表达什么，其表达是否与文本的呈现一致。其三，文本的实际效应是什么，读者的理解和反应是否与作品表现及作者意图一致。"② 文本的确是话语的文本，话语的确是当下的活动，但话语的当下性不是对人的历史性的遮蔽，恰恰相反，话语行为的发生，正是存在的历史性的现身。在话语中，人—世界—存在的当下状态，人在世界之中的复杂情状，人与他人及各种社会存在的矛盾冲突得以现身。不是什么别的潜能，而是这种关系网络被固定—展示在文本中。过去、现在、将来的人的自我阐释，也必须在这种网络中开展。确定不是去语境化，而是语境的保存和传递。因而，与利科尔不同，张江强调的阐释的客观性、文本的客观性，指向的是这种历史现场的保护，而不是消解。

三 向实践开放的文本客观性：马克思主义实践解释学的立场和方法

张江强调的文本客观性，并不是一种独立自在的客观性，而是社会化历史化的客观性。尊重文本的客观性，并不是让文本保持对社会

---

① ［法］保尔·利科尔著，［英］J. B. 汤普森编译：《诠释学与人文科学》，孔明安等译，中国人民大学出版社2012年版，第50页。
② 张江：《强制阐释论》，《文学评论》2014年第6期。

历史进程的超脱，而是要将文本置放入社会历史场域，将凝固的符号还原为具体的社会历史实践。从这个意义上说，张江的强制阐释论又是一种实践解释学。

马克思、恩格斯指出："不是从观念出发来解释实践，而是从物质实践出发来解释观念的东西。"① 俞吾金认为，这是马克思提出的一种独创性的解释学模式，可称为"实践诠释学"，它的特征是：（1）"实践活动是全部理解和解释活动的基础"；（2）"历史性是一切理解和解释活动的基本特征"。② 张江对当代西方文论的批判，就有对它们混乱的认识路径的批判："理论构建和批评不是从实践出发，从文本的具体分析出发，而是从既定理论出发，从主观结论出发，颠倒了认识和实践的关系。"③ 他反对当代西方文论的场外征用，是因为从场外移植而来的理论，不是场内文学实践的自然生成和合理抽象。他批评当代西方文论的主观预设，是因为这违背了文本实际。在张江的强制阐释论里，实际贯穿着"实践活动是全部理解和解释活动的基础"的指导原则。同时，张江的强制阐释论十分重视对历史的尊重。他指出："对文本历史的理解，也就是对文本原生话语的理解，是一切理解的前提。"④ 他批评女性主义批评家对莎士比亚作品的解读，质问"这种预设的立场与结论是莎士比亚的本意吗"？他斥责生态主义批评对爱伦·坡作品的歪曲，指出在作者生活的年代尚无生态主义思潮，可见他衡量文学批评是否恰当的一个基本标准，就是是否符合文本生产的历史实际。因而，强制阐释论的根本立场与方法，就是马克思主义的实践解释学的立场与方法。它从辩证唯物主义与历史唯物主义的基本立场出发，以实践为检验真理的唯一标准，要求话语的构建立足于实践，要求意义的生产关联社会现实语境："文学理论的生产必须依据文学的实践和经验，离开文学的实践和经验，就没有文学的理论。理论可以自我生长，依据逻辑推衍生长理论，但其生成

---

① ［德］马克思、恩格斯：《德意志意识形态》，《马克思恩格斯全集》第3卷，人民出版社1960年版，第43页。
② 俞吾金：《实践诠释学》，云南人民出版社2001年版，第82—85页。
③ 张江：《强制阐释论》，《文学评论》2014年第6期。
④ 同上。

依据一定是实践,并为实践所检验。……实践的品格高于理论的品格。理论来源于实践,任何理论、任何立场都从实践出发。文学理论的生成也是如此。"①

  但是,当前在国内学界,这一实践解释学的概念以及相关的理论研究与阐释实践,尚未获得足够的重视。在马克思主义理论研究领域,虽然众多学者认可马克思理论的解释学向度,将解释—实践的循环视为各国马克思主义本土化的基本道路,但实践解释学也被看作了马克思理论特有的自我阐释的途径,限制了它的普遍性的方法论意义。如俞吾金的"实践诠释学",一方面是他对马克思哲学的新解读,另一方面也是他为自己偏离传统的新解读提供的合法性辩护,并没有普及到对一般哲学的解读上。又如青年学者李金辉一直坚持以实践解释学的视角解读马克思哲学,认为"实践解释学正是以实践为核心,以人的实践来解释世界(使现存世界革命化)、解释观念(使观念摆脱独立性外观,对观念进行意识形态批判)、解释理论(使理论现实化、成为革命的理论)、解释意识(精神)(使自发的无意识变成生活中的批判意识)生活的学说"。②很明显,这样定义的实践解释学很难推广到马克思理论以外的话语体系。而在解释学界,目下部分学者所热烈讨论的实践解释学,主要还是由伽达默尔从亚里士多德引申而来的实践哲学的衍生物。它与理论哲学、技术哲学并行鼎立,可以成为现代社会抗衡理性专制、技术统治的倚赖。实践在这里不是指向人对其世界的改造,而是人对其存在的自我反思,不是个人自觉意图的实施,而是与他人的共同相处。它与其说是生存活动,毋宁说是精神修炼。伽达默尔说:"对何谓实践的问题……我愿总结如下:实践正在指导某人,并在团结中活动。"③ 这样的"实践"与"实践解释学",与马克思的实践解释学是大相径庭的。虽然二者也可以彼此对话,开拓新的意义领域,但二者的立场、旨归的巨大分歧是无法

---

  ① 张江:《前见与立场》,《学术月刊》2015年第5期。
  ② 李金辉:《马克思哲学:从实践哲学到"实践的解释学"》,《学术研究》2009年第5期。
  ③ [德]伽达默尔:《科学时代的理性》,薛华等译,国际文化出版公司1988年版,第76页。

泯灭、无法统一的。①

　　因此，张江的强制阐释论不仅是对文学界理论构建和文本批评实践的症状诊断，也是解释学发展前景新向度的昭明。在形形色色的"体验解释学""语言解释学""解构主义解释学""新实用主义解释学"等令人眼花缭乱的新潮中，它以素朴的文学文本阐释的反思，引导我们重新审视解释的根底、文本的地位、实践的意义，重构历史的、唯物的文本客观性，重皈马克思主义的实践解释学。正像有的研究者指出的那样，张江的强制阐释论"既深入到了阐释学研究的具体问题领域，同时也从理论阐释的思维惯性中跃出，走向了批评效应的考察，从而构成了阐释理论链条上的一个新节点"。② 这同时也是对整个人文学科研究方法论的启示。立足当代中国的文学文化实际，承续中国马克思主义实践的优良传统，打造中国人文学科研究的新路径，这是当代中国学人不可回避的历史责任。

---

① 张能为：《实践哲学：伽达默尔与马克思主义哲学的交汇视域与比较理解》，《安徽大学学报》（哲学社会科学版）2012年第6期。
② 段吉方：《强制阐释的理论路径与批评生成》，《文艺争鸣》2015年第6期。

强制阐释论的文学性诉求[*]

江 飞^{**}

一 强制阐释论的文学性诉求

任何理论的提出都是历史的产物,也是现实的回声,强制阐释论也不例外。强制阐释论的萌芽最早可追溯到张江 2012 年的一篇文章《当代西方文论:问题与局限》,他在这篇文章的开篇就表明了后来之所以提出强制阐释论的历史和现实语境,即新时期以来的三十余年对当代西方文论的引进和推介,虽然推动了中国文艺理论的发展,但又使得中国众多的理论家、批评家唯西方话语和批判标准马首是瞻,丧失了对中国文艺的话语权,危害了中国文艺理论的建设。因此,必须辨析和批判当代西方文论的问题和局限,为建构当代中国文论话语体系、夺回对中国文艺的话语权铺平道路。作者最初将西方文论的问题和局限归因于其诞生的语境,按其所言,"总体上讲,当代西方文论是当代资本主义政治、经济、文化孕育而出的产物。这一特殊的生成语境,决定了当代西方文论带有鲜明的资本主义文化特色,也决定了它自身无可避免的问题和无法超越的局限",并由此指出其具体问题和局限在于"向内转"走向、自我中心主义、非理性主义、形式崇拜、反教化论、精英主义取向六个方面。① 如果说这还是初期阶段

---

* 本文原刊于《学术研究》2016 年第 9 期。
** 作者单位:安庆师范大学文学院。
① 张江:《当代西方文论:问题和局限》,《文艺研究》2012 年第 10 期。

的理论摸索的话,那么两年后作者则有意淡化其生成语境(资本主义出身)而全力聚焦于对象本身,即聚焦于文学之为文学、文学理论之为文学理论的特殊性——文学性,深入思考"当代西方文论的根本缺陷到底是什么,如何概括和提炼能够代表其核心缺陷的逻辑支点",强制阐释论由此应运而生。

这里的"文学性"(literariness)既是对俄国形式主义文论核心概念——文学性的借用,也是对强制阐释论本身理论观点的把握。从某种意义上讲,与其说强制阐释论是解释学理论链条上的一个新节点,不如说是文学本体理论链条上的一个新节点。众所周知,文学性是俄国形式主义文论的理论旗帜,也是此后捷克布拉格学派、英美新批评、法国结构主义批评等形式主义学派的共同追求。罗曼·雅各布森当年(1919年)提出这一概念,是为了强调文学科学应该确立自己的研究对象(即"文学性"),而不应该是其他学科(哲学、政治学、历史学、心理学等)任意践踏的"无主之地",文学性问题的提出既诉诸文学研究学科化的追求,也反映了文学研究科学化的理想。在经历近一个世纪之后,在截然不同的"理论之后"重建文学理论的历史语境与重建中国文论话语体系的现实语境中,强制阐释论再次表达了相近的文学研究学科化和科学化的追求。回归文学本身,回归文学文本,强调文学特性,强调文学理论和批评的本体意义,简言之,确立文本的文学性和文学理论的文学性(相对于"理论性"),正是其文学性诉求的主要表现。在《强制阐释论》《关于"强制阐释"的概念解说》等文章中,张江反复重申了强制阐释的定义并做了详细解释:

> 我给出的定义是:背离文本话语,消解文学指征,以前在立场和模式,对文本和文学作符合论者主观意图和结论的阐释。所谓"背离文本话语"是指:阐释者对文本的阐释离开了文本,对文本作文本以外的话语发挥。这些话语可以离开文本独立存在,无须依赖文本而发生。文本只是借口和脚注,是阐释者阐释其理论和学说的工具。所谓"消解文学指征"是指:阐释者对文本和文学作非文学的阐释。这些阐释是哲学的、历史的、社会的,以

及实际上并不包含文学的文化阐释,它们没有多少文学意义,不能给出具有文学价值的理论研讨,把文学文本释作政治、历史、社会的文本。所谓"前在立场和模式"是指:在文本阐释之前,阐释者已经确定了立场,并以这个立场为准则,考量和衡定文本。至于"对文本和文学作符合论者主观意图和结论的阐释",诗歌目的论的企图,意即论者的阐释不是为了揭示文本的本来含意或意义,而是为了论证阐释者的主观意图和结论。很明显,这个意图和结论也是前在的。①

这段话是强制阐释论的核心要义,由此不难看出这样几层意思:(1)文本是阐释的文本,阐释是文本的阐释,阐释者的整个阐释活动应以文本为中心,文本是第一位的;(2)文学的阐释是聚焦于文本并揭示其文学性的阐释,哲学的、历史的、社会的等文化阐释是摈弃文学性的非文学阐释,只提供场外理论的意义和价值,不能提供文学意义和文学价值,此为场外征用之弊;(3)阐释者以前置立场为准则,以前定模式为模板,剪裁文本,导致文本沦为阐释者前在意图和前在结论的证明材料,文本的本来含意或意义被悬置或被破坏,此为主观预设之病。一言以蔽之,文本的文学性(或"文学的文本")成为判定场外理论的阐释是强制阐释还是非强制阐释的一个重要标准。当然,这里所强调的文本的文学性,并非俄国形式主义或英美新批评所钟情的文本的文学性。在后者看来,"诗歌不过是旨在表达的话语",② 或"诗歌作为一种话语的根本特征是本体性的",③ 文本的文学性实质上也就是文本的语言形式特性(如形式主义的"陌生化",新批评的"张力""隐喻""含混"等);而在前者看来,"文学是人类思想、情感、心理的曲折表达。文学更强调人的主观创造能

---

① 张江:《关于强制阐释论的概念界说——致朱立元、王宁、周宪教授》,《文艺研究》2015年第1期。
② Roman Jakobson, "Modern Russian Poetry", *Major Soviet Writers: essays in criticism*, eds., Edward J. Brown, New York: Oxford University Press, 1973, p. 62.
③ [美]约翰·克罗·兰色姆:《新批评》,王腊宝、张哲译,江苏教育出版社2006年版,第192页。

力，而人的主观特性不可能用统一的方式预测和规定"，①"文学创作是作家独立的主观精神活动。作家的思想和情感支配文本，以在场的身份活动于文本之中"。② 也就是说，文学具有自身的特性和价值，而作家创造的、用语言表达人类思想、情感、心理的文本正是文学实践活动的核心要素与重要环节，文学性除语言性之外至少还包含主观创造性、表情性、思想性和审美性等，这是与主张"艺术作为手法"的俄国形式主义或主张"意图谬误"和"感受谬误"的新批评截然不同的。

如果说《强制阐释论》只是从反面对场外理论进入文论场内的三种方式（"挪用""转用"和"借用"）进行揭示和批评的话，那么从《场外理论的文学化问题》开始则转从正面阐述场外理论如何才能变身为场内理论，从而使作者的文学理论观清晰地浮出水面。

首先，作者显然不是质疑场外理论的价值，也不是反对场外理论在文学场内的应用，而是追问场外理论在文学场内的应用如何实现正当性或有效性，或者说是"批评理论与批评对象的粘度问题，也即理论与文本的适合性问题"。③ 如其所言，"正当的场外理论的应用，或者说有效应用，必须立足一个正确的前提，这就是场外理论的文学化。否则，场外理论不能归化为场内的文学理论，很难给文学及理论的发展以更多的、积极的意义"。④ 作者并不是否认中国文学场外的西方文论的价值，而是"在充分肯定当代西方文论对中国文艺理论产生积极影响的同时，有必要对当代西方文论本身进行辨析，考察其应用于中国文艺实践的有效性"。⑤

其次，作者颁给场外理论一张十分珍贵的"入场券"，即文学化，同时又在这张券上写下了三条严格的"入场须知"："其一，理论的应用指向文学并归属文学；其二，理论的成果落脚于文学并为文学服

---

① 张江：《强制阐释论》，《文学评论》2014 年第 6 期。
② 张江：《当代西方文论若干问题辨识——兼及中国文论重建》，《中国社会科学》2014 年第 5 期。
③ 张江：《强制阐释论的主观预设问题》，《学术研究》2015 年第 4 期。
④ 张江：《场外理论的文学化问题》，《探索与争鸣》2015 年第 1 期。
⑤ "当代中国文艺理论与批评话语体系建设：关于'强制阐释的主观预设问题'的通信·编者按"，《学术研究》2015 年第 4 期。

务；其三，理论的方式是文学的方式。"① 不难看出，所谓文学化就是以文学作为理论的出发点和落脚点，化"批评的理论"为"文学的理论"，变"理论的文学化"为"文学的理论化"。从这个意义上说，作者心目中的"非强制阐释"应当是回归文学的阐释，即"本体阐释"；②或者说文学理论应当是回归文学即以文学为本体的理论，是"文学的"理论，而不是文学的"理论"。如其所言，"文学理论的基本对象是文学，不是一般的社会生活现象的理论研究，也不是形而上的一般思维和认识方法。文学理论的重点应该聚焦于文学规律、文学方法的具体阐释上，聚焦于对文本的具体的认知和分析上，离开文本和文学的理论不在文学理论的定义之内"。③ 概言之，文学理论区别于其他理论的特殊性正在于文学性而非理论性，以理论性遮蔽甚至取代文学性正是强制阐释所理解的"文学理论"。

最后，作者并非否定（也无法否定）文学理论作为一种理论形态的必然性，而是认为这种理论应落脚于文学文本的阐释，这种理论的具体化（某种程度上也就是理论的文本化）正是文学理论的独特方式，即"文学的"理论方式。由此也可以说，文本的文学性（或"文学的文本"）与理论的文学性（或"文学的理论"）密不可分，是文学理论历史生成和独立存在的充分必要条件，缺一不可。正如周宪在答复张江的信中所指出的："您关于文学特性的看法是一贯的，虽然您并没有聚焦'文学性'概念，但基本理解是围绕着'文学性'观念运作的。您强烈主张文学的特性就在文学文本中，因此文学理论必须专注于文本。这两个规定是判别场外理论阐释文学是否强制的理据。"④

二 强制阐释论的价值和意义

正是依据文本的文学性和文学理论的文学性标准，张江一方面对

---

① 张江：《场外理论的文学化问题》，《探索与争鸣》2015年第1期。
② 毛莉：《当代文论重建路径：由"强制阐释"到"本体阐释"——访中国社会科学院副院长张江教授》，《中国社会科学报》2014年6月16日。
③ 张江：《场外理论的文学化问题》，《探索与争鸣》2015年第1期。
④ 周宪：《场外理论的场内合法性》，《探索与争鸣》2015年第1期。

解释学文论（海德格尔、伽达默尔）、解构主义文论（德里达）、地理学文论（迈克·克朗）、幽灵批评、混沌理论批评、弗洛伊德精神分析学批评、女性主义批评、生态主义批评等20世纪西方主流文论和批评进行了尖锐批判，认为这些征用场外理论的阐释使"文学的特性被消解，文本的阐释无关于文学"，"已经不是文学的阐释"，[①]这样的理论自然也就不是文学的理论了；另一方面，又对坚持文本细读、探求文学性的俄国形式主义、英美新批评、结构主义的必要性与合理性有所肯定，尤其肯定了弗莱的结构主义神话原型批评理论在场外理论文学化上是"比较成功的一种"，肯定了解构主义思想家希利斯·米勒的文学理论实践"既有很强的理论性，也有很强的文学性"，认为"他把解构的思想和理论具体化了，实现了场外理论的文学化"，而且认为他对理论的"理论性"的警惕与批评值得我们严肃对待，[②]并由此引发二人关于"文学文本是否有确定的主题和意义""普遍意义的批评方法"等问题的一系列通信和辩论。正是在与中外学者持续深入的论辩中，强制阐释论的具体观点进一步明晰，并展现出独特价值和意义。

第一，为文本圈定文学边界，为本体阐释确立文本核心，建构起作者—文本—读者三位一体、内部研究与外部研究辩证统一的文学理论与批评体系，不仅对揭示和规避当代西方文论以泛文本性取代文学性、以阐释者为中心的谬误具有重要的启示价值，而且对正确理解文学意义的生成具有重要的学理意义。

就当代西方文本理论的发展史来看，文本概念实际上经历了由具化到泛化、由指向文学到指向文化的转变。如果说被俄国形式主义所聚焦、英美新批评所发展、结构主义批评所深挖的文本是作为语言客体的文学文本的话，那么它在后结构主义时代则因为客观性、静态性、自足性、封闭性而成为亟待攻破的"语言的牢笼"，此后，无论是内部爆破（如巴尔特的"从作品到文本"，克里斯蒂娃之的"互文"，德里达之"踪迹""延异"，等等），还是外部进攻（如巴尔特

---

① 张江：《强制阐释论》，《文学评论》2014年第6期。
② 张江：《场外理论的文学化问题》，《探索与争鸣》2015年第1期。

的"作者死亡,读者诞生"),无论是被互文化而开始解构的漂流,还是被意识形态化而落入话语(如福柯)的圈套,殊途同归的目标都在于摧毁有中心的、深层结构的、意义确定的"小文本",而代之以无中心的、破碎的、意义不确定的"大文本"。这种大不是有限的大,而是"文本之外,一无所有"(德里达语)的无穷大,一条短信,一则微博,一部电影,一支舞蹈,一张照片(图片),一份菜单,一个手势,一个梦,乃至于整个社会、历史等人类一切文化都被视为文本。文本的泛化使文学文本成为大文本中微不足道的一个,文学文本和非文学文本的界限愈发模糊,文学理论变为文本理论,泛文本性问题取代文学性问题,关注社会、政治、历史、性别、阶级等内容的文化研究一定程度上取代了关注审美价值的文学研究,其结果正是张江所质疑的各种主义的泛文化的非文学阐释或非文学理论的泛滥,"既不关注文本,又不关注审美,而只热心于一般的社会批判,热心于非文学的思想建构,热心于黑格尔意义上的纯精神运动",以及产生了诸如"一切都是文学性的"(卡勒)、① "文学行将消亡"(米勒)② 等各种论调。

文本是强制阐释论中最核心的一个范畴。以文本专指文学文本,并强调文本的文学性,不仅表明对西方后现代语境下暗自解构文学性的文本观不以为然,更表明力求为文本确立文学边界的信念,这种重建文学性的文本观对于终结上述"文学终结论"或"文学性蔓延说"无疑具有四两拨千斤之效;同时,有意突出具体存在的文本,亦即突出文学存在的具体性,从而表明文学阐释应该是对具体文学、具体文本的具体阐释,而非将文学抽象化或用理论制造理论,如其所言,"如果说文学是审美,是独具创造性的意义表达,那么具体对文学的意义就重于抽象。更确切地说,没有抽象的文学,只有具体的文本。离开具体的文本,离开对具体文学的具体分析,就没有文学的存

---

① [美]乔纳森·卡勒:《文学性》,马克·昂热诺等:《问题与观点:20世纪文学理论综论》,史忠义等译,百花文艺出版社2000年版,第29页。
② [美]希利斯·米勒:《文学死了吗》,广西师范大学出版社2007年版,第18页。

在"，① 这是对文本之所以在本体阐释中居核心地位的理论预设。

针对以阐释者为中心的强制阐释，张江提出了以文本为核心的文学阐释即本体阐释的建设性思想。本体阐释的路径在于：以文本的自在性为依据，以确立文本的客观质地为前提，按照由文本向外出发与回归文本（双向矢量）的路线进行阐释。这种以文本为出发点和落脚点、合乎马克思主义自律与他律辩证法的合理阐释，"在回归文学的同时又将其放入社会历史的实践中，把文艺的自律与他律属性统一于当代中国文论话语的重建中"。② 而本体阐释的内容在于：阐释文本自身确切含义即原生话语（核心阐释），阐释原生话语的来源即由作者和文本背景而产生的次生话语（本源阐释），以及阐释文本在传播和接受过程中产生的衍生话语（效应阐释）。这三重阐释形成了以核心阐释为中心的辐射和反射关系，以原生话语为中心的层层包蕴关系，由此而形成了一个内部阐释与外部阐释辩证统一的同心圆结构。这一结构既是以文本为核心、以文本与作者和文本与读者的双重关系为推演、由内向外辐射的有机结构与路线图，也是文学意义（从原生意义到次生意义再到衍生意义）生成的有机结构和路线图。

第二，以实践论为基点，从理论生成的角度强调文学实践和经验作为文学理论生产依据的重要价值，从理论成长的角度强调批评实践的重要作用，提出理论与批评、理论与文学的辩证法，这不仅对于批判强制阐释混乱的认识路径、纠正中国当下学院派文学研究理论脱离实践之弊具有重要的启示价值，而且对于真正建设以实践性为品格、以民族性为特色的中国文学理论具有重要的指导意义。

实践是强制阐释论的另一个高频词。在张江看来，"理论可以自我生长，依据逻辑推衍生长理论，但其生成依据一定是实践，并为实践所检验。实践的品格高于理论的品格。理论来源于实践，任何理论、任何立场都从实践出发"。③ 区分理论生长与理论生成是必要的，

---

① 张江：《强制阐释论》，《文学评论》2014年第6期。
② 韩清玉：《马克思主义文学批评视域中自律与他律的辩证法》，《文学评论》2015年第6期。
③ 张江：《前见与立场》，《学术月刊》2015年第5期。

前者意味着理论衍生理论,而后者则意味着理论源自实践,实践是源头,是第一位的,没有实践也就没有理论,正如没有生成也就无所谓生长。具体到文学理论来说,实践又包含了三层意思。其一,就文学理论的生成而言,文学实践是文学理论的生成依据。"文学理论的生产必须依据文学的实践和经验,离开文学的实践和经验,就没有文学的理论。"① 这是合乎认识规律也是合乎马克思主义唯物辩证哲学的正序认识路径。而强制阐释则反其道而行之,如其所言,"西方文论的生成和展开,不是从实践到理论,而是从理论到实践,不是通过实践总结概括理论,而是用理论阉割、碎化实践,这是'强制阐释'的认识论根源"。② 这种混乱的认识路径(反序认识路径)颠倒了实践与理论的前后关系,是强制阐释所存在的最根本、最要害的问题。其二,就文学理论的生成过程而言,把握文学实践是合理借鉴场外理论的前提和基础。在场外理论的文学化过程中,阐释者必须立足于文学实践并以从中获得的文学性认知来实现对场外理论研究方法和思路的化用,最终形成以场外理论为支持的文学理论体系和批评方法。其三,就文学理论的成长而言,文学理论必须与批评实践相结合。这是有的放矢之论,中国当下学院派文学研究存在着理论脱离实践的不良倾向,"理论的生存和动作与具体的文本阐释和批评严重脱节,其理论生长和延伸,完全立足于理论,立足于概念、范畴的创造和逻辑的演进,与文学实践及其文本的阐释相间隔和分离"。③ 文学理论要生长必须扎根于活生生的文学实践,从具体的文本阐释和批评中汲取内生动力和新鲜养料,总结出新的具有普遍性和有效性的"文学的"理论。只有理论与批评相结合,才能真正使理论成为批评的理论,使批评成为理论的批评:这正是理论与批评、理论与文学的辩证法。总之,文学实践是文学理论最原始的出发点,贯穿在文学理论建设全过程中,坚持从文学实践中来到文学实践中去,是衡定文学理论有无正

---

① 张江:《前见与立场》,《学术月刊》2015年第5期。
② 毛莉:《当代文论重建路径:由"强制阐释"到"本体阐释"——访中国社会科学院副院长张江教授》,《中国社会科学报》2014年6月16日。
③ 张江:《场外理论的文学化问题》,《探索与争鸣》2015年第1期。

当性和有效性的重要尺度。

三 强制阐释论有待解决的问题

第一，有没有纯粹的"文学的文本"或纯粹的"文学的理论"？张江高度重视文本的文学意义和理论意义，同时又对西方文论中的文本中心主义抱有足够警惕，这无疑是辩证的、合理的。但是，文学文本一旦产生，便因为集合了具体社会历史语境中的作者、读者和世界的意向投射而具有了多元丰富的反射指向，指向社会、历史、政治、性别、阶级等各种纷杂的内容，是"交织着多层意义和关系的一个极其复杂的组合体"。① 从这个意义上说，文学文本不可能是纯粹的"文学的文本"，而是"多元共生的文本"，这也就为场外其他学科理论的进入预留了通道。如果没有纯粹的"文学的文本"，那么，纯粹的"文学的理论"又如何可能？如果借鉴场外理论阐释文学文本是合理的，那么，聚焦于政治、意识形态、伦理道德等而不聚焦于文学性是否也对文学理论的生成有所裨益？如果说"'文学性'总是随着文学观念的改变而改变，这也正是'文学性'的复杂性所在"，② 那么，当我们以文学为本体建构文学理论时，其复杂性和变动性应如何考量？这似乎就涉及周宪提出的对文学理论研究的界定问题，③ 以及张江究竟是在何种意义上使用"文学场"概念等问题。

第二，如何理解"本体阐释"之"本体"？张江似乎将文本、作家与读者同视为阐释之本体，显然，这里的本体并非西方形而上学哲学意义上的本体概念。这不由地让我想起李泽厚创造的"情本体"来。李泽厚有意规避形而上学的哲学之弊，对西哲的本体概念做了解构式的重新界定，赋予情本体以特殊的本体性。在他看来，"所谓'本体'不是 Kant 所说与现象界相区别的 noumenon，而只是'本

---

① [美] 勒内·韦勒克、奥斯汀·沃伦：《文学理论》（修订版），刘象愚等译，江苏教育出版社 2005 年版，第 18 页。
② 童庆炳：《维纳斯的腰带：创作美学》，中国人民大学出版社 2009 年版，第 384 页。
③ 周宪：《场外理论的场内合法性》，《探索与争鸣》2015 年第 1 期。

根'、'根本'、'最后实在'的意思。所谓'情本体',是以'情'为人生的最终实在、根本"。① 可见,所谓"情本体"之"本体"并非传统形而上学意义上的本体,或者说情本体就是无本体,其形而上就在形而下之中。那么,"本体阐释"之"本体"是否也是如此?

第三,如何理解文学理论与创作实践之间的关系?张江十分强调文学理论应该建立在文学实践的基础之上,也强调要把文学理论与批评实践相结合,但并未阐明文学理论与创作实践之间的关系。就文学理论的生成路径来看,批评实践和创作实践是文学理论的两个主要来源,文学理论主要就是对以文本为中心的批评实践和创作实践之经验的规律总结和理论概括,在中外传统或现代文化语境中,理论家与批评家、作家身份合一的例子也是屡见不鲜。如果说文学理论介入批评实践是必要的,那么,文学理论介入创作实践同样是必要的。文学理论与文学创作、文学批评之间围绕文本这一核心而建立的三边互动关系是使文学理论和文学活动永葆生机活力的根本,这正如高建平所言,"文学理论不是处于文学活动之外,它本身就是文学活动的一个组成部分"。② 那么,究竟应如何理解文学理论与创作实践的关系?

第四,病症揭示能否替代病因探寻?医生以治病救人为目的,仅仅揭示其病症还远远不够,只有探明了真正病因,才能理解其为何会有如此病症,也才能对症下药,以至药到病除,彻底根治。毋庸置疑,作为一个支点性概念,"强制阐释"确实能够比较集中地概括当代西方文论的病症之所在,有利于我们从普遍症候上对其进行总体认知和探究,也有利于消解其在国内的强势地位以及对它的盲目崇拜。但是,造成强制阐释的病因究竟是什么,似乎还没有真正揭示。高楠批判性地揭示了作为病源的西方理论的思想传统(重观念轻实践、二元论思维、追求封闭体系)和实用主义哲学,③ 李春青则认为原因在

---

① 李泽厚:《关于情本体》,《实用理性与乐感文化》,生活·读书·新知三联书店2008年版,第54页。
② 高建平:《从当下实践出发建立文学研究的中国话语》,《中国社会科学》2015年第4期。
③ 高楠:《理论的批判机制与西方理论强制阐释的病源性探视》,《文学评论》2015年第3期。

于"追问真相的恒久冲动"以及"解构的冲动",① 对此问题做了初步探讨,但有没有探察到根本病因,能不能以"了解之同情"的态度看待中西文化背景的深度差异,能不能摈弃对立意识而建立中与西、场内与场外、文学学科与跨学科等之间的张力关系?这些都是强制阐释论有待解决的问题。

---

① 李春青:《"强制阐释"与理论的"有效合理性"》,《文学评论》2015年第3期。

唯知识论和强制阐释*

文 浩**

最近张江先生发表系列论文和访谈，集中剖析西方文论的根本缺陷——强制阐释。① 他认为，在文学研究中"强制阐释"背离文本话语，消解文学指征，用前在立场和模式，对文本和文学作符合论者主观意图的阐释。其基本理论特征有四：第一，场外征用；第二，主观预设；第三，非逻辑证明；第四，混乱的认识路径。当前中国文学理论建设应该避免"强制阐释"的歧途，走"本体阐释"的道路：抛弃一切对场外理论的过分倚重，主要依靠民族文学理论和批评的传统，回归文学文本和文学实践。

30 余年我们不遗余力追随西方文论，收获巨大，后遗症也不小，主要表现为：文论失语症的焦虑和文化自信力的孱弱。张江先生的批判文章直指西方文论本身的软肋，震醒我们的盲从和迷信，值得中国学界警惕和更深入地反思。

一

检视西方文论的历史渊源和思维传统，我们认为，"唯知识论"

---

* 本文系湖南省教育厅一般项目"接受美学和中国古代文论的现代转换"的阶段性成果，原刊于《文艺争鸣》2015 年第 7 期。

** 作者单位：湖南师范大学文学院。

① 详见张江《强制阐释论》（《文学评论》2014 年第 6 期）；张江《当代西方文论若干问题辨识——兼及中国文论重建》（《中国社会科学》2014 年第 5 期）；毛莉《当代文论重建路径：由"强制阐释"到"本体阐释"——访中国社会科学院副院长张江教授》（《中国社会科学报》2014 年 6 月 16 日）。

是造成西方文论"强制阐释"泛滥的思想根源之一。

那么，何谓"唯知识论"？

自古希腊的苏格拉底、柏拉图和亚里士多德等轴心时代哲学家确立西方哲学的思维范式以来，西方学人一直在发挥人类的认识能力开拓一个个知识领域。客观抽象的理性知识用来描述社会科学、自然科学领域的客观化事实，那是和洽的，因为对象和方式比较吻合。文学研究者用明晰系统的理性知识来描述人文科学领域的一些人类高级精神活动和经验事实，描述某些人类文学审美经验的历史和事实，都实属必要。西方文论的知识论建构为西方文化传承和知识谱系的延续做出了重大贡献。可是，理性知识描述文学经验不是没有限度的。文学审美经验具有显著的不确定性和特殊性，但是理性知识却天然追求确定性和普遍性；文学审美经验整体上讲是感性具体的，甚至无序而混乱，但是理论知识偏偏苛求抽象、有序和系统性。这就表明理性知识和文学审美经验之间存在矛盾。明智的研究者应该认清理性知识的限度，在阐释文学时，有所言说，有所沉默，一切以人类文学审美经验的真实性为界限，"唯知识论"恰恰是越过了这一界限。概言之，"唯知识论"是指西方文论中这样一种思维定式和方法论：研究者贬低和分割真实整体的文学审美经验，过分拔高理性知识的文学阐释效用，执着追求文学文本的抽象意义，倚重形式逻辑工具分析文学文本。"唯知识论"受到西方理性主义和思辨哲学影响，总体上推崇人的理性思维和知识话语，怀疑人类感性经验的可靠性。"唯知识论"的典型代表是柏拉图的"理式"论文艺观、黑格尔以"绝对理念"为核心的文艺观、结构主义的二元对立深层文化分析模型等。

需要说明的是，广义上说，知识可分为感性知识和理性知识。感性知识是人类感性经验的反映；理性知识则是对人类感性经验的概括，是一种普遍化系统化的理性认知。狭义的知识主要指理性知识。本文中所谓"唯知识论"中"知识"指的就是理性知识。所以"唯知识论"准确地讲是"唯理性知识论"。一般来说，西方文论传统中那种揭示文学现象的普遍性和规律性的理性知识占据主导地位，描述特殊的文学感性经验的"文学知识"则处于附属地位。感性知识（经验）需要理性知识来升华和提炼，反过来，理性知识需要以感性知识（经验）为基础。感性知识（经验）和理性知识相辅相成，相得益彰。但"唯知识论"割裂两者的统一性，过于夸大理性知识的作用，导致对实际经验的忽视。

"唯知识论"具有以下特征。

（一）在知识崇拜的推动下人类对文学文本抽象意义执着追求和对人类理性思维高度自信。

古希腊苏格拉底的"知识即美德"的乐观主义科学精神给西方文化注入了一股知识横扫艺术和其他一切精神文化领域的力量。苏格拉底不满古希腊文学和艺术中感觉经验的混乱、神秘，怀疑艺术家和批评家自以为是的艺术理念。他主张一切艺术都要反映明晰的意义，他重视真理，坚信人类在因果律的逻辑推演下可以探究文学和艺术的存在本质。尼采批判道："他相信万物的本性皆可穷究，认为知识和认识拥有包治百病的力量，而错误本身即是灾祸。深入事物的根本，辨别真知灼见与假象错误，在苏格拉底式的人看来乃是人类最高尚的甚至唯一的真正使命。"[1] 苏格拉底将阐释和接受文学的终极目标设定为孜孜不倦地穷索意义，并影响到他的后辈哲学家柏拉图、亚里士多德和黑格尔等都习惯从文学中求证真理。苏格拉底过度乐观地相信知识阐释文学的巨大效用，助长了西方文论在源头上就已经开始盲目相信理性思维可以适用于一切领域。苏格拉底"唯知识论"的余绪在两千多年后大哲黑格尔身上发扬光大。黑格尔野心勃勃，希望用他的知识武库击穿人类艺术的奥秘，建立逻辑自洽、普遍适用的"艺术的科学"。客观地讲，建立"艺术的科学"无可厚非，问题在于黑格尔臆造"绝对理念"并视其为人类终极理性，剪裁人类真实的文学和艺术审美经验，让艺术史和各类艺术都变成虚假的"绝对理念"的注脚。这种文艺实践和文艺理论的本末倒置恰恰是最不理性的。黑格尔推崇理性知识过了头，反而走向虚假和蒙昧。

（二）过分相信概念、判断、推理构成的形式逻辑。

范式是人类阐释和研究文学最有效的运思方式。与"唯知识论"

---

[1] ［德］尼采：《悲剧的诞生》，周国平译，生活·读书·新知三联书店1986年版，第64—65页。

的第一个特点紧密相连,逻辑范式也来自古希腊。从苏格拉底的只言片语到亚里士多德的庞大哲学体系,形式逻辑贯穿其中。不过,随着希腊哲人对理性知识的过分推崇,形式逻辑开始滥用。尼采嘲讽说"因此,从苏格拉底开始,概念、判断和推理的逻辑程序就被尊崇为在其他一切能力之上的最高级的活动和最堪赞叹的天赋"①。众所周知,文学和艺术本身具有偶然性和不确定性,无法用形式逻辑推演和阐释所有文艺活动。可是,在希腊"唯知识论"哲学家的眼中,人类文艺中一切崇高、伟大和睿智的行为都能用形式逻辑推导出来,总结为知识,可以传授。这就完全忽视了艺术体验和艺术直觉能力在文艺阐释接受活动中不可替代的作用。之后,黑格尔进一步辩护形式逻辑范式的阐释效力。他认为,人类思考时心灵通过概念自我否定这一最有效的方式既可以实现自身的本质需要,又可以阐明艺术(文学)的内在理念。具有讽刺意味的是,服膺"唯知识论"的文学理论家们构造理论大厦时推崇形式逻辑范式,但是在阐释文学现象和文学文本时他们往往出现逻辑谬误(下文有论述)。

(三)习惯于将文学的阐释和研究结果变成系统性、明晰性和可验证性的客观知识。

由于推崇理性知识,执着于阐明抽象意义,普遍推行形式逻辑范式,"唯知识论"往往苛求文论达到系统清晰的话语表述效果。正如华人学者叶维廉所言,西洋文学批评"认为文学有一个有迹可循的逻辑的结构"②。既然文学是一个透明的逻辑结构,那么研究者就应该用语言把它客观透明地呈现出来,形成客观可验证的知识,以利于传播和学习。罗兰·巴特敏锐地发现逻辑严密、连续成篇的论文式话语界定方式是西方文论主导性的文论话语模式。这种模式笃信"传授某类文的知识,或展示对文的某种理论思考,便意味着我们自身以此或彼方式重现文的编织实践。文论确可按照严密而中性的科学话语的样

---

① [德]尼采:《悲剧的诞生》,周国平译,生活·读书·新知三联书店1986年版,第65页。

② 叶维廉:《中国诗学》,生活·读书·新知三联书店1992年版,第3页。

态做出表述"①。罗兰·巴特担心西方学界用客观化的语言表述文学会成为唯一模式。他说："人文科学迄今为止对自身的专有语言绝没提出过任何怀疑，它们将其看作一件简单的工具或纯净的透明物。"②事实上，以客观知识为核心的论文式话语模式在西方文论中确实具有主导地位。

二

"唯知识论"怎样影响西方文论偏向"强制阐释"的航道？

（一）在"唯知识论"影响下研究者过分相信理性知识阐释文学感性经验的能力，唯抽象理论马首是瞻，往往会在文学阐释中臆造或者借用理论，坚持固化的理论立场和主观预设，走向"理论—实践"的反序认识路径和逻辑谬误。

"唯知识论"具有悠久的历史传统和强大的影响力。在西方文论的轴心时代，柏拉图用臆造的"理式"指斥文学和艺术的虚假本质，以理性和秩序为由驱逐诗人。他坚持只从理性和实用的角度阐释文学和艺术的功用。他甚至用真理给文学下死刑判决："从荷马起，一切诗人都只是模仿者，无论是模仿德行，或是模仿他们所写的一切题材，都只得到影像，并不曾抓住真理。"③ 在西方文论的古典时代，黑格尔认为自在自为、自我实现的"绝对理念"是世界的本源和核心，艺术只不过是"绝对理念"运行的感性载体和某个阶段。当人类艺术发展到浪漫艺术阶段，艺术本身都将终结，必将让位于宗教和哲学。在现代和后现代文论中，"唯知识论"随着理论的大爆炸而威力大显。20世纪以来，自然科学和社会科学新方法不断涌现，跨学科边缘化研究盛行，这就刺激喜新厌旧的西方文论界吸收新鲜的场外理论用于文学阐释。比如，本来物理学中"熵"是一个可以用函数

---

① ［法］罗兰·巴特：《文之悦》，屠友祥译，上海人民出版社2002年版，第90页。
② 同上。
③ ［希腊］柏拉图：《文艺对话集》，朱光潜译，《朱光潜全集》，第12卷，安徽教育出版社1991年版，第68页。

和模型量化的概念,而文学经验显然不可能精确地定量分析。不过,这并不能阻碍生态批评学者鲁克尔特相信文学的创作和接受活动是一种促成生态圈由不稳定的"熵"向稳定"负熵"状态实现能量传输的过程。以上例证都是"唯知识论"对文学总体阐释的影响。在20世纪西方具体的作家作品批评中,那种"唯知识论"视域下理论先行、立场预设的单向度文学阐释也俯拾皆是。比如,马克思主义文论走向庸俗社会学批评,许多阐释者就会将经济基础和阶级矛盾视为人物行为和情节发展的唯一根源;精神分析批评走向泛性论,众多批评家眼中文学作品里所有突起物都是男性阳具的象征物,父子矛盾往往被解读为"阉割焦虑";女性主义批评的话语体系中,除了穆勒、马克思等少数几个思想家以外,几乎所有会写作的男性经典作家都有父权制帮凶的嫌疑,而凡是女性作家都可以套上"女性意识觉醒""社会性别角色"等时髦概念。这种切割尸体一般的批评在20世纪西方学界十分流行。美国批评家桑塔格对此痛切地指出:"卡夫卡的作品一直经受着不下于三拨的阐释者的大规模劫掠。那些把卡夫卡的作品当作社会寓言来读的批评家从中发现了卡夫卡对现代官僚体制的层层阻挠、疯狂及其最终沦为极权国家的案例研究。那些把卡夫卡的作品当作心理分析寓言来读的批评家从中发现了卡夫卡对父亲的恐惧、他的阉割焦虑、他对自己性无能的感觉以及对梦的沉湎的种种绝望的显露。那些把卡夫卡的作品当作宗教寓言来读的批评家则解释说,《城堡》中的K试图获得天国的恩宠,而《审判》中的约瑟夫·K经受着上帝严厉而神秘的法庭的审判……"①

分析以上典型例子,我们发现:

1. 西方文论中强大悠久的"唯知识论"传统使得文学阐释者习惯性地依赖抽象思维,无论是总体阐释还是具体文本阐释之前,阐释者其实早已经抱定由"可靠"知识和理性话语构建的理论立场,这就容易形成强制阐释。

比如,柏拉图的"理式"和黑格尔的"绝对理念"来自抽象的哲学思考;庸俗社会学批评的"阶级矛盾"和女性主义批评的"社

---

① [美]桑塔格:《反对阐释》,程巍译,上海译文出版社2003年版,第10页。

会性别角色"来自政治学和社会学研究;精神分析的"阉割焦虑"来自心理学研究;鲁克尔特的"熵"则借用了物理学知识。这些概念范畴就其知识谱系来说都与真实的文学审美经验关系疏远,如果要用于文学阐释,都需要经过文学批评实践中的严格辨析和反复怀疑。遗憾的是,"唯知识论"思维传统对人类抽象思维能力的自负让文学阐释者相信所谓"可靠"知识和理性话语。他们笃信没有理论不能言说的领域,没有不能穷究的文学意义和内容。即便在后现代语境中,阐释者也很少怀疑自己用清晰系统的知识表述文学世界的能力(不是完全没有,比如罗兰·巴特、桑塔格就用片段式批评语体表达了他们对"唯知识论"文学阐释思维的嘲弄)。这样,众多文学阐释者理所当然地将自己掌握的知识视为不证自明的阐释利器,裁剪文学。这种惯用心理和思维定式逐渐固化阐释者的理论立场,强化他的主观预设,使其浑然不觉地走向强制阐释。比如,黑格尔用"绝对理念"的理论体系贸然裁定"艺术(文学)让位于宗教和哲学";精神分析批评家生搬硬套,拼命在文学文本中寻找性器官的象征物,全然不理会文学文本的原初语境和整体意义。"唯知识论"影响下的强制阐释经常出现逻辑谬误:比如,黑格尔用空洞的"绝对理念"演绎了艺术的终结,但是他又高度肯定小说在内的现代艺术还将大行其道。这是明显的自相矛盾。正是黑格尔来自"唯知识论"的唯心体系和基于艺术史实际的辩证法之间的根本矛盾造成了这一矛盾。我们认为,最强调逻辑严密的文学理论家们出现这些逻辑谬误是其"唯知识论"思维弊病的表征。

2. "唯知识论"造成的非文学的阐释和反序认识路径催生了强制阐释。

"唯知识论"坚持理论先行和知识可靠,自然引导文学阐释者从抽象理论出发去观察文学实践。更重要的是,西方的文学研究具有学院化倾向,很多研究者和阐释者本人并不是文学家或者艺术家,他们囿于高级文化的傲慢和金字塔体系的局限,与真实的创作圈层存在一定程度的隔膜。西方大学那些受过严格哲学训练的教授和专家把握文学文本时,理论判断和知识驾驭的野心往往掩盖鲜活真实的文本经验。他们的文学阐释将文学文本混同于经济基础的副产品、意识形态的派生物、无意识心理的象征物、身体政治的符号等非文学的等价物,唯独不将文学文本视为审美经验和感觉结构,抛弃文学内在特性。这样"唯知识论"就造成非文学的阐释或者反文学的阐释。比如,生态批评家鲁克尔特的"熵"是场外征用的自然科学概念,也许很新颖。如果像威廉·加迪斯和托马斯·品钦等作家作品中本身确实包含"熵"的隐喻和主题,那么以"熵"为批评术语是合适的。①与之相反,批评家未对"熵"谨慎辨析,也没有将其与变化万千的文学经验和文化语境磨合,在文学阐释中的"熵"就可能背离物理学术语"熵"的量化或者定性标准而变得飘忽不定。目前,在国内外的生态批评实践中"熵"有被滥用的危险,它可以代指混乱、无序、绝望、荒谬等情境,可以指称坍塌、异化、污染、死亡等现实,"熵"到底指什么?似是而非,"熵"可能沦为一个万金油式的却又"非文学"的批评术语。我们认为,文学阐释者当然可以借用场外理论的概念,但是这些概念应"自我否定",首先和文学感性经验结合为一体,在特定文化语境和文本实践中去磨合、辨析,伴随文学感性经验上升为文学理性认知。这些概念经过否定之否定的淘洗之后才可能成为真正的文学理论,然后再放到文学批评实践中去检验。非文学的阐释则减省这个过程,直接用各式理论拆解文本,走的是单向度的"理论—实践"反序认识路径。美国批评家桑塔格之所以离经叛道,大声疾呼"反对阐释",正是批判这种来自金字塔顶端的充满傲慢和物化的阐释模式。

(二)"唯知识论"过分强化文学接受阐释活动中感性鉴赏和理性批评的区隔,引导研究者漠视对文学审美经验的深刻把握,贬低文学审美经验的真实性。文学研究者用理性分割和拆解文本,这就使文学阐释容易背离文本话语和文学史事实,消解文学指征,掩盖文本和作者的原初文化语境,滑向"强制阐释"。

"唯知识论"批评思维故意拔高理性批评的仲裁者地位,贬低感性鉴赏的基础性作用,强化感性鉴赏和理性批评的区隔,忽视两者之间天然的统一性。理论家的知识崇拜和批评家的理论自负圈禁他们自

---

① 详见蔡春露《威廉·加迪斯小说中熵的文学隐喻》,《外国文学》2011 年第 3 期。

身的文学感受力，助长了凌空虚蹈和理论自赎的风气。

"唯知识论"对文学审美经验的真实性抱有根深蒂固的怀疑和蔑视。因此西方学界大肆渲染文学理论和批评话语可以独立于文学经验之外。文学阐释者秉承"唯知识论"的"意志"，笃信可靠知识和理性话语，对感性鉴赏和文学审美经验一味贬低，造成文学阐释者对文学文本、文学史事实的隔膜，不重视文本阅读体验，迁就前在的预设理论。随着批评学院化和理论话语的恶性增殖，理性批评很容易越出自身界限大肆扩张。在实际的文学阐释中，学者们力图将鲜活的文本话语和文学史拆解为僵死的知识体系，将不透明的文学指征转换为透明的逻辑范式，将自身的阅读体验拧合为明晰可验证的意义标签。这种阐释结果可能与文学的价值内核和和文本原初语境渐行渐远，造成"强制阐释"。

我们检视20世纪纷繁复杂的理论景观，发现众多的理论流派和批评家受到"唯知识论"影响，它们在文学阐释中或多或少地表现出一些通病：

其一，受"唯知识论"影响从哲学思想和方法论原则出发构建文学理论，重视理性批评轻视感觉经验；

其二，忽视人类的文学审美经验具有多元性、历史流变性、个体差异性和不可通约性；

其三，这些理论用于文学批评和文学史研究时龃龉众多，总体上有强制阐释的嫌疑。

我们试结合两个案例分析这种通病：

1. 接受美学以重视读者文学阅读审美经验著称，可是，这派理论仍然受到"唯知识论"影响，出现文学阐释的失误。接受美学家姚斯征用自然科学中使用的"期待视域"概念，在文学研究中首次提出"期待视域"这一批评术语。姚斯认为文学接受史就是期待视域在新旧交替更迭中不断客观化的历史。他还将期待视域划分个人期待视域和公共期待视域，并认为后者是文学史研究的重心。姚斯主要通过征用场外理论构想了"期待视域"和"公共期待视域"等概念，从"个人具有××期待视域"这一单称判断到"群体或者时代具有××公共期待视域"这一全称判断，他没有使用大范围归纳，也就是没大范围地考察文学史事实和各民族文学审美经验，率尔操觚，断言"公共期待视域"的真实性。这种无边界推广和不充分归纳就是一种逻辑失误。后来，围绕"公共期待视域"的实际操作性和真实性，东德和西德学者就已经提出众多质疑。① 姚斯忙于回击质疑，但最大尴尬是他本人也难以将"公共期待视域"成功运用于文学研究和阐释。"姚斯本人曾致力于研究19世纪50年代左右英国社会的公共期待视域，但成果并不令人满意。"② 姚斯的失败证明，轻视感觉经验而闭门造车，任何理论概念和理性批评范式都可能面临无效阐释的危机。

2. 姚斯的"唯知识论"失误大体还在传统意义上的文学阐释范围内，可是，20世纪以来"唯知识论"思维影响下的文学理论已经出现明显的泛文化阐释倾向。在这种阐释中贬低文学审美经验和强制阐释往往大行其道。比如，后殖民主义批评家萨义德长期研究波兰裔英国作家康拉德。他认为"康拉德的作品中看出他对时代帝国主义意识形态的既批判又再现"。萨义德将"帝国主义意识形态"作为解读康拉德作品的唯一钥匙。他认为康拉德"《黑暗的心》具有强大的力量，可以说，它从政治和美学的角度来看，都是帝国主义式的。这在19世纪的政治，美学甚至认识论上已都是不可避免的"。③ 萨义德对另一部作品《诺斯特洛莫》中康拉德的立场，下了一个断然的判决："康拉德既是反帝国主义者，又是帝国主义者。"④

我们以为，萨义德的康拉德研究存在两个弊端：一是萨义德的"唯知识论"思维使他抱有太明显的理论意图，他过度使用"帝国主义"这个理性批评标签。"帝国主义"本身就是一个含混不清的概念，赛义德却信心十足地把康拉德作品全都打上帝国主义和反帝国主义的标签，拼命挖掘文本抽象意义，这就可能掩盖康拉德小说原本复

---

① 详见刘小枫选编《接受美学译文集》，生活·读书·新知三联书店1989年版，第103—116、130—131页。
② 朱立元主编：《当代西方文艺理论》，华东师范大学出版社1997年版，第290页。
③ ［美］萨义德：《文化与帝国主义》，李琨译，生活·读书·新知三联书店2003年版，第30页。
④ 同上书，第11页。

杂多元的文本内涵，误导读者相信康拉德作品只是"帝国主义意识形态"的文学象征。英国批评家科克斯曾指出这种阐释的危险："如果我们一定要为库尔茨（《黑暗的心》的主人公——笔者注）……的行为提出结论性的解释，那我们便只会损害康拉德作品的复杂的深意和他有意安排的含混结局。"① 试想，康拉德作品《诺斯特洛莫》和《黑暗的心》中除了萨义德所讲的无处不在的"帝国主义意识形态"，难道就不能表现人性的忠诚、坚强，人类身处绝境的孤寂感和抗击困厄的忍耐精神，人类命运的不确定性和自然毁灭力量的不可捉摸性？

二是萨义德以仲裁者的身份下达简单干脆的道德判决：康拉德进步又反动；还下达了政治图解：包括康拉德的小说主题和作家思想在内，19世纪的西方世界观就是"帝国主义意识形态"。我们认为，萨义德的文学阐释一定程度上遮蔽了康拉德作品的审美经验，偏离文学文本原生话语，消解了丰富的文学指征，以理性批评的政治和道德教条去曲解文学。最后文学阐释极有可能变成名义上言说文学，骨子里却游离于文学之外言说政治和道德，这是一种典型的泛文化批评。

三

那么，中国当下的文学阐释和文学批评如何避免"唯知识论"的影响，不走"强制阐释"的歧途？

针对西方文论的种种危机和中国文论的重建，中国学界张江先生提出"本体阐释"以救"强制阐释"之弊（前文已述）。孙绍振先生也提出"建构文学文本解读学"的设想。②

"他山之石，可以攻玉"，西方文论界其实也在反思、批评自身的阐释模式。美国批评家桑塔格以怀疑智慧批判西方文论界重理性批评轻感觉经验的痼疾，厘清了"唯知识论"的某些迷误。20世纪60年

---

① ［英］科克斯：《约瑟夫·康拉德》，转引自［英］康拉德《黑暗深处》（又译为《黑暗的心》），黄雨石译，百花文艺出版社1984年版，序言第5页。
② 详见孙绍振《建构文学文本解读学》（《文艺报》2013年9月6日）和孙绍振《文论危机与文学文本的有效解读》（《中国社会科学》2012年第5期）。

唯知识论和强制阐释

代的美国文学批评界希望将一切文学感觉经验都"纳入既定的意义系统"。在这种风潮下阐释者将卡夫卡、普鲁斯特等经典作家作品统统搬上理性手术台——解剖,全然不顾读者真实的阅读体验和文本自身审美内涵。桑塔格批评说:"当今时代,阐释行为大体上是反动的和僵化的。像汽车和重工业的废气污染城市空气一样,艺术阐释的散发物也在毒害我们的感受力。就一种业已陷入以丧失活力和感觉力为代价的智力过度膨胀的古老困境中的文化而言,阐释是智力对艺术的报复。"①"唯知识论"影响下的理性批评不加限制地蔓延,阐释智力膨胀,强制阐释横行,严重结果是"我们感性体验中的那种敏锐感正在逐步丧失"。②桑塔格提出救弊良方:一方面,纠正感性鉴赏和理性批评错乱的秩序,为感觉经验正名,批评家应该以感觉经验作为文学阐释的基础。她大力提倡一种饱含时代精神气息的"新感受力"。"要确立批评家的任务,必须根据我们自身的感觉、我们自身的感知力(而不是另一个时代的感觉和感知力)的状况。"③另一方面,明确文学阐释的根本目的是让接受者更好地分享文学的感觉结构和独特经验,而不是获得知识和意义。她说:"现今所有艺术评论的目标,是应该使艺术作品——以及,依此类推,我们自身的体验——对我们来说更真实,而不是更不真实。批评的功能应该是显示它如何是这样,甚至是它本来就是这样,而不是显示它意味着什么。"④

我们认为,以上中外学者关于文学阐释的思考无一例外地指向"回归和重视文学文本经验"。"唯知识论"之所以造成西方文论强制阐释的模式,关键点是过分推崇抽象理论和理性批评,相信理性知识和形式逻辑范式具有无限的阐释效力,忽视感性鉴赏和文学审美经验的基础性地位。"唯知识论"阐释思维以理论压制经验,以理性肢解感性,这样就容易造成征用理论、主观预设、反序认识、背离文本和文学史、掩盖原生话语等"强制阐释"的系列症候。"强制阐释"不

---

① [美]桑塔格:《反对阐释》,程巍译,上海译文出版社2003年版,第9页。
② 同上书,第16页。
③ 同上。
④ 同上书,第17页。

光在西方文学阐释和批评中盛行，随着西方文论的"强势东渐"，它在中国文学理论和批评界也生根发芽。为了中国文学理论和批评的健康发展，我们呼吁理论界"回归文本，回归文学感性体验，回归文学感受力"。我们在文学阐释中应该调整理论和经验失衡的天平，克制滥用理论的倾向和回归文学文本经验，恢复从感性到理性，从实践到理论的正确认识路径。在具体的文学阐释活动中，阐释者应该以文学的真实审美经验为基础，以阐释者鲜活的文学感受力为直接手段，将感性鉴赏和理性批评融为一体，对两者不妄分轩轾，不固化区隔。同时，阐释者要培育自己独特的文学直觉智慧，以便还原文本和作者的历史语境，细读文本多层次的意蕴内涵。理论家应该反思长期以来我们对理性、知识以及自身思辨思维的自负心态，改变只用形式逻辑范式和论文格式"言说"一切文学文本的思维定式，容许隐喻式、片段化、对话体等多元性文学批评语体存在。因为，就丰富的文学存在样态而言，阐释者有时可用系统清晰的话语"言说"，有时则只适合用模糊含混的话语来暗示，有时则最好保持沉默。

强制阐释与跨文化阐释^{*}

李庆本^{**}

一 什么是强制阐释?

按照张江教授的说法,强制阐释是指,"背离文本话语、消解文学指证,以前在立场和模式,对文本和文学作符合论者主观意图和结论的阐释"①。其基本特征有四:场外征用,主观预设,非逻辑证明,混乱的认识途径。他的"强制阐释"主要是用来辨识西方现代文论。我发现,"强制阐释"不仅存在于西方现代文论,在中国传统文论中也存在,所以这一现象有极大的普遍性:

《论语》:"子夏问曰:'巧笑倩兮,美目盼兮,素以为绚兮',何谓也?"子曰:"绘事后素。"曰:"礼后乎?"子曰:"起予者商也! 始可与言诗已矣!"②

这段对话是对《诗经》的解释,从中可以看出孔子解释《诗经》的基本理念和策略。在这段孔子与其弟子子夏的对话中,对话双方都能够准确地理解对方,达成了卓有成效的一致性。但后人对于"绘事

---

* 本文为教育部哲学社会科学研究重大课题攻关项目(13JZD032)阶段成果,原刊于《社会科学辑刊》2017 年第 4 期。

** 作者单位:杭州师范大学艺术教育研究院。

① 张江:《强制阐释论》,《文学评论》2014 年第 6 期。

② 杨伯峻:《论语译注》,中华书局 1980 年版,第 25 页。

后素",究竟是先素而后绘,还是绘之后而素,历来却有不同的看法。郑玄的解释是:"绘,画文也。凡绘画,先布众色,然后以素分布其间,已成其文。喻美女虽有倩盼美质,亦须礼以成之。"① 在这里,"素"被看成是动词,是指先有众色,然后在众色之上施白颜色,分布其间。朱熹的《论语集注》的解释刚好相反:"后素,后于素也。《考工记》曰:'绘画之事后素功。'谓先以粉地为质,而后施五采,犹人有美质,然后可加文饰。"② 在这里,"素"是名词,指的是白色底子,是说先素而后绘。近人杨伯峻先生的《论语译注》采用朱熹的解释,将"绘事后素"看成是"绘事后于素";"绘事后素"的意思,就是"先有白色底子,然后画花"③。

那么,为什么对于《论语》中同样的一段话,郑玄与朱熹的解释如此不同呢?我认为这主要是由于他们的"主观预设"不同所造成的。郑玄遵循荀子的"性恶"论,认为人性并不是完美的,是需要经过"礼"的规范的,所以他才主张"绘之后而素";朱熹遵循孟子的"性善"论,认为人性是善的,是有着洁白无瑕的底子的,正像一张白纸,可以画最美的图画,故而他主张"先素而后绘"。可见,正是因为他们有不同的"主观预设",才会得出不同的结论。

而如果我们从美学的角度来看,则会另有不同的看法。《论语》的这段话主要是讲素与绚的关系以及与礼的联系,美女的"巧笑倩兮,美目盼兮",都是发自自然的内质,而并不是着意的雕饰,所以她们的美是自然的美,是一种天然去雕饰的美,因此才可以说是"素以为绚兮"。虽然是"绚",却又是"素绚",是"绚"复归于"素"。这正像绘画一样,绘画要先用各种色彩,但画成后不应该让人觉得太刺目,而应该仍给人一种素朴的感觉,这样的画作才是上品。这也正像"礼"一样,孔子强调的礼,也并不是要求繁文缛节,而是一种朴素而恰当的礼节。《论语·八佾》中还有这样一段话:"林放问礼之本。子曰:'大哉问!礼,与其奢也,宁俭;丧,与其

---

① 刘宝楠:《论语正义》,《诸子集成》第1册,上海书店1986年版,第48—49页。
② (宋)朱熹:《论语集注》,《四书五经》上,宋元人注,中国书店1985年版,第10页。
③ 杨伯峻:《论语译注》,中华书局1980年版,第25页。

易也，宁戚。'"① 礼的根本不是铺张浪费，不是仪文周到，而是要做到朴素俭约，做到内心真诚。因此，在我看来，"绘事后素"的"素"应该是形容词，是"朴素简约"的意思。"礼后"，是"以素喻礼"，是"礼"复归于"素"，这应该是"礼后"的确切含义。如果说"礼后"有省略，那也是乘前省略了"素"，而不是像杨伯峻先生所说的省略了"仁"。

从《论语》谈"绘事后素"的这段话中，我们可以看出，《论语》解释《诗经》，是先言诗进而言画，进而言礼，诗画合一，礼在其中。这样的言说方式，这样的论证套路，如果按照"强制阐释"的标准来看，明显是"场外征用"。正如同"伽达默尔是为了构建他的哲学解释学而转向文学的，其目的是用文学丰富和扩大哲学，用艺术解释证明哲学解释"②，孔子在这里也是为了说明他的伦理主张而转向文学的，是用文学丰富和扩大伦理学，用艺术解释证明伦理学解释。

《论语》中还有一段讨论《诗经》解释问题的话，可以反映出儒学从自己"主观预设"的立场对《诗经》进行"强制阐释"的固有倾向：

> 子贡曰："贫而无谄，富而无骄。何如？"子曰："可也；未若贫而乐，富而好礼者也。"子贡曰："诗云：'如切如磋，如琢如磨'，其斯之谓与？"子曰："赐也，始可与言诗已矣。告诸往而知来者。"③

"如切如磋，如琢如磨"出自《诗经·卫风·淇奥》："瞻彼淇奥，绿竹猗猗。有匪君子，如切如磋，如琢如磨，瑟兮僩兮，赫兮咺兮。有匪君子，终不可谖兮。"《论语》对这首诗的解释显然不是纯文学的立场，明显是从自己的伦理立场即道德修养的角度去进行解释的，因而也可以看成是"强制阐释"。

---

① 杨伯峻：《论语译注》，中华书局1980年版，第24页。
② 张江：《强制阐释论》，《文学评论》2014年第6期。
③ 杨伯峻：《论语译注》，中华书局1980年版，第9页。

那么,"如切如磋,如琢如磨"跟道德修养到底有什么关系呢?或者说,从主观预设的伦理立场来解读《诗经》是否可行呢?《论语集注》中讲:"治骨角者,既切之而复磋之;治玉者,既琢之而复磨之;治之已精,而益求其精也。"① 可见,从"贫而无谄,富而无骄"到"贫而乐,富而好礼",这是一个人道德修养精益求精的过程,恰如治玉者,先琢后磨,精益求精。这明显是一种隐喻。子贡是孔门弟子中擅长言语的学生,《论语·先进》:"德行:颜渊,闵子骞,冉伯牛,仲弓。言语:宰我,子贡。政事:冉有,季路。文学:子游,子夏。"② 子贡从孔子讨论道德修养精进的话中突然引入《诗经》中的一段话,虽然一则是谈伦理,一则是谈文学,却恰如其分,天衣无缝,引得孔子大加赞赏,认为善言语的子贡与善文献的子夏一样,都是"可与言诗"的对象,都能够举一反三,"告诸往而知来者"。如果按照强制阐释的定义来看,子贡解释《诗经》也可算作是"强制阐释"的高手。

这里需要补充说明一点的是,在孔子时代,文学与伦理是没有区分的,孔门四学中的"文学"一门,含义非常广泛,可以泛指一切文献,与今天的"文学"概念有非常大的区别。在孔子那里,本无所谓文学的"内外",因而,"场外征用"也自然就顺理成章了。如《毛诗正义》:"关雎,后妃之德也,风之始也,所以风天下而正夫妇也。故用之乡人焉,用之邦国焉。"这样的释经,在中国传统儒学中可谓俯拾皆是,本用不着大惊小怪的。

关键的问题在于我们应该如何看待这种"强制阐释"。我觉得我们可以把"强制阐释"也分为两种:一种是"外在的强制阐释",一种是"内在的强制阐释"。如果对文学文本的阐释是基于外在压力或是政治强权而进行的阐释,可以看成是"外在的强制阐释"。如清代"文字狱"时期,将"清风不识字,何必乱翻书"解读为反对清朝廷,便是典型的外在的强制阐释。而如果对文学文本的阐释是基于阐释者自己的主观立场或"前理解"而做出的,则可以看成是"内在

---

① (宋)朱熹:《论语集注》,《四书五经》上,宋元人注,中国书店1985年版,第4页。
② 杨伯峻:《论语译注》,中华书局1980年版,第110页。

的强制阐释",这样的强制阐释是普遍存在的,是阐释的常态,不该受到过度的苛责。

按照西方现代阐释学的观念,所有的阐释者都是在时间状态内的存在,他(或她)对文本的阐释一定是基于自己的前理解而进行的,这样就不可避免地发生不同的阐释者之间理解的差异,所谓"一千个读者有一千个哈姆雷特",就是这个道理。

既然"强制阐释"是阐释的常态,是否意味着"强制阐释"是一个伪命题?换句话说,"强制阐释"是否有一个界限?如果"强制阐释"是无界限的,那么,这个概念就无法成立。这就涉及本文所谈的第二个问题:跨文化阐释。

二 什么是跨文化阐释?

跨文化阐释类似"倩女离魂",就是暂时放弃自己的文化立场,设身处地地考虑对方的文化处境、理论场域,利用对方的"前理解",用对方的语言或用对方听得懂的语言来阐述、解释自己的思想意图,从而达到沟通理解的目的。

跨文化阐释一个明显的例子就是周恩来总理在1956年日内瓦会议期间,用"中国的《罗密欧与朱丽叶》"向外国友人介绍《梁山伯与祝英台》。这样的解释利用对方都熟悉《罗密欧与朱丽叶》的前理解来解说,显然可以很容易被对方所理解,从而达到了相互沟通、宣传自己的目的。

跨文化阐释是跨文化阐释学(Intercultural Hermenuetics)的研究对象。国外研究者认为:"跨文化阐释学可以简单地定义为不同文化之间解释的理论与实践。这样,跨文化阐释学关注不同文化之间与内部解释与理解的不同模式。"[①] 跨文化阐释学虽然是新兴学问,但跨文化阐释现象却古已有之。中国古籍记载的跨文化阐释现象,可追溯到《史记·大宛列传》:

---

① Ming Xie, eds., *The Agon of Interpretations*: *Towards a Critical Hermeneutics*, Toronto: University of Toronto Press, 2014, p. 3.

第二编　理论价值研究

　　条枝在安息西数千里，临西海，暑湿。耕田，田稻。有大鸟，卵如瓮。人众甚多，往往有小君长，而安息役属之，以为外国。国善眩。安息长老传闻条枝有弱水、西王母，而未尝见。①

　　条枝在今天的叙利亚、伊拉克一带，安息为伊朗古称。这段话是说，条枝在安息以西数千里，临近西海（地中海），气候湿热，以耕种稻子为生，人口众多，受到安息的统治，这里的人们善于魔术。安息的长老们听说条枝有弱水、西王母，而没有见到。这里的关键问题是：如何理解"条枝有弱水、西王母"？其"索隐"中说：

　　《魏略》云："弱水在大秦西。"《玄中记》云："天下之弱者，有昆仑之弱水，鸿毛不能载也。"《山海经》云："玉山，西王母所居。"《穆天子传》云："天子觞西王母瑶池之上。"《括地图》云："昆仑弱水非乘龙不至。有三足神鸟焉，为王母取食。"②

　　可见古书中有关弱水、西王母的言说众说纷纭，莫衷一是。同一个弱水、西王母却出现在三个地方：一是中国西北疆域昆仑山一带；二是叙利亚、伊拉克一带；三是古罗马西部临近大西洋一带。"正义"发现了这个问题，却无法解答：

　　此弱水、西王母既是安息长老传闻而未尝见，《后汉书》云桓帝时大秦王安敦遣使自日南徼外来献，或云其国西有弱水、流沙，近西王母处，几于日所入也。然先儒多引《大荒西经》云弱水云有两源，俱出女国北阿耨达山，南流会于女国东，去国一里，深丈余，阔六十步，非毛舟不可济，南流于海。阿耨达山即昆仑山也，与大荒西经合矣。然大秦国在西海中岛上，从安息西

---

①　（西汉）司马迁：《史记·大宛列传》第 10 册，中华书局 1959 年版，第 3164 页。
②　同上。

界过海，好风用三月乃到，弱水又在其国之西。昆仑山弱水流在女国北，出昆仑山南。女国在于窴国南二千七百里。于窴去京凡九千六百七十里。计大秦与大昆仑山相去几四五万里，非所论及，而前贤误矣。此皆据汉括地论之，犹恐未审，然弱水二所说皆有也。①

《史记》记载弱水、西王母在安息以西的条枝一带，即今天伊朗以西的伊拉克、叙利亚一带。而《后汉书》却又说是在古罗马国西部，《后汉书》中所说的大秦王安敦即马可·奥勒留·安东尼·奥古斯都（Marcus Aurelius Antonius Augustus 121—180），是中国读者所熟悉的《沉思录》的作者。那么，本来属于中国的弱水、西王母为什么会到了四五万里以西的大秦了呢？如果我们用跨文化阐释学的原理来加以解释，其实并不难理解。所谓《史记》中的"安息长老传闻条枝有弱水、西王母"以及《后汉书》中所记载的"云其国西有弱水、流沙，近西王母出"，无非是说条枝、古罗马也有类似中国的弱水、西王母，这里的弱水、西王母在条枝和古罗马很可能是另外的一条河或是一位女王，也有说是指伊拉克的幼发拉底河和《圣经》中的示巴女王，却绝非是中国的弱水、西王母。如果我们认为中国的西王母真的出现在条枝和古罗马一带，那真的就是"尽信书，不如无书"了。可见，《史记》中所说的"安息长老传闻条枝有弱水、西王母"，其实就是一种跨文化阐释，这是再明显不过了。以跨文化阐释学的原理解读这段话，可为这一古代疑案找到一个合理的答案。

近代以来，随着中外文化交往的日益密切，"以外来之观念与固有之材料相互参证"②的跨文化阐释日益成为中国现代文学研究与批评的一个重要模式。如王国维的《红楼梦评论》《人间词话》等，就是跨文化阐释的典范之作。不少研究者对《红楼梦评论》颇多不满，认为王国维用叔本华的悲剧理论来解释中国的《红楼梦》是对中国

---

① （西汉）司马迁：《史记·大宛列传》第10册，中华书局1959年版，第3164页。
② 陈寅恪：《王静安先生遗书序》，载《王国维遗书》一，上海古籍书店1983年版，第2页。

文学经典的亵渎与消解。我觉得这种看法大可不必。我们之所以有这种认识，最主要的原因在于我们仍然拘泥于中西二元对立的思维模式之中，似乎中西文化是决然对立的，只要我们一关注外来的西方文化，就必然被认为是对中国固有文化的忽视，反之亦然。

"中"与"西"，本来表示的是空间，却常常与"古"与"今"这样的时间词叠加在一起，形成了"中"即传统、"西"即现代的刻板印象。无论是"中体西用"还是"西体中用"，无论是"全盘西化"还是"回归传统"，无论是"中西冲突"还是"中西结合"，所有的这些争论已经持续了100多年，所有可能出现的观点基本已经穷尽，尽管观点有可能相左，但无疑都出自同样"主观预设"的中西二元论模式。

要打破中西二元论模式，首要的就是要解除古今时间维度对中西空间维度的绑架，复原其原初的空间含义。通俗地讲，要把"中"与"西"看成是空间上并列的，而不是时间上先后的。王国维曾说："学，无新旧也，无中西也，无有用无用也。凡立此名者，均不学之徒，即学焉而未知学者也。"① 他还说："余谓中西二学，盛则俱盛，衰则俱衰，风气既开，互相推助。且居今日之世，讲今日之学，未有西学不兴，而中学能兴者；亦未有中学不兴，而西学能兴者。"② 可见，在王国维那里，中学与西学是一种空间上并列的关系，而不是时间上新与旧的关系。

用外来的理论和观念来解释我们自己的文学作品，最关键的是要看这种解释是否有利于加深和丰富对文学作品的理解。如果不利于理解和阐释文学作品，即使是采用本民族的理论也是不可取的；如果能够加深和丰富对文学作品的理解，即使是外来的理论也不应该拒绝。所以，我们不能因为王国维采用了西方的理论来解读中国的文学作品就一概否认跨文化阐释的价值。相反，我们今天恰恰要发掘中国近现代以来这样的跨文化阐释的学术资源，来为今天我们向西方介绍、传

---

① 王国维：《〈国学丛刊〉序》，载姚淦铭、王燕主编《王国维文集》第4卷，中国文史出版社1997年版，第365页。
② 同上书，第367页。

播我们本民族的文化服务。因为文化传播要成功，首先是要让对方理解。那些采用了西方理论解释中国文学作品的学术资源，恰好可以方便西方读者的理解，恰好可以为中国文化走出去服务，恰好可以更有效地光大中国文化。

三　跨文化阐释何以可能？

那么，用外来的理论和观念解释本民族的文学作品，是否可行呢？其理论依据何在呢？或者说，跨文化阐释何以可能？这个问题并不是不言自明的，从古至今一直存在着争议。《庄子·秋水》曰：

> 庄子与惠子游于濠梁之上。庄子曰："儵鱼出游从容，是鱼之乐也？"惠子曰："子非鱼，安知鱼之乐？"庄子曰："子非我，安知我不知鱼之乐？"惠子曰："我非子，固不知子矣；子固非鱼也，子之不知鱼之乐，全矣。"庄子曰："请循其本。子曰'汝安知鱼乐'云者，既已知吾知之而问我。我知之濠上也。"①

庄子认为，不同的个体之间，甚至人与动物之间，都是可以互相理解的；但在惠子看来，不同的个体之间存在着不可跨越的鸿沟和界限。在西方也有类似的问题。1981年伽达默尔与德里达就曾争论过理解的可能性这一问题。在伽达默尔看来，"理解的能力是我们人的一个基本素质，它承担着我们人与他人的共同生活，特别是它通过拥有语言和共同会话起着作用"②。因此人与人之间的理解是必然的。人只要加入对话，为的就是理解和被理解，这是人的善良意志。只要你与我坐在了一起，对我提出了问题，与我进行了对话，就意味着你已经服从了求理解的善良意志。此所谓"子曰'汝安知鱼乐'云者，

---

① 郭庆藩：《庄子集释》，《诸子集成》第3册，上海书店1986年版，第267—268、480页。
② ［德］伽达默尔、［法］德里达：《德法之争：伽达默尔与德里达的对话》，孙周兴、孙善春译，同济大学出版社2004年版，第3页。

既已知吾知之而问我"。

而在德里达看来，当谈论"善良意志"的时候，就预设了一个形而上学的前提。这个前提在伽达默尔那里是无条件的、绝对的、最终的规定性，它能保证在对话中达到"和谐一致"或者卓有成效的同意；而在德里达那里，这个形而上学的最终前提是可疑的，是要被解构的，因为在对话中，"善良意志"无法保证达到"和谐一致"或卓有成效的同意，无法保证理解成为一种"连续 展开的关联"，而更多的是一种"关联的断裂"①。

我认为，理解和阐释不仅是认识论问题，也是本体论问题。孔子说："知之为知之，不知为不知，是知也。"② 前面的"知"可以看作是认识论意义上的"知"，而最后的"知"则是伦理意义和本体论意义上的"知"。苏格拉底也曾有类似的表述。他曾说：别人都不知道自己无知，只有他自己知道自己无知，所以他比别人有知。这种知也就是王阳明所说的"良知"："是非之心，不虑而知，不学而能，所谓良知也。良知之在人心，无间于圣愚，天下古今之所同也。"③ 这种良知是心本体，所谓："人皆有是心，心皆具是理，心即理也。"④ 有点类似于康德的绝对命令和韦伯的价值理性。

庄子与惠子争论知不知鱼的快乐的问题，惠子把知看成是认识论问题，区分主体与客体，庄子曾说惠子一派的名家"能胜人之口，不能胜人之心"（《庄子·天下》）。《荀子·非十二子》说惠子："辩而无用，多事而寡功，不可以为治纲纪；然而其持之有故，言之成理，足以欺惑愚众。"⑤ 而庄子的知是本体论问题，不区分主体与客体，而把他与对象的关系看成是主体与主体之间的关系。如果套用海德格尔的话，在庄子的眼中，鱼不是"在者"而是"在"，他与鱼共在，

---

① ［德］伽达默尔、［法］德里达：《德法之争：伽达默尔与德里达的对话》，孙周兴、孙善春译，同济大学出版社2004年版，第43页。
② 杨伯峻：《论语译注》，中华书局1980年版，第19页。
③ （明）王阳明：《传习录》，载《王阳明全集》上，上海古籍出版社1992年版，第79页。
④ （南宋）陆九渊：《陆九渊集》，中华书局1980年版，第149页。
⑤ （清）王先谦：《荀子集解》，《诸子集成》第2册，上海书店1986年版，第59页。

所以他能理解（所谓"我知之濠上"），理解就是对不同"在者"之"在"的理解，也就是对宇宙万物之生命意义的揭示。阐释，尤其是对文学的阐释，不同于实证归纳和抽象演绎，其本义就是对生命意义的直接澄明。

不同的个体之间之所以可以相互理解，是因为存在着一种共同的本体论基础，即共同的生命体认。否认这个共同基础，必然会给阐释学带来灾难。尽管阐释者可以对文本从自己的前理解出发做出自己的解释，但这种解释一定不是任意的。阐释者对文本的阐释有一个限度的问题，不可以是过度的阐释。拧螺丝是螺丝刀的本质，我们虽然也可以用螺丝刀开罐头，却不能像用杯子一样用它来盛液体。文本存在着艾柯所说的"文本意图"（intention of the text），它区别于"作者意图"误会和抵制的情况也时有发生；这就要求我们必"读者意图"[1]，而这个"文本意图"则必须以生命本体的共同基础来加以确认和界定。这个生命本体是超时间性的。伽达默尔和德里达的争论，尽管观点激烈对立，但都否认超时间性，他们在"对一种'绝对精神'或无时间性的自我在场的拒绝以及一种对有限性的确认"[2] 方面是完全一致的。这也就提示我们，过度地强调阐释的时间性维度，如同伽达默尔和德里达那样，必然会给阐释学带来无法解决的理论困境。

跨文化阐释不仅涉及不同个体之间互相理解的问题，更涉及不同文化之间互相理解的问题。在人类交往日益密切的背景下，跨文化阐释应该将西方阐释学传统中的时间维度，转化为阐释的空间维度，重新思考全球范围内不同民族、不同文化之间的关系，寻求跨文化理解的与对话的可能性和途径。在这里，空间维度的介入意味着首先承认不同民族文化的差异性，承认不同民族文化在这个世界上存在的合理性，在此基础上，以一种"多元化的普遍主义"追求和寻找多边对话的共同基础和交流理解的有效途径。尽管这一途径的获得是非常

---

[1] Umberto Eco, Richard Rorty, Jonathan Culer, and Christine Brooke-Rose, *Interpretation and Overinterpretation*, edited by Stefan Colloni, Cambridge: Cambridge University Press, 1992, p. 25.

[2] ［德］伽达默尔、［法］德里达：《德法之争：伽达默尔与德里达的对话》，孙周兴、孙善春译，同济大学出版社 2004 年版，第 167 页。

艰难的，但人类想要在全球危机日趋严重的情况下继续生存下去，就必须放下狭隘的民族中心主义，必须不断寻找跨文化理解和对话的有效途径，以共同面对人类生存的挑战，共同捍卫生命本体的尊严。

对于文学研究和批评而言，我们现在要做的恰恰不能是关门主义，"我们现在要勉力的，第一不要局于一国的文学，嚣然自足，该推扩而参加世界的文学；既要参加世界的文学，入手方法，先要去隔膜，免误会。要去隔膜，非提倡大规模的翻译不可，不但他们的名作要多译进来。我们的重要作品，也须全译出去。要免误会，非要把我们文学上相传的习惯改革不可，不但成见要破除，连方式都要变换，以求一致"①。换句话讲，要做到跨文化阐释，就要"去隔膜，免误会"，一个方便的办法就是消除中西二元论，把"东学西传"与"西学东渐"作为一个整体来考量。我们不仅要引进，也要输出。不仅要翻译外国的文学作品，也要介绍和翻译我们的文学作品。

目前，中华文化走出去已成为我们的国策。在此过程中，我们也面临诸多困难和挑战，甚至须认真研究中华文化对外传播的规律，必须加强这方面的学理性研究。而跨文化阐释学恰好可以为此提供重要的学术支持。

1896年，严复在《译〈天演论〉自序》中："司马迁曰：'《易》隐而之显，《春秋》推见至隐。'此天下至精之言也。始吾以谓本隐之显者，观象系辞以定吉凶而已；推见指隐者，诛意褒贬而已。及观西人名学，则见其于格物致知之事，有内籀之术焉，有外籀之术焉。内籀者，察其曲而知其全者也，执其微以会其通者也；外籀者，据公理以断众事者也，设定数以逆未然者也。乃推卷起曰：有是哉！是固吾《易》、《春秋》之学也。迁所谓本隐之显者，外籀也；所谓推见至隐者，内籀也。其言若诏之矣。"② 我们怎么向西方人讲授《周易》《春秋》？当然可以按照司马迁的解释，说《周易》的写作方法是"本隐之显"，《春秋》的方法是"推见至隐"，但如果在此基础上，进一步

---

① 胡明主编：《胡适精品集》第6集，光明日报出版社1998年版，第349页。
② 严复：《译〈天演论〉自序》，载谭合成、江山主编《世界档案》，中国档案出版社1995年版，第32—33页。

地说明，所谓"本隐之显"，就是"外籀"（即演绎法），"推见至隐"，就是"内籀"（即归纳法），这样外国学习者会更容易懂。而严复的这种理解，我丝毫看不出它对《周易》和《春秋》的伤害，反而会加深我们对这两部中国元典的理解，更有益于它们在世界的传播。

四　强制阐释与跨文化阐释是何关系？

张江教授提出的强制阐释论在国内外文学理论界受到普遍关注。由此引发的讨论，对于如何评价近百年来的西方文论，辨识其对中国文艺实践的有效性，明确中国文艺理论建设的方向和道路，具有重要价值。确如李春青所说："在近三十年以来的中国文化语境中，西方文论一直处于绝对的强势地位，其'强制阐释'倾向也就显得格外突出，或许正是由于这个原因，张江的批判较之西方学者的反思更加深入而全面，也更加具有现实的针对性。"[①] 但作为一种新理论，自身也不可避免地存在着许多需要进一步完善的地方。

张玉能教授在《西方文论的有效性不应该否定——与张江教授商榷》一文中，对强制阐释论提出质疑与批评。他认为就其主观意愿而言，张江教授提出强制阐释论是为了反对文艺理论研究的全盘西化，提倡从中国文艺的实践出发来建构中国特色的当代文论，但是，由于强制阐释论从总体上否定了西方文论的有效性，在客观效果上势必会产生文化民族主义和形而上学方法的弊病。张玉能认为，"强制阐释"是一种历史的必然，作为一种阐释的文艺理论和文艺批评，必然会有一些非文学的"前理解"在起作用，而按照张江对强制阐释的定义，不仅从古至今的西方文论（包括文学批评）都是"强制阐释"，而且从古至今的中国文论仍然是"强制阐释"。[②]

必须承认，张江并没有完全否认当代西方文论对中国文论的积极

[①] 李春青：《"强制阐释"与理论的"有限合理性"》，《文学评论》2015年第3期。
[②] 张玉能：《西方文论的有效性不应该否定——与张江教授商榷》，《青岛科技大学学报》（社会科学版）2016年第2期。

影响。他的着眼点在于西方文论阐释中国问题的有效性问题。在他看来，西方文化语境下的当代西方文论，与中国文化之间存在的语言差异、伦理差异和审美差异，决定了其理论应用的有限性。张江教授在辨识强制阐释论概念、范畴和具体层面问题的基础上，提出建构中国文论话语体系既不能简单地回归中国古代文论而排斥西方文论和中国当代文学价值，也不能全盘接受西方文论而舍弃中国文论之精华，而要立足民族性，要有自己的理论基点，合理整合中国古代文论资源、中国当代文学现象和西方文论精华。所有这一切看法，都是我所认同的。

但张玉能教授所指出的强制阐释不仅存在于西方文论也存在于中国文论，的确触及到了"强制阐释"的要害之处。这其实提出了一个强制阐释论的边界问题。任何一种概念、范畴和理论，都应该有一个适用的边界。如果将某种概念范畴和理论无限制地扩大，很可能就会扼杀这种理论的生命力。这是强制阐释论本身必须要解决的一个问题。如果不解决这个问题，"强制阐释"就极有可能沦为一个伪命题。

而跨文化阐释恰好可以为"强制阐释"设定一个界限。如果说，"强制阐释"是从自己的立场出发来解释文学文本，而跨文化阐释则要求摆脱自己的先在立场和前理解，站在对方的角度，设身处地地考虑对方的文化处境、理论场域，用对方听得懂的语言来解释本民族的文学文本。如果说强制阐释强调的是阐释的时间性维度，而跨文化阐释则更多地强调阐释的空间性维度。"强制阐释"与跨文化阐释互以对方为前提，是一种互相补充的关系，而不是彼此取代的关系。由于存在着"跨文化阐释"这种现象，才使得"强制阐释"有了一个边界，才可以确保"强制阐释"这一概念的存在价值。

"强制阐释"现象及其批判*
——兼反思百年中国文论现代化道路

刘阳军**

一 "强制阐释"研究：问题与视阈

何谓"强制阐释"（或可译为 coercive interpretation）？此乃晚近学界出现的一个热点术语，系中国社会科学院张江先生在《强制阐释论》一文中率先明确而系统提出，其给出了一个颇具代表性，但尚存一定争议及分歧的描述性定义，即指"背离文本话语，消解文学指征，以前在立场和模式，对文本和文学作符合论者主观意图和结论的阐释"，并总结和阐述了这一现象的四大特征，即"场外征用""主观预设""非逻辑证明"及"混乱的认识路径"[①]。不过在我们看来，若要使这一概念具有更强解释力，这里还须要进行重大补充，即"强制阐释"不应仅限在文学领域与非文学领域之间，仅视为文论史现象，而还应包括古今文论之间，异质、异域文论之间，还应视为一种一般的思维和方法等。事实上正是沿着上述走势和趋向，以"强制阐释"为显要标记的"话语旋风"在文论界骤然刮起，其势之强实乃近年来罕见，至今仍在持续。

---

* 本文为国家社科基金重大项目"西方美育思想史"（项目编号：15ZDB024）的阶段成果，原刊于《文艺评论》2016 年第 5 期。
** 作者单位：复旦大学中文系。
① 张江：《强制阐释论》，《文学评论》2014 年第 6 期。

值得强调的是，这股"话语旋风"以推进中国文论自身的创新、完善，或者说"系统发育"，包括坚定地坚持和建构中国文论之理论自信、制度自信及道路自信，积极而主动控制和掌握中国文论话语权，作为自觉的使命和担当，以对20世纪以降当代西方文论"强制阐释"现象的犀利批判和独到反思为核心，堪称"中国话语介入当代西方文论价值判断的一个有力尝试"①，引起了不少关注、不小震动。譬如，在国内，朱立元、周宪、王宁、张玉能、陆扬等著名学者纷纷加入探讨与争鸣之中，在北京、长春召开了以此为主题的文论会议，《文学评论》《文艺研究》等著名学术刊物纷纷刊载相关讨论成果；在国际上，作为"耶鲁四人帮"之一的著名文学理论家希利斯·米勒参与了讨论，俄罗斯著名文学刊物《十月》刊载了《强制阐释论》全文，并在莫斯科召开了以此为专题的国际文论学术研讨会，如此等等。上述表明，"强制阐释"研究无疑已成为一个具有较强学术影响、较高学术价值及学术意义的文论议题。不过须要进一步注意的是，尽管"强制阐释"研究在学界业已获得不少关注，且在"场外理论的文学化""场外征用的合法性""文学批评的理论模式""文学批评的伦理性"等方面取得了诸多突破和进展，达成了不少共识，但"强制阐释"作为当代西方文论所存在的一个根本的、普遍的、典型的问题或危机现象，当然不只包含目前已有研究所涉及的问题域，必然且应当是极其复杂而深广的，故仍然有值得我们继续思考和探索的可能空间。

关于"强制阐释"研究，其中须要且值得进一步深入探究的一项基础性工作就是对"强制阐释"现象进行"历史化"研究。在这里，这种"历史化"不仅意味着学术史层面的回溯，更意味着"强制阐释"不仅是一种理论活动，同时也应被视为一种可以稳定下来的历史现象，由此而对其进行历史勘探、资料发掘，以及理论、思想诸层面的解析和考究，在此基础上把它变成一种有历史来路、前后传承以及界定清楚的文论思想史现象。一句话，就是要把"强制阐释"研究沉潜入文论学术史、文论思想史之中，使其"厚重""丰满"起来，

---

① 陆扬：《评强制阐释论》，《文艺理论研究》2015年第5期。

"透彻""清晰"起来,而这恰恰又是目前已有研究需要继续加强的地方。在此意义上,我们认为有两点值得进一步强调和反思:第一点,在学术史层面检省"强制阐释"研究。这里需要注意的是,虽然"强制阐释"概念晚近才被系统提出,但"强制阐释"现象以及对它的关注和反思却决非晚近突然出现的,而是在此之前古今中外便业已存在,① 且形成了较丰富、较复杂的探索及研究史。譬如仅以中国为例,就有学者指出,这一现象在 20 世纪早期中国文论、文学批评史研究中已经明显存在了,与此同时对此现象的关注、反思和研究也应时而生,到了 20 世纪八九十年代,已发展成为其时学界热点话题之一。仅由此来看,在学术史层面虽然已经有学者敏锐地注意到了,但还远远不够,我们需要把学术史作为"强制阐释"研究的一个重要视域来加以强调,如此才可能充分挖掘"强制阐释"研究的诸种学术潜力,有效增强其面对中外文艺、文论现实及其道路的解释力和诊断力。第二点,在思想史层面检省"强制阐释"研究。目前"强制阐释"研究几乎一股脑地聚焦于当代西方文论的"强制阐释"现象及其衍涉、引申之诸议题上,而疏于思想史层面的溯源、勘探和反思。这种有意无意的悬置和遮蔽,无疑致使"强制阐释"研究丧失了钳制和规定其自身,并防范其重蹈覆辙、保持其有效批判力的复杂思想史这个根基或底盘,由此我们可以"嗅到"这项研究本身所深藏着的"强制阐释"的理论动机和话语暴力,换言之,这项研究本身若丧失思想史这个巨大而复杂的"扭结",或可能滑向其批判的反面,沦为"强制阐释"的变种。由此看来,为"强制阐释"研究托底的无疑是复杂的思想史传统,"强制阐释"批判须要思想史视域作为坚固的底盘来支撑和奠基。

  我们首先来概略地谈一谈第一点。关于"强制阐释"研究,在这里须要进行一个必要的说明,即虽然"强制阐释"这一概念在晚近才被明确提出,但"强制阐释"现象以及相关研究都早已客观存

---

① 朱立元:《关于场外征用问题的几点思考》,《清华大学学报》(哲学社会科学版) 2015 年第 2 期;张江:《前置结论与前置立场》,《北京师范大学学报》(社会科学版) 2015 年第 4 期。

在了，而且我们认为"强制阐释"概念是一个隐喻性、指引（Anzeige）性①的概念，指称和隐喻了一个丰富而复杂的文论思想史现象，一种普遍性的思维、方法和策略，因此"强制阐释"概念虽然出自《强制阐释论》一文，但我们并非毫无保留地、毫无批判地认同该文关于此概念的诸种限定和结论，当然也不认为这些限定和结论全面反映和揭示了复杂的"强制阐释"现象的方方面面。一句话，这一概念值得沿用和提倡，但须要不断修正、补充、生发、扩展、丰富和完善。我们正是在这一意义上尝试展开学术史、思想史层面的检省的。

先来看一看中国关于"强制阐释"现象研究的学术史概况。如前所言，"强制阐释"现象及其批评事实上在中国不论古今皆程度不同、形式不一地存在着。宋代大儒朱熹就批判过如下类似"强制阐释"的问题和现象，如"本要自说他一样道理，又恐不见信于人。偶然窥见圣人说处与己意合，便从头如此解将去"②，"直以己意强置其中"，"只借圣人言语起头，自演一片道理"③；又如"只是将己意去包笼他，如做时文相似，中间委曲周旋之意尽不曾理会得，济得甚事？"等等。④ 我们这里着重略谈一下20世纪中国相关学术史状况。20世纪对于中国文学批评、文学理论而言，无疑是一个现代转换过程，或者更确切说是一个在国外文论思想强势冲击、介入和侵蚀下中国文论寻求现代形态以及探索现代道路之历史过程。这是一个中国文论之中国意识、中国立场、中国精神以及中国价值在传统与现代、民

---

① 所谓"指引性"（Anzeige），海德格尔认为这是一个持续性、导向性、指向性和趋势（Tendenze）性的概念。"指引性的概念"，意思就是我们不能仅仅看到和依赖于概念本身之意涵而进行思考，而更应该看到和依赖于概念本身所指向和导向的复杂的、丰富的、完整的、原初的现实条件及其活动、现象而进行思考。

② 参见［宋］黎靖德编《朱子语类》（卷第一百三十七，第八册），中华书局1994年版。朱熹同时指出："今之学者正是如此，只是将圣人经书，拖带印证己之所说而已，何常真实得圣人之意？"这是极其深刻的。

③ 参见［宋］朱熹《答赵子钦》，《朱子晚年全论》（卷五），李绂、段景莲点校，中华书局2000年版。朱熹批评认为，这种做法"不免穿凿破碎之弊，使圣贤之言不得自在……如此则自我作经可矣"。

④ 参见［宋］黎靖德编《朱子语类》（卷八十），中华书局1994年版。朱熹认为应当"熟读涵泳，自然和气从胸中流出……自然推出那个道理"。

族与世界、东方与西方的激烈冲撞与交锋中逐渐获得全新塑造、建构与确立的现代之路。这一塑造、建构与确立过程中，始终伴随着诸多程度不一、花样别出的"强制阐释"现象，这种现象不仅发生在中国文论自身的传统之中，而且更突出地发生在中外文论之间，如"以西律中""以西解中""以西释中""以西估中""以西裁中"，及"以中援西""以中证西""以中补西""以中衬西""以中伪西"，尤其是最具隐蔽性、渗透性同时也是最具危险性和破坏性的以"西化的中"律、解、释、估"真正的中"。诚如党圣元先生所断言的，20世纪以降中国古代文论、古代文学批评史的现代阐释以及现代书写史，一定程度上讲就是"西方文论话语权规约下的'强制阐释'史"①。譬如，王国维、杨鸿烈、梁启超、朱光潜、胡适等的中国诗学研究，大都采取"取外来之观念，与固有之材料互相参证"②之法略，而在此种法略之实践下，就可以窥见程度不一、形式不一的"强制阐释"的痕迹及倾向。需要注意的是，党圣元先生的见解固然深刻，但须要补充，这一判断显然应当置于整个中国文论谋求和探索现代道路的历史进程之中，而且这个道路既不是复古主义道路，更不是西方现代主义道路，而是在古今中外思想文化大碰撞、大交融条件下的全新中国道路。

　　与此同时，对这种现象的关注和反省也逐渐自觉起来。在这种反省大潮中，鲁迅堪称先行者之一，其针锋相对地提出了著名"拿来主义"。"拿来主义"主要对抗和克服的是其时思想文化领域的崇洋媚外和民族虚无主义等弊病，这些弊病从根底上来讲是一种激进的、无批判的、无原则的实用主义、主观主义和抽象历史主义，因而不论对自身传统还是外来观念、文化皆贻害无穷。据此，我们对"拿来主义"的领会是，坚持思想文化的中国主体性而非客体性，同时历史辩证地、批判地鉴别和吸纳，而非妄自尊大地，也绝非一股脑儿、反客

---

　　① 党圣元：《二十世纪早期中国文学批评史研究中的"强制阐释"谈略》，《文艺争鸣》2015年第1期。
　　② 陈寅恪：《王静安先生遗书序》，载《金明馆丛稿二编》（《陈寅恪文集》之三），上海古籍出版社1980年版，第219页。

为主地引入外来观念、文化。不论就文论领域，还是就范围更广的文化层面的"强制阐释"现象而言，这其实都无疑构成了方法论意义上的反省和批判，因而既具有特定的时代意义，也具有一般的方法论意义。自鲁迅以降，陈寅恪、毛泽东、周扬等对此也均有不同侧重点的检省和反思，这些检省和反思历史地构成了方法论意义上的补充和参照。尤其到了20世纪八九十年代，在空前"思想解放"大背景下，"方法论热""价值论热""文化热""本体论热"等"西学热"空前大兴，在此条件下中国文论虽然获得了重大革新和发展，但同时"强制阐释"的诸多变种也是空前严重和突出，学界对这一现象的自觉关注和反思达到了空前规模和高度。譬如，蒋孔阳、钱中文、童庆炳、朱立元、曹顺庆、王岳川等一批学人皆对此进行了批判性思考。学界对这一时期文论问题展开了深层诊断，其核心病根或可总结为：自我虚无主义、膜拜科学主义、神化进步主义。其要义和逻辑在于轻视和虚无自身传统及其历史和现实问题，崇拜和迷信包括文论在内的西方现代思想、话语，并将这种思想和话语视为科学主义神话、进步主义神话，而且几乎集体无意识地按照此一逻辑并以此为标尺和裁判而对中国文论进行思考、探索和建构。在此，特别需要指出的是，这可能是整个20世纪中国文论现代化探索和建构过程中最需要深层检讨和批判的根本问题之一。这导致的一个严重后果就是中国文论"失语症"。这种"失语症"，在根本上来讲既体现了对中国文论当代探索和建设状况所呈现的诸种危机共振的集体性焦虑，也体现了对此种危机状况背后西方现代文论思想神话和话语霸权、文论界长期形成的"拜西贬中"集体无意识以及其巨大危险性的深刻揭示和检思。仅由此来看，这种异质、异域文论间渗透着文化帝国逻辑的"强制表述"（表述者和阐释者其实不是西方人，而恰恰是中国人自己），无疑是"强制阐释"的又一较具普遍意义的变种。这种深切的洞悉和批判，根本上映射了长期以来中国文论界"中西道路之争"的复杂困局，以及中国文论道路探索的巨大焦虑。

上述表明，"强制阐释"绝不仅是一个文学问题、理论问题，同时也关涉到中国文论现代化道路问题。由此，我们对"强制阐释"现象的反思，不应仅从纯粹"文学"立场或"理论"立场出发来展开反思，而应当上升到中国文论现代化道路层面来进行反思，这要求我们对以理论形态见长的西方文论以及以经验形态称道的传统中国文论等都要展开检省和批判。如此，我们才能对"强制阐释"现象进行更有效批判，并由此而在对中国文论现代化道路的反思和探索中以更妥当方式安顿中西两大异质文论资源和传统，探出一条大交流、大综合、大融通的文论道路。

还需要强调的是，关于"强制阐释"现象的关注和反思，既让我们体认到百年来文论现代化事业根本上就是在世界性、现代性境域下中国文论道路之重构、重筑的事业，但也或隐或显地折射了这一事业的一些重要危机，如激进的"进化论"倾向、"西化"倾向等。而对这些进行反思和探索，就是我们热切关注和检讨西方文论"强制阐释"问题的现实原因所在。

二 思想史视阈："强制阐释"现象分析与批判

"强制阐释"概念虽并非由西方学者提出，但关于"强制阐释"现象的反思，西方学界不比中国晚。20世纪以降，仅国人耳熟能详的就有哈罗德·布鲁姆、特里·伊格尔顿、乔纳森·卡勒、迈克尔·克拉克、马克·艾德蒙森等数位文论名家，他们从不同立场、不同角度以及不同侧面深刻反思了"理论遗忘审美""理论忤逆文学""理论反客为主""哲学解构文学"等诸种"强制阐释"现象。这些反思，大体看来本质上仍然是一种理论内部的调适和反思，其并未根本上撼动和击穿理论的霸权神话及其内在建制。不过，须要强调的是，我们的兴趣点并不在述评西方学界如何反思"强制阐释"现象，因为就反思"强制阐释"问题对中国文论道路探索和建设的重要意义而言，着重检讨"强制阐释"问题的思想史面相显然来得更为深刻、迫切和紧要。因为，通过这一检讨，我们或可从中发掘西方文论何以必然走向"强制阐释"危机的思想史密码，或如此这般的西方文论道路何以必然如此的源初动力和深层情结，从而破解此一困局并借此以警示或启示中国文论道路的探索。

"强制阐释"，质言之就是理论与文学实际间激烈紧张和冲突的一种现实反映和写照,而且是诸相近、相邻、相关,甚至完全"异质"领域之理论对文学实际的一种激进的权力表述、解构和建构。由此,"强制阐释"毋宁说是一种"学科转基因"诱发或引致的"理论泡沫化"①。但其实若考虑到复杂思想、文化传统以及话语权的影响,或许其意蕴要深刻得多。这种考虑与文学理论内部交织并纠缠着的文学诉求与理论诉求两大基本力量间的复杂关系休戚相关。一方面,"强制阐释"意味着文学理论(包括文学批评等)已经"去文学化"或"理论化",演变为脱离文学实际而独立存在的"一般理论",无须必然借助或凭借文学来获得合理性和合法性支撑,或文学实际沦为它的一种可替换性的"证明材料"。质言之,理论只是"借壳生蛋""假道援己",如此这般的"介入"和"引援"必然造成理论与文学实际间分离和对抗之危局。这似乎是理论的必然或"天命"。同时,这也意味着理论自身以文学形态存在的可能性,即文学从对象变成了思维方式和叙述方式,成为一种理论形式或范式。正是在上述意义上,卡勒批判地断言文学理论就是"理论"。另一方面,"强制阐释"警示我们,文学理论应当是以文学实际为出发点和旨归,与文学实际天然一体,其合理性和合法性必须且只有凭据文学实际来获得,除此之外别无他途。也就是说,文学理论内部虽然存在文学和理论两大基本诉求,但并不是说文学理论是文学与理论简单机械组合的拼凑物、嫁接物、混杂物,而径直就是文学实际的经验表达和理论表达的有机统一体,这两种表达相辅相成、互相彰显、复杂交融在一起。就此而言,文学理论毋宁说是"文艺学"或"文学学"。

理论与文学实际间的激烈紧张和冲突,在西方文论思想史上已有深厚传统。而其中诗(或文学)与哲学的冲突,不仅在古希腊,甚至在西方数个世纪历史上都是一个永恒的思想主题。

西方哲学的核心传统是观念论,具有根深蒂固的形而上之理论化倾向。在这一传统深刻影响下,不仅西方文论内部凝成了固有的形而上之深层情结和诉求,由此也不可避免地蕴含着理论与文学实际间的深层而复杂的紧张和冲突,而且在思想史上文学与哲学的对抗和冲

---

① 高小康:《理论泡沫化与学科转基因》,《文艺争鸣》2015年第10期。

突，尤其是哲学诸路理论大军对文学的强制性"介入""挞伐"也一再上演。值得强调的是，文学与哲学的对抗和冲突在柏拉图《理想国》中便已有深刻揭示和描述。即在"哲学王"主宰的"理想国"里，不符合以及不利于"理想国"之文学家、文学作品应当被无情地"驱逐"和"取缔"。进一步看，这里蕴藏着这么几个重要意思：第一，柏拉图是在基于"理念论"而建构的"理想国"中发动文学批评的；第二，柏拉图发动文学批评的出发点和归宿是"理想国"；第三，柏拉图发动文学批评的原则和标准是文学是否符合以及利于"理想国"，如柏拉图认为大多文学作品会误导和败坏城邦青年等，故对"理想国"不利，因而只有极少数文学作品能进入"理想国"。也就是说，柏拉图发动的"文学批评"并非以文学实际为出发点和旨归，也并非以文学实际自身（包括文学文本和作品在内）及其规律为凭据、标准和原则，极具象征意味地诠释了哲学对文学的入侵、剥夺、僭越，甚至近乎"屠杀"。诚如美国著名文论家马克·艾德蒙森在《文学对抗哲学：从柏拉图到德里达》中所言，柏拉图此一"文学批评"并不意味着"文学新生"，而意味着"文学之死"。在这里，更值得注意的是，柏拉图发动的这一"文学批评"作为一个典型思想事件虽然发生在古希腊，但诚如著名哲学家怀特海所言，数个世纪的西方哲学不过是柏拉图思想的一系列注脚而已，在此意义上讲或许此一"文学批评"思想之影响就不仅仅在古希腊时代，可能一直延宕和渗透在数个世纪的西方文论探索和发展过程中。只是在文学与哲学的激烈对抗和冲突的历史演变过程中，"哲学"的位置被作为哲学的变容的诸路理论大军所接替和占据。至此，我们可以发现，柏拉图发动的此一"文学批评"在多个核心特征上与"强制阐释"达到了惊人的一致，这种跨越时代和历史的一致性或许绝非某种机缘或巧合，毋宁说是一种必然。

在西方哲学认识论转向后，主、客二分以及对立逐渐确立并固化下来，理论与文学的对抗和冲突也越发激烈起来。尤其是19世纪以降，马克思主义、现象学、符号学、精神分析学、结构主义、解构主义、实用主义等西方诸种理论可谓花样繁多、层出不穷，这一方面既利于多元化的文学研究以及文论的多维度、多样化探索和发展，另一方面由于诸路理论大军的"入侵""僭越"等，又加剧了理论与文学间的紧张和冲突。之所以这样说，是因为在诸路理论大军与文学实际间广泛而深层地关涉、嵌合以及会融的历史状况中，诸路理论大军在解决和攻克文学实际诸问题、议题的同时，又存在利用或者确切点说挪用了这样一种以文学实际为出发点和落脚点的合法身份或通道的状况，即诸路理论大军以合法身份或通道进入文学领域后，却干着与文学相异质、异域的诸种理论自身的勾当。诸路理论对文学的这种算计和介入，本质上实施的是一种"木马计"，由此以反客为主，但这种"反客为主"似乎唯一的目的只是为攫取诸路理论自身所需的东西，并非在于精心经营文学这块疆域。这里还需要注意另外一种状况，即诸路理论大军无须任何"合法外衣"，而径直强制征用文学为己服务、为己所用。前者显得较隐蔽，后者则赤裸裸，但从根本上看无疑都体现了形而上理论的话语霸权，以理论自身为出发点和落脚点，背离、消解和罔顾文学实际自身。至此，我们可以发现，理论与文学实际间的紧张和冲突，除去西方文论内部因素外，很大程度上可以解释为诸路理论对文学实际的身份剥夺与重置，以及强制性解构、异质阐发等。这或许可以视为柏拉图在《理想国》中所发动的"文学批评"在当代的翻版或变种。

从上述简要论析已经可以窥视"强制阐释"现象作为一种文论思想史现象的深刻历史性和极度复杂性，因此，欲真正批判"强制阐释"现象，就不仅要从理论视角进行反思，而且不可避免地要从文学实际自身这个本体来展开检讨。在这里，我们着重检讨以下问题：

"强制阐释"批判必然将我们导向这样一个问题，即西方文论陷入"强制阐释"危机的根源除了形而上理论传统以及诸路理论的强制介入外，西方文论对文学实际这个本体的探索、建构和规定过程本身是不是也存在着某种推波助澜的可能呢？回答是肯定的。受形而上理论传统影响，西方文论的文学本体论大致来讲就是围绕"文学是什么"这一本体问题而展开的探究、回答、诠释和规定，在西方文论思想史上因动机、立场、角度、目的、时代等存在差异又呈现出各式不同的探究、回答、诠释和规定，譬如从文学起源、文学技艺、文学语言、文学与世界关系等诸方面来探究和诠释文学本体，仅以文学起源而论,就有"巫术说""模仿说""劳动说"等。因此,一方面文学本体在西方文论界花样繁多、内容驳杂,并没有一个横贯古今、固定不移的理解和阐释,另一方面诸种文学本体探究和诠释又确确实实地丰富和发展着文学实际这一本体以及相关理论。那么又何以如此呢?数个世纪西方文论思想史表明,文学本体并非一种原始或自然存在的东西,而是一种源自"理性"的要求和建构,一种理解和把握复杂文学世界及其本性、本质的方式的要求和建构。这种要求和建构具有形而上学的性质。也就是说,这种要求和建构的反思性和理论性,内在地要求人们对复杂文学实际这一本体不断展开与时俱进的审视、追问、发掘和规定。不过,在这里特别需要警惕的是,这种状况和趋势必然为诸路理论大军介入文学疆域提供某种合法可能,即诸路理论大军可以为追问和反思文学实际这一本体提供某种思想观念、理论工具以及理论路径,借此可充实并拓展文学内涵以及外延,不过,这种介入由于其固有理论立场、逻辑和模式的作用,又可能同时潜藏着另一种后果:理论本应当为文学研究提供诸种支持和参照,但理论却反转成文学研究的主宰,文学研究沦为理论的变相自我证明和实践。理论的这种内在强权性、强制性和扩张性,带给文学研究的或许只能是"强制阐释"危机。也就是说,面对理论的话语霸权,文学研究必然陷入"失语""丧权"境地。

  同时,我们必须强调的是,综观西方文论思想史,西方文论大致有两种鲜明取向:理性取向和非理性取向。西方文论理性取向应当说是形而上理论传统延承和发展的一种必然,受此深刻影响,西方文论往往表现出严肃的理论品格,以及与诸路理论大军的天然亲近感,由此上述"强制阐释"危机大致来说就是这一取向的一种激进形式和状态。西方文论的另一种取向就是非理性取向,这种取向在本质上极力强调非理性的感受性、知觉、体验、情感以及诸种非理性能力等,由此西方文论往往注重文学实际之诸种非理性因素以及文学文本的经验分析和诠释等。需要说明的是,这两种取向并非截然两分的,而是复杂交织在一起的。但自20世纪以降,这两种取向却走向了较严重的分离和对抗,并且由于这种分离和对抗,理论与文学间的紧张和矛盾日益加剧和尖锐。一方面是极力强调理论,其严重后果之一就是致使诸路文学理论与文学实际之间的紧张，另一方面是极力强调回归文学和文本分析，这造成的一个严重后果就是文学理论形而上向度的风光和辉煌业已不在，文学理论的反思性丧失殆尽。因此在这里，我们需要强调的是，既不能只注重理论一端，亦不能只注重文学和文本分析一端，文学理论应当既以鲜活的、复杂而丰富的文学现象以及文学活动本身为出发点和归宿点，同时又应当保持其适当的理论品格。但是，我们并不是说一切文学批评和文学研究必须注重理论或运用理论，而是说要保持一种面向和介入文学实际以及现实的提问能力、反思能力或批判能力，也并不是说一切文学理论形态都必须以理论形态来呈现和表达，事实上至少还包括经验形态，譬如中国古代文论大致说来就是经验形态的，而且这两种形态之间并非截然两分，应当保持一定的张力。唯其如此，我们才能真正反思和批判，以及洞穿、克服包含"强制阐释"危机在内的当代西方文论之限度和危机。

须要进一步指出的是，上述关于"强制阐释"现象的分析和反思，不仅是对当代西方文论的一种历史透视和检讨，也是对中国文论自身的一种反观和对照。在此意义上讲，这无疑构成了我们反思百年中国文论现代化道路的重要条件和契机。

三 余论："强制阐释"批判与中国文论现代化道路

如前所言，"强制阐释"不仅存在于西方文论内部，而且存在于中、西文论之间，也就是说，它关涉中国文论道路问题，更确切地说就是近代以降中国文论现代化道路问题。

近代以降，伴随封建王朝的瓦解和终结以及西方文明的强势冲击和介入，中华文明由此遭遇重大危机，关于中国道路的一系列思考和探索成为最为迫切、最为根本的文明课题。在这一大背景下，中国文论也遭遇重大变局和危机。由此，关于中国文论道路，尤其是"中国文论现代化"道路的思考和探索成为百年来文论界的核心课题。但是，若要思考和探索这一道路，首先必须破除、克服和超越现代以及现代性的"单一化"以及"西方化"观念、话语及其实践旨向，坚定确立一种"复杂现代性"观念、话语及其实践旨向。同时，需要注意的是，这一思想的确立并不仅是通过观念形式来体现的，而且根本上确确实实是以中国文学、文论实践为基础并通过这一实践而被历史地揭示出来的。因为中国文论现代化道路虽然参照、借用、借鉴、转化、吸收了西方文论道路及其相关资源，但这显然有别于西方现代文论道路，而径直就是中国特色的文论现代化道路。

  但是，我们必须认清一个事实，即包括现代文论在内的"现代文化"来自西方，我们是学习者、跟随者、模仿者，这是百年中国文论现代化面临的严峻形势和最大挑战，故而中国文论现代化道路在此意义上讲就是中西文论既相互碰撞、相互对抗，又相互借鉴、相互交融、相互转化的道路。而在这一探索和发展过程中，如前所言必然历史地充斥着以西方文论强制阐释中国文论，尤其是以西方文论、西化的中国文论强制阐释中国古代文论等危机。因此，我们批判"强制阐释"现象，在较大程度上说不仅意味着要反思西方现代文论道路，也意味着要检讨中国文论现代化道路。回顾和检讨百年中国文论现代化道路，我们发现不论复古道路还是西化现代化道路都是不可取、也是行不通的，譬如甘当西方文论学术、文论话语的"传声筒"和"打工仔"这一做法就须要严肃检讨和批判，而且这同时深刻揭示出中国文论现代化很大程度上就是中国文论道路合理性和合法性遭受冲击、挑战、瓦解等危机后的重新论证、建构和确立的历史过程。而"强制阐释"批判作为对百年中西文论碰撞、交流、交融历史过程的一种检讨和反思，必然是中国文论道路合理性和合法性重构的一个重要历史部分。只有在这个意义上，"强制阐释"批判对于中国文论建设和发展的根本历史意义才能得以真正昭示和凸显。因为这不仅意味着百年中国文论现代化事业的继续，也意味着几个世纪人类现代性文论事业的继续。

强制阐释与文本批评

赵雪梅

近年来，张江先生提出的"强制阐释论"引起了学界的广泛关注。强制阐释是指："背离文本话语，消解文学指征，以前在立场和模式，对文本和文学作符合论者主观意图和结论的阐释。其基本特征有四：第一，场外征用。广泛征用文学领域外的其他学科理论，将之强制移植文论场内，抹杀文学理论及批评的本体特征，导致文论偏离文学。第二，主观预设。论者主观意向在前，前置明确立场，无视文本原生含义，强制裁定文本意义和价值。第三，非逻辑证明。在具体批评过程中，一些论证和推理违背基本逻辑规则，有的甚至是逻辑谬误，所得结论失去依据。第四，混乱的认识路径。理论建构和批评不是从实践出发，从文本的具体分析出发，而是从既定理论出发，从主观结论出发，颠倒了认识和实践的关系。"[①] 张江的"强制阐释论"为我们宏观把握西方文论的总体特征提供了一个新的视角，对我们反思当前的文学批评以及文学理论的建构等问题有着重大的启发意义。强制阐释现象在文学批评中的存在，充分折射出了文学批评所面临的三重尴尬处境：批评主体的缺席与失语；批评对象的错位与缺失；以及批评目的的消解与颠覆。

---

* 本文原刊于《江汉论坛》2017年第2期。
** 作者单位：华南师范大学文学院。
① 张江：《强制阐释论》，《文学评论》2014年第6期。

一 批评主体的缺席与失语

批评是一个由个别到一般,由具体到抽象,由感性到理性的思维活动过程。批评家是批评活动的主体。然而,在强制阐释式批评的具体实践过程中,批评家丧失了其作为批评活动主体的地位与身份,从而导致了批评家在文本的感性体验中处于缺席状态;另一方面,批评的结论不是对文本的分析与阐释,而是对已有的结论或理论的证明,批评变成对理论的注脚或论证,批评家在批评结论的认定中处于失语状态。为了更好地厘清批评家在批评活动中的主体地位,有必要将其与普通读者及其阅读行为进行区分。

首先,较之普通读者,批评家对文学的领悟力与敏感性要高。在具体的文学阅读活动当中,由于知识积累和学术修养的差异,不同的读者对于同一作品的理解和领悟程度是千差万别的。如对莎士比亚的戏剧,"头脑简单的人可以看到情节,较有思想的人可以看到性格和性格冲突,文学知识较丰富的人可以看到词语的表达方法,对音乐敏感的人可以看到节奏,那些具有更高理解力和敏感性的听众则可以发现某种逐渐揭示出来的内含意义"①。作为有着一定的文学理论素养的专业型读者,批评家固有的身份职责决定了其敏锐的文学感悟力需求。诚如瑞恰慈所言:"一位优秀的批评家要具备三个条件:他必须是个善于体验的行家,没有怪癖,心态要和他所评判的艺术作品息息相通。其次,他必须能够着眼于不太表面的特点来区别各种经验。再则,他必须是个合理判断价值的鉴定者。"②

其次,在审美活动中,批评家与读者分属于不同的审美行为主体。在文学审美活动中,存在着三种审美行为主体:作为文学作品的生产者的作者构成的"审美生产主体";由普通读者组成的"审美消

---

① [美]韦勒克、[美]沃伦:《文学理论》,刘象愚等译,文化艺术出版社2010年版,第279页。
② 转引自徐岱《批评美学——艺术诠释的逻辑与范式》,学林出版社2003年版,第153页。

费主体"以及由批评家组成的"审美调节主体"。① 批评家作为连接文学生产者与文学消费者的中间人,其职责主要体现为两个方面:一是阐释,通过对文学作品意义的解读与阐释,引导读者对作品的审美阅读趣味;二是评价,通过对文学作品的价值的评价与判断,来推进作者的文学创作。

再次,在具体的审美接受活动中,批评家比普通读者更具理性和目的性。具体表现为:其一,在对作品的接受过程中,批评家对作品的体验、感知、理解和判断始终伴随着一种理性和智性。即不同于一般读者的纯然欣赏,批评家的接受过程始终有着诸多理论法则或图式作为参照系。这是因为,"一个训练有素的批评家,每当阅读下一部(篇)文本之前,都以源自以前的文学经验的期待和界定,来确定审视视角并制约其评价方式"②。在具体的阅读活动中,批评家已有的理论素养可能与实际的感性阅读发生冲突。其二,批评家的阅读是以对作品批评的"理论化"为最终目的的。一般读者在阅读后大多只在口头上发表一些对作品的零碎的、感悟式的见解和观点,进行一些口头上的论辩,即所谓述而不作。批评家则不然,批评家注重对作品的理性思考和分析,并从中挖掘文艺作品的共同规律,或通过归纳总结上升到理论的高度。即批评家阅读的最终目的是形成一种诉诸文字的、言之有理、持之有据的理论性批评体系。最后,批评家的批评活动必须遵循一定的原则。德国接受美学理论家戈·冯贝格指出,批评家在批评活动中受到的约束主要体现在三个方面:批评家必须和一定的对象发生关系,即必须接纳对象,因此,批评家通过"分析—生产"方式接受形成的作为"次级系统"的批评本文总是跟作为文学本文本身的一级系统有关;批评家必须选择"分析"这一接受形式;批评家的接受必须以生成具有特定意义的作为本文的次级系统的批评本文为目标。③

---

① 叶朗:《现代美学体系》,北京大学出版社 2002 年版,第 244 页。
② [美] 莫瑞·克里格:《批评旅途:六十年代之后》,李自修等译,中国社会科学出版社 1998 年版,第 8 页。
③ [德] 戈·冯贝格:《批评本文的接受分析模式》,《接受美学译文集》,生活·读书·新知三联书店 1989 年版,第 279—280 页。

如前所述，批评是一个由感性到理性的思维活动过程。文学批评的独特性在于它包含了作为批评家的审美主体对作为审美对象的文学作品的个体化感性体验。作为批评行为的主体，批评家的批评以其对文本的感性体验为起点。正是在对文本的体验中，批评家收获了文学作品的审美感受，并获得了对文本的最初印象和感性认识。这种体验是自然生发的，无须任何理论来指导。如通过阅读小说并进入小说中人物及其行动的想象世界，我们可以从中获得快感；通过阅读抒情诗，我们可以享受词汇所带来的想象景象的快感，或者是欣赏诗词在头脑中生成的有关言说者的思想和情感。

批评家对文本的感性体验还是其由感性到理性，由具体到抽象，通过批评来建构文学理论的重要前提和基础。在谈及自己的诗歌批评与理论时，艾略特坦承："我最好的文章写的是深深影响了我诗歌创作的作家，自然以诗人居多。……至于那些经常被人引用的术语之所以有魅力，是因为我对与我最相投的诗歌有着直接深切的体验，而这些术语正是试图用抽象的概念来概括这种体验。"[①]

在强制阐释式批评中，批评家基于现有理论的主观预设，不是从具体的文本体验出发，而是从现成理论出发，无视文本的原生意义，以前置立场和前置结论来强制裁定文本的意义和价值。批评家的理论预设不仅妨碍了其对文本的直接感受与体验，批评家本人更是在文本的感性体验——这一批评的必备环节中处于缺席状态。应该说，强制阐释式批评对文本的感性体验的忽视某种程度上与西方文论中的"唯（理性）知识论"传统有着一定的关系。

"唯知识论"受到西方理性主义和思辨哲学影响，总体上推崇人的理性思维和知识话语，怀疑人类感性经验的可靠性。在"唯知识论"传统的影响下，"文学阐释者习惯性地依赖抽象思维，无论是总体阐释还是具体文本阐释之前，阐释者其实早已经抱定由'可靠'知识和理性话语构建的理论立场，这就容易形成强制阐释"[②]。美国

---

① ［英］托·斯·艾略特：《批评批评家：艾略特文集》，李赋宁、杨自伍等译，译文出版社2012年版，第20页。

② 文浩：《唯知识论和强制阐释》，《文艺争鸣》2015年第7期。

作家、批评家苏珊·桑塔格则更进一步，将忽视感性体验视为一切阐释的固有特点。她认为，对感性体验的不予重视的直接结果是，"我们感性体验中的那种敏锐感正在逐步丧失。现代生活的所有状况——其物质的丰饶、其拥挤不堪——纠合在一起，钝化了我们的感觉功能"①，解决这一现状的出路是建立"新感受力"批评，即"要确立批评家的任务，必须根据我们自身的感觉、我们自身的感知力（而不是另一个时代的感觉和感知力）的状况。现在重要的是恢复我们的感觉。我们必须学会去更多地看，更多地听，更多地感觉"②。

  在对文本的感性体验的基础上形成对文本的理性认识，这不仅是批评家进行批评活动的一般程序，也是其批评的目的所在。正如瓦尔特·本雅明在其《批评家的任务》一文中所说："不同于放弃自己的观点，一个伟大的批评家能使别人在理解其批评分析的基础上形成自己的观点。此外，对批评家形象的界定不是一件私人事务，而应当尽可能地客观、严谨。了解一个批评家就是要了解他的主张。一个批评家也应该向我们展示这些。"③ 德国接受美学家戈·冯贝格认为，"将接受过程变为生产过程"④ 是文学批评家与其他接受者（如其他读者）的区别所在。同时，批评家对文本的接受还不同于学者。这是因为，学者对文本的接受方式为"分析接受"，即学者对文本"进行分析处理，提出一连串的论证，组成论证链"，其结果是论证的本文；批评家对文本的接受方式为"分析—生产"模式，即"批评家构成'期待水准'，同时在他的批评本文里为期待水准提供新资料并加以证明"⑤，其结果是解释的本文。因此，作为"生产过程"，对文本的分析显然并非批评家的最终目标；形成自己的认识，才是批评家批评"生产"行为的关键所在。

---

 ① ［美］苏珊·桑塔格：《反对阐释》，程巍译，译文出版社2011年版，第9页。
 ② 同上书，第14页。
 ③ 转引自［英］特里·伊格尔顿、［英］马修·博蒙特《批评家的任务》，王杰、贾洁译，北京大学出版社2014年版，第2页。
 ④ ［德］戈·冯贝格：《批评本文的接受分析模式》，载刘小枫选编《接受美学译文集》，生活·读书·新知三联书店1989年版，第277页。
 ⑤ 同上书，第278—279页。

在强制阐释式批评中，由于"批评者的批评结论产生于批评之前"，由此得出的批评的结论远不是对文本的分析与阐释，而是对已有的结论或理论的证明，批评变成对理论的注脚或论证，批评家在批评结论的认定中处于失语状态。作为批评活动主体的批评家在批评中的缺席与失语直接导致了批评家职责的缺位。对作家而言，批评家的批评无法指导作家现有的创作，对读者而言，也无法引导他们的审美阅读。

二 批评对象的错位与缺失

文学批评是一种以感性的审美体验为基础的理性认知活动，兼具抽象性与具体性，复杂性与丰富性等特点。在文学批评中，文学文本既是批评的唯一对象，也是批评的逻辑起点。所谓文学批评的对象化，是指批评要以文学文本为逻辑起点，其判断总是针对具体的文本，而不是无视文本的具体特征而做出凭空的逻辑推演或抽象空泛的理论概括。因此，批评家对文本的审美感受与体验，既是对文本的个体特殊性的尊重，也是确保文本的解读与阐释有效的重要途径。

文本作为文学批评的对象，主要有两大特点。首先是客观独立性。所谓文本的客观独立性，是指文本本身所具有的，凝结于文本之中的，不以作者或读者的意志为转移的文本自身所固有的属性。文本的客观独立性首先表现为意义的客观独立性。意义的客观独立性，是指文本意义的核心的、本质的或基本的成分是客观存在的，是不以读者或批评家的意志为转移的。尽管文本的意义具有包括字面义或修辞义等在内的多层面、多样化的特点，但意义的客观独立性，为多种意义的存在划定了基本的原则和尺度。尽管"一千个读者有一千个哈姆雷特"，但不管怎样，读者解读的对象是一定的，都是莎士比亚戏剧中的那个父亲遇害、母亲另嫁他人的丹麦王子哈姆雷特，而不是李尔王，或者麦克白。可见，意义的客观独立性，决定了读者尽管对文本的理解千差万别，但都受文本的约束而万变不离其宗。

意义的客观独立性为文本的解读与阐释划定了基本的路径和界限，即文本批评必须从文本出发，以文本为依据，受文本约束。这一原则甚至也适用于以突出读者主观能动性著称的接受美学。典型的如伊瑟尔提出的"隐含的读者"的理念也强调了文本对读者的约束。"隐含的读者"和"本文的召唤结构"在伊瑟尔那里是两个对等的概念,指完全按文本的召唤结构去阅读的读者。"隐含的读者"虽然还"包含着读者再创造的能动性和对于作品意义的参与和实现",但毕竟是"一种与本文结构的暗示方向相吻合的读者,即受制于文本结构的读者"①。此外,意大利艾柯提出的"标准读者"是一个和伊瑟尔的"隐含的读者"相类似的概念。

文本的客观独立性还体现为文本的历史时代性。文本的历史时代性是指文本所具有的,与其所产生时代的历史语境一致的特有品质。由于文本产生的物理时间是固定的,它或多或少与作者当时的个人境遇与心境,以及当时的社会时代背景存在一定的联系,这就要求我们在对其进行阐释时要能审时度势,尽量还原到文本产生时的历史语境下去进行解读。诚然,由于个人遭遇、时代变迁等因素的影响,不仅是读者,即便是作者本人也很难准确回忆起文本产生时的情景。艾略特就认为,"连我自己都记不清所有这些情形,回忆不出当时确切的写作背景,将来评论我的作品的批评家就更不用说了",即便如此,他仍然希望,"我们也应尽力站在它的作者和它最初的读者的角度去读,这样才能更确切地把握它的价值"②。

文本的另一个与客观独立性紧密相连的特点是独特性。某种程度上说,文学的独特性既造就了文学的丰富性,但也导致了文学研究的复杂性。文学的独特性某种程度上源自作家意识情感的独特性。由于"作家的思想是活跃的,作家的情感在不断变化",因此,"作家的意识、情感不能被恒定地规范,由此,文本的结构、语言,叙事的方式和变幻同样不能用公式和模板去挤压和校正"③。正如希利斯·米勒所言,"文学的特征和它的奇妙之处在于,每部作品所具有的震撼读

---

① 转引自朱立元主编《当代西方文艺理论》,华东师范大学出版社1999年版,第295页。

② [英]托·斯·艾略特:《批评批评家:艾略特文集》,李赋宁、杨自伍等译,译文出版社2012年版,第9页。

③ 张江:《强制阐释论》,《文学评论》2014年第6期。

者心灵的魅力（只要他对此有着心理上的准备），这些都意味着文学能连续不断地打破批评家套在它头上的种种程式和理论"①，米勒的言下之意在于强调文学的独特性，即文学不同于可以解决的数学公式，也不是可以判断正确与否的哲学论证，任何理论或假设的"普遍规律"在面对着一个特定文本时，都是无法发生效力的。因此，针对文学的研究也必须从具体的文本出发，具体问题具体分析。

在强制阐释式批评中，作为批评对象的文本在批评过程中却处于错位与缺失的状态。批评对象的错位主要表现为在批评中理论对文本的架空与逾越，批评不是针对具体的文本，不是从文本出发，而是为了论证理论，以理论作为批评的出发点和逻辑起点，用理论来随意切割文本，理论凌驾于文本之上，具有对文本的至上权威，文本彻底丧失了其作为批评对象的角色和地位，沦为佐证理论的证据与案例。批评成了演绎理论，从文本中为理论寻找注脚和论据的过程。

文学批评对理论的推重与理论家本人的推广有着一定的关系。在他们看来，理论是人类生活的永存必备品。伊格尔顿就曾豪气地断言："我们永远不会处在'理论之后'，因为没有理论，就不会有反思的人类生活。"② 是否存在一种放之四海而皆准的批评理论尚且存疑，但这种以某种理论作为评论的绝对标准的批评，大多有对具体文本对象的视而不见或削足适履之嫌：以理论论证代替文本解读，以哲学化的普遍性代替文学文本的特殊性。这种以普遍理论为前提的批评，既抹杀了文学的审美价值，也忽视了作家的特殊个性和文本的独特性。同时，当具体的作家作品不再是文学批评的对象时，文学理论便陷入了故步自封的自我生产状态。文学理论不再源于文本实践，而是依靠理论家的哲学演绎与推理。有人因此认为："当代文学理论一个区别于传统文论的重大趋势，即理论自我生产并相互依赖，而可以无涉经验，成为近乎数学一样的独立抽象系统。"③ 这样的理论固然

---

① ［美］J. 希利斯·米勒：《小说与重复：七部英国小说》，王宏图译，天津人民出版社2008年版，第5页。
② ［英］特里·伊格尔顿：《理论之后》，商正译，商务印书馆2009年版，第161页。
③ 尤西林：《以文学批评为枢纽的文学理论建构》，《文艺理论研究》2015年第3期。

富有哲学思辨性,且气势恢宏,但这种无视具体的文学现象和作品的理论,在具体的批评实践中缺乏适用性与可操作性,从而导致了理论最终的衰亡。

批评家原有的理论基础与思维模式某种程度上使他们从自己的理论框架或视角出发来对文本进行各种解读与阐释,从而导致了批评中理论对文本的掠夺。不可否认,作为有着专门的理论素养的专业读者,在正式分析文本之前,批评家大多已有自己的解读立场与阐释方式,正如海德格尔所言,"解释从来不是对先行给定的东西所作的无前提的把握",但是,为了能全身心地投身于文本的体验,批评家在正式解读文本之前,必须悬置或摒弃已有的理论预设对文本体验的屏蔽与干扰,处于苏珊·桑塔格所说的"透明"状态——"体验事物自身的那种明晰,或体验事物之本来面目的那种明晰"。

在强制阐释式批评中,所谓批评对象的缺失,是指文学批评的有名无实,文学不再是文学批评的对象,即文学批评的非文学化趋势。正如乔纳森·卡勒所说:"如今当人们抱怨文学研究的理论太多了的时候,他们可不是说关于文学性质方面的系统思考和评论太多了……而是非文学的讨论太多了,是关于综合性问题的争辩太多了,而这些问题与文学几乎没有任何关系。"① 针对各种思想或文化对文学艺术的挤压,苏珊·桑塔格认为:"我们现在需要的决不是进一步将艺术同化于思想,或者(更糟)将艺术同化于文化。"② 文化研究对文学研究的入侵,堪称文学批评对象缺失的一个典型。文化研究从各种文化现象或理论出发,使得文学研究从纯粹的文学领域抽离,跻身文学或文化与其他社会文化关系的现象或理论研究,研究对象不再是一些具体的作家作品等文学现象,而是作为社会关系存在的各种社会文化现象与其他社会关系。希利斯·米勒曾在其《全球化时代文学研究还会继续存在吗?》一文中详细探讨了文化研究对文学研究的冲击。米勒指出,电影、电视、电话和国际互联网等这些新的电信技术与大众媒介的发展导致了产生于印刷媒介时期的传统的文学、哲学、精神分

---

① [英]乔纳森·卡勒:《文学理论》,李平译,辽宁教育出版社1998年版,第5页。
② [美]苏珊·桑塔格:《反对阐释》,程巍译,译文出版社2011年版,第15页。

析学和情书写作的终结。同时,新的电信技术下形成的新的意识形态也对文学等文化现象产生了重大的影响。米勒因此而感慨,在新的电信技术及新的意识形态的双重冲击下,"文学研究的时代已经过去了。再也不会出现这样一个时代——为了文学自身的目的,撇开理论的或者政治方面的思考而单纯去研究文学。那样做不合时宜。我非常怀疑文学研究是否还会逢时,或者还会不会有繁荣的时期"。尽管在米勒看来,以文学为唯一目的的纯粹的"文学研究的时代已经过去",但是,他仍然坚信,文学研究"会继续存在,就像它一如既往的那样,作为理性盛宴上一个使人难堪、或者令人警醒的游荡的魂灵"[①] 可见,米勒所反对的并非文化研究本身,只是感慨文化研究的发展对纯粹的文学研究所带来的冲击和影响——文学研究沦落为"一个使人难堪、或者令人警醒的游荡的魂灵"。

三 批评目的的消解与颠覆

较之感性体验,理性思维在批评中的作用似乎更为重要。正如雷内·韦勒克在《哲学与战后美国文学批评》一文中所说:"批评就是识别、判断,因此就要使用并且涉及标准、原则、概念,从而也蕴涵一种理论和美学,归根结底包含一种哲学、一种世界观。"[②] 从批评的目的来看,我们可以将批评视为一个理论化的实践过程:批评以具体的、个别的、特殊的文学文本为对象,通过由具体到抽象,由特殊到普遍,由个别到一般的认知思维模式,旨在挖掘并总结出文学的一般性及普遍性规律,从而引导文学欣赏与创作。

批评固然离不开理论,但批评也不能被理论所左右乃至吞噬。强制阐释式批评从理论出发,将文本视为理论的印证,使批评退化为理论指导下的理论的文本化论证。文学批评止于文本对理论的生吞活剥

[①] [美] J. 希利斯·米勒:《全球化时代文学研究还会继续存在吗》,国荣译,《文学评论》2001 年第 1 期。

[②] 参见 [美] 雷内·韦勒克《批评的概念》,张今言译,中国美术学院出版社 1999 年版,第 298 页。

式套用，不仅无法实现对文本的真正有效性解读与阐释，也无法探索进而建构基于文本体验的新的文学理论，更遑论引导文学欣赏与创作，文学批评的目的就此消解与颠覆。事实上，不仅文学批评，整个文学理论与批评界都处在一种以理论为中心的状态。以文本来论证理论的强制阐释式批评自不用说，以研究文学最普遍规律为己任的文学理论也是如此。理论不是源自具体的作家、作品与文学现象的提炼，即便在理论中出现的少数文学现象也只是作为理论的"例证"而存在。这种唯"理"是从，或理论至上的局面某种程度上恰恰彰显了文学理论的存在危机！这是因为，作为一门独立的人文学科，文学理论区别于以纯概念思辨著称的哲学学科的关键是其丰富可感的以文学文本为主的文学经验，当文学理论抛弃文学经验这一文学学科所独有的元素后，文学理论在同化为哲学式的纯概念思辨的同时，也失去了存在的合理性与必要性。

当批评主体缺席与失语，批评对象错位与缺失，以及批评目的消解与颠覆时，文学批评成了一个有名无实的空洞符号，充分暴露了文学批评的尴尬处境。应该说，理论先行，对理论的绝对性优势的凸显与拔高某种程度上正是导致强制阐释式批评产生的关键所在。但我们不能因噎废食，解决这一问题的途径也绝非对理论的简单拒绝或抛弃。那么，文学批评应该如何走出强制阐释的困境？这还得从文学批评自身寻找出路。

首先，作为批评活动的主体，批评家要正视其在批评中的主体地位与职责。作为审美活动中的"审美调节主体"，批评家通过阐释文本意义与评价作品价值来引导读者的阅读品位以及作家的创作。同时，由于批评家对文本的接受是一种"生产"过程，这就意味着批评家的批评必须包含自己对文本的确切认识和看法。一方面，批评家必须悬置或抛弃已有理论的干扰，对文本进行直接而感性的切身体验，从而获得有关文本的直观而真实的感性认识；另一方面，批评家不应将批评视为用理论来套用文本，或以文本来论证理论的过程，或为了使理论对文本的分析更贴切，甚至不惜对文本进行削足适履式随意的切割，或对理论进行生吞活剥式照搬。批评家应该在对文本的切身体验的基础上，形成自己对文本的批评认识与看法。

其次，妥善处理批评中理论与批评的关系。不可否认，理论与批评是紧密相连的。理论是批评的辅助手段，是批评的必备工具，也是批评的目的。一方面，理论源自批评实践，"除了文本、作品及其他形式的文学活动以外，批评是理论的重要实践形式"，理论"必须和实践结合，在实践的基础上演进"；另一方面，批评家的批评也必须要有理论层面上的提炼与升华，这是因为，倘若"所谓的批评家不懂理论，文本的批评只是普通读者的观感，全无指导的意义，这样的批评，媒体的造势可以，理论建树就是空话了"。[①] 尽管如此，理论并不是批评的起点，也不是批评的对象，更不能成为批评的决定力量。在具体的批评活动中，理论与批评又是相互干扰，甚至排斥的。原因在于，一个训练有素的批评家在具体的文本阅读阶段大多会受到原有理论的影响。就如伊哈布·哈桑所言，"批评文集似乎只易于接受'主义'。一种流派、意识形态或趋向很容易用它们的标准元件预先构想历史事件"[②]。这就是理论与批评相生相克，"理论是批评的理论，批评是理论的批评"的"理论与批评、理论与文学的辩证法"的确切含义与体现。

再次，明确批评对象，正确处理好批评中理论与文本的逻辑顺序及两者间的关系是问题的关键。文本是批评的对象，也是批评的逻辑起点。就人类认识事物的一般规律来看，所遵循的是由感性上升为理性，由个体到一般的思维模式。依此类推，批评所遵循的应该是"文本——理论""感性——理性"的思维模式与逻辑路线。然而，"强制阐释"式批评所遵循的却是"理论——文本""理性——感性"的思维模式和混乱的认识路径。如何正确处理好文本与理论之间的关系？苏珊·桑塔格的"新感受力"批评主张颇有因噎废食之嫌：在还原批评家对文本的直观的感性体验的同时，也将理论全然排斥在批评之外。正如张江所言："任何批评，对任何文本的批评，都需要一个切入口，一种视角。无视角的批评既是不可能的，也不存在。"在

---

① 张江：《场外理论的文学化问题》，《探索与争鸣》2015年第1期。
② [美]伊哈布·哈桑：《一个批评家的表白，或对文学的抵抗》，罗坚译，《东方丛刊》1994年第1期。

他看来,"如果将文本比喻为一座山峰,那么理论就是观照山峰的视点和角度"。文学批评究竟该如何选取和确立视角?同时又能避免沦为由概念和理论出发来演绎文学现象的强制阐释式批评?"唯一牢靠的办法就是从作品出发、从文本出发。"① 张江的本体阐释以及孙绍振的文本解读学无疑为我们提供了切实解决问题的可靠方法与出路。

最后,要明确批评的目的和任务,辩证处理文艺学基础理论、文学批评和文学批评理论三者之间的关系。朱立元先生曾主张将文学理论与批评分为三块:文学基础理论、文学批评和文学批评理论。文学基础理论"是指一些专著和大量教科书所系统论述的关于文学的本质、特征、创作、作品、接受、批评各个环节,文学的各种体裁、类型、风格,文学的思潮、流派以及文学的发展等基本原理的理论;它虽然围绕文学展开理论,却并不直接进行文学批评,即使涉及对一些文学作品的分析和批评,也是为了说明某些文学基本理论问题"。文学批评"是依据一定的文学理论和美学观点,直接对作家、文学作品和一个时期的文学流派、思潮等文学现象进行具体阐释、论析和价值判断的理论行为和文字"。文学批评理论"是以某种哲学、美学、文艺学等理论、理念、观点、方法为背景和基础,对如何开展有效的文学批评所做的概括性的理论阐述,将大量文学批评经验上升到理论的高度"。② 这种区分在对各种理论形态进行各司其职式的划分的同时,也导致了文学理论与批评之间泾渭分明的壁垒与分裂。文学批评不应只是文本对理论的单向论证,而应该成为理论更新与发展的重要途径和手段。文学基本理论也不应只是指导文学批评的法度与规则,而应该在文学批评实践中不断完善与发展,从而获得充足的活力与不竭的生命力。同时,文学批评与文学批评理论也不是截然分离的。文学批评在对文学经验进行阐释与解读的同时,还应该将文学经验上升到理论的高度。只有当文学基本理论和文学批评理论源自与具体的作家作品等文学经验紧密相连的文学批评时,理论才能切实引导文学实践。

---

① 张江:《强制阐释的主观预设问题》,《学术研究》2015年第4期。
② 朱立元:《关于场外理论文学化问题的几点补充意见》,《探索与争鸣》2015年第1期。

"强制"之后如何阐释：文本意义的阈限空间与叙事策略[*]

张 伟[**]

作为 21 世纪以来国内文论界对当代西方文论的一次深度批评与反思，由张江先生提出并主导的"强制阐释"论引发了诸多学者的高度关注与热烈争论，进而衍化为近年来国内文论界引人注目的学术事件。"强制阐释"论的提出契合了当下对文艺理论中强势西学效应的焦虑以及重建中国现代文论话语体系的急迫，它直面影响中国已久的西方文论的核心痼疾，解构式地将现代西方文论的核心缺陷及其逻辑支点揭橥于众。诚然，张江先生并非第一位质疑现代西方文论并倡导建构本土文论话语体系的学者。早在 20 世纪 90 年代曹顺庆教授就从中西文论比较的视角切入这一问题，给现代文论建构中一边倒的西学化趋势贴上了中国文论"失语症"的评判标签。如果再宽泛一点，20 世纪 30 年代鲁迅先生提出的"拿来主义"同样也是中国学人对接纳西学文化应秉持何种态度的一种思考。不同的是，张江先生并非基于接受性视角或防御性立场来观照这一问题，而是采取主动进攻的策略深入西方文论的话语体系，解构式地把脉现代西方文论，对国人趋之若鹜的西方文论开出了"强制阐释"的病症处方。作为当下国内文艺理论研究中的一种普泛症候，"强制阐释"论的提出可谓一语中的、切中肯綮，重新唤起文论界对有所降温的中国文论"失语"现

---

[*] 本文系国家社科基金项目"20 世纪比较诗学视域下的中国艺术精神研究"阶段性成果（项目编号：10BZW015），原刊于《当代文坛》2016 年第 4 期。
[**] 作者单位：安徽农业大学人文学院。

象的再度反思，为中国本土化文论体系的建构引发更多的思考。然而，尽管"强制阐释"论命中现代西方文论的诸多缺陷（其中不乏核心顽疾及其逻辑支点），但这一提法本身也并非无懈可击，其立论的有限效度值得商榷。更为重要的是，剥离了"强制"，我们仍然要面对如何阐释、如何进行理论建构的现实。"强制"之后如何实现有效度的本体回归，换言之，如何确立阐释的边界进而建构既不失本土特色又包容其它民族理论话语的文论体系才是当前文论界面临的急迫任务。

一 问题缘起："强制阐释"论的逻辑框架与有限效度

文学阐释作为对文学文本的理解、反思以及文学价值的生命探寻，无疑是一种融汇知识性、思想性与情感性的理性认知行为。文学阐释的起点是文学文本（严格地说是文本中潜隐的意义内涵、审美旨趣与价值诉求），终点是在探寻文本意义的进程中所形成的对文学文本的认知、体验、感悟而构建的理论话语体系的物化形态。从这一层面来说，文本是阐释本身不可或缺的核心元素，是一切阐释行为的理论根源。"强制阐释"的理论基点恰恰是违背了阐释的基本要义，"背离文本话语，消解文学指征，以前在立场和模式，对文本和文学作符合论者主观意图和结论的阐释"[①]。如果说背离文本是强制阐释的内在基因，那么"场外征用""主观预设""非逻辑证明"以及"混乱的认识路径"则是强制阐释形成的本体逻辑。从强制阐释的构成路径来看，"场外理论的征用移植是当代西方文论生成的主要方式""主观预设是强制阐释的核心因素和方法"[②] 因而可以说"场外征用"与"主观预设"是导致"非逻辑证明"与"混乱的认识路径"的理论前提。

场外理论的征用作为强制阐释主要的话语构建策略无疑成为西方

[①] 张江：《强制阐释论》，《文学评论》2014年第6期。
[②] 同上。

文论话语体系以及现代文学阐释的普泛症候与致命缺陷。按照强制阐释的理论逻辑,西方20世纪以来的很多流派与学说都是借助于其他学科的理论、观点和方法来建构自身的理论体系,都是场外的"拿来主义"。这些借用的理论本身并无文学指涉性,也缺少相应的文学意义,然而却被当作文学理论与文学批评的基本范式来进行文学理论的架构。严格地讲,场外理论与文学理论如果能实现无缝对接,悄然弥合于文学理论的自觉架构中倒不失为一种理论建构的高超技艺与有效方式。但如果采取的是"词语贴附""硬性镶嵌"以及"溯及既往"的强制化阐释策略,得到的阐释结果则会是另一种面目。张江先生以《厄舍老屋的倒塌》为例来说明这一问题。《厄舍老屋的倒塌》是美国作家爱伦·坡创作于19世纪中叶的一部恐怖小说,可在今天的一些生态文学批评家眼里,这部小说竟被视作一部生态文学的代表作品,人物活动的环境被替换成批评文本中的主题,小说中诸多的情境与景物则被贴附上生态标签,生硬地对这一作品做出生态式解读,强行从小说文本中得出关涉生态与环境的结论。事实上,这样的文本阐释不是个例,也并非只出现在西方的理论构建中。同样是生态批评理论,国内不乏学者援引其阐释中国文学作品,无论是陶渊明的田园诗、刘勰的《文心雕龙》抑或贾平凹、余华、莫言的一些作品都被作过生态式的文化阐释,得出一些匪夷所思的结论。

"主观预设"是强制阐释的又一种表现形式,亦即批评者前置主观意向,预定自己的明确立场,进而强制性裁定文本的价值与意义。这一问题的实质在于阐释行为本身强调的主客观性:崇尚文本的客观性、压制阐释过程中主观能动性的发挥,其结果无疑会导向一元论甚至不可知论;如果任由主体无节制地主观发挥与天马行空,尽管看来阐释的过程不乏充足的自由,但信马由缰无疑又会使阐释本身衍化为失去所指的能指游戏。"主观预设"在很大程度上当属后一种情况。肖瓦尔特基于女权主义的前置立场对《哈姆雷特》中奥菲利亚的文本解读就是一个很好的证明。这一前置立场不仅改变了剧中主配角在读者心目中的既定地位,甚至颠覆了这一经典文学的既定主题与意义,使得莎士比亚的《哈姆雷特》变成了肖瓦尔特的《哈姆雷特》。同样的例子在刘心武解读《红楼梦》中不胜枚举,例如依据"潇湘妃子"的雅号从娥皇女英为舜守节沉江的故事中推演出黛玉是沉湖而死的结论,并从黛玉的"冷月葬诗魂"诗句中寻找证据。

"强制阐释"作为国内学者对西方文论话语体系的解构式观照以及对现代文学阐释现状的直面影射,无疑揭橥了理论建构与话语阐释过程中的诸多顽疾。然而,"场外理论的征用"与"主观预设"既是理论构建的方式路径也是理论话语的呈现形态。就话语呈现形态而言,援引场外理论进行文本阐释与理论建构以及基于主观预设的前景来裁定文本意义与价值,因场外理论与文本意义的指涉向度、价值诉求、意义内涵以及审美意蕴存在差异,因而理论是否具备与文本相匹配的质地决定着阐释结果的信服度。强制阐释导致的诸多荒诞的理论阐释都是因为场外理论与文本之间的匹配不够所致。就理论构建的方式路径而言,"场外征用"与"主观预设"则是任何理论构建与文本阐释不可或缺的主流方式。在学科交叉融合的大趋势下,任何学科的完全自律与独善其身都是不可能的,文学亦然。弗洛伊德的精神分析学说被引入文学研究进而成为精神分析批评的主要模式,存在主义哲学惠及文学批评进而形成荒诞派文论的主流范式,索绪尔的语言符号系统以及语言符号各元素的类比结构则是俄国形式主义文论的助燃剂,诸如此类的理论建构模式不胜枚举。可以断言,如果抛开对其他理论的参照、借鉴与援引,文学理论体系的建构将沦为一句空谈。且不说西方文论中存在诸多的场外理论,即使中国传统文论中也不乏这样的理论建制:先秦的"四书五经"、儒家思想与道家观念衍生伊始并非与文学存在指涉关系,现今无一例外地招安于文学、划归文学一脉。中国文论中标举的"天人合一"思想其本义也与今天的见解大有不同,其原本的含义并非人类尊重自然、与自然和谐相处,而是论证君权的合理性与合法性,亦即强调君权的神圣与权威。

就"主观预设"而言,其存在的合理效度也是有限的。前置立场、前置模式与前置结论构成主观预设的三种基本架构,而这三种架构的指向则是唯一的,亦即文学阐释的主观与客观问题。但就现实而言,任何一种阐释模式都不可能脱离阐释者前在的主观立场与观念,这是进行阐释不可回避的客观前提。正是这一前在立场的存在,决定着阐释途径与阐释效果的多元化与多样性，换句话说，正是一千个立足于不同立场的读者才导致一千个不同的哈姆雷特。当然，无论立场、模式抑或结论，其建立的前提都是基于文本自身的，萦绕于文本之中的主观预设所建构的理论如果没有完全脱离文本的既定框架，作为文本意义的延宕路径就应该能够被理解并得到尊重。

值得一提的是，对文本的解读及其理论建构受制于文本两种意义的张力：一种是历史意义，亦即立足文本，通过历史的理解去捕捉、把握文本既定的历史意义，阐释理应原封不动地屈从于历史意义的书写；另一种是当下意义，亦即将文本置于当下的文化语境中加以考察，尊重阐释者所处的社会语境、文化观念与主观因素，赋予文本以符合时代的意义观照。"强制阐释"论无疑标举文本的历史意义，但也并非绝对排斥当下意义，只是在界定当下意义的"限度"上显得过于保守拘谨而已，而这也是形成其有限效度的内在缘由。

二 本体回归：在"文本中心主义"与"理论中心主义"之间

严格地说，"强制阐释"论是继美国文论家苏珊·桑塔格的"反阐释"、赫施的"解释的有效性"以及意大利文论家安贝托·艾柯的"过度阐释"之后对文本意义及其阐释模式展开的又一次深度思考，其理论的基点存在一定的共同性。

"反阐释"并非是不需要阐释，它所反对的是那种重内容轻形式的阐释。在桑塔格看来，"内容是一种妨碍、一种累赘，是一种精致的或不那么精致的庸论……建立在艺术作品是由诸项内容构成的这种极不可靠的理论基础上的阐释是对艺术的冒犯"[①]。可见"反阐释"所指涉的是那些对文本缺乏敬意、对文本意义造成破坏的阐释行为。赫施的"解释的有效性"则将作者意图与文本意义区别对待，阐释

[①] [美]苏珊·桑塔格：《反对阐释》，程巍译，上海译文出版社2003年版，第354页。

的过程就是对作者意图发掘的过程,"阐释者的基本任务就是在自己身上重现作者的逻辑、态度和文化传承,简言之,就是重现作者的世界"①。在赫施看来,文本的意义是确证不变的,而作者的意图就代表了文本的全部意义。赫施坚持文本意义和作者意图之间的差异,倡导阐释的客观主义立场,强调阐释活动应对作者意图亦即文本既定的意义给予尊重。艾柯的"过度阐释"从某种程度上与"强制阐释"有着更为相近的理论维度。在艾科看来,文本意义的多元性与文本意图的多向性使得阐释者占据足够大的空间与权力,阐释者权力的无限放大以及阐释空间的无限突破势必超越文本自身的既定视域,衍生出古怪离奇甚至荒谬怪诞的文本意义,而此时的阐释业已演变为失去所指的能指游戏。

可见,无论是"反阐释""解释的有效性"抑或"过度阐释",文本无一例外处于阐释的中心位置,任何脱离文本的阐释策略都被排除在外。即使"过度阐释",尽管有些意义的衍生荒诞无稽,但就阐释行为而言仍然没有脱离文本的圆心,只是阐释的半径过于散逸而无法回归文本而已。"强制阐释"则不同,它已经不再拘泥于阐释的半径有多大,它涉及的是要不要以文本为圆心的问题。很多情况下,强制阐释都是超越既定的文本圆心,进而受预设理论的中心话语场所牵制,形成一个个有着自我独立结构与内在逻辑的理论体系,并生成一套可以衍生新的理论话语的阐释机制。正是在这种机制的激发下,完全背离文本的各种理论话语借助阐释的多元化路径强制登场。

出于对"强制阐释"的纠偏,立足文本的"本体阐释"无疑遏制了无限散逸的阐释触角,将阐释强制拉回到既定的界限中。相对于前者,"本体阐释"代表着文本意义飘散的本体回归,它拒绝了阐释时的无拘束推演,摒弃了阐释的前置立场与结论。对于"本体阐释",张江先生认为这"是以文本为核心的文学阐释,是让文学理论回归文学的阐释。'本体阐释'以文本的自在性为依据,包含多个层

---

① [美] E. D. 赫施:《解释的有效性》,王才勇译,生活·读书·新知三联书店1991年版,第164页。

面,阐释的边界规约'本体阐释'的正当范围。'本体阐释'遵循正确的认识路线,从文本出发而不是从理论出发"①。如果说"强制阐释"是背离文本话语体系,消解文本的文学指征,倡导一种多元化、开放式的解读策略,那么"本体阐释"作为其反向驱动,则是一种回归文本的阐释模式。作为"强制阐释"的对应物,且不论"本体阐释"这一概念是否妥当,但究其定义而言,这是一种坚定拥趸文本的阐释模式,以文本为中心和旨归是其题中应有之意。

诚然,"本体"这一概念自衍生以来就一直处于争议之中,它与"本源""本质"之间纠缠不清的关系使得这一范畴本身始终存在着一种神秘感。诞生于哲学语境中的"本体"其本身的意义就不明朗,而将其引入文学中使得这一概念的模糊性大大增强。正如于茀所言:"在文学领域提'文学本体'及'文学本体论'不妥。本体论是哲学对世界的一种'终极关注',这种关注涵盖着所有形而下的具体事物,又超越所有具体事物进入到形而上的抽象,文艺现象作为一种具体现象,它的本原是不能与世界的本原相提并论的。"② 对文学本体论的质疑直接关系着在文学阐释中坚持本体性立场的合法性。作为一个相对模糊的理论范畴,对本体的界定决不能依循一元化的理解思路。在无法有效区别"本体"与"本质""本源"差异的情况下,断然将本体阐释的"本体"判断为文本之类的实体存在无疑会将问题引向绝对。正如有学者所言:"在理论上把作品文本视为批评的出发点和归宿,认为文学研究的对象只应当是诗的'本体即诗的存在的现实'。这种把作品看成独立存在的实体的文学本体论,可以说就是新批评最根本的特点。"③ 笔者以为,对本体的理解应该是一种关系论而不是一种实体论,不仅要注重文本本体,同样也要关注作者本体、阐释者本体乃至社会本体。我们反对"强制阐释"所批判的理论中心化模式,但也不能完全倒向文本中心主义,进而以文本为原点构筑

---

① 毛莉:《当代文论重建路径:由"强制阐释"到"本体阐释"——访中国社会科学院副院长张江教授》,《中国社会科学报》2014年6月16日。
② 于茀:《关于文艺学美学领域的本体论问题》,《文艺研究》1993年第2期。
③ 张隆溪:《作品本体的崇拜——论新批评》,《读书》1983年第7期。

一元化的阐释路径。在文学研究领域中始终存在着一种自然科学主义的冲动,很多文学批评者总是希望寻找一种自然科学的研究方式来观照、研究文学。尽管这种自然科学的研究模式在人文学科的研究中屡屡碰壁,但自然科学研究的观念却始终萦绕于一些人文学者的脑际。这种观念体现在阐释中,就是始终存在着对文本终极意义和最好阐释形态的不断叩问与追寻。朱立元先生曾指出:"在文艺理论界,本质主义长期以来成为多数学者习惯性的思维方式,其突出标志是,认为文学理论的主要任务是寻求文学固定不变的一元本质和定义,在此基础上展开其它一系列文学基本问题的论述。"① 照此看来,如果在回归本体的阐释中过于强调对文本中心地位的标举,某种程度上无疑有着承认文本存在终极意义之嫌——也就是说,承认文本本身具有确切的意义,阐释的过程就是洞察、挖掘作者传递出来的全部信息的过程。将文本视为阐释的根基并没有错,但由此忽视了文本之外对阐释同样具有积极意义的元素,强调文本自身具有一个确切的、固定的、先于读者与批评者即已存在的"固定意义",那么文学阅读与文学批评岂不沦落为仅仅是对这一"固定意义"的追寻与验证。于此,文本则成为实实在在的客观存在,阅读与批评成为对这一客观存在的反映。一种本富创意的文学活动则衍化为极富科学性的阐释模式,既忽视了文学批评与文学阐释正是意义生成本身的客观事实,同时也将文本意义生成的交互性与复杂性简单化、粗暴化。因此,文学阐释之所以得以成立,其最大的缘由不仅在于对文学文本历史本意的挖掘,更在于这一文本在当下语境中时代意义的延展。换言之,只有那种既立足文本既有意义又契合时代特征的阐释模式才是具有生命力和有效性的。

因此,合理的本体阐释模式既不能是"强制阐释"所崇奉的那种脱离文本、注重阐释者主观臆测的"泛元化"的意义延宕,也不能是恪守客观文本、固化"作者意图"的一元化的终极追问。"文本意图"这一概念也许是对上述两种阐释模式的有效调和。它是对汪洋恣

---

① 朱立元:《试论后现代主义文论思潮在当代中国的积极影响》,《上海大学学报》(社会科学版)2014年第1期。

肆的意义建构与一元化意义的本质固守的整合,更是对阐释者意图与作者意图的"视域融合"。以文本意图的追寻来消弭阐释者意图与作者意图,既避免了对作者意图的无止境追索,也消解了单纯文本中心主义的羁绊。它秉持文本的开放性原则与阐释的延展性思路,将文本置于历时与当下的双重视域下展开考量,将阐释的缰绳牢牢执在可控的范畴内,为阐释的有序推进提供了颇有价值的适度性原则。于此,探讨文本阐释的向度与效度成为可能。

当然,注重阐释的本体效应并非意味着一定要将"强制阐释"衍生的理论体系彻底清除。文学阐释延伸的理论体系作为第二次世界大战之后的产物,其衍生无疑有着时代的必然性。与传统的文学批评相比,"那些历史悠久的艺术批评方法已经无法应对现代性,因而可以毫不夸张地说,理论的兴起标志着批评历史的转变"[①]。文学批评面对的是文学文本,而文学理论不仅面对着文本,同时也面对着文学以及文学批评。换言之,文学批评与文本的关系是直接的,文学理论与文本之间不仅存在直接关系,其与文本之间又因文学批评而存在着间接关联。因此文学理论既可以是由某种哲学原理或观念演绎出来的学说,也可以是在对文学文本分析过程中演化而成的理论化术语,其存在的形态比单纯的文学批评更为自由,同时其关注文本以及文本之外的视域也更为宽广。相对于文学批评热衷生产文本蕴含的普遍有效的绝对真理、关注文学本质的元叙事与宏大叙事,文学理论尤其是后现代主义理论不再对文学作任何形式的本质建构。"所谓'文学本质'只是被'自定义'的某种'虚构',它为文学规定了几乎独立的领域和功能又不加任何区别地把文学一股脑纳入其它社会活动之中。"[②]这些理论源于文本,但在不断裂变中强化以文学艺术为集中体现的文化超越性,希图以文化来取代并承载过去由宗教履行的功能,进而逐渐脱离文本的圆心而衍化为自足自为的话语场,"强制阐释"遂由此

---

① [德]沃尔夫冈·伊瑟尔:《怎样做理论》,朱刚等译,南京大学出版社2008年版,第1页。
② [加拿大]马克·昂热诺:《问题与观点:20世纪文学理论综述》,史忠义、田庆生译,百花文艺出版社2000年版,第147页。

成型。脱离文本圆心的他者化的理论话语场并非不足道之,作为一种理论存在,"若没有理论,就不会有反思的人类生活"①。就作为人类反思性的精神产物而言,由文本衍化并逐渐走向独立的理论话语场在某种程度上是合理的。尽管由于阐释的维度过于宽泛,不便将其纳入文学阐释的理论阈限,但作为源自文本阐释的知识分支与旁系图谱,这些理论只要有益于人类社会的思想凝练与精神建构,理应是可以接纳并被包容的。

三 文学性:意义延展的阈限空间与话语策略

诚如前言,对文学阐释"本体"的理解既不是文本终极意义或作者意图的一元化追寻,也不是背离文本高扬阐释者意图的汪洋恣肆与无限延宕。就文本意义的建构而言,借鉴、援引、移植他者理论来建构文学批评话语的理论"阈限"在哪里,他者理论进入文学场域能否受制并转化为文学自身的内生动力,进而完全弥合于文学既定的理论轨道,实现理论表征的深度融合,服从并服务于文学理论话语场的终极目标,这是标举文本意图进而实现本体回归的基点所在。

严格地说,实现阐释路径的"本体"回归,理应回归文学自身,回归文学所应秉持的价值符号与审美尺度。正如王一川所言:"从本体反思出发,艺术不仅或不主要是反映,而从根本上说,它是体验,从人的存在这一本根深层生起的体验——这是存在的体验,生命的体验,真正人的体验。它关注的不仅是认识生活,更重要的是全面地、深刻地显现生活的本体、奥秘——即体验生活。"②基于这一立场,对文学性的高扬则是文学与文学理论话语建构不可或缺的主要元素。

作为俄国形式主义用以驱逐历史主义研究方法的重要范畴,文学性将文学研究中日益散逸的探索触角重新归拢于文学作品本身,

---

① Terry Eagleton, *After Theory*, New York: Basic Books, 2003, p. 221.
② 王一川:《本体反思与重建——人类学文艺学论纲》,《当代电影》1987年第1期。

亦即强调对作品自身的构成形式的关注。基于语言学的立场，文学性的首倡者雅各布森将文学性标示为"使一部作品成为文学作品的东西"①，将其视为语词、韵律、节奏、修辞、情节、叙事、结构布局等元素的集合体。这是文学研究中的一次自我立法，它将文学的属性从统一的宇宙历史结构中脱离出来，进而衍化为一种相对自律的本质存在。诚然，文学是语言艺术，文学理论也是语言艺术，因而任何形式的背离文本语言材料的文学研究都是无法立足的。而任何由语言编制的文本材料，其意义都是有限的。无论这个文本以什么样的形式呈现，其语言的所指与能指所指涉的范围也是有限的。文本理应是文学阐释的出发点与落脚点。阐释可以对文本语言的能指与所指作多重解读甚至展开意义的发酵，但其理论延展的属性不能更迭，亦即由此衍生的理论体系应该遵循文本原点、呈现出文学性的话语形态。伊格尔顿所谓"根本不存在什么文学的本质。任何一篇作品都可以'非实用地'阅读——如果那就是把文本读作文学的意思——这就像任何作品都可以'以诗的方式'来阅读一样"，②这一观念其实是不能成立的。"列车时刻表"任何时候都不能阅读成文学作品，更不能成为文学研究的对象，其文学性的缺失成为这一事物乃至这一类事物进入文学研究领域不可逾越的门槛。

当然，对文学性的高扬无疑更加注重文本与语言，某种程度上弱化了对作品背景与社会价值的关注，但这并非有意隔断文本与外部世界的关联。换言之，对文学性的强调并非将文学研究拘囿于单纯的语言形式层面，对文学性的研究并不能"把诗学与文化和社会实践其它领域的关系等复杂问题排除在调查研究计划之外"。③诚如文学性衍生之初是作为一种反抗策略来祛除历史主义对文学研究的过度干预，在文学阐释愈益强制化的今天，面对文学理论的无边界散逸，重提文

---

① [俄]罗曼·雅各布森：《现代俄国诗歌》，转引自[俄]托多罗夫《俄苏形式主义文论选》，蔡鸿滨译，中国社会科学出版社1989年版，第24页。
② [英]伊格尔顿：《二十世纪西方文学理论》，伍晓明译，北京大学出版社2007年版，第134页。
③ [俄]罗曼·雅各布森：《诗学科学的探索》，转引自[俄]托多罗夫《俄苏形式主义文论选》，蔡鸿滨译，中国社会科学出版社1989年版，第4页。

学性乃是对文学研究的一种纠偏。至少它抗拒了文学沦为其他学科单纯的传声筒，为文学研究界定了一个相对稳定的区域，进而实现为文学正名的目的。诚然，倡导文学性并将其视为文本阐释的阈限空间，单纯拘泥于文本的形式特征与语言诉求事实上已然不能完全主导阐释本身的需要。也就是说，在文本意义的延展过程中，不仅要关注文本意义的文学性，同时也要重视文本阅读接受中文学性的价值实现。换言之，以文学性作为文本阐释的衡量符码，不能拘囿于文学性自身的初级意义亦即纯粹的语言形式诉求，文本的"审美性""想象性"与"创造性"等文学品质作为文学性的陪伴物都应被视为文学阐释本身所应具备的独特属性与价值标准，成为引导和评判文学意义延展的理性尺度。只有有限拓宽文学性的有限阈限，才能真正将文学研究与非文学研究区分开来，同时也不至于在秉持文学性的同时将文本意义的多元阐释路径排除在文学阐释的合理法度之外。

诚然，如果说标举"理论中心主义"进而以理论取代文本是"强制阐释"的主要缺陷，那么对文学性以及审美性的僭越则是"强制阐释"的主流表征。在"理论先行"阐释机制的控制下，"强制阐释"出于自身理论体系建构的需要，随意宰割文学的整体特征，忽视文学作为活生生的审美生命体的事实存在。其主导的阐释宗旨就是对文学文本进行"去生命化""去审美化"的技术阉割，将文学作品的文学性与审美性视为虚无。由此，作品的生命、作者的生命、读者与阐释者的生命也在文本的理论宰割中趋于消解。因此，"强制"之后的本体回归，对文本意义理论书写的阈限不应拘泥于概念的演绎，更要注重文学性的并置以及情感性的表达。换句话说，回归文本本体的阐释要具备对抗理论的力量，就必须承认并高扬它不同于理论自身的文学性与审美独立性，只有当文本以及源自文本的理论批评话语都萦绕于感性存在进行发力，这种阐释模式才能抗衡理论的霸权与张力，实现阐释本体的真正回归。

倡导文本意义的本体回归、高扬文学性在文学阐释中的积极意义，本是文学理论研究的基石。但近年来，"文学性"有不断泛化的趋势，似乎已不再是文学这一学科所专有，一切人文学科都有被纳入"文学性"宏大视域的可能。正如美国文论家卡勒所言："如今理论研究的一系列不同门类，如人类学、精神分析、哲学和历史等，皆可以在非文学现象中发现某种文学性。"① 诚然，将文学性过度泛化甚至以文化批评取代文学批评，只能使文学的边界愈益消解，文学终将沦落为一个失去明确研究对象的模糊事物。对文学性的探讨与把握，只关注文本特性固然不够，将读者（阐释者）的阅读条件等功能性因素纳入考察对象也很必要。换句话说，文本意义处于一个协商性的张力结构中，这种协商性的作用力主导着文学研究包括文学阐释的多元建构，却又时刻牵制着这些阐释衍生的意义始终活跃在文学性的场域内，进而形成一个兼容性的文学主导的意义集合体。在这个集合体中，文本特性理应永远是衡量文学性的第一并且是主要标杆。任何抛开文本形式、审美特征的理论考察，都会导致文学理论的话语建构无法触及文本意义的本质内涵，渐而衍化为"强制阐释"的失效因子，在背离文学文本的轨道中渐行渐远。

四　理论余响：中国现代文论体系构建的理性省思

作为对现代西方文论的本质观照与理论反思，"强制阐释"论破除了国内文学研究一度以来对西方理论的崇奉与盲从，让国内学界以一种理性的视角与反思的态度重新审视外来理论的多维表征与复杂内涵。当然，我们不能否认西方文论在中国文论的本土化建构中所发挥的积极作用，也不能无视在中国现代本土化的文论建设中愈益成熟的中国步伐与中国姿态。消解强制、皈依本体，并非意味着漠视甚至抗拒西方文论的积极影响力。在"全球化"以及跨文化交流日益普泛的现代语境中，任何脱离外来资源的理论建构都是不可想象也是不可能的。如何参照、借鉴乃至援引他者理论来充实本土文论的话语体系，是回归本体性阐释不可回避的理论命题。

因此，"对话"理应是文本阐释及其理论构建中应对他者理论的

---

① [美]乔纳森·卡勒：《理论的文学性成分》，余虹译，载余虹编《问题》（第一辑），中央编译出版社2003年版，第117页。

理性姿态与有效策略。任何形式的贬抑或拔高都不利于客观的理性观照，它所带来的要么是拒之千里的孤芳自赏，要么是顶礼膜拜的过度盲从。"对话"的前提是基于两个主体或"互为主体"之上，他者理论和本土理论都是独立的主体，两个主体互为参照、平等对话方可达到共赢。更为重要的是，援引他者理论进行文本阐释与理论构建需要一个消化、转化的过程，强行纳入甚至张冠李戴只能成为"强制阐释"的催化剂。建立于匹配性理论基础之上的参照与援引要适时转化为符合文本语境的话语因子，发掘乃至激活他者理论自身的文学特征与审美属性，将其转化为文本阐释与理论建构的内在驱动力，这才是文本意义在合理阈限空间展开延宕的合法性所在。

　　值得一提的是，合理的文学批评与文本阐释应具备极强的实践性品质，能否源自文学实践、指导文学实践以及接受文学实践的检验是文本阐释及其理论构建的核心所在。常态的文学批评与文本阐释的终极目标不是为理论而理论的话语建构，而是回归文学实践、以自身的理论提炼与经验创构来指导新的文学实践并接受文学实践的检验。脱离文学实践语境的理论创造都是始于理论、止于理论，它不再是文学阅读的后续，不再是对文本语言意义的追寻，而是以理论为图纸对文本甚至文本之外的他物进行的加工，由此孵化出一个又一个彼此之间貌合神离的并置性话语场。阐释本身所拥有的实践指导功能异化为理论的喃喃自语，进而衍化为一种独白式狂欢。它消解了文学应有的精神高度和社会责任，拘囿于自娱自乐的小众话语场，很难进入大众的阅读视野以及实现对创作的指导，因而丧失了在文学实践中进行自我修正与整合的契机，最后沦落为自得其乐的恒定结论与僵死不变的理论教条。

　　阐释之所以重要，就在于它提出了为其他文本解读所忽视或遗漏的意义。特定的阐释总是衍生于特定的语境中，其演变的路径总是随着社会与时代而变化。文本意义的追寻不可能是 $1+1=2$ 这样的简单事实，我们也无法以科学主义的方法给阐释设定一个恒定甚至精准的边界。那种相信文本存在唯一真实意义的阐释形态在阅读过程中不可能得到意义的本源性还原。任何希图对文本终极意义展开追索的阅读行为都不过是提供了一个又一个似是而非的新解。合理阐释的标准是确认在不可化约的意义上真理的非唯一性，进而展开对文本意图内在连贯性的观照、体认与尊重。而所有这些理论构建的策略都不能以消解文学作为审美本体这一根本属性为代价。只有基于此，文本意义的延展路径才更为坚实、更为宽广。

保留文学激情*

劳伦·迪布勒伊**

一 文学的失眠与理论的酣睡

文学应该使我们在夜晚也保持清醒。对文学文本的评论、解读、阐释，不应该使我们昏昏欲睡，而是应永远不让事情风平浪静。这就涉及当代许多从事文学批评和理论的人存在的主要问题：他们常常让文学变得过于简化，打了折扣，变得和缓、琐碎，把文本变成用于发表平淡或无谓演说预先准备的说辞。"僵化的沉睡"正支配着文学的失眠。在今天的欧洲，文学通常被用于支持历史主义的解读，一首诗或一部戏剧成了档案资料，或者说仅仅是"时代的标志"。在美国，认同政治是目前的主要危险，人们依据道德标准评判、苛责或赞扬文学。同时，不同形式的"否读"（non-reading）如今正以"拉开距离"或"表面化"解读之名，得到公然提倡。计算方法是回避令人不安的文学理解过程的又一尝试。张江教授在文章中用了"强制阐释"这一术语来指这些不同的学术策略，这些策略既希望避免文学思维某些最令人不安的后果，又意欲表达业已存在的普通意见（而不是形成思想），与评论的文本关系甚微。关于英语界的"文学理论"个地理上集中在北美，但却更全球化的"领域"——我无疑会赞同张江论述的核心。

在学术世界的这一区域，我只能看到：（1）谈论和文学有关但并

---

* 本文原刊于《中国文学批评》2015年第3期。
** 作者单位：美国康奈尔大学；译者毕素珍，单位：中华女子学院。

不属于文学的普遍倾向；（2）日益增长的阐释无力；（3）有时甚至是一种对文学的漠视，与理论概念的"坚硬"刚性相比，文学作品被认为太过"柔软"；（4）在理论标签之下的幼稚投入，将其作为一种当代大陆哲学的密码。作为在"理论"方面具有领先地位的期刊之一的编辑，我们经常收到含有把 X 理论应用于 Y 文本的文章。多数遵循这种模式的文章最终都以庆祝 X 适用于 Y 主题为结尾；有些会承认，有鉴于 Y，需要对 X 进行个别但经常是无足轻重的修正；仅有极少数会表示，事实上 Y 很大程度上是"先于（其）批评家"而存在（用张江引用米勒的话说）。我尽量拒绝施用理论的文章，也不鼓励学生那样做。但这种现象相当明目张胆地存在，以至于在美国化的语境下，很难避免这种阐释路径，甚至是极具天赋的读者，如今也倾向于把文学文本作为跨向"今日话题"的、很大程度上是外来的跳板。对人文科学在大学（以及公共生活）中的角色、地位和未来的焦虑，是一个重要的决定因素：很多阐释者感到，他们不得不展示文学与当前社会辩论的关联，而且不幸的是，他们通过抛弃文学实现这一目的。在我看来，这就像惯性自杀。同时，美国哲学院系对非分析哲学的大排除，造成了一种低级别的诡辩家都能得到一份文学"理论家"工作的状况。我刚刚称作"施用理论"或张江界定的"强制阐释"，常常是对某一个主题进行语言逻辑上一系列强词夺理的演绎，使得文学文本陷入学术用语（parlance）[①]的罗网之中。这就是文学的学院研究的僵化。我会说这是我在美国经历的唯一的事情吗？不，当然不是，因为可获得的大部分内容实际上是政治正确和乏味历史主义的某种标签，其中整个"理论"的打包，只不过是为了某种模糊的社会工程的利益；而且因为，我们仍然有少数富有活力、极富天才的阐释者，他们的天赋恰恰取决于理论创造力、自我反思能力和对文学"食粮"的关注这三者的融合。

  因此，没错，"强制阐释"是文学研究中普遍存在的绝境，但它既不需要对理论的坚定态度，也根本不需要对"西方文学理论"的还原。相反，20 世纪最杰出的法国哲学家并不试图把一个"理论"

[①] 关于我所谓的用语（parlance），参见 Laurent Dubreuil, *The Empire of Language: Toward a Critique of (post) Colonial Expression*, trans. David Freni, Ithaca, NY: Cornell UP, 2013.

施用于一首诗歌或一部小说。吉尔·德勒兹或雅克·德里达以不同的途径试图实现的，是以哲学的方式完成富有挑战性的文学思维体验。这意味着不"施用"任何理论成为可能。这甚至是他们的出发点。遗憾的是，这些作者的有些所谓门徒正在做的，恰恰是他们试图避免的事情。我认为，这些作者的方法——尽管确实替代了哲学的体制——仍然大大受惠于哲学命题（诸如德勒兹的概念化，或德里达论证式的非矛盾律），而且仍然代表着非文学理论在使用。因此，他们只能归纳或概括他们兴趣盎然的文学特点。这使得德勒兹以非常老旧的方式把艺术描述为感知领域，把哲学描述为被概念所支配。德里达把文学事件认定为"语言"或"书写"，或者说认定为要被建构（解构）之物无法还原的提示。一些张江没有涉及的年轻些的法国哲学家，比如阿兰·巴迪乌、雅克·朗西埃，或者昆汀·美亚索，也可以在这里提及。尽管在具体学说、方法或手段等方面存在巨大差异，但所有这些学者往往采用一种"二分法"：认为文学具有创造非凡的能力——但需要通过非文学的方式表达出来。同样，海德格尔把思与诗比作"双峰"。在某种意义上，这是柏拉图《理想国》中古老故事的第n次重复，故事里荷马被一座城池授勋，又被驱逐。所以，我们在这里面对的当然是一个长期存在的"西方"用语。

然而，张江在批判"西方文学理论"时多少有些仓促，因为他实际上没有考虑到我刚才强调的差异。首先，他认为我前一段提到的一些人是"文学理论"的实践者，然而考虑到这些人对哲学研究的坚持，这种说法会遭到他们的反对。第二，张江在描述中主要依赖哲学分支一旦被引入文学批评专业话语中的美国化的转化过程。例如，在张江的文章中，解构这一术语被宽泛使用，既指一个概念或一个认定的流派，还作为一个转喻词指代"西方文学理论"。我反对这种用法。把处于极小范围内的一个具体实践置于（作为一个整体的）"西方"当中来证实一种说法，这是我要予以辩驳的。在中世纪的欧洲，人们提出了 translatiostudiorum（拉丁语，研究的转移）这一观点来描述一种虚构的"接力"，"希腊人"首先把知识"传给"了罗马人，罗马人又传给了信仰基督教的欧洲。在第二次世界大战后的时期内，美国学术界成为这一转移的最后一步，欧洲学者把他们的研究全盘"给予"美国，以使他们自己的研究得以在新土壤中继续开展。在这一说法中,"理论"是以这种方式到来。但"西方文学理论"一词中的每一个字对于欧洲许多这一领域中"知名人士"要实现的目的来说是陌生的——尽管这个词本身主要是美国(和帝国)的反作用。所以,我一定要避免使自己认为我们讨论的仅仅是或者说恰恰是西方的东西(在此,让我们想想后殖民理论吧,其代表人物是加亚特里·斯皮瓦克、霍米·巴巴、阿基利·姆班贝)。我当然不会认为,通过美国文学院系成员对哲学原理部分的偶然运用而被认定为"文学理论"的东西,会在任何程度上揭示"西方"影响下的文学理论的"本质"或"命运"。

最后这句话可能看起来是一个次要的点。可能是这样。但如果我们相信文学可以告诉我们大多数其他话语难以把握的东西,我们就必须坚持转移的界限。一首诗,一旦被转换或翻译成另一种语言,处于另一个时间,就不仅仅是被"传达"或"传递",而且还被改变了。张江通过对一种会使陶渊明成为另一位梭罗的文化翻译的简短评论做了类似的论述。同样,对待文学理论——即在我们理论的实践本身中试图保持和复兴文学——需要我们对"翻译"对象给予充分关注。我们不能对所使用范畴内在的政治结构一无所知(如"西方文学理论"或"解构")。而且,我们不应忽视我们是通过翻译层面进行交谈这一事实。因为此时我正在用英语回复张江一篇汉语文章的英译文,我发现其中至少有一处引用了德里达的话("我常常是在'利用'文学文本或我对文学文本的分析来展开一种解构的思想"),这显然是多个误读的结果,而且其真实性完全可疑(我确定,绝对确定,德里达从未说过或写过这句话①)。② 尽管翻译中的变化不可避免,但有些会

---

① 德里达的这句话来自《书写与差异》一书的中文译者张宁对德里达所做的一次访谈。此访谈本文作者未见到,故作此断语。关于此访谈的这一段话,请参见 [法] 雅克·德里达《书写与差异》上册,张宁译,生活·读书·新知三联书店2001年版,"序言",第20页。

② 我再举一个这种翻译偏差的例子。在张江的文章中,肖瓦尔特的一句引言("要从文本中解放奥菲利亚,或者让她成为悲剧的中心,就要按我们的目的重塑她")读起来像一个直接回答——一个女性主义批评家可能容忍的回答——回答她自己提出的问题"对于她作为一个角色和作为一个女人,我们的责任是什么?"但这里,肖瓦尔特恰恰是拒绝这样的重塑。值得注意的是,我指出的张江文章中的两处曲解(德里达和肖瓦尔特的引言),像是起到了起诉时证据或口供的作用。

导致荒唐的曲解。对"强制阐释"的批判不能也不应忘记这样的改变,并且我想再说最后一次,"文学理论"的一些信徒所犯的错误不能彻底归咎于西方或理论本身。

二 文学理论如何能够产生

在重新考虑张江提出的"强制阐释"的四个特征之前,我认为有必要对自己的著作多涉及一点,因为它还没有汉译本。毋庸置疑,我不能在几页的空间内充分解释我在书和文章中试图阐述的内容。尤其是,这篇回复的基调和节奏不允许我说明文学解读在实践中会是怎样,因为它探索的是文学构成的独一无二性。① 在给出一个大致的情景时,我有两个主要目标:利用(和批驳)一部分"理论"和"文学"的重要遗产;为稍后与张江某些立场的辩论打好基础。

现在,让我们设想从20世纪40年代到20世纪末的文学批评和理论的发展是基本一致的。在文学的虚构世界里,我们可以发现几个一致性的要点。在阐述我自己的一些看法之前,我暂且打算保留和涉及其中之二。第一个一致性是文学文本不能彻底还原的观点:任何评论都不是完整的、"确切的",任何一首十四行诗的翻译都没有抓住原诗效果的全部,一部悲剧在缩写过程中会有重要的损失或变化,小说不是信息加上某种风格、再加上对既有习俗某种套用的总和,互不相容的解读并不总是错误的标志等。语言是关键,文学经常被认为是维特根斯坦《逻辑哲学论》的结束之处("对无法言说之物,应保持沉默"唯一可能的话语开始。爱德华·吉利桑特著名的"不透明的权利"的说法和人类的语言或思想具有同质性,还是语言和思想可以被文学揭示、调动、锻造,是两种非常不同的选项。一致性中分歧的丰富性也是这样,但我只想说,从现象学到与

---

① 关于对文学文本更集中地阐释,读者可参考我的文章"What is Literature's Now?"以及我2009年的著作(只有法语版)*L'état Critique de la Littérature*〔英语为:*The Critical State of Literature*(《文学的批评状态》)〕(Paris: Hermann, 2009)。关于我对认知科学的论述部分,参见我的新作 *The Intellective Space: Thinking Beyond Cognition*, Minneapolis: University of Minnesota Press, 2015。

大多数作者相关的所谓法—美"理论时代",从法兰克福学派到让·波拉克的新文献学或俄国形式主义后的漫长时期,文学一直超越其内容甚至是语法形式。当然,我们也清醒意识到这一事实的存在,即从符号学到叙事学,许多其他"评论家"显示了一种以一己之能彻底整理和概括文学作品这一不可还原之物的愚蠢愿望。这是愚蠢的,但也与长期的批评实践相一致,这种实践曾支配 17 世纪法国剧院的规范性话语。

第二点一致性就是:写作和(或)阅读文学作品与不合规则的思维相联系。根据灵感的古代理论,最极端的立场呈现出恍惚的状态,乔治·巴塔耶的内心体验成为文学"强烈沟通"的背景。在我的第一本书里,已经展示了文学财产在后浪漫主义诗学解读中的作用——以及它如何被谱系的主线避开。① 这是对柏拉图讽刺性地把诗人描述为"发狂"者引发的长期争论的呼应。

于是,与对文学"先在体制"的普遍信仰相抵触,我把文学性放在一个事后归因的时刻,而一定不是置于任何事的开头、起源、根源或基础。文学言说的是已经被说过的事情,但它对词句的组合如此不同,以至于瓦解了之前的言语(读语、格言、谈话片段、哲学论证、虚构场景……)。在我这篇创造了前所未闻话语的回应中文学性产生了:它既呈现为它物(如直接引语、释义、典故、共鸣、反复),又表现为自身。在能够表示意义同时,不合逻辑的推论、错误的推理也展示和呈现了原有文本秩序的不连续性和弱点(认知的、社会的、政治的……)。文学既是有缺陷的,也是有意义的。此外,文学是通过所谓正常的(或齐整的)语言的失败创造出来的,是一种尽管存在最严重的缺陷还要"有所作为"的策略,因此它就成了语言内部的意义保证,证明即使是毫无意义或边缘化的语言也可能有所意味。意义不是主观的(与客观相对):它是具体的,产生于进入我这一临时场所的文本客体。结果是,举例来说,只要不把历史变为"文学",即只要历史的学科立场的缺陷不能转化成某种诗学,历史化文学的姿

---

① Laurent Dubreuil, *De L'attrait à la Possession*: *Maupassant*, *Artaud*, *Blanchot*, Paris: Hermann, 2003.

态就根本没有意义。这句话适用于所有的话语学科或秩序化的言辞，其中当然包括文学批评与理论。

　　文学思维由于语词或教条式内容的存在而与见解的形成不一致。在这方面，任何"强制阐释"都事先注定要失败：它既荒唐又可笑。当文本与其他词语和观点相呼应时，当文本要把这些词语和观点说出来、传达出来时，文学思维就出现了。人们在这里如何思维呢？带着观念——即站不住脚的概念的碎片和知识训练通常尽量保持不变；带着矛盾——源于虚构的现实以及我对此任性的参与，矛盾由于文字差异和语法混乱而不断出现，支持一种非形式逻辑的不连贯使用；带着意义——或者说是固定感受、理性约束和认知惯例之外的重要因素。

　　因此可以说，文学也是思想的或思想中的一种体验，这种体验与我所谓的"认知程序"不一致。我不合时宜地使用这一术语（马克斯·霍克海默以及西奥多·阿多诺谈到古典希腊的教育时也是这样），是为了提及一组认知处方。这一套方法跨越各大陆和各历史时期，尽管它的希腊形式在学术界仍然发挥直接和间接的最大影响。无论如何，在最大形式下的认知程序需要践行者：（1）服从一般的一致性约定（除其他事项外，确定非矛盾非纠缠的真相）；（2）拥有客观性和还原性的双重理想目标［这包括寻求可重复性和（或）统计识别］；（3）对语言的概念化、指示性使用（通过运用或不运用形式化标志），其中，所谓自然语言的大多数脱漏和过度实际上会被中和或主要是被克服。这些都与关心"一般"或"普遍"（亚里士多德katholou一词之意）有关，胜过了对特别之处和不可确定性的关注，还与寻求某种有条理的概括或自动性有关。（自然的、历史的、人群的、下意识的、心智的、语言的，等等）规律的普遍性和自动性，共同起到了客观还原的目的，阐释的喧哗由于（如在信息理论中）对意义信号的寻求而暂停。而来自"自然科学"的当代研究者可能表现得比大多数人文学科学者更"忠于"认知过程，需要指出的是，尽管遭到来自内部和外部的强烈批评，在自然科学所有的学科中，知识首要的和后全球性的组织，甚至取决于对这种认知程序的部分认可。

文学思维，正如我们所说，是在认知大厦的许多裂缝中生长的野草。

现在，错误可能是，把文学当作认知门槛之下的事物或认知程序的对立形象，即当作一个神话，一个幼稚想象的爆发，一种妄想。文学与"疯狂"、迷信或幻觉的共同之处，在于它事实上拒绝把认知当作思维活动的唯一（或高级）模式。但文学作品，通过对认知的破坏，在认知门槛之外对我们言说——并邀请我们多走几步，离开认知的飞机，走向智识的空间。

因此，认知不是当代认知科学虚构的东西。大多数来自功能神经学、人工智能、思维分析哲学或实验心理学的研究者从事的是对思想进行理性、正规、学科性包装。这里，知识和思想被当作自动作用的总和，是有语义的、透明的、连贯的，以及基本无缺陷、可重复和可还原的（尽管它们实际上可以被破坏和改变）。与旧的理性主义相反，新的认知程序容许（有时是提倡）一些（非弗洛伊德的）无意识的存在，它把认知的事物呈现为广延之物。经过几十年的研究，我们可以说，认知活动确实无疑会使我们思考，但我们不会止步于此。这里，我所谓的"思维"，是指认知可变的、程序性的表现。认知性是对我关于认知操作的思考的回溯性画地为牢；认知程序将这种画地为牢推广为最好的或者说更高级的手法。但思维来自扩展认知的延伸。此外，思维空间是一个假定空间，在此思想和知识得以呈现与分享（如思考和掌握），而不仅仅是根据直接和自发对我们"讲述"的普遍规律进行推断。

因而毫不奇怪的是，在大多数情况下，目前用认知科学的方法阐释文学的尝试，仅仅能够辨识（在动物和人工认知领域几乎无处不在的）非常非常一般和低阶的文学手法，以甚至不寻求试验或经验验证的过于简化的理论而告终。[①] 但这一问题与认知科学的关系不大，而与文学不当的（或不充分的）理论化有关。如果我们把文学空间视

[①] 我在其他地方强调了"达尔文主义文学批评"和其他同源方法目前面临的一些可悲的陷阱。参见 Laurent Dubreuil, "On Experimental Criticism", *diacritics*, vol. 39, no. 1, 2009。

为思维空间的一部分（把一首诗或一部戏剧当作通向抽象整体的捷径之一），认知研究能够帮我们定位文学思维在何处以及如何使自己与认知秩序分离，并使我们对可认知的内容有所洞察。对文学思维活动的了解，提供了一个避免陷入重复认知程序的机会。对于我们学者来说，这一任务有两个相关联的条件。一方面，只要我们讲思想和思维，我们最好承认认知的作用（并且能够把握和来自心智科学的学者的"交流"，如果我们探寻认知的缺陷，就更是如此。另一方面，为体现自己的阐述模式和方法，我们必须承认模糊晦涩与诗意呈现在反对根深蒂固的学科习惯方面的创造性作用。

三 反对现成的解释

"当代西方文学理论的根本缺陷"，用张江的话说，似乎只能与无法达到意义门槛的无能联系起来。在张江和我都会批判的方法中：（1）"西方"的复杂和反一致性的现实往往被降低到一种片面的、专横的、"专业化"和本地化的经验（如"美国化的学术界"）；（2）每当它不能通过对其他思想和思维模式的探索来批判性地挑战自我时，理论——在词源学上和实践上，指细读、思索和观察有可能变成一个空洞无效的术语；（3）如果把文本（text）变成托词（pretext），我再加一句，如果文学不对我们说和写的方式产生影响，文学性就有全线消失的危险。

我认为我和张江从这里起有了分歧。首先，文学作品常常提醒我，"文学性"不是一种本质，而是一种属性、一个规划、一个事件，或一个过程。张江将对文学本体性特殊地位的强调——或至少是在英译版本中对此的强调恰恰似是而非地与一个我不赞同的非常西方的传统（碰巧是海德格尔的）信条一致。第二，文学性作为一个修饰语，需要我们能够胜任这一任务。如果想做"文学的"理论，而不仅仅是揭示关于文学的一个理论，我们理论的实践必须是被一首十四行诗或一部悲剧读后能够带来的反应所触动和激发。正如我在《批评状态》一书中所说，文学既是吹毛求疵的，又是散漫不羁的（通过使用或破坏要素、逻辑、涉及知识构成的话语等体现一种最大限度的跨学科性）。文学批评不应该仅仅沉浸于所分析的文本之中，还应该被文学思维激发灵感，并反射到阐释的自我认知模式上。因此，张江说"并不否认，跨学科交叉渗透是充满活力的理论生长点……但必须强调的是，文学不是哲学、历史和数学"，我衷心赞同。但我不同意接下来的推断："用文学以外的理论和方法认识文学，不能背离文学的特质。"文学——被理解为一个过程、一种回应、一种践行——欢迎我们以自己的方式，在可能的情况下，调动非文学性使文学偏离其原有轨迹。这样的文学偏离不恪守特质，并且只能通过其过度的认知表现来证明。"强制阐释"不惜一切代价试图避免这种证明，这就是为什么他们除了喋喋不休，一无所成。相反，如果我们想借此一劳永逸的把"主观"从任何阐释中去除，文学科学（赞同或反对理论）永远也不会建立。在这里，我似乎可能也与张江的看法接近，因为他强调"主观创造性"的重要性。但我需要补充的是，在文学研究领域，主观的——不是主观性——是一个通过"我"这一人物（拉丁语：persona）表达的弥散现象。"我是谈论阅读内容的我，我成为文本的化身，我表达的话语是我的体验，这个我也是你。"认同政治应用到文学时所犯的错误，是认为文学作品必须表达我，这就是文本如何被强制去表达预先形成的主观性。但我们的目标应该是对我是什么以及什么意思的持续变换，通过作者、人物、读者扮演的一个角色的立场变化或指向理论的自反和苛刻批评来实现这一目的。文学理论通过阅读体验产生了一个临时的我，而文学"强制"理论佯装通过对前文本的客观化揭示前在的我。

我想通过改写张江提出的四个特征来结束回复，即既呼应又偏离他文章的中心主张。以根本僵化和预先确定的理论为准则的"现成的解释"应该被抛弃。在这里，"缺陷"不是源于做得过多——不是因为远离文学领域，采用了过于混乱的认知过程，等等——而是源于做得不够。

（一）我们首先面对认知无能。现成的解释并非错在"场外征用"，而是它们没有把握住非文学理论对作品构成的文学介入，这种介入正在迅速和不可挽回地改变非文学理论的倾向、逻辑、条件和抱负。进而，由于它们已经把外部理论融入文本组织结构中，文学作品授权我们行之甚远，与陌生的言语和外界学科对话。但它们也激发我们在使用那些场外话语时，像它们一样严谨和极端。正如谚语或哲学命题融入一首诗时需要改变一样，场外理论也应该被我们的文学评论创造的文学经验所改造。文学观是彻底的元认知，任何建立一个仅仅致力于文学探索的独立学科或者是跨学科设置的企图，都会使文学错失其声称要培育的视角。

（二）现成解读并非多是"主观预设"的结果：出现这种结果，其实要归因于他们对阐释的聋哑（包括他们自己的阐释）。在这里，我们真正应该抛弃的是原始的或历史意图的观点。共性的存在既是历史的又是跨历史的（例如认知结构），但其主要"理论"兴趣在于为更多的事物开辟可能的事实。在这个层面上，一个"接受美学"的整体方案通过取消文学事件、历史条件以及心理规律被误导了。诚然，没有绝对的自发性，如果人们把自发性想象成一种全能和自由决定的主体性艺术创造的话。现在，过多依靠规则会阻碍文学作品可能性的任何合理阐释。小说出版当年的"标准阅读"，信件或前言中宣称的作者意图，甚至叙事作品或史诗中寓言式的比喻，给我们指明了阐释的方向。但我们阅读的文本在它们共同坚持到现在的东西方面变得松散了，文本不再局限于 t 时刻可能性的条件，而是受应该严格应用 X 理论的限制。我再说一遍，历史主义对于文学来说是致命的。现在有一位文人，现在是指"我们"所处的时代。这种共有的同时代性与"现代主义"无关，"现代主义"会在过去的文本中发现当今问题的确切表现。创造性的文学解读是不合时代的，因为它构成了一个过去、现在和未来同时被感知的现在。这在认知上和主体上是一个阐释的奇特处境，但我们不应该回避这样的困难。我们感受到王维某首诗的古老奇特之处，我们当然知道它是在遥远的过去向我们诉说，然而它现在仍然在一个我们通过文字实现穿越的共同时空触动和影响着我们。我们自己的批评阐释正面临同样的挑战，也需要这样做，而且如果不这样，就会陷入标准化和乏味描述的境域。

（三）我没有时间充分表达我对张江"非逻辑证明"观点的保留意见。当然，我赞同他对所谓理论家中不幸普遍存在的缺乏一致性的关注。张江不但采用了一个非常标准的、二元式的对于逻辑的定义，而且忽略了文学文本中出现的表述矛盾和相似特征的主张。如果我们停留在古典二价逻辑的局限内，我们如何欣赏波德莱尔的诗节："我是伤口和匕首！/我是掌击和脸颊！/我是成员和头目，/既是受害者又是刽子手！"难道说波德莱尔疯了，或在撒谎，或者他的诗歌毫无意义或者仅仅是一个象征形象，因为当 P = ~Q 时（"我是受害者" = ~"我是刽子手"，他同时声称既是 P 又是 Q？还是我们真的要挑战自己的认知逻辑，说：让我们想象一个纯理性空间，在那里，无须承认任何事情，就可以说诸如 P&~P 之类的话？这样做，我们可能开始破坏现成的解释，这些解释对自身命题的真实性如此坚决，以至于拒绝按照原则审问自己的习惯，生怕被玷污。柏拉图之前，齐诺弗尼斯有一个著名的论断，说诗人是不一致的骗子。我要说，文学是潜在地超越一致性的，并且依赖于接受一些矛盾的逻辑形式，它们并没有因此变得微不足道或破灭。文学作品几千年以来已经显示了一些数学家和逻辑学家通过他们的形式化语言正在探索的东西。我认为，文学理论如果要回应作品的反应，就需要为非二价和非标准逻辑阐述留有余地。我们不能授予自己想说什么就说什么的权利。但是，在保持一致性的同时，我们当然可以离开由 0 与 1 构成的规范化区域。有意义的自我矛盾将被保留，并尝试。

（四）现成的解释，可以在"混乱的认识路径"中被发现，如果我们用这一短语来指随意的或预先确定的在认识论上欠佳和不一致的学科关联的话。但是，它们在坚持我之前说过的认知程序的尝试中也会非常常见。换句话说，有由于缺乏应用、训练或自引导方案产生的错误，也有无关个人无能和集体懒惰、产生于知识和思想认知渠道的缺陷。我要确定我们不会把两者混为一谈，因为两者的含义截然不同。我们所说的错误的理论，错误的批评，对于文学研究以及人文科学是有害的，它们把研究变成了墨守成规的制造厂。但根据认知的衡量和文本的尺度（这超出了理论的限度），最具创造力的文学理论从根本上将依然是有缺陷的（认知本身是有缺陷的，这已经被从库尔特·哥德尔到雷戈里·蔡廷通过数学方法多次证明，但这是另外一码事了）。尽管缺陷是反对在文学理论上累加野心的严肃警告，但它绝不是鼓励错误推论的借口。

  以一个结尾，代替结论。阅读和书写文学，是为了使生活宜居，为了思考不同的事情。在我们通过文学活动共享的思维空间内出现了重要的问题，可悲的是，大部分当代文学理论掩盖这样的疑问。本文中，我试图说明我们如何能够重塑可能挑战自我历史和位置的文学理论的认知轮廓。在整篇文章中，我试图对张江针对现状的重要批评予以回应。尽管张江和我无疑得出了不同的结论，但在我看来，在我们论述的建构中，我们都希望保留文学的和对文学的激情。

批评的宽度*

托马斯·帕威尔**

张江教授的重要论文《强制阐释论》①指出了近些年欧美文学批评中大量存在的阐释的宽度问题。英文单词"latitude"本意是"纬度""宽度"与"空间",同时,作为"自由"的同义词,它唤起"无约束的"和"无需批准的"语义联想——就算不是完全放手去干,至少也是自由发挥。在我那本旧的《罗杰同义词词典》里它还有这样的语义:"最大摆幅,绳子,给自己足够长的绳子去上吊。"②

这最后一层微妙的语义弥漫在张江教授的论文里,他提请读者注意,当代西方文学批评"割断与历史传统的联系、否定相邻学派的优长、从一个极端转向另一个极端,以及轻视和脱离文学实践、方法偏执与僵化、话语强权与教条等问题随处可见"。这一严峻的判断背后有着详尽的论证和典型案例的支撑。在张江教授看来,当代西方文学批评中最严重的问题是,批评家们不是把注意力放在文本的研究上,而是用一些预设的东西去阐释文本。"强制阐释",张江教授如此命名这种批评实践,并认为它包含三种基本特性:一是借用其他学科的理念与理论(用张江教授的术语来说就是"场外征用");二是批评为了实现批评者的主观意向,而不是努力探究作品所呈现的意蕴(即"主观预设");三是批评者认领文学作品以支持自己的理论,并不管

---

* 本文原刊于《文艺研究》2016 年第 8 期。
** 作者单位:美国芝加哥大学罗曼语言文学系;译者潘雯,单位:中共浙江省委党校。
① 载《文学评论》2014 年第 6 期。下引皆同。
② *Roget's International Thesaurus*, New York: Crowell, 1962, p. 505.

二者间是自然的还是武断的联系（即"反序混乱的认知路径"）。

当批评者用源于文学之外的学科的理念或理论来烛照文学时，"场外征用"的情况就会出现。因此，20世纪30年代发轫于中欧、60年代影响了法国的语言学为结构主义文学批评提供了方法模式；女性主义和反对殖民主义的政治浪潮推动了文学领域的性别研究与后殖民批评；存在主义哲学中经由对语言的反思而形成的很重要的一脉，在20世纪50年代因为许多批评者欣赏海德格尔而影响了文学研究，在70—80年代又因雅克·德里达启发了许多批评家而再次影响了文学研究。在细致分析了跨学科的征用方法对文学研究的影响之后，张江教授呼唤用文学的方法研究文学："这是文学理论存在的独特方式，决定了文学理论与其他学科理论，特别是哲学理论的差别。文学理论的基本对象是文学，文学理论既不是一般的社会生活现象的理论研究，也不是形而上的一般思维和认识方法。文学理论的重点应聚焦于文学规律、文学方法的具体阐释，聚焦于对文本的具体的认知和分析。"

第二点特征"主观预设"，关于这一点，张江教授警告读者，注意批评者在理论和政治方面的前置立场，注意生硬的、公式化的前置模式，以及注意前置结论。例如，女性主义研究范式里较为激进的女性批评（gynocriticism）认为，莎士比亚的《哈姆雷特》更应该被视为奥菲利亚的悲剧，而不是哈姆雷特的。对奥菲利亚的强调是为了"按我们的（也就是'女性批评的'）目的重塑她"。但张江教授认为这样的阐释抽空了莎士比亚悲剧的意义，在他看来，合理的理论应该和文学文本具有内在的一致性。当然，他进而言之，批评者总是会带着先有的立场开始批评，但既然立场可能会扭曲阐释，批评者理应让对文学的关注与阐释的灵活共同支配批评，以免批评将同样的方法生硬地用于不同的研究领域；不仅如此，更重要的是，批评应以尽可能公正的态度对待文学作品，这是它的指归。

第三点，即"反序混乱的认知路径"，是指解读文学作品从预先设定好的理论切入，然后得出所研究的文学作品证明了某理论合法有效的结论。换句话说，文学作品被"强制用来证明理论"。然而，张江教授观察到，理论的全部出发点应该是实践，在文学批评过程中，理论是来自而非先行于具体的文本分析。如果理论本是从其他学科领域征用来的，而且和文学现象几乎没什么关系；如果具体的文学与原本用来捕捉文学特质的抽象理念之间的联系被不可避免地扭曲，那问题就更加严重。比如，符号学，它首先创立一套抽象的概念，然后寻找具体的文学因子来证明这些概念，其实具体的文学因子并不会对它抽象的概念产生任何影响。再说解构，它的目的是要表明任何一个具体的文本里都包含着深刻的矛盾，至于尽管存在矛盾，具体的文本又是怎样结合为一个叙事整体的，解构几乎从不探究。反序混乱的认知路径导致的另一个后果是局部与全局的分裂。因为批评是在事先预设的理论框架下做文本的分析解剖，因此构成文本的不同分子之间以及分子与作品整体之间的内在的、特定的关系就被忽略了。

张江教授在论文的最后追问了当代五花八门的理论之间的关联的问题。新理论总是单兵突进地强调文学的某一方面，视其为至关重要的问题，张江教授认为这样的操作必然会导致"单一化、碎片化"的致命弱点。而且，局部的、单兵突进的理论之间往往不能配套整齐，互证互补，从而让整个学科陷入令人担忧的结构失衡的状态。张江的结论是，只有文学研究成系统的发展才能"提供理论成长的内生动力，也是一个学科日趋成熟的重要标志"。

张江对过去半个世纪西方文学研究的批判揭示了其发展过程中的几个重大问题。一旦文学文本被作为附和理论的范例——社会学的、政治学的或者心理学的——那么文学文本就会被迫按照被甄选出来的理论的意图说话。不仅如此，每一种新的理论浪潮都会把自己的阐释强加给文学，还认为自己的理论是最重要的，是独立于其他理论的。批评发展到这一步，单个理论又何必费力去与其他竞争的理论协商对话？直接无视它们、自说自话岂不更简单省事？于是，文学批评者的注意力会向两个方向分岔而去。一些已成体系的理论，尤其是那些最诱人的、最流行的，会沿着文学作品的外围筑起一道厚厚的脚手架，阻止人径直进入建筑的内部，或者至少让人很难进入。这种情况就像符号学理论或者某些政治理论所发展出的文学阐释，它们所运用的非文学的语汇与材料经常把批评的焦点从对象文本中游移出来。而另外一些方法，特别是解构主义，会贴近观察文学作品，不过它们并不是研究文本的具体特征与生成过程，而是要重组文本的特征，让特征因子之间互相抵牾起来，由此模糊了文本的具体形态。这两种情况，围着作品搭脚手架也好，摧毁作品的内核也罢，都是将文学作品的实质推至读者的视线之外。

但是，这种游离，这种变更，这种逼仄，是文学批评在当代才发展出来的现象吗？是不是大约一个世纪前，从时机上说，某种突然的转向就该发生，并且不知何故地影响到了文学研究？

有没有可能，张江教授所敏锐捕捉到的某些实践问题，并不是稍近年代的新情况，而是早已有之的老文学方法在当代的加速反应与愈演愈烈？如果情况的确如此——在稍后的文字里我会尽力证明这一点——这种加速反应与愈演愈烈又是怎样形成的呢？

接下来我将特别检视自19世纪早期以来欧洲文学研究的发展历程、现代性的文学阐释的形成路径，以及20世纪中期文学研究的重大变局出现的缘由。最后我还将分析一下哪些因素塑造了美国文学研究的具体形态。我的结论将是，张江所指出的当代文学研究的缺陷和问题与一种批评实践有关，这种实践就其自身来说是有用处的，尽管它们未必是必需的。

18、19世纪之交，欧洲文学研究经历了一个重要的发展阶段，那时，认为古希腊罗马文学是世上唯一的艺术成就的想法，逐步让位于人们越来越浓厚的对文学多样性的兴趣和对民间文学传统的热忱。比如，浪漫主义时期的思想家与作家们意识到了日耳曼国家也树立了它们自己的文学丰碑，像中世纪史诗《尼勃龙根之歌》（*Nibelungenlied*）、沃尔兰·冯·埃森巴赫的骑士传奇《帕尔齐伐尔》（*Wolfram von Eschenbach's Parzival*）、格林兄弟搜集的民间故事、无名氏们所作的抒情诗歌，它们和古希腊罗马的戏剧与诗歌一样值得世人景仰。于是，文学研究顺乎其然地得出结论，每一个民族、每一段历史所产生的文学，都是人的世界观、艺术观与价值观的具体、深刻而自然的表达。按照黑格尔《美学》的分期法，艺术经历了三个且仅仅三个历史时期，每一个时期都体现出一个被选中的民族精神：古老的、图示象征型的艺术以古埃及为代表；古希腊人思想产生的是讲求和谐统一的古典艺术；而讲求人的内在精神的基督教艺术是日耳曼民族灵魂的果实。我在此无意于坚持黑格尔的历史偏见,让我们注意一点,在黑格尔看来,艺术与文学的内容和形式之间是相互支持的,因此,艺术外在的、形式上的特征应该是深层的精神品质的流露。

在黑格尔所划分的三大主要的艺术形态的基础上,后来研究欧洲艺术的思想家和历史学家又补充了一些原型类别,如哥特式、古典式和巴洛克式。每一类都有其外在的形式特征,而这些特征正是从最深刻的"Zeitgeist"——时代精神—中涌现出来。巴洛克时代创作的所有的绘画、雕塑、戏剧、诗歌作品,甚至在一些思想家眼里的哲学与科学作品,都流露出相同的、巴洛克式的看世界的眼光,都带着相同的"巴洛克特点"。文学批评家和历史学家还严肃认真地探究巴洛克时期写成的每一件作品,以发现到底什么是"巴洛克特点"。维特根斯坦在1931年注意到这种做法,并批评它"把属于原型的特点当作我们呈现具体事物的支点。但是既然我们混淆了原型与具体事物,我们就会发现自己正教条地把原本只有原型才必须具备的种种特点赋予到具体的观察对象上"①。

除了这种基于黑格尔的唯心主义哲学,后被威廉·狄尔泰及其众多追随者大力发扬的方法外,19世纪的文学研究同时也追求一种实证主义的,以经验为导向的,连结文学与其社会、历史、政治语境之间的方法。法国历史学家伊波利特·泰纳认为,能形成一整套情感与思想的体系的文学作品与文学思潮,是由三个因素决定的:种族(泰纳的"种族"是指某一个民族或某一类民族)、社会氛围和文学发生的历史时机。与此同时,他赋予有才能和禀赋的个体以表达时代思想与情感的职能。泰纳的英国文学史检视了一系列的伟大作家,并把他们看作是各自时代的旗手。赞同这种文学观念的批评者除了寻找并宣告在伟大作家的伟大作品里发现某个时代的特性外,几乎没什么批评方法可循。

寻找反映在伟大作品内容和形式上的时代精神与民族的世界观的做法,带来了文学研究在19世纪晚期和20世纪早期的显著进步。但

---

① L. Wittgenstein, *Culture and Value*, trans. Peter Winch, Chicago: University of Chicago Press, 1980, p. 14. 本文作者依据德文原文对英译本略有修改。

是，这种研究经常会出现民族主义式的扭曲，即批评者有时会高估本民族的美学形式，还经常会高估某一历史时期"时代精神"原型般的同质性。试举一例，在哪一部作品堪称"第一部现代小说"的问题上，西班牙人认为是塞万提斯的《堂吉诃德》，法国人认为是拉法耶特夫人的《克里弗丝公主》，英国人认为是理查逊的《帕梅拉》。像"哥特""巴洛克"和"古典"等概念，推动了审美判断上的形式主义，而且由于这样的概念可以运用到某一历史时期几乎所有的作品中去，这些作品便被想当然地认为是展现了某种原型的特色，正如维特根斯坦当年所观察到的那样。民族主义、形式主义、原型同质性，这些在比20世纪中期早得多的时代里，就已经起到以理论预设、概念先行来引导文学研究的作用。

另外，像泰纳这样的学者所倡导的历史决定论和"世界观+时代精神"式的唯心主义批评方法，是以从其他学科借用来的方法与观察为基础的。如果民族、社会与时代真的能够决定文学的产出，那么指引文学的学科应该是历史，文学研究就必须跟在历史学的结论后面亦步亦趋。而在"世界观+时代精神"式的研究里，因为时代精神能启迪所有的艺术创造，文学阐释也就必须以普遍的时代精神作为自己的出发点。

一般说来，现代意义上的、从弗雷德里希·施莱尔马赫开始发展出的阐释学——研究阐释的艺术—最初的任务是阐释宗教，而不是阐释文学。路德宗神学家或布道者在阅读并解释《圣经》的含义时，在《圣经》的基础上还需要确保对《圣经》文本的解读符合其教派的教义及路德的训导。在这种情况下，阐释就包含着在两套可能不一致的话语意义间进行协调的工作：一边是16世纪时宣讲出的教义；一边是比这早得多的《圣经》基础教义，阐释者必须对它忠诚。由于是宗教阐释，阐释必须指向永远的救赎；由于路德教派以为它的训导是为永远的救赎铺平道路，阐释就必须表明《圣经》文本与自己教派的教义吻合一致。指引宗教阐释的是"反序的认知路径"（用张江的术语）。及至后来伽达默尔提出更世俗化的阐释学的概念时，他也很清楚这种一致性，因此他坚持阐释者要先有一个"前结构"在心，然后以它来指引阐释。所以，批评者对历史因果论的依赖和阐释者对前结构的依赖——通常这些总是明确指向"时代精神"——表明，先于阐释行为的主观预设是欧洲文学研究一路发展而来的伴生现象。

　　历史的和阐释学的预设式的解读本身就十分接近文学，它们的运用可以说是硕果累累，文学学者借助它们培养出更锐利、细腻的洞察力。不过，话又说回来，历史和阐释学的方法建立在对"人性"的体认上，因此文学有时会被称作"道德科学"或"精神的科学"，并被认为是与自然的、精确的科学有着深刻不同的领域。后者为客观的研究方法所掌控，而对人性的求索绝大多数情况下凭借的是个人的敏锐与理解。但是，个人的洞察和理解难道不是很容易就滑入知识偏见与概念不清中吗？就像很多人在20世纪30—50年代的困惑，严密的科学方法难道不能带来大有裨益的影响吗？20—30年代，语言学已经开始自称为"精确的科学"，文学难道就不可以步其后尘，也采用同样的方法和理念吗？

　　结构主义和符号学的目的正是要开创科学的文学研究方法。20世纪50—60年代，新的文学研究方法借用了结构主义语言学的研究成果，有时借用得还相当业余，这点我在《语言的魔咒》（芝加哥大学出版社2001年出版）中特别提到。但是它取得了重要的历史成果，尤其是开创了"叙事学"这一学科领域，对故事的结构和讲故事的方法进行细致入微的研究。对文本形式的强调盛行一时，说它成功也好，业余也罢，语言学式的方法很快就引发出一股强烈的反应。解构的态度是，既反对把"世界观+时代精神"当作无所不包的概念，也反对结构主义所推出的那些抽象的用词，20世纪60年代末，解构主义提出哲学——很快，文学也被包了进来——的当下任务是推翻那些概念。文学中的解构原本是远离政治立场的，但是，因为它的研究方法如此激进，反倒鼓励文学学者面向激烈的政治问题展开工作，从而超越了之前的划界。性别、种族、身份与生态等方面的问题渐渐形成文学研究的一个最重要的面向，尤其在美国，而研究这些问题需要大幅度放宽批评的空间，需要把大声疾呼作为批评的构成要素。

　　要想理解这一文学批评的发展演变，我们需要意识到一点，"西方"作为一个批评术语，不能无差别地应用于欧洲和美洲所有的文学研究。美国高等教育里有两个非常重要的、独特的特点,一个是文化上的,另一个是教育机制上的,对20世纪晚期文学批评的演变起过突出作用。

说到文化上的这个特点,我们要把美国人对世界的一种感觉纳入思考,即美国是肩负着为"善"而战、改变世界的天赋使命的。在知识阶层,很久以来这种使命感推动学者把对公共事务的关心放到自己的治学中,包括文学研究。美国教育机构的宗教渊源与传承更是鼓舞文学观念中的强烈的道德倾向。在19世纪的精英学校里,教授们本身又是布道师,礼拜天在教堂里布道,工作日在学校里教文学。讲教布道特别注重挖掘读者和文本之间的个体化的交互作用,这正好吻合对单个作品进行文本细读与讲求个人体验的研究方式。宗教的读经传统后来进入世俗的文学框架后,对于强调文本细读的"新批评"流派的兴起与成功贡献良多。同样植根于美国传统中的为"善"而战的冲动,在近年来文学研究对道德和政治问题的关注中扮演了主要角色。文学研究关注时代产生的林林总总的问题:性别、阶级、种族、性取向和生态等,人们希望这种关注能让文学与当代真正相关,过去、现在都有这样的期待。

从教育机制的角度说,美国大学本科和研究生教育中的显著特色之一是,学校训练学生们细读文学作品并飞快而恰当地把作品与一般理念联系起来的能力。像"新批评"中的"反讽"、解构里的"自我悖谬"、女性主义批评里的"父权制",这些理念不仅呈现出文学的某些艺术层面,而且强调文学与文化和政治的关联性。把文本阅读与通行的理念结合起立的能力鼓舞了理论的发展。理论就是那些可以推而广之的原理,少量的原理就能引导阅读和阐释跨越所有的文学领地,而不是只能聚集于某一国家或某一时期。在美国,普遍接受的做法是大学里上课就教一、两篇作品,的的确确,有时是数量很有限的作品节选,然后把它们推演至全球语境下的意义,好以此来阐明整个社会的方方面面。

还有一个因素同样重要,就是美国人对创新的渴望。就像在科技领域,新系统不断替换掉过时的旧系统(例如汽车替代马车,电脑替代打字机),在美国思想领域,新的潮流也总在试图取代之前的潮流,并且经常会取得成功。"新批评"曾通过文本细读和对作品个性的强调对抗旧的哲学式的历史决定论;20世纪80年代的解构思想曾宣称自己是最激进的创新,能够抵达前所未有的文本深度;但很快,近年来对社会和政治斗争的关切取代了对解构的迷恋。

社会关联性、理论化以及不断创新是美国治学体系的显著特色。必然的结果是美国的文学学者排斥只在一个狭窄的学科领域里探究相关细节的研究,他们要的是能针对更大议题的争鸣。在20世纪欧洲文学研究的大量成果中,艾里希·奥尔巴赫的《摹仿论》成为美国的经典并不是偶然。在这本书里,奥尔巴赫仔细研读了二十部伟大作品的节选,研究的作家从荷马到维吉尼亚·沃尔夫,他发现每一种具体的现实主义文学形式,正是相关文学作品所处的整个历史时代的世界观所明确下来的。奥尔巴赫的目的是透过文学的一些特征来重塑整个世界。与他相似,美国文学学者在看到标志重要问题的相关特点的能力上——过去或当下的问题——是无与伦比的。

张江教授所说的三大主要问题——"场外征用""主观预设"和"反序混乱的认知路径"——在我们看来也同样存在于早期的文学研究中。不过,美国高等教育的阅读技能培训的确加剧了这些问题的影响。文学研究要根据社会相关的要求引来场外征用;创新的需求导致迫不及待的理论预设;而阅读对理论的依赖滑向反向的认知路径。

当代文学学术里的这些方面,当它们如张江教授论文中所描述那样发展过度时,便变成了问题。不过它们并不总是、也不必然会变成问题。我们的文化要求我们关注当代重要议题,鼓励创新,鼓励迅速地把细节观察上升为如日中天的理论,这样的文化既容易产生令人眼界大开的成果,偶尔也会带来失败的尝试。它能快速开辟出新的路径,纳入新的视角,探究许多五花八门的问题;它有时会匆忙拿出结论,压根儿不管这结论与过去的信条或与今天其他平行的研究是否协调一致。为了拥有一片富有活力和创造力的研究领域,理论之间的不协调和理论的碎片化倾向是我们必须付出的代价。

的确,文学研究里的缺陷应该被批评——张江教授的论文完成了这个使命,但研究者同时也可以在美国式的求新求异、介入社会和热衷理论上获益。张江教授举了女性批评运用于《哈姆雷特》的例子,并警告我们小心批评的粗暴阐释与主张,这是对的。但是,女性主义批评家唤起我们注意两性问题,这也有助于我们更好地理解莎士比亚戏剧中的一些重要方面。尽管她们要"重塑"奥菲利亚的呼吁在学术文章里显得落落不合,但在莎士比亚的戏剧里,这位年轻的姑娘的确是被父权、暴政和男性的漠然(她父亲波洛涅斯的阴谋、克劳狄斯和哈姆雷特之间的争斗、王子本人的轻率与淡漠)所毁灭掉的。我们还应该注意到,继 20 世纪 80—90 年代政治导向的批评浪潮之后,在刚刚过去的十年里,这一领域的活力、介入社会的追求和对理论的兴趣又开辟了新的批评疆土:在文学学术界,有对哲学和心理与情感的研究的回响;对文学的道德反思也是近年来重要的研究课题;还有对译介实践与理论的探索,以及对于"数字人性"这样全新领域的研究。

总而言之,文学是关于人类的,关乎他们的行动、感情和思想,因此,新的面向这些方面敞开的方法应该受到学界的欢迎。在张江教授的建议之后,我们肯定会看到新的、注意与学科整体性的关系的批评浪潮出现,尽管在具体的操作层面,保持与文学整体性的关系并不是每时每刻都能做到的。但是,为了联系社会、为了求新、为了理论的原创性而做出的创造性探索,也将一如既往重要。毕竟,一定的学术宽度是不会有害的。

文学、文学批评及文本可读性的历史指数[*]

西格丽德·威格尔[**]

在研究文学批评和最新文学理论的过程中，张江提出"强制阐释论"[①]，借此他批评当代西方学界诠释文学的普遍方法，即以理论的前置立场裁定文学文本的批评。张江将其视为"西方文学批评"的一个"基本特征"[②]。为了支持这一论点，他引用并批驳了来自德国、法国和美国的代表20世纪不同哲学和文学流派的学者理论。2015年在柏林举行的关于"强制阐释论"的讨论中，张江说明了他提出这一观点的动因：西方文学批评理论在中国产生如此之大影响所引发的问题是，这些理论可能会取代传统的中国式思维，而这些理论并非总是适用于中国文学。张江在其发言中进一步阐明了他对文学的理解，并列举了正确理解文学文本的一系列标准。他认为文学诠释必须是客观的，并且符合"作者原意"或"文本本义"，这是衡量诠释是否正确的标准。

就张江的论点涉及的一系列文学理论研究的基本问题，我想从以下几方面进行讨论：（1）文学概念是文学理论研究的一个核心问题；（2）鉴于读者阅读和批评文学的过程不同，文本诠释所产生的问题也各有不同；（3）文学的地位及其历史解释；（4）文学理论的全球

---

[*] 本文原刊于《文艺研究》2016年第8期。
[**] 作者单位：柏林文学与文化研究中心；译者薛原，单位：上海交通大学外国语学院。
[①] 张江：《强制阐释论》，《文学评论》2014年第6期。下引皆同。
[②] Hans Blumenberg, "Wirklichkeitsbegriff und Möglichkeit des Romans", in: *Begriffe in Geschichten*. Frankfurt/M. SuhrKamp, 2001, S. 47 – 73, S. 61, 73.

化问题。

一 文学概念是文学理论研究的一个核心问题

　　张江对不以时间为转移的（Überzeitlich）、即永恒的文学诠释的批评尤为恰当。他认为，这种有超时间意义的文学诠释是不存在的，因为文学作品不仅是"人类思想、情感、心理的曲折表达"，即"作者主观心理活动"的反映，更是作者在一定时代、特定文化和历史格局下的经历的反映。张江认为，文学是一个"独特的审美和创造性表达"。文学不仅仅是"为艺术而艺术"的美学。更关键的是，文学赋予人类的感知和疑问以相应的语言表达和审美形式。这一点无论对读者还是作者来说都很重要，这是因为所有的文学形式，如小说、戏剧、散文和诗等都参与塑造和探讨了作品产生的那个时代的人的社会实践，以及由此产生的问题。

　　然而，文学相对于其他学科而言有其独创性：文学在诗性语言构造出的超越现实的空间中，以独有的方式展现主人公的经历。这一方式主要体现在，作者从与现实生活不同的视角对某个时代的某一现象进行演绎，并通过思考得到这一现象的启示或使之升华。这样，那些存在于现实生活中但还未被文学作品展现出的"潜在"内容才能凸显出来。这就是使文学创作、文学反思和文学批判成为可能的推力。

　　汉斯·布鲁门伯格（Hans Blumenberg）在 1963 年对所谓"小说的可能性"进行了讨论。他在讨论中并没有追问小说表现了怎样一种现实，而是思辨地提出："小说构造了哪一种现实？"布鲁门伯格重视小说艺术的潜力，在他看来，小说"不再是对现实对象的表现，甚至不再对世界进行描摹，而是要呈现一个新的世界。这个世界就是小说所表现的内在主题和诉求"。我认为，这里提到的小说潜力的扩展不能与一个幼稚的想法相混淆，也就是文学可以构造出乌托邦理想、甚至未来社会模式。这种想法的产生是基于对生产和行动这两组概念的混淆。汉娜·阿伦特在《人的境况》里辨明了这两组概念的区别。前者指的是作者构造出来的作品，即文学作品和文学塑造出的想象空间；后者则是产生于人与人之间行动空间里的社会经济政治领域。这一领域是不能被某人设计和制造出的，它是人类社会实践的结果。文学总是产生于一个特定的个人和历史构架中，但它不是对这一构架的单纯反映，而是包含了作者在与世界的积极对话中产生的充满诗意的表达、反思和回应。所以，对文学研究来说，最有价值的问题不是一个文学文本的意义或是作者的意图，而是追问文学文本究竟就哪一问题寻找表达和答案。文学创作的动机并不能只归结到所谓的作家意图。文学中涉及各种各样的意识和潜意识，不同作家的创作动机也大相径庭：除经验、观察和记忆图像外，还有信仰、情感、恐惧、欲望、表达渴望和审美意识。不可忽视的还有作家对语言、修辞和惯用语的运用。

如果说一个作家有意将其创作与一个特定意图——"作家意图"——相联系，那么，他很有可能在文本内外提供有关这一意图的"信息"。文本本身无论其内容多寡，并不对应作者意图。相对于那个含混不清的"作家意图"，更有价值的也许是一个源自创作计划的创作理念。即使如此，依此形成的文本与这一创作理念也还是相去甚远。"作品是创作目的的死亡面具"[1]，本雅明在《单行道》（1927）中如是说。

二 读者阅读、批评文学与文本诠释

文学作品语言和叙事的差异呼唤各不相同的阅读模式。这使得读者在读一首充满哲学意蕴的山水诗与一首押韵但意义支离破碎的诗歌时，其关注点大不相同。我们读一部小说与现场欣赏戏剧时的感受也不一样。在小说中，根据小说叙事视角的差异，通过在叙事结构中插入一个隐含读者的位置，读者的视角也随着事件和人物更迭。[2] 鉴于对文本的期望、语言理解水平、审美偏好及知识结构的差异，不同读

---

[1] Walter Benjamin, "Einbahnstraβe", in: *Gesammelte Schriften*, Hrg. v. R. Tiedemann und H. Schweppenhäuser, Frankfurt/M., 1980. Bd. IV. 1, S. 107.

[2] Wolfgang Iser, *Der implizite Leser: Kommunikationsformen des Romans von Bunyan bis Beckett*, München: Wilhelm Fink Verlag, 1972.

者对同一文本的理解千差万别。此外，不同文化和时代的读者对文本也会有不同理解和诠释，这与当时人的社会经验、知识和情感状况相呼应。

对文学作品质量和价值的考量是文学批评最棘手的问题。对此，几乎不可能制定出评判文学好坏的统一标准。比如，我们判定文本缺乏原创性时应有所超越：不能仅仅说文本在语言上堆砌辞藻、结构了无新意、叙事模式琐碎平庸、主题简单肤浅。只有把评判文本的质量问题与文本的认知价值相结合，找到文本揭示、阐释和渗透主题的价值，文学批评才能构建在可沟通的基础上，才能在理论层面上展开交流和对话。

英格博格·巴赫曼（Ingeborg Bachmann）是第二次世界大战至今最重要的德语作家之一。就这个问题，她在法兰克福诗歌讲座（1959—1960）上阐述了作家写作和读者审美的令人信服的标准。我们如何视一个诗人为"不可回避的"？当知识、感知和问题意识推动作家去找寻一种新的语言表达时，不可回避的文学就产生了：

> 借助一种新的语言，我们才能遇见这样一个涌动着道德和知识潮流的现实世界；而我们将背离这样一个现实世界，如果我们凭空制造语言，生产知识，传播从未有过的经验。只有当语言被使用时，它才能焕发新生、迅速展开"报复"，进而消解作者的意图。新的语言必须有一种新的"步伐"，而只有当一个新的精神栖息于它时，它才学会了这一"步伐"。①

巴赫曼用充满诗意的语言制定出了这一标准，使对于文学的语言处理和写作方法的批评认知进入文学讨论的中心。使用这样的标准，文学文本的主题得到了更好的展现。正是语言的"新步伐"促成了"知识潮流"，主题与审美才能相互渗透。这样，文学才能如张江所

---

① Ingeborg Bachmann, "Fragen und Scheinfragen", in: Werke. Hgg. v. Ch. Koschel, I. v. Weidenbaum, C. Münster, München, Zürich: Piper Taschenbuch, 1978, Bd. 4, S. 182 – 199, 192.

说成为"人类思想、情感、心理的艺术表达"。

专业性的文学阅读有这样两个特点:当一名文学评论家或是理论家读一本像英格博格·巴赫曼的《玛丽娜》这样复杂的小说时,应该一方面像普通读者那样追随情节和叙事流,另一方面用受过训练且对理论充满敏感的眼睛,观察这本小说的文学特点和写作方法:三元布局和三元人物构造是《玛丽娜》这部小说的显著特点。阅读、书信往来、访谈和电话等场景中折射着人物之间的亲密交流与爱情关系,公众与文坛之间的联系;小说大量引用哲学、音乐和文学元素,并赋予姓名、空间和地名以象征性意义。除此之外,小说中还充斥很多不知所云或神秘难解的事例。对这些复杂的文学表现手法的观察将成为对文学进行系统性研究的出发点。[1]

在解读这样的文本时,文学批评者的想象、期望、文学知识、语言水平、文化记忆在诠释过程中起了很重要的作用。这与从传统语言学角度对文本进行分析的方法无关;与结构和文本批评不一样;与对文本的隐喻、修辞、叙事等进行的研究也不相同。所以,如果诠释者要对文本的含义做出解释,那么这不可能是完全客观和界定清晰的。再者,文本(语言和文学的材料)的含义超越了文本本身,它永远不会只有一个单一的涵义。人类语言并非产生于以编码符号为标志或传统意义上的语言系统中:"事实上,语言不仅传达了可以传达的,也传达了不可传达的。"瓦尔特·本雅明在他的论文《语言和人类的语言》里这样说[2]。正由于语言这种特性,文学才能在图像和影射、暗示和比较中进行叙述。

人们在诠释文学文本时很容易将其"翻译"成另一个概念或言论的语言,或将"翻译"后的概念和语言融入某种意义模式。这种"翻译"就是张江所说的"强制阐释"。一种意义模式越是强大,就越有可能在诠释文本时消解文本原意。但是,这种情况不仅体现在张

---

[1] 对比 Sigrid Weigel, *Ingeborg Bachmann, Hinterlassenschaften unter Wahrung des Briefgeheimnisses*, Wien: Paul Zsolnay Verlag, 1999。

[2] Walter Benjamin, GS, Bd. II. 1, S. 156. Vgl. Sigrid Weigel, *Entstellte Ähnlichkeit. Walter Benjamin*, *Theoretische Schreibweise*, Frankfurt/M. Fischer Taschenbuch, S. 199.

江定义为"西方"的文学理论中,也不仅仅体现在被他所列举批评的那些直接从社会科学领域所借用的重要概念(如生态主义和女权主义)中,这其实是文学诠释的一个通病,即用文本诠释替代文本本身。

在对歌德的《亲和力》(1809)进行研究的论文里,本雅明探讨了文学作品与文学批评之间不可逾越的距离和差异,他将文学的表现形式定义为"虚拟可构造性"①。这一表述介于两者之间:它一方面源于哲学话语,另一方面源于文学批评和文学文本的区别。哲学观察这个现实问题的现象,将其抽象为概念,并将此视为模式化的或是可通用的方法。文学则将这个问题以现象的形式展现出来。每个文学文本都选取一个角度展现人类生活经验的多样性和丰富性。而文学批评的任务在于提出所谓的"理想问题",同时也关注某种特定的文学表达方式。这也就是说,文学评论在证明了本雅明的"虚拟可构造性"的同时,也关注某种特殊的可构造性,比如说文本使用了具有画面感的而不使用术语的表达方式:"通过文学批评,艺术作品中的'理想问题'得以在一种文学现象中浮现。因为文学批评就是将文学作品中蕴含的真理内容的'虚拟可构造性'作为最高的哲学问题。文学批评应尊重作品,也应同样尊重作品中蕴含的真理。而真理就是'虚拟可构造性'这个提法本身。"文学批评的目的当然不在于引用或是重复文本。文学评论家应该意识到,在对文学进行评说时应尽量与文学保持距离。就此而言,文学评论家有必要制定和反思自己的立足点和知识点,这样才可以尽量客观地对文本进行批评和分析。这也是对不同释义方法进行讨论的前提。就这样一个客观的文学批评而言,区分文本的有形内容与意义内容尤为重要。② 这一观点在瓦尔特·本雅明的同一篇文章里也有论述。有形内容关乎文学文本,也就是文学文本的主旨。这来源于作者的经验和感受,也因此或多或少与作家身处的时代和环境有关。而所谓"真理内容"或"意义内容"是指某

---

① Walter Benjamin, GS, Bd. I. 1, S. 173, S. 126.
② 本雅明对于"有形内容"和"真理内容"的分类,稍后被"有形内容"和"意义内容"所取代。

一主题对文学文本进行渗透。在理想的状态下，有形内容和意义内容是一整体，但随着时间和文化构建的改变，两者逐渐拉开距离。对读者来说，文学文本时代越久远，这种距离越明显，越会成为诠释的前提。

  有形内容和意义内容的关系决定了文本诠释的基本法则。文本的意义内容越重大，越是与其有形内容相去甚远。相反，当一部作品的意义内容与有形内容越是紧密相连，在漫漫历史长河中，越是容易被世界所忘却，对文学批评者来说越是特点鲜明。所以，在作品形成的早期，有形内容和意义内容是重合的。随着时间推移，两者愈趋分离：意义内容隐晦，有形内容鲜明。于是每个后世的文学批评家对那些与众不同又离经叛道的有形内容的思考成为诠释该作品的前提条件。①

对于文本主题的讨论是文学批评开始之前的一项重要任务。本雅明称文本批评之前的工作为"释注"。释注必须先于文学批评。释注涉及文本主题的背景调查，因此要对文本进行历史研究。由于文学与人类生活的各方面紧密相关，所以，文学研究总是与不同的学科领域相联系，也必然向其他学科延伸。本雅明为了研究歌德的小说《亲和力》里的具有时代特点的婚姻观念，首先对康德在《道德形而上学》（1797）中对婚姻的定义进行讨论，并以此为据对歌德《亲和力》中所描述的事件进行分析。由此可见，文学研究确实是一个跨学科研究领域。

三　文学地位及其历史解释

综合性的文学批评要求"历史和批判观察的渗透"。这样的渗透，使得历史化视角和现代化视角之间关系紧张。主张历史化的代表人物试图尽可能地从文本所处的时代来理解和解读文本，其方法论的核心

---

① Walter Benjamin, GS, Bd. I. 1, S. 173, S. 126.

问题在于，如何通过研究将历史知识和释义紧密结合。通常历史释义法无法逃避这样的困境：文本成为一些经济和社会史的单纯附属物。这是最近一段时间以来一个尤为明显的历史科学现象。文本很容易成为所谓"语境"的反映或证明。如果从现代释义的角度阅读先前的文学，可能会发生这样的情况：文学评论家跨越时代用现代知识解读那些被文学作品同时代人忽视的内容时，易将当代言论的最新内容嵌入历史文本。

在历史释义和现代释义法伯仲难分的背景下，本雅明在其论文《文学史与文学》（1931）中提出了对过去与现在辩证关系的考量。本雅明不仅研究文学史，还研究文学在历史中发挥的作用。在《微千古》一书中，他主要讨论了文学的历史理论学作用："我们并非要将文学作品在时代背景下进行展示，而是要将文学作品所诞生和被发现的时代展示出来。这样文学成为了历史的一部分。而文学史的任务就是避免文学变成历史学的素材。"① 本雅明赋予文学和文学评论一个积极的作用，即作为历史的一部分。本雅明认为，文学批评者所处的社会的立足点就是阅读和诠释文学文本的出发点。为了讨论文学文本以及其他艺术和知识生产的历史性，本雅明引入了"历史指数"的概念。这既包含对文学作品产生的时代的研究，也涉及作品在特定时间和社会构架下被阅读等具体问题。所谓"历史指数"基于这样一个不可辩驳的事实，文字和图片的可读性是由当时的环境、历史主体所处的时间和地点所决定的。

> 图像的历史索引指的不仅是它们属于一个特定的时间，而是指在某一时间内它们可以被解读。可以被解读性是历史内部运动的某一临界点。现实是通过与其同步的图像来构建的：每一个时代都是一个有其特定可读性的时代。②

---

① Walter Benjamin, "Literaturgeschichte und Literaturwissenschaft", in: GS, Ⅱ, S. 283-290, 89.
② Ibid. S. 290.

这样一来，文学阅读和批评的历史局限性不再是必须被解决或搁置的缺陷问题。本雅明将他对这一局限性的理解转换为对阅读能力的批评。对文本的可读性和可认知性的反馈成为阅读和批评的一部分。每一次阅读都有其特定的历史指数（即可读性），这与阅读的相对性或随意性大不相同。

四　文学理论的全球化问题

文学理论诞生于一个时代的历史文化构建之中。张江所批评的文学理论发展趋势，是指来自美国和欧洲的文学理论在中国拥有巨大的影响力，这与其说是中国的问题，还不如说是一个全球化现象。它极大地影响了当今世界社会思想史和人文学者的意识形态。在经历了伊斯坦布尔和普林斯顿流亡的经历之后，奥尔巴赫（Erich Auerbach）在其撰写的著名论文《世界文学文献学》（1952）里反映了文学国际化的辩证关系。就像他在对歌德的世界文学的研究中表述的那样，超越国家和民族主义的文学与思想的冲动将促使这一目标得以实现，向标准化（统一化）迈进。其结果是，世界文学的理念在实现的同时也被破坏了：

> 世界文学所处的地球越来越小了，而且失去了它的多样性。但是，世界文学不仅仅指人类所共有的和通用的，更是指相互滋养着的多元文化。（第二次世界大战）人性崩溃的菲力克斯过失（Felix culpa）① 所成就的丰富文化是世界文学发展的前提条件。而当下我们应如何应对？众所周知，今天地球上的人类的生活逐渐趋同（……）欧洲人创立的文化已经习惯于那种富有成效的相互沟通方式。欧洲文化得益于欧洲人的效率性和时代性意识，最完整地保留着针锋相对的独立性，虽然社会的平均化过程更胜从

---

① 原文"Felix culpa"另译为"有福的罪过"，这是基督教复活节前守夜的礼文中的一个短句，指亚当、夏娃所犯的罪是因祸得福的罪过。

第二编 理论价值研究

前。但标准化（统一化）的进程覆盖了一切。①

对于这位身处流亡境地、眼光变得愈发敏锐的德国犹太文学学者来说，第二次世界大战以后逐渐显现出多元文化的发展趋势，在网络信息时代更为加强了。而奥尔巴赫所描述的标准化（统一化）进程正是文化领域国际流通和全球化的必然结果。

纵观欧美发达国家的生产和消费方式在中国扩张的趋势，我们的确很难否认，在与后工业时代的对接和碰撞中，西方文化和知识的发展对中国的影响逐步扩大。也许一个工业高度发达的中国仍需坚持其传统艺术、文学批评的形式只是一个错觉。在文学批评中，中国的要务是寻找介于传统的生活方式、思维以及新的工作与生活方式之间的表达形式，并将其反映在文学理论的构建上。

当今世界，关乎全球文化理论流通的一个特殊性问题是，那个已经由奥尔巴赫"诊断"出的标准化（统一化）主要得益于英语这一国际学术交流的通用语言。英语成就了英美理论的话语霸权地位。但是，这一霸权文化不仅以欧美战后移民文化以及由此产生的多元文化为依托，更是通过建立以竞争为本的特殊学术人才团队形成的。竞争推动了社会对于原创性的追求，也催生了新的文化理论，以及由市场机制调控产生新理论的发展理念。这些理念也在其他领域释放着创造力，催生了基于销售价值而非使用价值的生产方式。所以，并非是文化与禁欲主义、防御主义，甚至与保护主义传统的融合促成英美理论的霸权地位，而是文化与这些思想潮流之间的冲突碰撞成就了这一发展。此外，文化理论形成的前提条件和影响力也不可忽视，例如美国黑人文化以及来自于后殖民地国家移民文化在美国的知识分子话语体系中的地位，可视为某种新理论产生的前提。这一前提与这些移民母国产生的文学理论和批评的"历史指数"密切相关。

最近在欧洲展开的文化理论讨论中，一场曾被第二次世界大战爆发和纳粹屠犹打断的、对欧洲现代主义的扬弃又重新开始。代表现代

---

① Erich Auerbach, "Philologie der Weltliteratur" (1952), in: *Philologie der Weltliteratur. Sechs Versuche über Stil und Wahrnehmung*, Fronkfurt/M: Suhrkamp, 1967, S. 83 – 96.

主义的德语作家本雅明、瓦尔堡、齐美尔、普勒斯纳、奥尔巴赫、阿伦特，目前在人文研讨会和专题讨论会上出现的频率并不低于以福柯、德里达为代表的后现代理论家。而欧洲文学批评理论的一个发展倾向是，对于文学批评能力的讨论、文本和图像批评方法的运用，还有其他一些非传统研究对象，皆被纳入传统语言学研究范畴，并用于解释文化领域的一切有意义的新、老现象。

评强制阐释论

陆 扬

  2014年中国文艺理论界的一个标志性事件，是中国社会科学院副院长张江教授提出了"强制阐释论"。这个命题听上去很像一种舶来理论。但它着实是地道的中国话语，不但没有拷贝任何一种西方新近理论，而且反过来它几乎是20世纪一切流行理论的犀利解构。从大的背景上看，自1996年"索卡尔事件"以降，各路大师已经在陆续喟叹"理论"时过境迁，风光不再。或者反戈一击像哈罗德·布鲁姆，或者多少出于无奈如特里·伊格尔顿，纷纷重拾审美主义，投诚实证批评。由是观之，强制阐释论不失为以中国自己的声音，来给"理论死了"这个在西方也在中国文学批评界业已流传有年的低迷口号，以高屋建瓴的哲学和理论总结。它或者可以英译为 coercive interpretation。但是它的故乡不是在巴黎、纽约、伦敦，而是在北京。只是这里涉及一个问题，即强制阐释论本身还不是一个理论学派，因为它的主要内容并不是鼓吹"强制阐释"，恰恰相反是针锋相对，寸步不让，指出20世纪的西方文论从总体上说，是落入了"强制阐释"的窠臼。所以更确切地说，强制阐释论作为一种理论建构，应该叫作"反强制阐释论"。鉴于此，我们首先有必要弄清楚，何谓强制阐释？

---

* 本文为国家社科基金2015年重点项目"当代西方前沿文论专题研究"（项目编号：14AZD099）阶段性成果，原刊于《文艺理论研究》2015年第5期。
** 作者单位：复旦大学中文系。

一　什么是强制阐释

"强制阐释"同"本体阐释"对举，是张江酝酿有年的理论构思。他先是在《中国社会科学》上连载长文，继而在数次研讨会上细作陈述，认为当代西方文论有一些根本缺陷，比如拉大旗作虎皮，理论走形而上路线，天马行空，飞来飞去，就是跟文学文本了无相干。或者本着先入之见，居高临下信手拈来作品点缀理论，缘木求鱼、刻舟求剑，结果就难免同文学本来的旨趣南辕北辙。简言之，这一切走外围空降路线的文学批评，假如它们同文学居然真也有所关联的话，就叫作强制阐释。至于本体阐释，并不是我们或者望文生义那样，以为它在走本体论路线，本体论、存在论、是论、相论，梳理起来头绪殊为复杂，一不小心就落进圈套。张江的意思本体阐释，就是立足文学文本这个本体，由内而外来展开阐释。总之，重申文本分析这个文学批评的看家方法。最终，张江在《文学评论》2014 年第 6 期上，刊出抽丝剥茧、层层推进，全面批判西方当代文论的《强制阐释论》。当年鼎力筹划日常生活审美化论争的《文艺争鸣》第一时间予以转载。如此迅速，事实上是同步在学界激发热情回应。中国的文艺学界遂在此一强制阐释的破解中，辞旧迎新，酝酿犀利解构之余，理论或能东山再起，开出一片新的天地。

《强制阐释论》开篇就说，从 20 世纪初开始，当代西方文论以独特的力量与影响登上历史舞台，在百余年时间里彻底颠覆了古希腊以来的理论传统，以前所未有的巨大动能冲击、解构了历史和理论对文学的认识。这个开篇气势不凡，首先它的评说对象就不是通常从 20 世纪 70 年代算起的所谓后现代文论，而是从现代性鼎盛阶段入手，期望来给曾经赐予我们无穷灵感的 20 世纪西方文论以一个鞭辟入里的总体评价。作者指出，一些基础性、本质性的问题，给当代西方文论的有效性带来了致命伤害。特别是近三十年来，一些后来的学者因为先天不足，以讹传讹，恶性循环，极度放大了西方文论的本体性缺陷。故文章提出"强制阐释"的概念，即是希望以此为线索，辨识历史，把握实证，寻求共识，为当代文论的建构与发展提供一个新的

视角。张江给"强制阐释"下了如下的定义:

> 强制阐释是指,背离文本话语、消解文学指证,以前在立场和模式,对文本和文学作符合论者主观意图和结论的阐释。其基本特征有四:第一,场外征用。广泛征用文学领域之外的其他学科理论,将之强制移植文论场内,抹杀文学理论及批评的本体特征,导引文论偏离文学。第二,主观预设。论者主观意向在前,前置明确立场,无视文本原生含义,强制裁定文本意义和价值。第三,非逻辑证明。在具体批评过程中,一些论证和推理违背基本逻辑规则,有的甚至是逻辑谬误,所得结论失去依据。第四,混乱的认识路径。理论构建和批评不是从实践出发,从文本的具体分析出发,而是从既定理论出发,从主观结论出发,颠倒了认识和实践的关系。①

至此我们清楚了,强制阐释的要害,就在于脱离作品,海阔天空无所不至,可是要么避而不谈文学本身,要么异想天开、恣意曲解。而场外征用、主观预设、非逻辑证明、混乱的认识路径,构成了强制阐释的四大弊端。

首要的,也是最有代表性的,是场外征用。对此张江的解释是,20世纪以来,除了形式主义与新批评,其他重要流派学说,基本上都是借助其他学科的理论与方法构建体系,这些理论本来无关文学,将借用过来的概念、范畴、甚至基本认知模态,直接加之于文学理论不啻张冠李戴、指鹿为马,直接侵犯了文学理论与批评的本体意义,改变了当代文论的基本走向。

张江的这个解释可以呼应乔纳森·卡勒的相关立场。卡勒的声誉主要不是在于提出原创性理论,反之向以深入浅出复述新进理论而蜚声,当年他的《结构主义诗学》(1975年)和《论解构:结构主义之后的理论与批评》(1982年),当仁不让的分别就是结构主义和解构主义这两个批评主潮中的入门经典。卡勒2011年在清华大学外文

---

① 张江:《强制阐释论》,《文艺争鸣》2014年第12期。

系所做的著名讲演《当今的文学理论》中，一如既往表达了他对当代西方文论的迷惑和信心。之所以说这篇讲演"著名"，是因为它马上给译成中文，在《外国文学评论》《文艺理论研究》等国内的一线刊物相继刊布。卡勒延续他《论解构》一书中的话题，开门见山重申当今的文学理论高谈阔论，天马行空，说它什么都行，只是极少是"文学理论"。他以下这段反反复复讲了无数次的话，足以成为"场外征用"的最好注脚：

> 那些常常被看作是"理论"的东西，就"学科"而言，其实极少是文学理论，例如它们不探讨文学作品的区别性特征及其方法论原则。诸如弗里德里克·尼采、西格蒙德·弗洛伊德、佛迪南·索绪尔、克劳德·列维斯特劳斯、雅克·德里达、雅克·拉康、米歇尔·福柯、路易斯·阿尔图塞、朱迪丝·巴特勒以及很多其他理论家的理论著作都根本不是在研究文学，最多不过是稍微牵涉到一点文学而已。①

在卡勒看来，这些当代西方文学理论界如雷贯耳的名字，他们的著作压根同文学没有关系，最多不过是同文学稍稍相关而已。但是即便如此，它们毋庸置疑在给文学提供方法论的灵感。文学批评何以热衷汲取其他领域的理论？卡勒认为，这当中的缘由之一，是以往的文学研究理论化程度不高，文本细读固然重要，但是搭建方法论构架，探究分析对象的是其所是，进而更多注意我们的预先假设和语言功能问题，亦是势在必行。

但是此一时彼一时也。卡勒也承认，西方的文学研究诚然自20世纪70年代以降，历经理论熏陶而发生质的变化，但是进入21世纪理论不复新潮，开始让人兴趣索然。究其原委，卡勒认为这主要是因为理论已经稳固进入高校课程体制，不再攻城略地，具有激动人心的革命力量，所以显得陈腐，甚至不复具有因为臭名昭著带来的反面轰动效应。即便如此，卡勒还是乐意指点迷津，我们看到他分门别类，

---

① [美] 卡勒：《当今的文学理论》，生安锋译，《外国文学评论》2012年第4期。

不厌其详，枚举了当代西方文论的六种发展趋向，它们分别是叙事学、德里达后期思想研究、伦理学转向特别是动物研究、生态批评、"后人类"批评、返归美学。

这六大趋势预言或者难免挂一漏万，但是叙事学与审美主义重振雄风，应该是文学本体批评所乐见的。问题是，理论的创新和复兴，哪怕是让它苟延残喘生存下来，能在多大程度上避免"场外征用"？警惕场外征用又会在多大程度上殃及我们乐此不疲的跨学科研究？甚至，以新进理论阐释以往作品，一如张江举证的那样，生态批评读爱伦·坡小说《厄舍老屋的倒塌》，想象力高涨以至于读出能量和熵乃至宇宙黑洞收缩，究竟怎样努力，才能做到恰如其分重新认知而不是改写历史文本？两者的界限又在哪里？它是否已经超出理论本身的陈述能力？

就主观预设来看，它似乎容易混淆理论的基本前提和基础构架。但是张江在这里专有所指：主观预设是强制阐释的核心因素和方法。具体说，它是指批评者先有主观意向，预定明确立场，强制裁定文本的意义和价值。简言之它是从理论出发而不是从作品出发，文学实践给削足适履，沦落为证明理论的材料。故前置立场、前置模式、前置结论，是为它的三个要害，用张江的话说，主观设置的演练路径是从结论起步逆向游走，批评只是按图索骥，为证实前置结论寻找根据。

对于主观设置可能导致文学批评如何走火入魔，张江举譬了美国女权主义批评家伊莱恩·肖瓦尔特的著名文章《阐释奥菲莉亚：女性、疯癫和女性主义批评的责任》。奥菲莉亚天真善良纯洁，可是父亲波洛涅斯、哥哥雷欧提斯，以及男友哈姆雷特，这三个她最亲的男强人一并弃她而去，她除了神经错乱，装疯或者真疯，还有其他什么选择？甚至，奥菲莉亚溺水自尽，是不是因为女版俄狄浦斯情结作祟，即是说，出于对父亲的忤逆内疚，只因她曾经庆幸丹麦王子杀死老父，扫平了自己情欲道路上的障碍？肖瓦尔特这类观点在女性主义莎学中广为流传。张江不以为然的是奥菲莉亚替代哈姆雷特成为主角，可怜莎翁的经典剧目由此被彻底颠覆。以往所有被忽略的细节，亦由此被赋予特定含义重作阐释，如奥菲莉亚头戴野花，就既是处女，同时也是妓女的象征；她身亡时穿着紫色长裙，那是"阴茎崇拜"；至于溺水，那就更不用说，是回归生命的本原。诸如此类，不一而足，所以：

> 我们不否认女性主义批评的理论价值和有益认识。它提出了一个认识和阐释文学的新视角，对文学批评理论的生成有重要的扩容意义。我们要质疑的是文学批评的客观性问题：文学的批评应该从哪里出发？批评的结论应该产生于文本的分析还是理论的规约？理论本身具有先导意义，但如果预设立场，并将立场强加于文本，衍生出文本本来没有的内容，理论将失去自身的科学性和正当性。①

这一段评论应当说具有指导性意义。举凡理论，似乎永远都是在孜孜不倦追求客观性、科学性和正当性，即便这追求的目标，到头来发现不过是镜中花、水中月也罢。

但是，即便就肖瓦尔特批评的对象文本《哈姆雷特》来看，我们又如何确认什么是客观的、科学的、正当的、文本原来就具有的内容？也许唯有丹麦王子优柔寡断、犹豫不决的个性？可是个性本身何足道哉，它背后的文化、社会和心理背景又当何论？而且，哈姆雷特果真怯于行动吗？他是人文主义的天使，还是机会主义的魔鬼？此外马基雅弗利主义本身是不是一种人文主义？进而视之，我们习惯成自然的人文主义定解，比较形形色色的其他主流莎学，比如弗洛伊德的精神分析，考究其客观性、科学性和正当性，是否也就在仲伯之间？《哈姆雷特》故事在中世纪欧洲早有多种版本流传。莎翁写哈姆雷特留学德国，可是人文主义风习传到德国并不明显早于英国，伊拉斯谟与托马斯·莫尔是为挚交不说，莫尔的《乌托邦》面世，也晚不过前者的《愚蠢颂》十年。第一幕第5场结尾丹麦王子有句名言，"这时代是脱节了！——见鬼，却生下我来要重整乾坤！"② 这话跟人文

---

① 张江：《强制阐释论》，《文艺争鸣》2014年第12期。
② Shakespeare, William, *Hamlet, Prince of Denmark*, *The Illustrated Stratford Shakespeare*, London: Chancellor Press, 1992, 806.

主义又有何专门干系？它难道不是用到任何一个时代，任何一种主义都完全合适的宏大叙事吗？德里达《马克思的幽灵》，开篇就引用了这段话作为题记。要之，《哈姆雷特》是否在暗示解构主义甚至马克思主义？弗洛伊德判定丹麦王子在叔父身上看到了自己童年被压抑欲望的可怕实现，这似乎也有根据，如弗洛伊德发现剧本是撰于作者丧父不久，是不是居丧中的诗人开始悔疚幼时的忤逆心机？又莎士比亚早夭的儿子是取名 Hamnet，与哈姆雷特不过一音之转。如此等等，是否也可以证明几乎是声名狼藉的精神分析哈学，一样也具有客观性和正当性？

张江注意到了上述预设立场批判多半会遭遇到的这一类悖论，即举凡理论必有立场，理论的基本立场与批评家预先选取的确定模板，其间的差异分野，究竟如何厘定？换言之，如何才能使文学生动飞扬的追求，不至于异化为呆板枯燥的索隐求解？对此张江采取的对策具有理性主义色彩。他指出，立场当然可以有，但是立场应产生于无立场的合理解读之后。要言之，文学批评的出发点应当是作品本身而不是任何先在成见。如果说这个命题依然还显笼统，那么接下来张江不厌其详，分别从经验背景与前置立场的区别、理论指导与前置立场的不同、统一模式的可能，以及批评的公正性这四个方面，条分缕析陈述了前置立场与伽达默尔"前见"、姚斯"期待视域"，和唯物主义方法指南的区别，最终希望立足于作家的能动性来探讨建构统一模式，立足于文本的深度分析来体现批评的公正性。唯其如此，强制阐释的另外两大弊端，非逻辑证明和混乱的认识路径，也可望得以避免和纠正。很显然，张江本人这一立场在显示理论之或然性和必然性建构路径的同时，也带有"元理论"描述的种种困惑，它同样存在巨大的阐释空间。

二 "强制阐释"的阐释空间

围绕强制阐释论的进一步空间，《文艺研究》2015 年新年伊始先声夺人，刊出了一组笔谈文章。它们分别是张江的《关于"强制阐释"的概念解说：致朱立元、王宁、周宪先生》、朱立元的《关于

"强制阐释"的几点补充意见：答张江先生》、王宁的《关于"强制阐释"与"过度阐释"：答张江先生》，和周宪的《也说"强制阐释"：一个延伸性的回应，并答张江先生》。下面我们来看这四篇文章，怎样进一步延伸了强制阐释这个言人人殊的2014年中国文艺学核心命题。

张江的文章开篇回顾了"强制阐释"命题的提出背景。他说，2014年9月上旬，他就当代西方文论中存在的一些根本性问题提出了意见。他的核心表述是，当代西方文论多有精华优长，同时也存在一些可做多侧面认知的本质性问题，对此他愿以"强制阐释"一言以蔽之。这个提法得到呼应，但也迎来质疑，所以发起这一场笔谈，愿做深入讨论。除了以更为晚近的一些新潮批评，如"幽灵批评""混沌理论批评"等来深化印证强制阐释的无厘头想象，张江特别辨析了强制阐释与过度阐释的区别。所谓过度阐释，张江主要指安贝托·艾柯在《阐释与过度阐释》（1992年）一书中所反对的过度阐释作品，特别是过度阐释他本人作品的方法立场。张江指出，他的强制阐释论与艾柯的过度阐释论有很多相似处，如他们都承认批评的有限性，不认同读者随心所欲"阅读"文本的权力，都认为强制阐释和过度阐释是超越了文本的阐释边界，同时都认为作者有权力判断哪些是"合法阐释"，哪些应排除在合法阐释之外。但是：

> 尽管有诸多相似之处，但我还是要强调，强制阐释不是过度阐释，前者可以包括后者，后者无法代替前者。最根本的区别是，强制阐释的方式不仅体现在结果上，而且体现在动机和路线上。阐释的动机和路线，决定了强制阐释的基本特征和结果。①

具体来说，动机上过度阐释虽然对文本及作者意图作了过度离谱阐释，但意图依然是阐释文本；强制阐释则目的不是阐释文本，而是阐释理论。路线上过度阐释主要是主观臆想，比如即便在艾柯《福柯摆》中居然读出了米歇尔·福柯，它还是立足于文本；强制阐释则是

---

① 张江：《关于"强制阐释"的概念解说》，《文艺研究》2015年第1期。

从理论出发来裁剪文本，本末倒置以证明自己绝对正确。总之，强制阐释比较过度阐释，是有过之而无不及。

朱立元表示他完全赞同张江用"背离文本话语、消解文学指证，以前在立场和模式，对文本和文学做符合论者主观意图和结论的阐释"这四句话，作为"强制阐释"的概括界定，认为这个表述具有说服力，切中了当代，特别是近三十年来西方文论的主要弊端之一。注意这里的"之一"，事实上朱立元对于后现代文论进入中国后产生的负面效应颇有微词，批判意识绝不亚于张江。朱立元对于强制阐释论批判的补充意见，主要定位在"前置立场"一端。他认为立场不宜作简单机械理解，事实上不带任何立场的阅读和阐释没有可能。故所谓立场，不妨理解为综合了审美、思想、政治、道德、文化等多方面因素的一种阅读和阐释视野。假如它是在潜移默化中表达出来，而不是居高临下压迫文本，应当算不上是名副其实的强制阐释。总体上，朱立元认为张江的强制阐释论述逻辑严谨、雄辩而精当，所举例证层层剥皮，恰中要害，使人感到痛快淋漓。复本人举证近年文化研究与文学研究的恩恩怨怨，以证张江所言不虚，当代西方文论中的强制阐释弊病，的确是值得认真反思了。他指出，20世纪80年代之后文化研究与后现代主义合流，几乎无所不包，成为多学科、跨学科、面面俱到、大而无当的超级巨无霸学科。在它的强制冲击下，文学研究和批评日益迷失自身，沦为包罗万象文化研究召之即来，挥之即去的奴仆：

> 文化研究的多学科、跨学科阐释模式强制性地支配和逐步取代了文学批评以审美为主干的传统阐释模式。这里，文化研究显然充当了对文学研究、文学批评进行强制阐释的专制主角。文化研究主宰文学研究的这种强制阐释的风行，正是当代西方文论危机的征兆之一，昭示着文学研究有可能走向自我衰解的现实危险。①

---

① 朱立元：《关于"强制阐释"的几点补充意见》，《文艺研究》2015年第1期。

评强制阐释论

所以不奇怪，朱立元有理由相信，文化研究应是从另一个角度，论证了张江"强制阐释"论的合理性。

王宁关注的焦点是"强制阐释"和"过度阐释"的关系问题。他认为张江对这两个概念的理解是深刻的，阐发也是得当的，故愿在此基础上从不同的角度，进一步作深入阐述。但王宁所说的"不同的角度"，其实是洋洋洒洒给过度阐释作了一篇辩护。王宁认为，过度阐释的出发点依然是文学文本，只是试图将作者未意识到的潜文本意义发掘出来。它有可能与作者本来的意思截然相悖，但毕竟还有文本对照，故即便过度，也还是能够令人信服。对此王宁举证了他研究有年的精神分析文论，指出弗洛伊德天生爱好文学，他对文学的看法不无洞见，至少具有补偏救弊作用。但是当弗洛伊德雄心勃勃将他的俄狄浦斯情结一类理论大而化之，不仅用于文学，而且扩大到人类一切文化现象，那就变成了强制阐释。是以先是有荣格，后来又有拉康出来改造他的理论。而拉康理论一路走红之后，本身又变成了一种强制阐释。王宁表示认同哈罗德·布鲁姆的"误读"立场，认为中国的文学理论要走向世界，非出惊人之言，不足以引人注目。同样乔纳森·卡勒亦得到王宁赞许，他指出，卡勒没有像布鲁姆那样好高骛远，而满足于用现成的理论，来阐释作品乃至阐释理论。对于哈罗德和卡勒这两种类型的"过度阐释"，王宁表示值得我们认真效法：

> 尽管如此，做一位独树一帜的文学批评家也并非易事，他需要提出与众不同的新的阐释和批评性见解，因此像布鲁姆那样，以"误读"式的阐释来标新立异，或者像卡勒那样作一些"过度阐释"还是颇有必要的，否则，在国际理论批评争鸣中，我们怎么能提出全新的批评性见解呢？①

总体上看，王宁对于过度阐释甚至强制阐释，大体上保持了宽容的态度。他引美国已故批评家苏珊·桑塔格《反对阐释》一书中以马克思和弗洛伊德为现代影响最广的两种侵犯性阐释理论的观点，指

---

① 王宁：《关于"强制阐释"与"过度阐释"》，《文艺研究》2015年第1期。

出两人用现在的理论去强行阐释文学作品也情有可原，因为他们需要通过文学作品的阐释来证明自己理论的重要性。王宁最终是陈述了他的辩证立场：一方面，像马克思和弗洛伊德那样的原创性理论家，其强制性阐释是情有可原的；另一方面，滥用原创理论去强制阐释作品则不敢苟同。王宁说，因为那样做既无益于理论创新，也破坏了作品的内在肌理。

周宪同王宁相似，对张江的强制阐释论表达了谨慎的认同态度。文章开篇就说，张江近年发表一系列文章，锋芒犀利，观点鲜明，对当代西方文学理论中的一些关键词问题作点穴式批判，直陈其弊端。"强制阐释"作为其中最具创意的概念，揭橥它的问题所在，指出它的局限性，殊有必要。但是接下来周宪话锋一转，指出如果把眼光放远一点，可以说强制阐释大约是我们这个理论宰制时代人文学科研究的普遍倾向。换言之，你喜欢它也好，不喜欢它也好，它就是我们理论和批评的现实状态。对此他表示认同伊格尔顿以1917年和20世纪60年代后期为20世纪西方文学理论的两个关键性时间节点，指出前者标志俄国形式主义等现代文学理论的亮相，后者则见证了解构主义等后现代理论的登场。注意"文学理论"和"理论"，它们可不是一回事情。对此周宪的阐释是，前者可以名之为"审美理想主义"，后者可以称之为"政治实用主义"；前者要把文学作为文学来思考，后者则把文学作为文化政治的力量阐释素材；前者是本质主义阐释模式，相信文学文本具有某种内在的、客观的意义和价值，后者则是反本质主义，坚信文本的意义和价值不在于自身，而在于其持续不断的阐释活动的生产性。至此我们不难发现，周宪推举的这两个转折节点，大体可以对应张江分析的"本体阐释"和"强制阐释"。耐人寻味的是周宪反对采取非此即彼的立场，反之拥抱"亦此亦彼"的兼容方略，所谓和而不同。要之，强制阐释就不宜全盘否定了。周宪用下面这段话结束了他同张江的通信文章：

"强制阐释"颠覆了一些文学研究固有的游戏规则，打开了文学阐释的更多可能性，我们在注意到它的一些积极面的同时，对其存在的潜在危机不得不予以警惕,正如您所忧虑的那样。①

简言之,强制阐释破旧立新,更具有开放性,所以多有积极面。但是不可忽视它的潜在危机。这就是周宪的"亦此亦彼"立场。

三 强制阐释的必然性

由上可见,张江提出强制阐释论,在中国学界的反应并非无条件认同,而其实是多有保留意见的。但是毋庸置疑,"强制阐释"论作为一个中国话语的命题,概括过去半个世纪里形形色色的西方新近理论,应是名至实归。之所以说"理论"而不是"文学理论",诚如前面卡勒、伊格尔顿等人所言,以及周宪的归纳,是因为这些广泛涵盖了哲学、社会学、语言学、心理学、文化研究等的各路理论大军,虽然被文学批评垂青有加,可是它们本身同文学基本上没有关系。故在耿耿于怀强制阐释的背后,应可见出一种审美主义的回归趋势。被忽略太久的文本分析经过洗礼,以新的形态重新开始进入我们的视野。2011年10月21日复旦大学文艺学的几位教授在巴黎第八大学开《文学理论/法国理论》的双边会议,任教于巴黎高师文学系的法国批评家多米尼克·贡布(Dominique Combe)就谈到理论不能反客为主的问题。贡布指出,正是因为理论的多中心状态,今天所谓的"法国理论",它的真实面貌依然是有待廓清的。在法国之外,它主要是指20世纪60年代以来的文学理论,关注的是语言、符号学、心理学等,都是旨在从总体的角度来把握文学理论。如英语国家每从巴特(Barthes)讲起,一直延伸到布尔迪厄(Bourdieu),从B开始又回到B。从这两个B来看,罗兰·巴特近年重又成为热点,影响一直没有消失,但是今天更被看好的是巴特本人的文学思想,而不仅仅是他鼎力开拓的结构主义和后结构主义批评模式。布尔迪厄则是相反,本人似还没有成为研究热点,但是布尔迪厄的社会学提供的全新方式,受到学界普遍关注。它不是卢卡奇传统的社会学,而是一种文学的社会

---

① 周宪:《也说"强制阐释"》,《文艺研究》2015年第1期。

学,以社会学为文学研究的方法,其前途或者正未可限量。①

　　理论不宜反客为主是否意味着重拾审美理想主义?问题恐怕未必如此简单。说起来反对"强制阐释"最有名的大概是哈罗德·布鲁姆。布鲁姆早在1994年就出版了他力挽狂澜的《西方正典》,公开指责女权主义、马克思主义和多元文化文学批评立场,称海德格尔、萨特和德里达都无异于骗局,至少是遗忘了作品的精神气质和审美价值。这部重写文学史的大著,应当是"强制阐释"批判的最好图解。可是我们回过头来看布鲁姆本人四年前出版的《J书》,本身是不是一种强制阐释?《J书》是《摩西五经》的一个底本,因称上帝耶和华而得其名。《J书》的作者是谁?正统犹太人笃信五经是历史上的摩西写成,根本不存在所谓的《J书》及其作者。但是哈罗德·布鲁姆回应道,《J书》作者确有可能是虚构的,可是摩西就不虚构吗?那么这位《J书》的作者,是不是像荷马那样,其真实身份是三千多年前活动在耶路撒冷附近的某一个个人或者集体?甚至,他会不会是女性?或者,她就是那个大名鼎鼎的拔示巴,那个美色叫大卫鬼迷心窍的赫梯族妇人?假如设想《J书》的作者是一位妇女,假如设想《J书》的这一位女性作者不是别人,就是以色列鼎盛时期的第一外族王后,那么《摩西五经》中对希伯来族长每每是充满反讽,对某些族长的妻子以及诸如夏甲、他玛一类异族女性,则特别显出偏爱的叙事风格,细想起来,是不是也在情理之中了?可是,哈罗德·布鲁姆对自己先祖典籍的这一创造性阐释,难道不是他本人"误读"理论诉诸文学文本的典型强制阐释吗?既然哈罗德认定《J书》是仅次于莎士比亚的伟大文学经典?

　　但一个明显的倾向是,当代西方文论的确出现了复兴审美主义的趋势。加利福尼亚大学欧文分校比较文学教授迈克尔·克拉克主编的文集《审美的报复:今日理论中文学的地位》(2000年)即为一例。该书收集斯坦利·费希、希利斯·米勒、沃尔夫冈·伊瑟、莫瑞·克里格等一批名家的11篇文章,分别就文学中的"符像化"(ekphrasis)问题、美感中的真与伪、克里格与保罗·德曼等人的诗学比较,

---

① 陆扬:《"法国理论"在法国》,《复旦学报》2013年第2期。

以及什么是文学人类学等引人入胜的文学和美学话题，展开陈述。特别是主编克拉克除了贡献自己的文章，还撰有洋洋洒洒长篇序言，细述第二次世界大战以来美国文学批评经过的风风雨雨。克拉克指出，第二次世界大战之后，在文学史家和新批评家的激烈较量之余，审美价值与文学文本的优先地位得以确立。从20世纪50年代末到70年代初，以文学理论成为一门特色鲜明的专注于文学形式及语言的独特学科，标志了这一优先地位在美国高校制度化的完成。之所以说文学理论成为一门独特学科，是因为它一方面不同于早期文学批评从传记到历史的实证主义，也不同于哲学和社会科学的大多数理论形式。故经过温塞特、韦勒克，和莫瑞·克里格等人开拓性的著述，加上一批选本的出现，文学理论往上直接追溯到柏拉图和亚里士多德诗学，成为一门其他分析视野不能替代的独特学问。但是转眼之间结构主义登场，马上又演变成后结构主义。而后结构主义在克拉克看来，除了罗兰·巴特和早期福柯，鲜有直接讨论传统意义上，特别是新批评的专门意义上的文学问题的。由此我们看到"强制阐释"如何反客为主，登陆美国，驱逐了新批评的文学本体传统：

> 但是，随着后结构主义在美国的传布，它很快被希利斯·米勒、杰弗里·哈特曼、保罗·德曼和其他人改造成为更专门意义上的文学研究。在他们手心里，法国理论家们普遍的反人文主义倾向，以解构主义的形式，集中聚焦到文学问题上面，它的颠覆目标是美国文学批评最重要的信念之一：诗的语义独立和自身目的的一致性，它们被理解为一个封闭的、内在连贯的语言系统。①

可以注意这个当年"耶鲁四人帮"的名单里，独独缺了哈罗德·布鲁姆的大名。这可见布鲁姆一心摆脱与解构主义的干系，不见得就是他文过饰非，而是大体得到学界认可的。假如说以解构主义和新批评来分别呼应"强制阐释"和"本体阐释"未必完全妥当，那么在

---

① Clark, Michael, *Revenge of the Aesthetic: The Place of Literature in Theory Today*, Berkeley: University of California Press, 2000, p. 2.

当今的"理论"中重申文学和美学的重要地位,诚如该副标题显示的那样,无疑殊有必要,因为它们将激发新的视野,新的方向,是面向未来而不是回到过去。诚如克拉克所言,以文学文本来释社会与政治边缘现象,或者反过来以边缘社会及政治来释文学,也在教学上和政治上产生了一些重要效果。特别是它开放了文学课程,使之面向异质异端,变身为性别、种族和民族意义上的"少数人文学"。它虽然弊端不少,一如布鲁姆给它列数的许多罪状,但是对于打破成规,给文学激发新的活力,很显然是不应,事实上也不可能视若无睹的。

至于我们或者可以给予强制阐释论一个总结性判断:"强制阐释"作为对20世纪西方主流文论,特别是20世纪70年代之后各类后现代批评的一个理论概括,它应是中国话语介入当代西方文论价值判断的一个有力尝试。从表面上看它是应和了后现代话语盛极而衰历经"索卡尔事件"之后,近年流行的理论终结论、重拾审美论、回归经典论等形态各异的文学本体论,它们在文学研究与文化研究的对撞中曾经丧师失地,但是今天假经典主义与科学主义的大旗,正在卷土重来。但从深里看,它应是体现了马克思主义美学摧枯拉朽的历史批判精神,锋芒所向则从经济—政治领域转向了文学和理论本体。其深入细致的分析中或可见出理论本身的一种必然性,即希冀自身能有坚实的依傍。这个依傍可以不去企望哲学的高度,但必具有哲学的深度。文学与哲学这一对冤家兄弟,在张江的强制阐释论中,是冰释前嫌,握手言和了。

但是文学的黄金时代毕竟已经过去。19世纪按照理查·罗蒂的说法,是文学替代哲学、小说家替代牧师,担当人类精神导师的文学世纪。文学在以它的悲天悯人情怀给苦难人生编织梦境,由此成为文化经国济世宏大叙事第一载体。这个时代我们是熟悉的,但是它已经一去不复返了。之所以一去不复返了,是说大众对于文学的热忱渐行渐远。今天的文学生涯经济上早已是捉襟见肘,遑论像巴尔扎克、大仲马、杰克·伦敦这样依凭超级写作能力,换来挥金如土的生活。今天即便是专业作家,投诚影视亦为不二选择。今天的经典不是《红与黑》和《双城记》,而是《哈利·波特》和《五十度灰》。在阅读终端由纸质文本向电脑,再向手机转移的大趋势下,一方面纯文学作品在变得支离破碎的阅读经验中维持着它们的体面市场，另一方面大众文化作品不但畅行其道，而且无度泛滥。在这一大环境下，立足场外征用和和主观预设的"强制阐释"，或者具有它的必然性。呼吁告别"强制阐释"，拥抱一种立足文学本身的"本体阐释"，思想起来，是否也颇有一种风萧萧兮易水寒的意味？换言之，背离文本话语、消解文学指证，以先在立场模式来曲解文学文本，这究竟是"强制阐释"的先天局限，抑或是显示了一种理论的必由之路？

本体阐释，路在何方

——对"强制阐释论"的冷思考*

王齐洲**

张江教授《强制阐释论》发表两年来，文论界反响热烈，许多学者参与讨论，认识不断深入，共识正逐步形成。这一影响中国当代文论当下建设和未来走向的理论事件仍在发酵，连我这个在文论界边缘行走的老兵也被吸引，想参与到这场讨论中来。我与张江教授进行过一场学术对话，对话内容已在《江汉论坛》发表。① 受时间限制，有些意见未能深入交换，所以想在这里提出来，进一步求教于张江教授，同时也希望得到学界的批评指正。

一

首先应该肯定，"强制阐释论"既是一个理论话题，更是一个理论事件。它在国内外文论领域能够激起巨大反响，正是这一理论的现实性、针对性、批判性、尖锐性、延展性的真实反映，其中也透露着中国文论界希望走出理论困境、重建中国文论话语体系的殷切期望。"强制阐释论"不仅具有中国特色，而且产生了重大国际影响。对于近几十年来中国文论界理论先行、概念滥用、脱离实际、自说自话的

---

* 本文原刊于《江汉论坛》2017年第2期。
** 作者单位：华中师范大学文学院。
① 李晓华：《关于"强制阐释"的追问和重建文论的思考——张江教授和王齐洲教授对话实录》，《江汉论坛》2016年第4期。

现象,《强制阐释论》不仅诊断其病症,揭露其病因,而且提出疗救方法,指示改革方向,其理论价值和现实意义得到了大家的充分肯定和积极评价。有学者指出:"'强制阐释论'可能是'中国话语介入当代西方文论价值判断的一个有力尝试'(陆扬语),'其鲜明的价值立场、宏大的理论视野以及切身的中国问题意识,必将有助于中国文论的建设与发展,同时也增强了学界同仁进一步拓展其论争空间的理论兴趣与理论信心'(宋伟语)。"① 有人甚至认为,"强制阐释论"是20世纪以来关于西方文论与中国文学关系的"第三次反思"②,它改变了我们与西方文论界互动的模式,"不是跟着西方理论家说,不是译介他们的理论,而是与其展开对话"③。放在世界文学文化语境和中国文论现实环境中观察,上述这些判断绝非随意附和,而是有感而发,有所期待的。

  从近两年讨论的情况来看,大家对"强制阐释论"所概括的西方文论"背离文本话语,消解文学指征,以前在立场和模式,对文本和文学作出符合论者主观意图和结论的阐释",具有"场外征用、主观预设、非逻辑证明、混乱的认识路径"等基本特征,以及出现的"轻视和脱离文学实践、方法偏执与僵化、话语强权与教条"等问题,④ 一般都持肯定的立场,承认张江教授所说"'强制阐释'作为一个支点性概念,能够比较集中地概括当代西方文论的主要缺陷和问题,更好地把握其总体特征"。⑤ 即使是西方学者,也对张江教授用"强制阐释"概括西方当代文论的主要特征表示赞同。例如,法国巴

---

  ① 白烨:《"强制阐释论"在文论界引起热议》,《光明日报》2016年4月11日。
  ② 夏秀:《从"妄事糅合"到"强制阐释":20世纪以来关于西方文论与中国文学关系的三次省思》,《文艺争鸣》2015年第5期。
  ③ 毛莉、耿雪:《寻找中国言说方式的立脚点:文论界纵谈"强制阐释论"》,文中引王宁语,《中国社会科学报》2015年7月31日。
  ④ 参见张江《强制阐释论》,《文学评论》2014年第6期;《关于"强制阐释"的概念解说——致朱立元、王宁、周宪先生》,《文艺研究》2015年第1期;《强制阐释的主观预设问题》,《学术研究》2015年第4期;《当代西方文论若干问题辨识——兼及中国文论重建》,《中国社会科学》2014年第5期。
  ⑤ 《关于"强制阐释"的概念解说——致朱立元、王宁、周宪先生》,《文艺研究》2015年第1期。

黎第三大学教授让尼夫·盖兰便认为张江教授对西方当代文论的批评恰当而深刻①；美国康奈尔大学教授劳伦·迪布勒伊也认同用"强制阐释"这一术语来概括当代西方文论的问题，指出正是这些理论方法造成了文学的学院研究的僵化，这在当下的美国以及其他许多国家都普遍存在。② 其实，当代西方文论不从文学实践出发，不从文学文本出发，而是从理论到理论，从概念到概念，造成了当代西方文论的危机，已经引起西方文论家的反思与批评。2003 年出版的英国文论家特里·伊格尔顿的专著《理论之后》，便正面回应在西方广为流传的"理论之死"的话题，明确指出文学或文化理论的"黄金时代"已经成为过去，未来的文学理论将返回前历史时期的天真烂漫状态。而张江教授的"强制阐释论"不仅高屋建瓴地揭橥了当代西方文论的病症，消解了当代西方文论对中国当下文论的宰制，而且激活了中国文论界的理性思维和创新潜力，其重要理论价值和现实意义已经显现。

但是，从理论上讲，"强制阐释"的"场外征用""主观预设"等是否就一定有害于文学，应该被完全拒绝，恐怕很难遽尔下断。有学者指出，"场外征用"既体现了学科之间的交叉与融合，也打破了文论的自我封闭与保守，不完全是消极的。如有人举例说："休姆的意象主义诗论，他在哲学上接受了柏格森的直觉主义观点，主张通过形象（主要是视觉形象）来表达诗人细微复杂的思想感情，追求诗歌意象。我们可以看到，休姆的意象主义诗论发展和深化了 19 世纪法国象征主义诗论，对促进西方现代主义诗歌的繁荣和成熟起到了重要作用。"③ 西方文论是这样，中国也未尝不是如此。例如，魏晋南北朝时期，佛经的翻译促进了汉语声律学的发展，汉语声律学促进了新体诗的诞生，而新体诗最后演进为近体诗的成熟。可以这样说，没有对语言学理论的场外征用，也就不会出现唐诗这座中国诗歌的高峰。同样，中国古代的"以禅喻诗"，便是对宗教理论（禅学）的场

---

① ［法］尼夫·盖兰：《法国的新批评与美国的理论》，孙婷婷译，《中国文学批评》2015 年第 3 期。
② ［法］劳伦·迪布勒伊：《保留文学激情》，毕素珍译，《中国文学批评》2015 年第 3 期。
③ 朱静宇：《强制阐释论与比较文学》，《文艺争鸣》2015 年第 7 期。

外征用,不仅因此诞生了唐司空图的"韵味说"、宋严羽的"妙悟说"和清王士禛的"神韵说",也促进了唐宋以来诗歌意境和风格的多样化发展。张江教授无疑明白这一点,他说过:"我们指出'强制阐释'场外征用的弊端,并不意味着我们完全否定场外理论对文本阐释的启发性、先导性意义","从积极的意义上看,这种姿态和做法扩大了当代文论的视野,开辟了新的理论空间和方向",但他强调:"用文学以外的理论和方法认识文学,不能背离文学的特质。文学理论在生成过程中接受其他学科的研究方法和思路,其前提和基础一定是对文学实践的深刻把握。"① 显然,他并不反对"场外征用"那些对文学理论生成和文学创作有益的理论,只反对那些"盲目移植,生搬硬套"的"场外征用"理论,这样一来,"场外征用"又成了一个需要甄别而不能完全否定的东西,"强制阐释论"的理论概括便被撕开了一条裂缝。

"主观预设"同样存在理论罅漏。首先,什么是"主观预设"?其次,"主观预设"是否可以避免?如果"主观预设"是指一切"前见",如解释学的"前理解"、接受美学的"期待视野"等,那么这种"主观预设"是不可避免的。因为无论是谁,都只能在已有的知识背景和文化视野下去认识事物,讨论问题,没有"前见"的文艺理论和批评其实并不存在。张江教授很清楚这一点,他对"主观预设"的定义是:"主观预设的批评,是从现成理论出发的批评,前定模式,前定结论,文本以至文学的实践沦为证明理论的材料,批评变成对文本和文学作符合理论目的的注脚。"② 在他看来,"理论本身具有先导意义,但如果预设立场,并将立场强加于文本,衍生出文本本来没有的内容,理论将失去自身的科学性和正当性"③。显然,"主观预设"的要害不是有没有"前见",有没有理论"预设",而是有没有从文本出发,最后是否落脚到文本上。姚文放教授解释"主观预

---

① 毛莉:《当代文论重建路径:由"强制阐释"到"本体阐释"——访中国社会科学院副院长张江教授》,《中国社会科学报》2014年6月16日。
② 张江:《强制阐释的主观预设问题》,《学术研究》2015年第4期。
③ 张江:《强制阐释论》,《文学评论》2014年第6期。

设"与合理的理论"预设"的区别,应该是符合"强制阐释论"的本义的,他说:"在笔者看来,界限有三条:其一,马克思所说的合理的'预设'应是有大量的、深入的,甚至是艰苦卓绝的研究工作在先的,而就张江批评的'主观预设'而言,这些前期的研究工作是缺位的、不在场的;其二,对于文学批评和文学理论来说,合理的'预设'其前期研究是以文学为对象或切近文学本身的,而张江批评的'主观预设'则是远离文学甚至是无关乎文学的;其三,合理的'预设'即便借鉴吸收其他学科的理论和方法也是时时眷顾文学自身的内生动力,始终保持与文学经验密切联系的,而张江批评的'主观预设'则是生搬硬套其他学科的理论和方法而毫不顾及它与文学及文学理论之间的互洽性和相融性的。"① 这里所强调的界限,其核心仍然是张江教授所强调的"文学指征"和"文学文本"。

  理论是灰色的,任何理论概括都不可能穷尽事实,不出意外。"强制阐释论"的理论困难在"场外征用""主观预设"的讨论中彰显无遗,然而,谁也不能否认这一理论的创新价值和现实意义,以及它对当下中国文论发展的引领和聚合作用。张江教授并非只想做一个当代西方文论的评判者,而是要做一个有中国特色、中国风格、中国气派的中国文论的建设者,这一使命感令人敬佩。然而,建设者的目标主要不是"破"而是"立","强制阐释论"只是炸开了一条建设的豁口,重要的是如何建设中国文论体系,形成中国文论话语,"找到中国言说方式的立脚点"。这正是"强制阐释论"的现实压力。

二

  如何重建中国当代文论,张江教授给出的路径是"本体阐释"。"'本体阐释'是以文本为核心的文学阐释,是让文学理论回归文学的阐释",它"以文本的自在性为依据","遵循正确的认识路线,从文本出发而不是从理论出发","拒绝前置立场和结论,一切判断和

---

① 姚文放:《"强制阐释论"的方法论元素》,《文艺争鸣》2015年第2期。

结论生成于阐释之后","拒绝无约束推衍",并且预期"多文本阐释的积累,可以抽象为理论,上升为规律"。① 在张江教授看来,"文本的自在性对文本的阐释以规约,对文本自在含义的阐释是阐释的基本要义"。"本体阐释"有三个层次、三重话语。三个层次的阐释是指核心阐释、本源阐释和效应阐释。三重话语对应三层阐释,即对原生话语的阐释是核心阐释,对次生话语的阐释是本源阐释,对衍生话语的阐释是效应阐释。"三重阐释的关系是辐射和反射关系。核心阐释是中心,辐射为本源阐释,再辐射为效应阐释。核心阐释为根本阐释,其他阐释都以此为核心生发伸展。同时,两重外围阐释反射于核心阐释,为核心阐释服务,证明核心阐释的正确性。三重话语关系是包蕴关系。这是指,衍生话语包蕴次生话语,次生话语包蕴原生话语,它们共同印证和修正原生话语,而原生话语中不包含次生话语,更不包含衍生话语。将次生话语和衍生话语填充到原生话语,是话语强制。"②

张江教授的路径设计所强调的是"以文本为出发点和落脚点,确证文本的自在含义",把文本的自在性和对自在含义的阐释作为理论衍生的起点;强调对文本自在性的理解与阐释,既要重视作者赋予文本的原初性含义,也要兼顾到审美理解的历史性。这里所说的文本自然是文学文本,这样就保证了"本体阐释"的"文学指征",即文学理论、文学批评都是文学本体的研究而不是其他。他认为:"'本体阐释'的路线也是文学理论建构的路线,以文本为依托的个案考察是建构当代文学理论体系最切实有效的抓手,也是最具操作性的突破点。"他甚至设想:"要想准确把握中国当代诗歌的意象设置特征、诗性营构技巧、语言运用规律,其基本路径是,大量汇集当代有影响的诗作,逐一进行文本细读。一行一行地品读,一个字一个字地推敲,一个意象一个意象地分析,千百首诗歌的阐释和统计完成以后,我们就能进行由个别到一般、由特殊到普遍、由具体到抽象的归纳上

---

① 参见毛莉《当代文论重建路径:由"强制阐释"到"本体阐释"——访中国社会科学院副院长张江教授》,《中国社会科学报》2014年6月16日。

② 同上。

升。这才是中国诗学及中国文学理论正确的生成路径。与西方现成理论的直接引进相比,这种理论构建方式或许很艰难,甚至显得笨拙,但建构起的理论却是最有效、最坚实、最经得住历史考验的理论。更重要的是,这样的理论才是文学的理论。"①

"本体阐释"是张江教授将深入的理论思考和实际的操作手段结合后提出的重建当代中国文论的一条路径,这条路是否可行还需要实践来检验。不过,从理论上看,这条路径的设计不仅过于理想化,而且有些理论障碍和操作困难摆在面前,不能不加以思考,想出解决的办法来。

"本体阐释"的关键是确认"本体"即阐释对象是文学文本,这样才能确保"本体阐释"的"文学指征"。尽管张江教授在其论文中反复强调"文学指征",但却并没有给"文学指征"以明确定义。这并非他的疏忽,其实是因为"文学"本来难以定义,他不想落入定义的陷阱。文学是什么,古今中外并没有放之四海而皆准的唯一答案。在西方,文学在不同时期有不同的含义。19世纪之前,文学一般指著作或书本知识。法国学者斯塔尔夫人写于1800年的《论文学》被认为是具有现代意义的西方文学理论著作,其所谓"文学"其实"包括诗歌、雄辩术、历史及哲学(即对人的精神的研究)"②,与现代西方的文学观念仍有距离。不过,她已经指出:"在文学这些部门中,应该区别哪些是属于想象的,哪些是属于思维的。"③ 这被认为是对文学特征的辨析。美国学者乔纳森·卡勒在《文学性》中谈到西方文学观念时说:"19世纪以前,文学研究还不是一项独立的社会活动,人们同时研究古代的诗人与哲学家、演说家——即各类作家,文学作品作为更广阔意义上的文化整体的组成部分而成为研究对象。因此,直到专门的文学研究建立后,文学区别于其他文字的特征问题

---

① 毛莉:《当代文论重建路径:由"强制阐释"到"本体阐释"——访中国社会科学院副院长张江教授》,《中国社会科学报》2014年6月16日。
② [法]斯塔尔夫人:《从社会制度与文学的关系论文学》,载伍蠡甫、胡经之主编《西方文艺理论名著选编》中卷,北京大学出版社1986年版,第1页。
③ 同上。

才提出来。"① 而当代西方的文学研究已经转向语言学和文化学。在中国也是这样，古今的文学概念有很大差异。孔子所说的"文学子游子夏"之"文学"与司马迁所说"文学彬彬稍进"之"文学"并非一个意思。南朝宋文帝所立"玄、史、文、儒"四学中的"文学"固然与今天所说文学相去甚远，即使是1902年张百熙主持颁布的《钦定京师大学堂章程》中所规定的具有近代意义的"文学"学科，包括了经学、史学、理学、诸子学、掌故学、词章学、外国语言文字学七目，仍然不是今天所说的文学。今天的所谓文学，也不是固定不变的概念，仍然处在不断发展变化之中。这只要看看《光明日报》发表的"非虚构小说"和网络上流行的手机小说，就不难明白。既然文学难以定义，"文学指征"自然也难以定义，我们又该用什么标准来衡量"本体阐释"的"文学指征"呢？又如何保证我们的阐释不是"强制阐释"呢？即使就今人所说的文学而言，难道它与政治学、经济学、社会学、文化学、语言学、心理学等真的就没有联系吗？引进和借用这些学科理论，就一定是"强制阐释"而不是"本体阐释"吗？正如李春青所言："有些来自西方的哲学、社会学、心理学等领域的理论与方法，在被引进我们的文学研究时，它所引发的可能不是关于文学文本本身的艺术魅力与审美特性的讨论，而是对文学文本蕴含的意识形态、身份政治、政治无意识以及其他文化意蕴的揭示，其结论并非预先包含在理论与方法中，而是对文本进行跨学科的综合性研究之后得出的合乎逻辑的判断。对此类研究，也不能简单地将之归入'强制阐释'之列。"②

"诗"大概算是文学集团中最缺少争议最容易达成共识的一个成员吧，而细究起来，问题却并不简单。诗是什么？诗除了意象、结构、语言外，是否还有其他要素？对于这些问题，也不是很容易达成一致意见。我们自然可以把那些标语口号式的分行排列的文字排除在诗之外，说它们没有意象，确少韵律，语言不美，等等，然而，这种

---

① [美]乔纳森·卡勒：《文学性》，转引自[加拿大]马克·昂热诺主编《问题与观点——20世纪文学理论综论》，百花文艺出版社2000年版，第30页。

② 李春青：《"强制阐释"与理论的"有限合理性"》，《文学评论》2015年第3期。

标准由谁来定？怎样制定？何况在特殊环境下，标语口号式的文字确实能够起到调动情感、鼓舞人心的作用。从具体操作而言，也不好以质量高下来区别哪些是诗哪些不是诗，不然，一开始就会处于争执之中。而如果不做区分，我们的统计分析会变得异常困难，是否要把所有分行排列的文字都叫作诗呢？是否把像网上诗歌创作软件所生产的文字也称为诗呢？有鉴于此，张江教授提出要"大量汇集当代有影响的诗作，逐一进行文本细读"①，这自然避免了区分诗与非诗的操作困难，而细读的目标是总结"意象设置特征、诗性营构技巧、语言运用规律"等，这些是否就一定是诗歌的基本要素和"文学指征"呢？同样也是一个需要讨论的问题。

至少在中国古代，以《诗经》为代表的早期诗歌主要是配合音乐为礼仪程式服务的，它的主要功能是宗教的功能、政治的功能、伦理的功能，如果我们不重视这些功能，不去理解和阐释这些功能，又如何能够说明这些诗歌在当时的文化价值和社会作用？如何能够说明《诗经》一直被作为经学被历代统治者所推崇，并始终影响着中国社会意识形态和价值观念的发展呢？俄罗斯学者弗谢沃洛德·巴格诺曾表示，"中国古代文论是否也存在强制阐释"是他一直心存的疑问②，大概就包括中国古人将《诗经·关雎》解释为"后妃之德"这样的阐释案例吧。然而，《关雎》乃是后宫房中乐之歌词，而将其解释为"后妃之德"是顺理成章的事，这一事实对"本体阐释"无疑是个挑战。

三

尽管我们对"强制阐释论"提出了一些冷思考，但我们仍然认为张江教授所提出的理论具有重要认识价值和现实启发意义。在笔者看

---

① 毛莉：《当代文论重建路径：由"强制阐释"到"本体阐释"——访中国社会科学院副院长张江教授》，《中国社会科学报》2014年6月16日。
② 参见张凤娜《张江出席"当代西方文论的有效性"国际高层论坛：在文学实践中寻找当代文论重建新路径》，《中国社会科学报》2015年4月20日。

来，只要承认"文学指征"在不同时期有不同内涵，不把"本体"视为一个凝固的对象而是看作一条流动的河，"本体阐释"就可以用来为中国当代文论建设提供理论支持。不过，既然"本体"是一条流动的河，就难免有滩涂，有曲折，有支流，更有支撑其流淌的广袤大地，所以不妨以"本位"来代替"本体"，以减少定义"文学指征"和"文学本体"所带来的困难。而"本位"则相对容易定义，它就是绵延五千年的中国文化。有了这个本位，中国古代文论、中国现代文论、中国当代文论应该更容易打通和融合。

中国文论建设也许有许多可行路径，窃以为回归本位、分段考察、有效连通、合理阐释是一条重要路径。下面试作疏解。

所谓回归本位，就是要回归中国文化的本位，而中国文化和中国文学不可分割。之所以强调中国文化和中国文学不可分割，是基于中国文学是中国文化的一部分，中国文学和中国文论的兴起、聚合、迁衍、往复、裂变，无不是在中国文化的大背景下展开的，不了解这一背景，就不可能准确阐释中国文学和文论，尤其是中国古代文学和古代文论。以中国文化为本位，才有可能找准中国文学的位置，"找到中国言说方式的立脚点"。然而，近百年来，一部分中国人弃中国文化如敝屣，以为肯定中国文化就是落后保守，只有西方文化才是唯一正确标准，造成了中国文论的"失语"。例如，在当今学界，很多人将中国传统四部之学与现代学科作对应理解，以为经部对应哲学，史部对应史学，集部对应文学，这就不是站在中国文化本位立场的观察，而是站在西方文化本位立场的比附。事实上，经部的《诗经》是文学作品，《尚书》是政治文告，《尔雅》是语言学著作；史部的《职官志》可归入政治学，《食货志》可归入经济学，《地理志》可归入地理学，《刑法志》可归入刑法学，《艺文志》可归入目录学；集部更庞杂，宋代以来的个人文集，常常包括书表策对制诰等职务应用文和书信、序跋、日记、墓志等生活应用文，除诗赋外，学术著述是其重要内容，并不区分文学、历史、哲学。这种现象，只有在中国文化本位立场才能得到有效阐释，用西方文化立场来解释只会隔靴搔痒、郢书燕说。只有承认中国文化是一种独立文化形态，坚持中国文化"本位"立场，我们才能够寻找到中国文学的"本体"。

所谓分段考察,就是要根据中国文学发展的阶段性特点,对各个不同时段的文学和文论做深入细致、实事求是的考察。中国古代文学和文论与中国现代文学和文论具有不同的形态和特点,这是大家都承认的。而中国古代文学和文论在不同历史时段有不同的形式和特点,却是大家认识不够的。笔者曾提出中国古代文学有鬼神文学、贵族文学、精英文学、市民文学、大众文学几个发展阶段,各阶段的文学形态、文学观念,甚至文学媒介、文学技术都是有所不同的。① 如果我们能够认真考察各阶段中国文学与中国文化的复杂关系,细心清理中国文学形态与文学观念的辩证发展过程,就会对中国文学的民族形式、历史内容、艺术风格有准确的理解,"找到中国言说方式的立脚点",从而为阐释中国文论的中国形式、中国风格、中国气派、中国话语提供强有力的事实依据和历史—逻辑支撑。需要强调的是,分段考察一定要是具体的,实证的,动态的,而不是概念的,印象的,静止的。要将各时段的文学现象、文学文本予以客观描述,对此时段的文学观念的核心话语、主要内涵、发生机制、构造原理等进行尽可能准确的勾勒,得到各个阶段文学发展和文论发展的全景信息,以便全面地系统地准确地把握中国文学和文论阶段性特点。笔者曾用十多年时间,以"了解之同情"的态度,具体考察了中国古代文学和文学观念发生阶段的各种事实和现象,撰写成《中国古代文学观念发生史》,便是这种努力的一个尝试。该书被收入《国家哲学社会科学成果文库》,并被推荐为国家社科基金中华学术外译项目,说明这样的研究得到了学术界的认可,应该是有发展前途的。

所谓有效连通,就是要在分段考察的基础上将各时段的中国文论进行连接比较,找出其中的联系与差别,说明造成这些差别的原因,总结中国文论发展演进的客观规律。这里的关键是,要打破如今事实上存在的分时段分专业研究的学术壁垒,真正做到上下贯通。这种贯通不仅要对上下时段的不同文学事实、文学现象和文学观念有透彻了解,而且要对上下时段何以会出现这些不同文学事实、文学现象和文

---

① 王齐洲:《论中国文学发展的阶段性》,《华中师范大学学报》(人文社会科学版) 2005 年第 4 期。

学观念有鞭辟入里的分析，能够准确把握住中国文学和文化发展的脉搏，揭示其运动方向、运行机制和形成机理。这样的连通才是有效的，这样建立起来的文论史才是经得起历史检验的，这样形成的文论话语体系才真正是中国的。任何望文生义、浅尝辄止、人云亦云、大而化之的所谓研究，都是有效连通的死敌，不仅不利于中国文论建设，而且会破坏这种建设。以小说观念的发展为例：汉人强调小说是"街谈巷语、道听途说"的"丛残小语"，《汉志》将其列入《诸子略》，以为其"似子而浅薄"；唐五代以前并不强调小说的故事性（尽管不排斥故事），也不提倡虚构性（明确反对虚妄）；而从北宋开始，小说的故事性、虚构性被突出强调，许多被唐五代学者列入史部的著作都被宋人当作小说列入子部，如唐初魏征编纂《隋书·经籍志》在子部著录小说25部，后晋刘昫等编纂《旧唐书·经籍志》著录14部，而欧阳修编纂《新唐书·艺文志》在子部著录小说却多达123部，就是这一现象的表征。以欧阳修为代表的北宋学者和小说家所理解的小说是不能"征实"的故事，强调小说的虚构性，即所谓"近史而悠缪"。这一发展变化不仅涉及小说形态本身的发展，涉及中国文化整体的变迁，同时还涉及知识生产方式的改变，其中最为根本的是精英文学向市民文学发展过程中出现的社会价值观念和文学审美趣味的转变，绝非任何个人的行为与偏好。① 有了宋人的这一观念转换，近代中国才很顺利地接受了"小说是有一定长度的虚构的故事"的现代西方小说观念。这样看来，连接的有效性并不排斥以西方文论作参照，甚至不排斥以西方文化为参照，只是不赞成以今律古、以西释中罢了。

所谓合理阐释，就是在弄清中国文学和文论全部事实和现象的基础上，对这些事实和现象进行实事求是的分析研究，得出科学合理的结论。在这里，"本体阐释"所提出的原则和方法都是适用的，即"以文本的自在性为依据"，"遵循正确的认识路线，从文本出发而不

---

① 王齐洲：《论欧阳修的小说观念》，《齐鲁学刊》1998年第2期；《在子史之间寻找位置——史志所反映的中国传统小说观念》，《国学研究》第10卷，北京大学出版社2002年版。

是从理论出发","拒绝前置立场和结论,一切判断和结论生成于阐释之后","拒绝无约束推衍"等。其实,现代阐释学也要求阐释者要先弄清"实谓"(原典实际说了什么)、"意谓"(原典想要说什么)、"蕴谓"(原典可能想说什么)、"当谓"(原典本来应该说什么),然后才能"创谓"(为救活原典,解说者必须创造性地表达什么)。如果不注意"实谓""意谓""蕴谓""当谓",所谓的"创谓"很容易变成"强制阐释"。中国古代文论遗产丰厚,诗话、词话、小说评点等,汗牛充栋,却很少有脱离具体文本的无根之谈,这是大家都看到的。然而,为什么会如此,却至今没有令人心悦诚服的合理阐释,古代文论与文学创作的密切关系也缺少符合历史全息场景的真实呈现。一般认为,中国古代文论多为文学批评,文体论、创作论发达,较少对文学本质的探讨和文学本体的追问,不能形成真正成体系的文艺理论专著,"体大思精"的《文心雕龙》也只是创作论和文体论。这样归纳是否符合事实?如何解释这种现象?对于前者,很少有人置疑。对于后者,前人往往以中国人长于具象思维而短于抽象思维来解释。然而,中国人在三四千年前就有《连山》《归藏》等高度抽象的符号体系,为什么中国古代就没有对文学的哲学思考?是我们囿于西方文化的视野没有弄清中国文论的事实?还是有关的阐释没有真正贴近文本?诸如此类的问题,应该是合理阐释需要回答的问题。

张江教授说:"'本体阐释'坚持的是民族的立场和方法。坚持从民族的批评传统出发,对民族的传统理论和批评加以整理和概括,作为今天民族文学理论和批评构建的基础性资源。坚持有鉴别地学习其他民族的先进方法和技巧,在相互碰撞和交流中取长补短,形成本民族的优秀的独特理论。"[①] 笔者十分赞赏这样的立场和态度,也真诚地愿意践行。中国文论建设是全体中国文论工作者义不容辞的责任,也是所有文学工作者的责任。张江教授尽到了责任,做出了杰出贡献。笔者提出一些想法,也是被他鼓舞激发出来的,希望对中国文论建设有所帮助。

[①] 毛莉:《当代文论重建路径:由"强制阐释"到"本体阐释"——访中国社会科学院副院长张江教授》,《中国社会科学报》2014年6月16日。

接受主体"负"问题之"强制阐释"论*

陈仲义**

一 强制阐释之"必需"

接受的高级阶段是阐释,阐释是接受主体审美观的显现。阐释遭遇阐释不足、阐释漠视、阐释过度的多重夹击,也经由多方"误读"(臆读、异读)以及多种细读的累积,发展成令人耳目一新的阐释学。诗歌的固有难度,使之特别依赖阐释学,阐释学对于诗歌的生长、发展不啻是营养剂、强心针。但在西方文论总体强势语境的发酵下,不可避免地出现了某些负面影响。比如当下一种被命名为"强制阐释"的"坏"倾向,正遭到全面批评。2014 年年底,张江教授发表《强制阐释论》一文,在宏观上严厉批判了 20 世纪西方文论造成的"致命的伤害"和"根本性缺陷",在微观上极力纠偏阐释主体的立场、观念、伦理与方法。[①] 全国多家期刊发表数十篇文章进行研讨,可见问题之深重。它涉及阐释主体诸多问题,本文特辨析如下。

强制阐释被界定为"背离文本话语,消解文学指征,以前在立场和模式,对文本和文学作符合论者主观意图和结论的阐释",具体有"四宗罪":"场外征用""主观预设""非逻辑证明"和"混乱的认

---

* 本文原刊于《天津师范大学学报》(社会科学版)2016 年第 6 期。
** 作者单位:厦门城市学院。
① 张江:《强制阐释论》,《文学评论》2014 年第 6 期。

识路径"。① 论者特别反对以"精确的数学物理方法,用于文学和文本的阐释,一定会沦为机械死板的套用和毫无趣味的枯索"②。

对强制阐释的热烈讨论,无疑凝聚了当代阐释学的众多难点,有论者就此提出思考:理论的创新和复兴,哪怕是让它苟延残喘生存下来,能在多大程度上避免"场外征用"?警惕"场外征用"又会在多大程度上殃及我们乐此不疲的跨学科研究?理论的基本立场与批评家预先选取的确定模板,其间的差异分野,究竟如何厘定?如何使文学生动飞扬的追求,不至于异化为呆板枯燥的索隐求解?究竟是"强制阐释"的先天局限,抑或是显示了一种理论演进的必由之路?③

众所周知,西方20世纪以来的诗学,像大家所熟悉的精神分析、生态批评,绝大多数都是来自场外征用,这是当代知识生产的特点。连反对最甚的张江教授也承认:"多种学科的交叉和融合是我们理论生长的最有力的动力,最强大的动力。"④ 而且,稍加追究,场外征用古已有之,中外皆然。只是古代、近代学科发展缓慢,无法像现代一样做到全方位感应、沟通。从逻辑角度上看,一种事物的出现与立足,需要多方位补充与支援,当它拥有正当性与必要性时,其出现不可避免。随着时代的加速度发展,古典文论捉襟见肘,经典学说再强盛,也难以解释当下的瞬息万变;学科进入全面细化阶段,高科技进入日常生活的各种角落,碎片化与狂欢化成为接受的大趋势。在"不够用"与"寻求突围"的强烈冲动下,在多元、综合与会通的全球化语境下,立足场外征用和主观预设的"强制阐释",具有其必然性的一面。又因文学是社会生活的普遍反映,动用社会各学科、各领域的资源阐释文学作品,本身无可非议,而经由文学中介"开启"诸多学科常识、理解精神产品,也顺理成章。

固然,强制阐释会带来相当负面的影响,但是否严重到"致命的伤害"和"根本的缺陷",还有待商榷,其中关涉到强制的类型、强

---

① 张江:《强制阐释论》,《文学评论》2014年第6期。
② 张江:《强制阐释论书札》,《社会科学战线》2015年第6期。
③ 陆扬:《评强制阐释论》,《文艺理论研究》2015年第5期。
④ 张江等:《关于"强制阐释论"的对话》,《南方文坛》2016年第1期。

制的程度、强制的边界,不好全盘否定。应该看到,在交叉学科、边缘学科、未来学科之间,存在着诸多打开的可能。好比大坝水库,接纳各路水系,它们喧嚣着汹涌而来,一开始就想规范流量,便赶紧叮嘱关闭众多闸门,反倒会削减天然、可观的储量。

强制阐释现象很普遍,历史也悠久。有论者认为,其根源早就隐伏在西方文化的"二希"(希腊、希伯来)源头之中,势所难禁,故强调其合理性。第一,从接受心理上讲,强制阐释能够更好地满足人们的心理预期;第二,文学艺术不以求真为务,它的最高目标是对美的创造,始终让路给美;第三,从阐释效果看,诠释只有走向极端才有趣,四平八稳、不温不火的诠释表达的只是一种共识,故而强制阐释,属于更痛快、更有趣、更能一鸣惊人的主观阐释。[①] 因为有其必然性、合理性、可取性,所以"强制阐释"还拥有一定的实现概率。那些被征用的范畴、概念、术语、逻辑全面铺开,罩住对象,相互"借力",互惠互济,调整、改造、变异、同化、顺应,会使得相当一批场外理论转化为某一时期文学理论的流派和方法。当代许多文论,作跨学科、跨文体的过度阐释和发挥,意在用文学文本证明某种预设性,为什么不可以呢?不同学科的相互阐释,其实是一种有益的碰撞。某些理论预设也没有像批判的那样,属于"罪魁祸首",应该允许一部分理论先行,不必太在意谁先谁后(如同不必在意先有鸡还是先有蛋),尤其是科学史上许多发明都出自先在假说(1916年,爱因斯坦"凭空"写下引力波的方程解,100年后,这一扭曲时空的"涟漪"才得到"提取")。这里面一个奇怪的逻辑是,为什么非文学的理论不能用来阐释文学理论呢?须知文学在此被另一种学科当作重要工具与语料使用,是无上荣光的;文学经常为它者"注脚",贡献自己的"富余",既证明文学的强大,又说明场外征用属于一种常态和无法卸任的宿命,有何不妥呢?一个基本常识是,任何学科要形成自洽自足的体系,不想借鉴与运用其他学科要素,只是依靠自身的有限动力,是走不远的。

[①] 陈定家:《文本意图与阐释限度——兼论"强制阐释"的文化症候和逻辑缺失》,《文艺争鸣》2015年第3期。

不可否认，有的阐释做得很差劲，甚至谬误百出，但不能因其败坏而全盘否决。文学以外的许多发现发明，后来渗透、影响到文学领域恰恰是强制阐释、主观预置的结果。地球物理学家托马斯·科·门登霍尔曾假想过词的长度使用率，以此作为判定不同作者风格的尺度，进而建立一种"使用词谱"，可以达到光谱分析下的精确程度。弗洛伊德的潜意识、梦幻，启发了超现实主义，应该说是现代心理学对文学流派的一次出色推动。以为事情可能到此结束，没想到列维·斯特劳斯又毅然抛开弗洛伊德，转而利用结构主义理论对俄狄浦斯神话进行独到解析——即便是这样一次"二手"转换，也算不上一次罔顾规则的强拆重置，它却能带来新的启示。或许不久，还会出现"三传手"，孰利孰弊，大家心中应该有谱。

回望国内，1985年的"方法热"，林兴宅用系统论分解阿Q十对性格要素，人们至今还是认可这种切分成果，刘再复的"性格组合论"在当时也有一定市场。20世纪70年代兴起的"混沌理论"，被我们诗学界理工科出身的诗人余怒用于探视诗歌创作的"黑箱"。本来，这样的发生学渊源让人望而生畏，余却以《从有序到混沌》等多篇文章，解释诗歌生成的无序、混乱、突发、随机的原生态，虽说感性体验提升为理性形态有点生硬，但我们还是应该鼓励这种"吃螃蟹"的勇气。

新时期以来，符号学对文学的介入，初成气候。先有李幼蒸等人的源头性引介，后有赵毅衡团队的全面开发。符号学十八般武器，已经跨界到语言、诗歌、小说、戏剧、电影、音乐，乃至武侠、体育、广告、游戏、图像、装帧、设计等方方面面。[①] 21世纪以来，大陆还出现以华海为首的生态诗写作群体，多方征用西方生态学理论，无论是撷取先驱者奥尔多·利奥波德的思想，还是后继者保罗瓦特·泰勒的资源，理论的援引使他们自觉解构人类中心主义，并使之第一次成为中国诗人的命题，跟随着卢梭与梭罗的步伐，真正踩进生态诗写作的深水区。

---

① 迄今为止，出版符号学丛书近20部，编辑《符号与传媒》12辑（中英文半年刊），建立全国首家《符号学论坛》等。

笔者才疏学浅，花了多年时间，用30多万字的篇幅，才将物理学的张力概念提升为诗歌的"大管家"，承担起诗歌从意象、节奏到分行、跨行的"管理"工作。① 这种"僭越"可行吗？其实，在貌似泾渭分明的科学与诗学的楚汉界河中，不乏存在某些交通暗道，是先试着找找门路，还是一下子就竖起"此路不通"的警示？！

二 强制阐释之"可取"

张江教授明确把强制阐释的"祸心"——场外征用，概括为三种方式：一是挪用，二是转用，三是借用。也就是说，采用三种方式的任何一种，便是犯了强制过错。窃以为，所谓挪用，如果注明详细出处，遵纪守法，无缘偷鸡摸狗，就不能算"贪污公款"；所谓转用，只要不泯灭学术品格，按规矩转之优质的经营方，哪怕作为他用，也属于"择优另业"，不失正当行为；所谓借用，只要严格按照契约，如再争取到化用，乃是难得的"创业"。

近年台湾诗人、诗评家白灵致力于从科学武库中，撷取诸多利器，逐一进行诗人论剖解。在诗与工具理性水火不容的边沿，采用科学主义的方法需要冒犯许多戒律，但理工科背景出身的他，挪用、转用、借用场外前沿与基础理论（原理、常识、公式、定律），化解隔膜，打通异域，研几析理，另辟蹊径。翻开他的《新诗十家论》，清一色的科学武装利器。他论析周梦蝶时，采用"物质三相与身心灵三态"的交互对应图式，解析周氏人生"惊"与"惑"两大主轴怎样连锁滚动，索解诗禅"情与欲"如何纠结，在惊叹号与问号（总计700多次）的书写中，何以成为最靠近生命底质和写得最透底的诗人。在论析商禽时，借用宇宙生成四元循环关系（无序—互动—有序—组织）与现象界"约束"与"涌现"的两大原则（"囚"与"逃"），从而凸显这位"长颈鹿"诗人特有的诗歌意涵：隐身意识、漂流心境、齐物思维和逆反精神。同样，在阐释诗人管管时，将热力学原理转换为诗学的"语言乱度三相图"（乱度最低、乱度其次、乱

---

① 陈仲义：《现代诗：语言张力论》，长江文艺出版社2012年版。

度最高),从而勾连出与管管诗作的关系,在固着—流动—跳跃的三重递增中,体现超现实的角力,最终形成管管任意拨弄的"不正经"的诗歌奇观。① 全书总共附录 20 多幅科学图表介入阐释,其中的科学术语、概念、图表,令人眼花缭乱,甚至有点"狂轰滥炸"的感觉。你可以因"不适",反感他硬性镶嵌、机械置换,但你不得不感佩白灵的阐释在现今所有诗歌阐释模式中,令人刮目相看。尤其针对不同阐释对象,能够适时调整、变换模式,使得那些挪用、转用、借用来的科学武器,那些一成不变的条律、定理、公式变得富有弹性和灵活,给诗歌接受者带来额外的惊异。

又如,赵毅衡的女弟子乔琦,在刚出版的《形式动力:新诗论争的符号学考辨》② 一书中,借用符号学的原理,另辟蹊径。新诗论争的课题,此前不是没有人做过,但几乎都是从社会学、历史学入手,形成伦理与美学、社会与文学、启蒙与艺术等问题,缠绕不已,从而也屏蔽了一些更为本质的诗学问题。然作者推群独步,化用雅柯布森、里法泰尔、卡勒等的符号学原理,以形式因素为抓手,碰触中国新诗有关诗性、文本、阐释等多方面的深层问题。

第一章的"早期新诗'诗体演变'与诗性探寻",作者从论争中跳脱出来,启用符号双轴的维度探寻"新诗性",经由《尝试集》单向轴列到《女神》双向轴列的打开,撑起新诗之为新诗的重要支柱。第二章的"新诗的标出性",作者表面上抓住"丑的字句"论争,实际上是抛开诗歌语言美丑二元对立的传统思路,同时又运用罗兰·巴特"展面"与"刺点"两个概念,推出刺点(突兀、对立)之于诗歌文本解读的重要性,委实带给我们不少阐释的新见。第三章的"新诗'内容—形式'之歧解",作者没有陷入老掉牙的"内容与形式"的窠臼,而是引入里法泰尔《诗歌符号学》的"核心语"概念,作核心语和主型关系的论述,直接为"内容—形式"交融的处理提供了范例。可以说,在符号学的"撮合"下,长期纠缠不清的内容与形式问题,取得一定程度的和解。第四章的"阐释之'度'与新诗的

---

① 白灵:《新诗十家论》,台湾秀威资讯科技股份有限公司 2015 年版。
② 乔琦:《形式动力:新诗论争的符号学考辨》,四川大学出版社 2015 年版。

阅读困惑",作者援引皮尔斯的符号"无限衍义"给予阐释极大的自由,又以艾柯和卡勒之间的论辩提示"限度"的必要性,使得当年争论不休的《圆宝盒》在半个多世纪的漫长衍义后,收获了一个相当可信的回应。第五章的"新诗'晦涩诗学'",针对诗歌最棘手的接受问题,作者重新擦拭了里法泰尔一个重要但长久被淡忘的"不通"概念,借以作新的解释。"不通"实则是一种"迂回达意"。"迂回达意"有替换、变形和创意三种途径,它一方面增加诗歌韵味,扩大文本张力,另一方面造成诗歌奥涩,据此"不通"概念,作者从另一端口进入到诗歌的内脏。

按照张江教授的定义,该书的阐述,都要犯上强制阐释的"第二宗罪"——主观预设,多少都与之所谓的"前置立场、前置模式、前置结论"脱不了干系:"经过这种前置模式压迫所产生的所谓文学理论的阐释,实际上经常是一种数学、物理的阐释,而非文学的阐释。符号学的各种各样办法就可归于此列。"① 经这么轻率的一个棍子,几乎把符号学全部打倒。事实上,任何一种跨学科的阐释过程,很难没有混杂某些主观预置,但只要阐释到位,有理有据,又有什么"原罪"呢?该书甫一出版,便获得业内很高评价:"是一部贯穿了符号学理论而说得更清楚的'元诗话'。"② 可贵之处在于,书中处处渗透着符号学的理念,却每每都能和中国诗歌现象紧扣在一起,让读者感受到诗歌与符号学结合的魅力。③ 笔者以为,诗歌对符号学的征用,对于"高难据点"的正面强攻,起到了特洛伊木马的奇兵作用;诗歌的符号学阐释涉及某些主观预设,包括前置立场、模式、结论,有时是必不可少的"提前量",关键还是一句话,征用到位不到位。

再有一篇博士论文《科学与文学关系视域下的多恩诗歌研究》,硬是从强制阐释的混生丛林中开辟出一条"互证"的通道。作为 17

---

① 张江等:《关于"强制阐释论"的对话》,《南方文坛》2016 年第 1 期。
② 和庆鹏:《评乔琦〈形式动力:新诗论争的符号学考辨〉》,2015 - 11 - 25, http://www.semiotics.net.cn/index.php/publications_view/index/4882。
③ 赵宝明:《符号学作为理论工具的"元诗话"——评乔琦〈形式动力:新诗论争的符号学考辨〉》,2015 - 12 - 13, http://www.semiotics.net.cn/index.php/publications_view/index/4943。

世纪玄学派诗人约翰·多恩（John Donne），一直以来处于褒贬不绝的两重天地。在新旧科学交替兴衰过程中，采用传统的评价范式委实难以适从，作者通过地理、天文、几何、光学、解剖、生理、磁学、炼金术等多学科的交叉和科学史的脉络梳理，"强行"对多恩诗歌进行解剖，大量涉及地理学意象与多恩的情感世界，多恩诗歌中的哥白尼天文学革命，光学的折射、反射与多恩诗歌，磁学新发展与多恩诗歌，"四种体液"在多恩诗歌中的运用及象征意义，多恩诗歌的解剖学迷恋及文化分析，科学入诗的"前景化""后台化"和"杂合化"等问题的阐释。①

人们会问，这是艺术对天文学知识的卖弄，还是有意将诗歌变成另有企图的"他者"？某种程度上，诗学研究成了具有跨学科的、思想史意义的"工具"。如果按照强制阐释的严格定义，该研究因为过多涉及非诗学问题，容易被否决，但恰恰是上述大量从科学摄取的写作方式和文化阐释，打开了"旁门左道"。百思不得其解的倒是，与其把阐释的强制与不强制放在第一位，为何不能让阐释的众多可能性走向更大空间呢？在科学与诗歌几乎隔绝"通婚"的道路上，多恩不仅终生乐此不疲，而且采取"多妻主义"，导致后来的研究者们也在形形色色的强制或不强制的阐释中，顺应了其门庭多子多孙的状态。在强制阐释与过度阐释中固然有界限存在，那么在模糊性的地带游走，是采取孤家寡人式的闭关锁国，还是接纳"同盟战线"的互证主义？答案显然是后者。换句话说，与其把某种带有强制阐释的倾向一刀切地打入冷宫，毋宁更多地鼓励、发展其良性部分。

由于诗学对象本身是承载太多学科的百宝箱，研究者的阐释自然趋于众多学科的集聚，难免要越出一般诗学的"圈地"，成为文化领域的过客，从而招致了远离诗性的指摘。这在某种程度上，使互文性成了强制阐释的"帮手"。因为任何阐释脱离不了前文本的"熏染"，前文本属于"书中之书"的传统积累，广泛地与原型、非文学典故、文献、资讯发生千丝万缕的联系，互文中双方的相互投射、沿袭、借

---

① 沈杨：《科学与文学关系视域下的多恩诗歌研究》，博士学位论文，浙江大学，2012年。

用，作用于阐释主体的反应，会出现某些偏离、扭转、甚至"出轨"，这都正常。如果罗蒂"文本的阐释就是文本的使用"① 这一出自实用主义的考量能够成立的话，那么强制阐释的"原罪"是多少就可以"豁免"？

三 强制阐释之"错榫"

不可否认，强制阐释确有自己的病灶，借用木匠的话儿说，那就是"错榫"。顾名思义，器物在凹凸处出现松动、开裂、脱节，难以或无法对接，便是错榫。

上述带有征用、预置、互证倾向的阐释是偏重理论模型的，而在当代诗歌实践中，出现较多的是西方化话语与"翻译体"合谋，导致另一种实践上的偏斜，虽没占据半壁江山，也染指几分版图。究竟如何看待这一微妙的错榫症候呢？诗学文论的全球化旅行，连同诗文本的实际翻译，虽有一番消化，但经由"东方主义"驿站时，或超速行驶，或刹车过猛，都呈现出严重颠簸的路况。的确，中国诗人在经历多年匮缺与孤立后，急于迎头赶上，在向西方迫切学习时导致全面"媾和"，在实践与诗学错落交叉的道路上，面对话语与诗学的双重"蛊惑"，如何处理"他者"、化用"他者"成了突出问题。一旦处理、化用不好，便会出现错榫。这一点，澳大利亚学人宋宪琳看得颇为清楚，他曾指出第三代诗人和批评家向广大中国读者描绘西方某些特定形象时，发展成了一种异化于中国读者观念的诗歌话语，许多人已经觉察到外来语大量涌入的杂糅并存现象。② 何止是杂糅并存，偏激的、负面的阐释，好比是未经打磨的粗坯，处处可挑出简陋、生硬、隔膜与毛刺。像关于存在主义的本体阐释，在第三代诗歌那里，演化成"存在于宇宙"是一种"落难"、人类在生死之间"进退维谷""死是石头活着也是石头""每个人都是一个癌症嫌疑犯"等类

---

① 董丽云：《重建文本阐释的约束理论——从艾柯和罗蒂之争谈起》，博士学位论文，福建师范大学，2008 年。

② 宋宪琳：《全球化、文革后新诗和"西方主义"》，《东方丛刊》1999 年第 1 期。

似的观念，再传输到文本上，便化成："过去的门和过去的门都已关闭/未来的门和未来的门都已关闭/只有无牵无挂的太平门敞开。"①这是不是一种相对简单的"邯郸学步""东施效颦"？在批评理论上，几乎所有大腕都把海德格尔对荷尔德林的阐释灌注到海子身上，得出的结论是，海子主动承担多数人害怕承担的重任，因而海子的死不是屈服，而是对存在于世的挑战。这一有关死亡的英雄式的拔高解析，究竟吻合了多少事实真相？

对诗歌语言的阐释更甚。放弃几千年汉语的独特优势，仅从那个"新华体"时代的废墟出发，就轻易断言"人类创造出的语言体系正越来越明显地束缚着人类的诗歌"，"那些无用的方块字好像正在把中国人拖到一个荒芜的化石的沙漠中"，汉语象形文字"已成为诗的镣铐"。②这样的断言多少出自强制阐释的大本营？而德里达的"非整合化""玩的文字游戏"，同时为第三代一些诗人所青睐，并完成中国式的解构表达："我的诗不属于读者，也不属于自己，它仅是一些没有质感的文字的排列、组合。"③这些冲动集中在"非非主义"身上，便破天荒祭出"前文化思维"的旗子，鼓吹"三超越"（超越逻辑、超越理性、超越语法）、"三退出"（退出价值、退出文化、退出语言），好在这一牵强性的乌托邦幻觉终究没能走远。

总体上，西化的强制阐释刺激本土的某些创造性亮点，生硬的或不生硬的，勉强的或基本到位的，接近成熟的或不够完善的，都足以让我们反思，在中西诗学的碰撞中，我们的阐释主体显示了何种底色与血脉？根据对他者的理解，他们努力表征、重建、确认西方世界，就像东方主义一样，西方"并不是一个想象和施动的自由主体"，而是一个权威声音的客体。这就要依赖中国诗人和批评家在中国文化范围内对西方静默地阐释。到底是什么样的解读、误读以及理论建构的过程"驯化"，能为我所用？无论是否正确地描绘西方主义，这种与

---

① 宋宪琳：《全球化、文革后新诗和"西方主义"》，《东方丛刊》1999 年第 1 期。
② 同上。
③ 同上。

西方文化有关的实践并不像一些批评家们所描绘的那样，基于一种文化的谄媚，而是由于他们已经意识到文化进步的必要性，把自己对西方的解读融入传统的精英文化实践中，并且把中国人对西方的想象转变成赛义德所说的"可驾驭部分"。恰恰是这一重构西方文化的过程，分离了朦胧诗的先导者。这样，第三代诗人有意的断裂，自觉探索了可能的西方模式，并追索到汉语作品的进一步发展。[①]

问题的复杂性在于，第三代诗歌群体对他们所信仰的，在后现代西方被广泛应用的东西喜欢采用夸张的描述或诠释。在展示他者文化的过程中，不是刻意地追求一种"统治"，而是将他者文化当作一种创作的灵感。但之后他们并没有享有一种"地位上的优越感"，相反，却把西方文化骚扰甚至野蛮同化为另一古老传统的佐证，这样就为被动的他者文化带来了主动因素。[②] 平心而论，经过21世纪十几年来的消化，第三代诗歌主体及其后继的成员结构发生了很大改变，此前那种较无节制的西化话语开始收敛甚至有所"化西"，唯西洋翻译体是瞻的风尚开始加入了中国元素，横向移植，同时加大纵向开采，"他者"的纯化愿景转向更多接地气的嫁接，这一切，都让人感受到某种趋向平衡的格局。我们高兴地看到，通过经验与教训的实践打磨，乃至重新淬火，各种诗歌话语的粗坯没有失去完善的机会。由于诗歌文体与话语如同海绵般轻盈，富于弹性，充满潜在的"蜂窝"，特别容易吸附外来成分，由此引发或勉强或流畅或龃龉或创化的阐释，都难免带有上述一二症候。需要说明的是，我们侧重呼吁对强制阐释采取较宽大的政策，并不意味着对它带来的负面影响视而不见，对于那些太过离谱的硬伤、错榫，也不能姑息。

四 强制阐释之"自律"

最后，回到阐释主体的伦理问题上来。张江认为，阐释伦理的基

[①] 宋宪琳：《全球化、文革后新诗和"西方主义"》，《东方丛刊》1999年第1期。
[②] 同上。

本原则是:"应该从文本出发,尊重文本的自在含义,尊重作者的意义表达,对文本作符合文本意义和书写者意图的说明和阐释。"① 一言以蔽之,阐释伦理是建立在尊重文本和作者基础上的有限阐释。我们疑惑的是,这样的规定是不是明显带有文本中心主义的绝对性?过分对文本原值的追索,忽略读者接受这一重要环节,是否有违作者与读者双方应共同遵循的新"合约"?

如果按照上述逻辑与伦理,正确的解读不能远离文学作品的自在含义,那么,它遭受致命的一击必然是:谁来判断文学作品的自在含义?显然,还是需要接受主体。考虑到现代接受美学的辩证法,话语权利开始转移到了接受主体这边,上面举证的三位接受者(批评家)白灵、乔琦、沈杨,严重或不严重地违背了原作者意图,但违背原意就不能成立吗?现代阐释学早已明示:任何阐释都不会是唯一正确的阐释,任何阐释也不必得出某种确定性答案。

故而无须害怕场外征用,也无须担忧主观预设,我们不是还"预留"着一个无与伦比的"实践"场域作为检验的关卡吗?事实上多数人都心知肚明,对于中国文论界,马克思主义是最大的场外征用,其遭遇最多的也是强制阐释。反过来,也可以斗胆说,某种意义上,马克思主义就是在强制阐释中壮大起来的。查阅中国知网关于马克思主义的论文多达24万篇,相关会议、研究院、研究所、研究立项也有成百上千。国际国内间,左派、中间、右翼,中式、西式、古巴式、朝鲜式、越南式,应有尽有。正读、误读、臆读、不一而足。嫁接、杂交、混血、原旨、变异、发展、再造,无奇不有。百年马克思主义,难道不是一场强制阐释运动吗?对于问题这么深重的场外征用、主观预设,为何不来个大清场呢?

在所有商榷文章中,大概只有一篇文章最不忌讳,直接点出其间关键:张江凭借中国传统所进行的一种文化抵抗是一种意识形态症候,必然存在一种强制性的、矫枉过正的倾向。"张江的偏激确乎折射了'一种民族国家的意识形态',而如果对这种意识形态缺乏一种审慎的判断,再往前一步,我们就能迎面触摸到文学的义和团精神。"

---

① 张江:《批评的伦理》,《求是学刊》2015年第5期。

"张江以否定（抵抗）的方式表达了中国在全球化进程中遭遇的自我身份危机，以拒绝的方式表达了中国在向世界学习的过程中遭遇的阐释焦虑。"①

解除焦虑的最好办法还是回到维护文学本体与接受的多样生态，维护百花齐放、百家争鸣的局面。要形成这样的局面与氛围，无法不征用某些场外理论，无法不吸收某些"奇谈怪论"，无法不沾染某些"僭越"的主观货色，否则哪有机会部分打开被本质主义笼罩的天地，打开被原教旨主义关闭的天窗。每一种看似由盛而衰的学说，每一类貌似风行一时而被轮替的理论，其实都可能隐含着一种改进版、升级版、扬弃版。不能简单以成败论英雄，更不能用上帝的全能视角臧否一切。许多提法、见解、理念、阐释，可能十分之九有错，坚持到底无疑走进死胡同，然而只要有十分之一可取，或仅剩一丝启发，也难料将来的发展潜能。所以，一开始就驱至冷宫的粗暴，并非明智。

这里的分歧是知识立场与思想方法的分歧。齐格蒙特·鲍曼关于知识分子的身份与角色有一个说法，他将现代性主体命名为立法者，负责权威性话语的构建；将后现代性主体称为阐释者，负责解释性话语活动。借用从立法者到阐释者的变化，似乎可以看成是由文本中心到接受反应的变化。"对应"于前者，文本中心主义严格按照立法程序、知识谱系，始终瞄准原在含意，设法阻止那种不利于作者与文本的双重谬误，这是多么符合现代社会的稳定性和确定性（不妨喻为"完美"的"观光者"与规划秩序的"园艺师"）；"对应"于后者，接受主体带有强大的主观诠释性，其目的是促进社会各主体在不同系统间的自主性交往，这与后现代的流动、变幻、私我化又何其吻合（亦不妨喻之为打一枪换一地的"流浪汉"和消费的"游牧者"）。简言之，对文本阐释的流动性追随，是顺应了这个非逻格斯的、分化的、多元的、相对的时代，阐释者遵循流动性原则，是"将每一个社会特殊的语言转化成其他的社会成员可以理解的形式；也可以向一个

---

① 王侃：《理论霸权、阐释焦虑与文化民族主义》，《文艺争鸣》2015年第5期。

特殊的社会成员解释其价值观"①。由此继续联系到诗学接受上，流动性阐释在极端（极致）上呈现为"液体式"阐释，非确定、多相位、甚至互否性的阐释，将大大弥补此前那种拘泥于文本一维的缺陷，促成更多发散性的、异质性的民主自由思路（包括众多方法论）的开发。

再放开一点说，我们的关注点完全放弃到底是"姓社"还是"姓资"的争论，也不用计较用什么具体方法"过河"。搭桥？拉纤？撑篙？扬帆？轮机？泅渡？在每一次属于"摸着石头"，即试错性的行动中，看重的是过河的全过程带来了什么，因而更强调过程的策略性、互涉性和周旋式的"阐释"。面对诗学与实践，"放逐确定性，以迂回、开放以及反思性的方式去趋近某种'确定'多么有必要。也许，从中生发出的阐释，其'本质'就是阐释的结果即为阐释过程本身"②。

大可不必在意强制阐释——大谈禁用、戒用、慎用论，人家只要用得好——阐释得少有漏洞、少有破绽，能自圆其说，自成一家，甚至有小小的发现、发明，有什么不好？关键在于恰当的选择与运用，正所谓"运用之妙，存乎一心"。我们的立场是，首先不把强制阐释当作太坏的"浪荡子"，温和一些、宽容一些，视之为中性的、可以"调教"的"顽童"，视之怀有一二绝技的"同人"。尤其对于诗学界，对于诗歌这一特殊品类来讲，许多时候的接受一直处于难解、不可解、神秘、无法达诂的状态，故十八般武艺，轮番上阵，管你场外、场内；管你文内、文外；管你边缘、跨界，统统为我所用。在全球一体化视野下，碰撞、交集、较劲，哪怕突出某一倾向，甚至不乏极端，只要能打开可能性缺口，就是一件值得庆幸的事，通过比较、辨识、筛滤，最后总是会取得某种趋归与共识。只要多元阐释是"合情合理"的——符合事理逻辑，又建立在较多读者接受的基础上，应该是可行的。规定太多的禁用、戒用、慎用，必然束缚理论手脚；漠

---

① ［英］丹尼斯·史密斯：《齐格蒙特·鲍曼——后现代性的预言家》，江苏人民出版社2007年版，第60页。
② 引自2016年2月26日赖彧煌回复笔者的信。

视"自圆其说"的自洽性及其得当得体,也容易制造窒息生命的"紧箍咒"。在这个意义上,应该去除把强制阐释作为评价诗学理论正确与否的唯一依据,而把重心放在阐释的"度"上——超标或者不超标。

  诚然,在诗学界一直存在高级读者、有能力读者与泛泛读者的接受分野。普通读者一般不需要太多阐释,他们只遵从第一感觉、印象以及从众心理,就可作出判断。只有高级读者才会面对专业阐释——各种有限度的、过度的、剩余的或强制的阐释。有限度阐释比较好解决,它只要积极补充阐释不足部分基本可以达标;过度阐释碰到的难题是界限难以把握,因为每个人因其知识谱系和悟性大相异趣而判然有别。强制阐释要提防有形与无形的权力话语与霸权"阴影",约束阐释主体随兴放纵,加强自律,才能获致阐释的前提与资本,进而争取更多的可能性突围。阐释主体的伦理自律将碰到三个考验。一是出自创新的强烈学术冲动,阐释主体罔顾客观局限,缺乏必要沉淀,在草率情势下匆忙表现,结果隔靴搔痒、事与愿违。二是阐释主体为建立自身话语体系与模型,投其所好地"强拉郎配",最后导致削足适履的"联姻"失败。三是阐释的方法虽说无学科、无国界,然自以为是、我行我素,欠缺必要的"商量培养"(陈寅恪语),酿成独断专行、生吞活剥的苦果。至于那些泯灭学术良心、弄虚作假的阐释,就不在讨论范围了。

关于"强制阐释"的七个疑惑*

魏建亮**

"强制阐释"是中国社会科学院张江教授2014年提出并在多篇文章中倾力阐释的概念,主要用来指证20世纪西方文论的"背离文本话语,消解文学指征,以前在立场和模式,对文本和文学作符合论者主观意图和结论的阐释"这一主要特征和根本缺陷。① 它已引起国内和国际学界的回应和关注②,对它的内涵、价值和意义,许多学者也已进行了延伸阐述③。笔者对此不拟再加评论,仅就学习"强制阐

---

* 本文原刊于《山东社会科学》2015年第12期。

** 作者单位:河北大学文学院。

① 张江:《当代西方文论若干问题辨识——兼及中国文论重建》,《中国社会科学》2014年第5期;《强制阐释论》,《文学评论》2014年第6期;《当代文论重建路径:由"强制阐释"到"本体阐释"——访中国社会科学院副院长张江教授》,《中国社会科学报》2014年6月16日;《关于"强制阐释"的概念解说》,《文艺研究》2015年第1期。

② "强制阐释"已引起国内和国际学界的关注,主要有:(1)2015年1月25日,《文艺争鸣》杂志社专门召开了"强制阐释论"理论研讨会;(2)与此同时,《文学评论》杂志社也召开了一个专门会议对其展开了理论演说;(3)2015年4月,北京举办了"当代西方文论的有效性"国际高层论坛,来自美国、英国、俄罗斯等国的专家学者围绕这个问题与国内学界展开了交流和对话;(4)俄罗斯著名大型文学刊物《十月》全文发表了《强制阐释论》,并于2015年6月在莫斯科组织了国际专题研讨会;(5)2015年7月24—26日,《文艺争鸣》杂志社再次举办了"反思与重构:'强制阐释论'理论研讨会";(6)美国文学理论家希利斯·米勒就这个问题与张江教授展开了多次通信,相关成果已刊在《文学评论》《文艺研究》上。

③ 详见2015年《文艺争鸣》《文学评论》《文艺研究》等期刊上的文章。大体而言,这些阐述从四个方面展开:探源性的回溯(如李春青、高楠、陈定家的文章)、认可性的运用(如蒋述卓、党圣元的文章)、补充性的完善(如赵炎秋、王宁、朱立元的文章)以及质疑性的商榷(仅有王侃一文)。

释"时的一些体会和疑惑表述出来，就教于学界同仁。

一 "当代西方文论"确指为何？

"强制阐释"的主要指向是当代西方文论。那么，当代西方文论的确指为何？《强制阐释论》开篇提出："从20世纪初开始，当代西方文论以独特的理论力量和影响登上了历史舞台，在一百多年的时间里彻底颠覆了自古希腊以来的理论传统，以前所未有的巨大动能冲击、解构了历史和理论对文学的认识。……但回顾百年历史，我们体会到，当代文论的缺陷和遗憾同样很多。"① 在《当代西方文论若干问题辨识》（下文简称《问题辨识》）中，论者说："20世纪的西方文艺理论，与此前的现代文论和古典文论相比，确实取得了突破性进展。……需要说明的是，百年来的当代西方文论思潮迭涌、流派纷呈，其丰富性和驳杂性史所未见。"② 可见，论者是把20世纪以来的西方文论命名为了"当代西方文论"。从论者分析的一些理论流派，如形式主义、新批评、精神分析、叙事学来看，也是从20世纪初开始算起的（俄国形式主义产生于1913年，弗洛伊德精神分析理论的产生时间还要更早）。这样，就出现了"当代西方文论＝20世纪以来的西方文论"的等式。笔者的疑惑是："当代"就是"20世纪以来"吗？依据什么把20世纪西方文论定义为"当代西方文论"？

大体而言，这是国内学界约定俗成的用法，如国内学者编撰的诸多版本的《当代西方文论》《当代西方美学史》，基本都是从19世纪末20世纪初开始讲起的。但是，学界还有一种约定俗成且更为常见的用法，即把"当代"的时间界定为1949年之后，如诸多版本的《中国当代文学史》《中国当代史》都是如此。面对两个"约定俗成"的"当代"，何去何从？

张江教授新近发表的《关于西方文论分期问题的讨论》中的一

---

① 张江：《强制阐释论》，《文学评论》2014年第6期。
② 张江：《当代西方文论若干问题辨识——兼及中国文论重建》，《中国社会科学》2014年第5期。

些论述可以看作是对这个问题的补充说明。他认为,历经 3000 余年的西方文论发展到 20 世纪时,已度过了一个由"混沌发生期、稳定共识期、震荡调整期、系统整合期四个阶段"组成的完整周期。"从 20 世纪初叶开始,西方文艺理论步入一个新的混沌震荡时期。这个时期的开端,在哲学上,实际上由此前的尼采开启。'上帝死了'这个惊世骇俗的口号,彻底颠覆了人类的理性膜拜,推动了 20 世纪西方文论的根本转向。"① 笔者基本认可这种表述。总体而言,20 世纪西方文论的"非理性转向"和"语言论转向"确实让它与此前的文论在许多方面有了质的差别。但是,我们似乎不能由于此前的文论已完成了一个相对完整的周期分化,且两个时期的文论之间存在着"根本转向"和"质差"就把 20 世纪西方文论名之为"当代"的,在二者之间找不到任何可以对它们进行等价转换的前提和条件。作为一个概念,"当代"内涵丰富,绝不是一个单纯的时间范畴和标识。

论者也没有把"当代"仅仅看成一个简单的时间范畴和标识,"西方文论史的阶段划分,不是以时间为节点的,尽管它有时间的概念。一个阶段更根本的标志,体现在它的性质上"②。结合上述的周期观和这里的性质观,论者断定形式主义"隆重开启了 20 世纪文艺理论新阶段"。因为由此开始,西方文论发生了重大变化:从专注于文学以外的社会历史批评转向专注于文学形式的批评。"文学就是文学,对文学本身主要是文学形式的研究不予重视,专注于文学以外的社会历史批评,这种理论一定要变革"③。这符合文艺理论的发展事实,对此笔者同样予以认可。但是,类似这样"走向极端就要破产进而一定要变革"的理论转换在 20 世纪还有几次,如由于对形式论的不满,接受美学开启了"读者论转向";由于对纯文学研究的不满,文化研究/文化批评开启了"文化论转向"。依据什么要把形式主义而不是同样处于 20 世纪的后两种文论界定为"开启了 20 世纪文艺理

---

① 张江:《关于西方文论分期问题的讨论》,《外国文学研究》2015 年第 2 期。
② 同上。
③ 同上。

论新阶段"而名之为"当代"的开端呢？

"西方"也是一个看似确定实则复杂的范畴。一般而言，学界对它的理解有三种：一是地域上的，指与亚洲等东方民族、国家分列而立的欧美地区的民族、国家；① 二是意识形态上的，指那些有先进生产力，并且与中国的社会主义体制不同的国家；三是文化上的，指在人文、风俗等方面与地理上的东方尤其是中国存在迥异的欧美各国。那么，"强制阐释"文章中提及的"当代西方文论"中的"西方"指的是哪种理解呢？都不是。如果是第一种含义，那么源自德国的马克思主义文论应囊括在内；如果是第二种，那么日本文论就不该缺席，因为它对20世纪的中国文论有重大影响；如果是第三种，那么俄国文论理应出局。但从文章的实际论述来看，马克思主义文论没有涉及，日本文论没有出现，俄国形式主义文论却位列其中。可见，当代西方文论中的"西方"也是暧昧不明的。

如此，作为"强制阐释"研判对象的"当代西方文论"由于"当代"和"西方"的不确定就变得疑点重重了。而研究对象不明确，难免会对我们的批判和借鉴造成不利影响。

二 "强制阐释"是否为当代西方文论所独有？

在《强制阐释论》中，张江教授把"强制阐释"认定为"当代西方文论的基本特征和根本缺陷之一"，是"代表其核心缺陷的逻辑支点"并"给当代文论的有效性带来了致命的伤害"。② 从上述论断的修辞上来看，对当代西方文论而言，"强制阐释"实乃"罪大恶极"，是"肿瘤中的肿瘤"。但是，"强制阐释"的内涵及其基本特征又不为当代西方文论所独有，而是在中国古代文论、西方古代文论、中国现当代文论以及其他一些学科和当下的日常生活中普遍存在着。对此，许多学者都有发现和论述。蒋述卓说："'强制阐释'在中国古代文论的研究领域是确实存在的，这种现象不仅存在于文学领域也

---

① 朱立元：《西方文论教程》，高等教育出版社2008年版，第1页。
② 张江：《强制阐释论》，《文学评论》2014年第6期。

存在于哲学、语言学等领域，也不仅仅是20世纪80年代后才开始，而是在20世纪初就已开始。梁启超、王国维、胡适等学术大师就是先行者。"①赵炎秋通过具体的例证——沈括在《梦溪笔谈》中征用数学和植物学知识对杜甫诗《古柏行》写夔州孔明庙前的老柏树的阐释，论证了"场外征用并不是当代文学理论和批评特有的现象"②。

陈定家把它的源头引向了西方古代文论，而且发现了它在日常生活中的普及："'强制阐释'虽然是一个新概念，但这种现象却很普遍。就西方文论而言，其根源早就隐伏在西方文化的'二希'源头之中。……至于今天微信、微博上的众多明星八卦和历史戏说，在评说明星言行和阐释历史事件时，罔顾事实、混淆是非的情形，则更是把强制阐释发挥到了登峰造极的程度。"③张江教授则认为，它是人文社会科学领域中的一个普遍现象：

> 《中国社会科学报》：辨明"强制阐释"这个话语特征，就抓住了当代西方文论的要害。我理解，"强制阐释"的适用范围恐怕并不仅限于文学。我们是否可以将"强制阐释"的讨论引向更加开阔的领域？
>
> 张江：这个问题好。我赞成"强制阐释"不仅存在于文学领域，而且还是人文社会科学研究中的一个普遍现象……④

除了上引例证，李春青在《"强制阐释"与理论的"有限合理性"》⑤，高楠在《理论的批判机制与西方理论强制阐释的病源性探

---

① 蒋述卓：《反思与求变——关于中国古代文论研究方法的再思考》，《文艺争鸣》2015年第1期。
② 赵炎秋：《场外征用的必要性与有效度》，《文艺争鸣》2015年第4期。
③ 陈定家：《文本意图与阐释效度——兼论"强制阐释"的文化症候和逻辑缺失》，《文艺争鸣》2015年第3期。
④ 毛莉：《当代文论重建路径：由"强制阐释"到"本体阐释"——访中国社会科学院副院长张江教授》，《中国社会科学报》2014年6月16日。
⑤ 李春青：《"强制阐释"与理论的"有限合理性"》，《文学评论》2015年第3期。

视》① 等文章中也有类似揭橥。如此说来,"强制阐释"就不是当代西方文论独有的基本特征,因而也难以成为其核心缺陷的逻辑支点了,因为它古已有之、广布于各个领域并且是一种普遍性的存在,虽然它确实对当代西方文论的有效性造成了致命的伤害。

三 当代西方文论是不是文学理论?

在《问题辨识》中,张江教授提出这样一个观点并在《强制阐释论》中进行了再次引用:"从文学发生学的角度来说,总是先有文学,后有文学理论。这一点举世皆然。没有文学的产生和存在,也就不可能有文学理论的出现。……文学理论来自文学实践,并以走向文学实践为旨归,这是一切文学理论合法性的逻辑起点。"②(着重号为笔者所加)从这段话的措辞,尤其是笔者标出的那些文字来看,论者认为文学理论"绝对地"来源于文学实践,不是如此产生的文学理论就是"非法的"。我们先退一步,姑且认为这个论断成立。如此,当代西方文论中就没有多少文学理论还是文学理论了,因为论者说:"场外征用是当代西方文论诸多流派的通病。……我们可以做一个大致的统计,除了形式主义及新批评理论以外,其他重要流派和学说,基本上都是借助于其他学科的理论和方法构建自己的体系,许多概念、范畴,甚至基本认知模式,都是从场外'拿来'的。"③ 也就是说,这些理论都没有从文学实践出发,而是犯了"混乱的认识路径"的错误,从理论出发或借鉴移植了其他理论才生成的,因而就不再是"合法的"文学理论。既如此,倾力讨论这些"非法"产生的文论的"强制阐释"的特征,以及它们对中国当代文论的借鉴和启发还有多大意义?

进一步说,这个判断下得也有些绝对了,并不是"举世皆然"的

---

① 高楠:《理论的批判机制与西方理论强制阐释的病源性探视》,《文学评论》2015年第3期。
② 张江:《当代西方文论若干问题辨识——兼及中国文论重建》,《中国社会科学》2014年第5期。
③ 张江:《强制阐释论》,《文学评论》2014年第6期。

"一切""合法的"文学理论都必须按照先实践后理论的方式生成，虽然大多数文学理论都离不开这个生成模式。童庆炳说："一般说，西方的文论是总结创作实践的结果，是创作经验的升华。中国古代文论则不完全是从创作实践中总结出来的。中国古代文史哲不分。儒、道、释是中国古代文论的文化根基。先有儒、道、释的哲学，然后再向文论转化。儒家、道家、释家的理论都具有诗意，富于想象，这是儒、道、释向文论转化的前提。这一点我在它文中另作阐述，兹不赘。我们想强调的是中国文论的生成，常常不是对具体的创作经验的总结，常常是从儒家、道家、释家概念向文论的转化。'文以载道'这个'道'，就是儒家之'道'；'虚静'创作境界，就是道家体道的境界；'妙悟'则是释家语向文论术语的变化。如此等等。"①

　　这个对西方文论和中国文论生成方式的论断是符合文学事实的。从西方文论，尤其是当代西方文论（暂且也如此使用）的实际来看，有些也像中国古代文论那样，按照"自上而下"的推演方式生成，如柏拉图的"理念说"就是从他的哲学观推及文学的，结构主义文论也大都从结构主义哲学衍化而成，但我们似乎不能把"理念说"在西方文论史上的巨大作用一笔勾销，也不能否认列维·斯特劳斯借鉴结构主义理论对俄狄浦斯神话的独到解析——这是再有才华的阐释者借用以往的文学阐释范式也不易做出的。大多数西方文论是从文学实践中来并到文学实践中去的，但它们大都不是中国意义上的注重"系统发育"的元文学理论，"只是现代批评的理论化或历史化。在西方的大学里被称之为'文学理论原理'之类的书籍，主要是对各个批评流派的理论概括分析，更像是'批评史'。而被'文学理论'阐释的对象，就只是一些批评流派。如新批评、结构主义诗学、现象学文论、解释学、精神分析学、女权主义、新历史主义等等。'新批评'不用说是具体的文本批评，在对文学文本阐释中才有些理论要点可供归纳。结构主义诗学具有普遍性冲动，但其真正成功之处不在于理论规则，而在具体的文本分析。结构主义后来发展出叙事学，它也

---

① 童庆炳：《三论中华古代文论研究的现代视野——从"通变"和"诠释"角度的思考》，《东方论坛》2003年第1期。

是具体的小说叙述方法分析,看看热纳特的著作就可明白,他对普鲁斯特作品的兴趣,远超过建构什么一般叙事学理论,后者充其量只是前者的衍生品。……至于新历史主义和女权主义不用说,都是从具体的文学批评,都是从文学史或当代文学文本的分析阐释来立论,其所有的阐释都与作品文本的独特性联系在一起,而不是相反,把作品文本作为理论的范例,作为理论原则的说明。"①

四 论者的论证是否陷入了"强制阐释"的圈套?

在"强制阐释"的系列论文中,张江教授在对当代西方文论进行严厉的整体性批判的同时,也对它们的价值和意义给予了充分的正面认知,体现出一种客观公正的辩证姿态。如"一些重要思潮和流派、诸多思想家和理论家,以惊人的想象力和创造力,造就和推出无数优秀成果,为当代文论的发展注入了恒久的动力","我们不否认女性主义批评的理论价值和有益认识。它提出了一个认识和阐释文学的新视角,对文学批评理论的生成有重要的扩容意义"②,等等,但这并不能遮挡文章透露出来的对当代西方文论的"强制性的、矫枉过正的倾向"。首先表现在行文方式上。在《问题辨识》等文中,正面论及当代西方文论的文字很少,大部分在阐述它们的弊端。当然,对于一篇旨在批判的文章而言,无法也不该让二者的论述力度趋于平衡,但攻其一点不及其余的言说方式却不免让人生疑。如在论述弗洛伊德的理论时仅对它生成过程的"逻辑混乱"大做文章,在批评符号学理论时仅对它对数学矩阵的"盲目挪用"大笔挞伐,在言说女性主义理论时仅对它的"前置模式"侧目而视,对它们在文学理论和文学批评中起的作用则粗疏带过:这就难免给人留下为了批判而批判,甚至还要放大它们的缺陷以达到阐明自己观点的偏执性嫌疑。事实上,西方文论对中国文论的发展贡献还是不小的,别的不说,《强制阐释

---

① 陈晓明等:《"文学理论建设与批评实践"笔谈》,《中国社会科学》2004 年第 6 期。

② 张江:《强制阐释论》,《文学评论》2014 年第 6 期。

论》就是大量运用西方文论的术语、逻辑和材料完成的。这就让论者陷入了自己设置的"强制阐释"的圈套。

这还可以从一些基本论断看出。如在论述"强制阐释"的第一个特征"场外征用"时，第一句话是："场外征用是当代西方文论诸多流派的通病。"这个论断是怎么得出来的呢？一是借用了弗莱的论断，二是参考了论者极力提倡的文学统计学方法。但读完全文，笔者发现文中除了"我们可以做一个大致的统计"这句话外，详细的统计过程和统计数据基本阙如，仅有一些个案分析。但用论者的话说："个别事例无论如何典型，只能是单称判断的根据，不能无约束地推广为普遍适用的全称结论"，否则，就犯了"强制阐释"的错误，即逻辑上的"无边界推广"。由此说来，这个关于"场外征用"的"通病"论断算不算"无边界推广"？当然，论者不会不注意到这个问题，在《强制阐释论》的第37个注释中特别指出："本文以单个例证所做的否定判断，逻辑上有限指涉相关学说或学派，并不推延概称到西方文论的全部学说。"① 但问题是，这篇文章的动机或主旨是来阐述作为全称的"当代西方文论"的弊病的，怎么又能说这不是在"推延概称"呢？难道用单个例证进行分析的目的不是论证总体性的当代西方文论的"强制阐释"症候？

在论述"场外征用"时，还有一个倾向也能说明这个问题：论者以当代西方文论的生成方式替代了它们在文学实践中的阐释功能。假使大部分当代西方文论确实是靠强制性地"挪用""转用""借用"场外理论而生成的，那也不能说明它们生成后对具体文本和文学的阐释和指导就一定是"强制阐释"。比如，虽然精神分析文论主要是弗洛伊德借用精神分析学来实现的，但并不是后来所有利用精神分析学理论进行文本阐释的文章都是无效的；虽然符号学理论是挪用数学模式来完成的，但并不是所有运用它们进行文学分析的文字都是非文学的。这样的论述逻辑有点儿"出身论"或"血统论"的味道，也有"无边界推广"的嫌疑。

有人对这种貌似辩证的批判姿态和论证方式已有所批评："为了

---

① 张江：《强制阐释论》，《文学评论》2014年第6期。

给西方文论以一剑封喉式的致命一击,他急切间使出的招式也是令人惊诧的。比如,张江教授所痛斥的对《厄舍老屋的倒塌》的生态主义式阐释、对《哈姆雷特》的女性主义式阐释,其实是可以被现代解释学与接受美学所允许和包容的:当作者或文本的意图的神圣权威性在现代文论中被驱逐之后,阐释才又获得自由,阐释的动力、阐释的空间和阐释的维度都空前提升或拓展,可以举隅的是:女性主义理论的出现,完全地、令人信服地改变了对《简·爱》固有的阐释方向。"① 笔者基本认可这种论述。

五 "强制阐释论"的目的是什么?

这样的方式和姿态对读者的当代西方文论认知带来的可能后果是:既然它如此拙劣,那赶紧进行中国文论的民族化建设吧! 事实上,这也是"强制阐释论"的最终目的。在《问题辨识》中,论者对此予以了直截了当地说明:"对西方文论的辨析和检省,无论是指出其局限和问题,还是申明它与中国文化之间的错位,最后都必须立足于中国文论自身的建设。"②

如何建设? 论者的建议是:全方位回归中国文学实践、坚持民族化方向、实现内部研究与外部研究的辩证统一。这些建议针对性都很强,但不算新鲜。在 20 年前开启、到现在尘埃尚未落定的那场中国文论已"失语"因而必须对其进行重建的讨论中,就出现了诸多这样的理论规划和高谈阔论。结果呢,中国文论的本体建设并没有因为这些"妙言锦囊"的出现而有多大改观。究其原因,一是与中国学者嗜好"空谈"的习性有关。所谓空谈,就是离开文学现状和理论实际,从形而上的哲学高度,空泛地讨论、规划我们应该这样或者那样,就是不铺下身子,踏踏实实地研究问题,或者将自己建构出来的

---

① 王侃:《理论霸权、阐释焦虑与文化民族主义——"强制阐释论"略议》,《文艺争鸣》2015 年第 5 期。
② 张江:《当代西方文论若干问题辨识——兼及中国文论重建》,《中国社会科学》2014 年第 5 期。

理论范畴付诸实践检验。人们已习惯于做"语言的巨人"。"我深知自己做不成,想也不敢想。连固守学院院墙的学术型批评家也自感不配,更何况做那敢于挑战文学媒体、文学产业、文学作品、新闻消遣型批评以及学术型批评自身的询构批评家?于是,我就只能发出这种可能会被嘲讽为坐地冲锋的呼唤了。"① 还有学者提出并建构过"圆形批评""文化诗学"等理论范畴,也产生过一定影响,但我们却看不到或不怎么能看到有说服力的实践性作品问世。

二是与这些策略的导向和心态有关。根本而言,不管是20年前的"失语症"(侧重中国文论现状),还是当下的"强制阐释"(侧重西方文论缺陷),背后隐藏的都是民族主义,确切地说是文化民族主义的心态。"文化民族主义是以回归中国文化本位作为特征的民族主义。……(20世纪90年代以后的)文化民族主义试图在全球化时代抵制来自西方的文化殖民和文化侵略。""希望通过民族主义实现与现代性的嫁接,依靠民族主义奠定在全球化时代的国际地位。"② 这种心态无可厚非。但笔者的疑惑是:第一,为了重建民族化的文论,中西文论之间是否瞬间就失却了通约,只剩下语言、审美、伦理等方面的差异?这是不可能的,但"强制阐释"的系列论文表征出来的却是它们之间的异质性和不可通约性是首要的,共性是次要的。第二,重建中国文论的目的是什么?难道仅仅是为了在国际舞台上发出自己的声音?"让国际文论界能听到中国学者自己的声音,这样一个目的,不能说它不对。但我以为,这着眼点似乎有点错位。理论建设的目的,应该首先想到我们今天的现实需要什么。文学理论的建立是为了解决文学创作、文学批评中的现实问题。我们现在的文学创作处于一种什么样的状态,有些什么样的问题有待理论的探讨;我们现在的文学批评、文学理论探讨都有些什么问题需要解决,这才是我们的文学理论赖以建立的主要依据。"③ 所以,我们不能以中国文论是

---

① 王一川:《通向询构批评——当前文学批评的一种取向》,《当代文坛》2009年第1期。

② 高瑞泉:《转折时期的精神转折》,上海古籍出版社2008年版,第227—228、136页。

③ 罗宗强:《古文论研究杂识》,《文艺研究》1999年第3期。

否民族化了为重建的最终旨归——虽然这一点也确实重要——而是看它能否有效解决文学活动中的现实问题。第三,文学和文学理论的发展必然具有民族特色,但有没有一成不变的民族文化传统在背后支撑着它们的发展呢?"文化的民族纯粹性和本真性不过是一种幻觉,是并不存在的乌托邦。传统本身也不是一成不变的,博大精深的中国传统文化的发展始终与吸收外来成分密切相关。设想一个纯粹的起源、一个本真的根源常常是一种文化幻象。"① 所以,民族化可以作为中国文论建设的基本方向,但不能把它最终目的化,更不能由此陷入"文化原教旨主义"的泥淖而将他者文论"妖魔化"或"政治化"。

六 如何阐释文本才是有效的?

张江教授认为,与"强制阐释"相对的"本体阐释"是当代文论重建的正确路径,因为它对文本的阐释才是有效的。本体阐释包含核心阐释、本源阐释和效应阐释三个层次,面向作者、技巧、历史和效应四个维度展开。而且,不管是在哪个层次和维度进行的文本阐释,都应"以文本为出发点和落脚点,确证文本的自在含义","文本的自在性是指文本自身的确当含义是自在的。这个确当含义隐藏于文本的全部叙述之中。叙述一旦完成,其自在含义就凝固于文本,他人,包括作者无法更改"②。这些论述无疑闪烁着真知灼见,对无边界的过度阐释和无中生有的附会阐释起着有效的规约作用。但笔者的疑惑是,文本的确当含义如何确定?是听信作者的声明,还是某位权威批评家或理论家的发现,抑或某个"解释群体"做出并在一定时空范围内被"普遍"接受的意义?作者本人的声明无疑有助于对文本的理解,但未必可靠。由于种种原因,声东言西或无限拔高在作者声明中很常见。所谓的权威发现和群体意见也很可疑:根据什么认定

---

① 周宪:《"合法化"论争与认同焦虑——以文论"失语症"和新诗"西化"说为个案》,《南京大学学报》(哲学·人文科学·社会科学版) 2006 年第 5 期。

② 毛莉:《当代文论重建路径:由"强制阐释"到"本体阐释"——访中国社会科学院副院长张江教授》,《中国社会科学报》 2014 年 6 月 16 日。

他们的研究一定就是对文本自在性的阐释，非权威批评家的阐释或"小众理解"则是对文本自在性的偏离？难道因为他们是权威或人多，并且结论被"普遍"接受了？被"普遍"接受的意义一定就是文本自在性的显现吗？

文本有应然的自在性确当无疑，但这并不等于文本有且仅有一个实然的确当主题。对确定的文本而言，多个主题同时并存是正常的。这是因为一方面，精神性的文本与物理性的石头等具体物质不同，它不是由固定元素组成的僵化不变的自然物，而是由多义的、充满历史文化积淀的文字营构而成的人工物，而且作者的经验积累和知识来源是多层次、多领域的，创作中的思想观念也在不断变化，关照重心不断游移，因而，即使完成后的文本是一个不可更改的确当存在，其主题也未必确定不变，而可能是含混的。杜甫《江汉》诗中的"落日心犹壮，秋风病欲苏"就是如此。虽然其语词、叙述方式、声音恒定不变，但由于词语的多义和读法的不同，使该诗句蕴藉着三种意义。[①]另一方面，读者在阐释文本时，由于各自的学术立场、知识储备等的不同，在与"自在但含混"的文本进行视域融合时，自然会有不同的阐释视界产生。其实，这就是赫施谈到的文本的含义和意义，[②] 不过我们比他更进了一步，认为文本的含义也不是确定不变的。由此说来，赋予多义的文本确定的意义就是一个幻象。

因此，从文本出发对它做出多种阐释就是必然的、可取的，只要这多种阐释是"合情合理"的——符合事理逻辑和情感逻辑，又建立在能为读者接受的基础之上：这是笔者认可的阐释文本的有效标准。由是言之，在进行文本阐释时，可以不必过分强调对它进行阐释的理论原型是在文本产生之前还是之后。但毫无边界的过度阐释和捕风捉影的附会阐释不在此列，在这点上，我们与论者的意见一致。

进一步追问，为什么会产生这样一个关于文本有确定原意的幻象？或者说，为什么一定要让文本有个主导性的确定主题？至少有两

[①] 童庆炳：《文学理论教程》，高等教育出版社2008年版，第71—72页。
[②] [美]赫施：《解释的有效性》，王才勇译，生活·读书·新知三联书店1991年版，第16页。

个原因。一是权威主义的投射。众所周知,晚清之前的中国实行的是明君治国的帝国体系。这种体系特别强调民众对权威即君王的绝对服从,而君王也正是靠他在国家生活和个人生活中的绝对不可忤逆地位控制着芸芸众生,由此造成民众对他的绝对依赖。如在某个朝代灭亡或不得不颠沛流离时,人们念念不忘的首要事情是及时确立一个君主,哪怕他是扶不起的阿斗,因为有了君主就有了可以依赖的主心骨。这种观念在中国几乎已成为一种集体无意识(当下表现为对"新权威主义"的呼唤),所以当它投射到文本阐释上时,就一定要在文本中找寻到这个可以控制文本并给读者带来理解导向的主心骨。二是本质主义的规训。现象背后有本质,透过现象找本质,本质才是主导的、绝对的——这本是源自古希腊的思维模式和逻辑信条,到黑格尔发展到极致。但是,在"欧风美雨"的冲击和洗礼下,这个观念已深深地渗入国人的文化意识之中,使得他们也习惯于找寻、确定现象背后的本质。所以面对文本时,有人就认为在它背后一定有个确定的本质性主题。

但问题是,当以一个虚幻的"确定性"主题为标准去评价、考量、限制他人的多种阐释,并希望他们接受这种"确定性"的阐释时,这种行为是不是"强制阐释"?

七 当代西方文论应该有一个完整的构成或体系吗?

张江教授认为,当代西方文论的各个流派往往只是"提出一个方向的问题,从一个角度切入,集中回答核心的焦点问题,攻其一点,不及其余,不求完整,不设系统",从而使得各个理论之间"如鸿沟般地相互割裂",而这是不可取的。"实践证明,一个成熟学科的理论,大体上应该是一个完整有序的系统,在这个系统中,各方向的专业分工相对明确,配套整齐,互证互补",成为"理论内部各个方向、各个层面的发育,相对整齐,相互照应,共同发生作用"① 的完

---

① 张江:《强制阐释论》,《文学评论》2014 年第 6 期。

整体系。

　　应该说，这番论述抓住了当代西方文论的发展实质，它们确实以"单兵突进"的方式实现了"片面的深刻"，如形式主义和新批评把对文学本体的研究推向了极致，接受美学把对读者的研究推向了顶端，等等。通过这些独到的研究，我们进一步认识了文学活动某一方面的价值和意义。但是否由此就要求它们不要如此发展，而是必须照顾到彼此，进而建立一个系统发育的完整体系呢？

　　一方面，各个文学理论流派的关注角度不同，是对文学活动和文学文本不同层面的勘察和挖掘，也是由不同时期、不同学术背景和不同研究能力的学者展开的，因而实难照顾到彼此，也无法做到相对整齐，因为文学理论的研究水平是无法量化的。换句话说，依据什么就认为他们的研究成果之间是相对整齐或不整齐的呢？有了互相照应的观念和相对整齐的立场会不会让理论家们在研究时瞻前顾后、缩手缩脚，进而削弱他们的研究锋芒？

　　另一方面，当代西方文论似乎也无法实现建构一个完整体系的念想。因为如前所述，虽然当代西方文论是一个简洁的单称概念，但它并不是一个内部整饬的有机体，其构成极其复杂，而且不同的流派和学说又具有各自的地方性和历史性，所以很难以某个标准为准将它们统一以来，拢纳在一个完整的体系内。但这样说并代表我们就否认不同的文学理论流派和学说之间没有通约性，而是说无法将其建构为一个相对整齐、彼此之间共同发生作用的完整体系。在某种意义上，体系的完整建构只适合于某个具体的文学理论流派或某个人的学说，主张当代西方文论大体系的建构只是一种美好的理想，在它背后隐藏的是"总体性"幻觉。

　　既如此，难道就让当代西方文论的各个流派陷入自由散漫的"唯我独尊"的发展中吗？到底需不需要一个章法来对其进行约束？笔者以为，只要它们的研究针对的是文学问题，那么，单兵突进也好，故作夸张地否定和放弃以往的一切理论也罢，都是可以接受的。因为它们否定了以往的理论，并不意味着我们就跟着完全认可这种叙述，去伪存真地甄别和提取才是我们要做的，而且，单兵突进往往比全面发展更加深刻，更能接近文学的本质。

八　结语

　　以上就是笔者在学习"强制阐释"时的体会和疑惑。客观而论，它们颇有"鸡蛋里挑骨头"的意味，有的也不为"强制阐释"所独有，还有的是由于笔者之愚，未能有效理解论者意图才出现的。但是，有疑惑并不表明笔者对它就持全盘否定的态度。恰恰相反，我们必须充分估计到、认识到强制阐释的理论价值和现实意义。从它的中心词"阐释"来说，它理应属于阐释学家族的一员，从而与奥古斯丁的古典阐释学，狄尔泰的体验阐释学，海德格尔、伽达默尔的新阐释学，桑塔格的反对阐释、艾柯的过度阐释等理论和概念共同构成了较为完整的阐释学知识链条。在这个链条上，强制阐释居于最近、最新的一端，推进了学界对阐释学以及阐释学在文学研究中的位置的理解和把握。

　　对于"强制阐释论"的意义和价值，如开篇所言，学界多有论述。比如，"'强制阐释论'有相对独立的价值和意义。这主要表现在其对西方理论整体特征的梳理上。客观地说，虽然百年来西方理论对中国创作、批评有着持续影响，也虽然我们的理论研究中西方术语、逻辑频频出现，但若论及西方当代理论的整体特征，或者说西方理论的整体生成方式，却并不是特别清楚。因此，'强制阐释论'的意义之一就在于整体呈现了西方文论的特征……这四个特征……提醒学界注意西方文论自身的先天气质或不足——对'文学'自身的忽视或者说傲慢"①。此乃执允之言。但在笔者看来，它的价值更在于精神层面的批判性。近代以来，尤其是晚清以来，中国社会各界对来自西方的事物，总是充满了艳羡的目光和崇拜的态度，总是以为西方的就是现代的，外国的就是优异的，中国传统文化则是愚昧的、落后的。这种姿态反映在文论上，就是对来自西方的文学理论不加辨析地顶礼膜拜，以为只要掌握和运用了西方术语，就执掌了中国文论的牛

---

①　夏秀：《从"妄事糅合"到"强制阐释"：20世纪以来关于西方文论与中国文学关系的三次省思》，《文艺争鸣》2015年第5期。

耳。这种情况在"文化大革命"结束后的20世纪80年代尤甚,当时的中国学界出现了大规模贩运、机械性移植和盲目性滥用西方文论的现象,以致有人惊呼,中国的文论研究者已成为学舌鸟,中国文论已经"失语"!"失语症"论争因而成为20世纪90年代中期以来文艺理论界的一个热点。不管在态度上是否承认中国文论已经失语,也不管在事实上中国文论是否已经失语,以"贾桂思想"和"鸲鹆噪虎"的心态看待西方文论却是大可怀疑和商榷的。正是在这个层面上,强制阐释的提出意义重大,它一扫之前国内学界仰视西方文论的神情,换置于平等对话的面孔,还指出了它的一些缺陷,这种批判性立场非常值得提倡。因为有了这种精神和立场我们就具有了可以平视西方文论、对其做出客观的分析评判、拿来我们真正需要的、创造有中国特色的文论和批评话语的前提。

理论霸权、阐释焦虑与文化民族主义
——"强制阐释论"略议[*]

王 侃[**]

一

简略地看,张江的《强制阐释论》试图全面、深入地讨论、清理"理论"与"阐释"(批评)在当下学术论域中的基本关系,尤其是讨论和批判"理论"如何傲慢地在种种阐释实践中施展其支配性的霸权行径。尽管张江对"理论"的分析和批评不免有失缜密武断之处,但激越处却不失意味和深刻。须知,与西方学界早已形成的针对"理论"的反思之势不一样的是,"理论"在今天的中国仍四处旅行,无远弗届,无往不利,因此,至少在中国仍然还没到达如西方学界那样提出"理论终结"或"理论之后"的历史契机——相反,从20世纪90年代起,倒是不断有论调认为文学可以"终结"了,而"理论"却通过宣布一次又一次的"转向",持续引领学术风尚,处处活色生香。当然,在中国并非没有针对"理论"的批判和反思,张江近年连续发表的长文也可以视为是这些批判和反思的声音的总结和放大,只是,张江的这次发声之所以引发如此热烈反响,寓示了一个新的理论环境的出现,而这个新的理论环境,与全球化背景下的地缘政治、世界格局、政治结构、经济模式、社会形态、文化生态以及文学

---

[*] 本文原刊于《文艺争鸣》2015年第5期。
[**] 作者单位:杭州师范大学人文学院。

方向等诸多方面有着错综复杂的角力与制衡关系:如果说,自鸦片战争以来,中国的本土文化、文学或"理论"在外来强势力量挤迫下长期处于身份危机和阐释焦虑的双重困境之中,那么,在一个新的历史时期,同样就文化、文学或"理论"而言,中国正试图获取与其庞大的经济体相匹配的世界定位,借此缓解曾经的危机和焦虑。

不过,若把"强制阐释"放入"反对阐释""过度阐释"等语汇族群中辨析,大约可以发现,首先,张江显然还不是一个像苏珊·桑塔格那样对"理论"本身持有敌意的人。他非但不反对阐释,并且也不反对"理论"。就《强制阐释论》一文而言,张江所特意批评并试图抵制的,是"理论"在具体的阐释行为中表现出来的侵犯性。举例来说,他反对用生态主义理论来阐释爱伦·坡的《厄舍老屋的倒塌》,以及对于莎剧《哈姆雷特》的女性主义式的解读。很显然,张江认为这些"理论"侵害了原著。因此,虽然张江并不敌视"理论",但却非常在意"理论"的边界,强调"理论"的纪律、阐释的限度,警惕"理论"的"无边"和阐释的"失控"。他的这一思路进一步构成了如下批评逻辑:正是对"理论"之侵犯性的跨界所可能造成的不良后果的担忧和审视,他重申了中/西之间的理论鸿沟——他认为,由各种西方理论武装起来的批评话语已然并仍然在侵害中国文学[①]。就前述"侵犯性"这一议题而言,他有着跟桑塔格相似的思想出发点:他们之所以有对"侵犯性"的强烈而真切的感受,恰因为他们有对艺术、对文学的虔敬。对于张江来说,他的虔敬对象在艺术、文学之外还包括"中国"——一个有独特文明体系和悠久文化传统的"想象的共同体"。从这个意义上说,张江还站在文化民族主义的阵营前沿。

其次,在张江看来,对《厄舍老屋的倒塌》的生态主义式阐释、对《哈姆雷特》的女性主义式阐释以及海德格尔对于凡·高的"鞋"之隐喻的阐释,自然都是"过度阐释",但是,这些"过度阐释"之所以发生,多半不是因为"理论"的误植,而是由于"理论"自身

---

① 张江:《当代西方文论若干问题辨识——兼及中国文论重建》,《中国社会科学》2014年第5期。

所具有的话语与阐释强权。张江对所谓"强制阐释"有一个较为温和的定义:"强制阐释是指,背离文本话语,消解文学指征,以前在立场和模式,对文本和文学作符合论者主观意图和结论的阐释。"①但若以一种语言学的调式来重述这个定义,并对这个定义的关键点加以强调的话,那么,所谓"强制阐释"指的就是"理论"施加于"文学文本"的"语义强奸"。"理论暴力",并非只是戏谈。苏珊·桑塔格之所以反对阐释,说到底就是反对"理论"的强势地位,反对这种强势地位所支撑的傲慢与专制。正是这种强势、傲慢和专制,造成了尼采所说的"没有事实,只有阐释"的认知局面。就文学或艺术而言,这样的认知局面在极端处导致阐释变成是"智力对艺术的报复"②,因而也导致了桑塔格激进的"反对阐释"的新感性主义立场。博尔赫斯也曾这样表达过他对"理论"以及理论把持者的憎恶:"他们把激情隶属于伦理观,更是隶属于不容讨论的标签。这种束缚流传已广,使得本来意义上的读者没有了,而都成了潜在的批评家了。"③桑塔格、博尔赫斯的批评和抗议,都指向"理论"的暴政,指向"理论"对作家意图、美感经验以及对阅读的原初意义的全然漠视、恣意践踏与蛮横阉割。由于"理论"在阐释行为中的优先、强权地位,甚至,只要有"理论"存在,所谓的"过度阐释"就会是一种先验的必然,并且会在"理论暴政"的宰制下,将阐释引入跨越一切法度的、匪夷所思的境地。

问题是,即便对"理论"有如此这般的批评、抗议和拒斥,我们仍然必须与"理论"共处,哪怕我们已经意识到"理论"有可能是诱发绝症的致命肿瘤,我们也必须带瘤生存。一如特里·伊格尔顿虽然写下了《理论之后》,但他仍然认为:"我们永远不会处在'理论之后',因为没有理论,就不会有反思的人类生活。"④既然如此,那么,如何严密地检视理论之瘤以避免发生病理性恶化,便成了新的理

---

① 张江:《强制阐释论》,《文学评论》2014年第6期。
② [美]苏珊·桑塔格:《反对阐释》,程巍译,上海译文出版社2003年版,第5页。
③ [阿根廷]豪·路·博尔赫斯:《读者的迷信的伦理观》,载《博尔赫斯全集·散文卷(上)》,王永年、徐鹤林等译,浙江文艺出版社1999年版,第125页。
④ [英]特里·伊格尔顿:《理论之后》,商正译,商务印书馆2009年版,第161页。

论任务。而对于在任何时候都必须与"理论"为伍的学院派、批评家、阐释者来说,需要由此进行的反思是:那些有可能侵犯或已然侵犯了我们对文学、文化甚至民族之虔敬的理论,是何种理论?谁的理论?

二

毫无疑问,当代中国文学批评——尤其是新时期以来的文学批评是用西方理论武装起来的。我们得承认,这些理论总体上具有一般而言的有效性,甚至是具有巨大阐释力的。这些理论构成了我们在批评言说时的基本语言。也就是说,这些理论一旦被抽离,我们就有可能不会说话,我们的文学批评就可能陷入失语状态。由于对这套语言的依赖,也因为这套语言明显可见的有效性,我们渐渐对它们的局限和误区失去必要的戒心,习焉不察,久而久之便以为它们具有放之四海皆准的普适性。夏志清先生曾指出,自"新批评"当道以来,一般美国学院派批评家为流风所及,在美国研究中国小说的学者罔顾中西两个传统中最伟大的小说在"叙事格式"上存在的巨大歧异,便对几部中国古典小说"亟亟摸寻其复杂之结构,认为非此不足以与西方的经典小说相提并论"[①]。由于对中西历史传统差异性的抹杀,从纯粹西方理论视野出发的批评结论便常令人大跌眼镜。比如,在很多西方学者看来,就形式而言,《红楼梦》是小说的初级阶段,在他们看来,西方小说的兴起是在科学革命之后,其叙事必然与前科学时代有差异,而《红楼梦》在叙事中"视点混乱",明显是前科学时代的叙事特点。因此,他们认为,不仅《红楼梦》在形式上是低级的,与此同时,现在的作家绝不可以研学曹雪芹,因为如今科学昌明,读者只接受科学主义的"现代"叙事。毫无疑问,这样的结论,在文化上有着尖锐、醒目的"民族侵略性"。

赛珍珠因创作中国题材小说《大地》而在1938年被授予诺贝尔

[①] [美]夏志清:《中国小说、美国批评家——有关结构、传统和讽刺小说的联想》,刘绍铭译,《当代作家评论》2005年第4期。

文学奖。但她的文学成就和文学地位却在自己的祖国备遭贬损。比如，著名诗人罗伯特·弗罗斯特说："如果她都能得到诺贝尔文学奖，那么每个人得奖都不应该成为问题。"后来也擒获诺贝尔文学奖的威廉·福克纳则尖刻而愤愤不平地说，他情愿不拿诺奖，也不愿与"赛中国通夫人"为伍。① 赛珍珠之所以遭此贬损，我以为，除去性别等原因之外，最为重要的原因就是——如她在题为《中国小说》的诺贝尔奖颁奖演说中所说——"是中国小说而不是美国小说决定了我在写作上的成就。我最早的知识……关于如何讲和写故事都来自于中国。"② 她在20世纪二三十年代用英语写成的包括获奖长篇小说《大地》在内的众多小说，因其突出的"中式思维"，从而"使得她的小说在一定程度上更加接近中国的当代作家作品而非美国的。西方读者能够一下子感觉出来这些作品的奇异"③。她的《大地》，有着显而易见的《水浒传》式的叙事结构，以及《红楼梦》式的叙事笔法：那种无处不在的全知视角，单线的而非复式的结构，单向度的性格，外在化的心理，相对明快的节奏，力求简洁的语言，着力于情节和人物刻画的（传奇）故事，以及无法被"现实"或"浪漫"轻易归纳的中国古典美学。——然而，在福克纳们看来，这样的文学因为"简单而混乱"，只配贴上"通俗"的标签，在文学性的价值序列中居于低端。《大地》在美国的畅销，恰好被福克纳们用来证明其"通俗"的文类归属。显然，中西之间在文学观念与文学理解上存在着巨大的差异，与此同时，也还存在着一个因为地缘政治造成的文学评价上的等级秩序。我曾撰文谈论过这样一个文学现实："西方殖民主义历史的一个文化结果是：伴随武力征服、经济掠夺和文化辐射，由莎士比亚、但丁、歌德所代表的某一地缘文学或某一语种文学成为了'世界文学'。这样的世界文学格局与等级秩序迄今不曾改变，相反却日益坚固。也就是说，'西方'或'西语'之外的文学——如中国文学，

---

① 刘海平：《赛珍珠与中国》，载《外国文学评论》1998年第1期。
② ［美］赛珍珠：《中国小说》。此文作为"附录"刊载于长篇小说《大地》，王逢振等译，漓江出版社1988年版，第1083页。
③ ［英］希拉里·斯波林：《埋骨：赛珍珠在中国》，张秀旭等译，重庆出版社2011年版，第109页。

被强行摁定在这样一个地位：在这个地位上，中国作家不得不对西方文学持仰视姿态，最后，不得不以获得'西方'的认可方能晋身'普世'的行列。"① 因为这样的差异和秩序，使得诞生于西方语境并借助地缘政治秩序得以流传的阐释理论在给中国当代文学批评提供阐释能量的同时，也暗暗设下了种种贬抑机制。

夏志清所讥讽的"流风"，也贯穿了近四十年的中国学院派文学批评。中国的批评家惊叹于并迷信于西方理论提供的阐释力，全然不顾西方理论在面对中国文学时有力所不逮之处，以及因此必然可能出现的阐释盲区，尤其是，中国当代文学批评基本忽视西方理论所暗设的贬抑机制。由于阐释盲区的存在（且是大面积地存在），我们的文学批评总是难以及时、准确地发现某些文学大势。比如，中国作家格非曾指出，"整个中国近现代的文学固然可以被看成是向外学习的过程，同时也是一个更为隐秘的回溯性过程，也就是说，对中国传统的再确认的过程。……无论鲁迅、郭沫若、茅盾、沈从文，废名还是萧红、师陀、张爱玲，这种再确认的痕迹十分明显。不管是主动的，还是犹豫不决的；不管是有明确意图的，还是潜移默化的，他们纷纷从中国古代的传奇、杂录、戏曲、杂剧、明清章回体、小品等多种体裁吸取营养"②。这个"隐秘的回溯过程"在近四十年的中国文学中也是一个巨大的存在，但很显然，我们的文学批评基本没能揭橥之。比如，20世纪80年代对"新写实小说"的阐释，批评界一直在使用的是半吊子的现象学理论，全然不见有人揭示过"新写实"与中国古典美学、明清小说之间的脉络关系。再比如，当莫言强调他要大踏步后撤到中国民间文学、强调自己是个"讲故事的人"时，批评界竟一时无法应对，因为批评界惯用的现代性叙事理论恰恰是强调"去故事化"的，从而使得很多批评家在较长的时间里无法真正捋清、领悟莫言与蒲松龄、与中国本土文学传统的关系，并对"讲故事"的莫言做出及时的评价。

有鉴于此，我认为，张江近年引发反响的论述中，最有价值的部

---

① 王侃：《中国当代小说在北美的译介和批评》，《文学评论》2012年第5期。
② 格非：《中国小说的两个传统》，《小说评论》2008年第6期。

分，恰恰是讨论西方文论在中国文学批评/研究中不断折戟的部分。他从西人对《鹧鸪》的解读、对《早发白帝城》的翻译以及中国古典文学的抒情传统等具体个案、具体方面入手，细致地讨论并质疑了西方文论在阐释中的正当性与合法性，辨析并批评了罔顾差异而强行阐释所导致的失效或谬误。这与前文讨论中国当代文学批评所深陷的困境和危机一样，有高度的警醒意义。显然，张江对西方理论暗设的贬抑机制有清醒认识。因此，他这些年的论述——包括他的《强制阐释论》，之所以将批判的矛头直指西方文论并用猛火攻之，显然不是要在一般性层面上控诉"理论"施诸文学/文本的暴政，而是要针砭中国当代文学批评的"流风"，打破西方理论对当代中国文学批评的话语垄断。在他连续发表的论文里不难看到，他反对科学主义对艺术精神的阉割，反对理论教条对美感经验的阉割，同样也反对文学层面上"西方"对"中国"的去势。这几者之间是有逻辑上的内在一致性的。在张江的理论思维中，他不仅考量"何种理论"，同时也追问"谁的理论"。正是在这样的考量与追问中，他的理论思维就有了鲜明而强烈的关于"自我"与"他者"的关系建构。因此，他在对西方理论进行激烈批判的同时，也带出了对于中国文论重建的殷切方案，而其中对于"民族化方向"①的强调，显示了在自我/他者的关系辨析中试图确立民族文化（文学）之主体性的动机与努力。——仅就学术而言，这样的学术冲动与学术设想也都是有值得肯定的积极意义与可观价值的。

三

不过，张江对西方理论的批判同样存在一种强制性的、矫枉过正的倾向。至少在我看来，这个倾向性是明显的。尽管我更愿意在理性、客观、中性的意义上使用"文化民族主义"这个称谓，但我仍然认为张江在持有这个立场时所进行的批判性言说传达出了一种宇文

---

① 张江：《当代西方文论若干问题辨识——兼及中国文论重建》，《中国社会科学》2014年第5期。

所安所称的"民族国家的意识形态"。张江有关唐诗英译问题的论述，说起来也不算新鲜。最迟在 2003 年，中国读者就能通过译本读到，美国汉学家宇文所安曾就中国学者认为中国古诗不可译的观点进行过批评。宇文所安认为，这种观点折射了"一种民族国家的意识形态"："随着民族国家文化就这一新的全球语境做出调整，传统文化成了民族国家借以展示自己的独特身份、拒绝被融入全球文化系统的一种抵抗模式。"① 他批评中国的传统文化的信奉者们，认为关于文学作品尤其是诗歌的不可译性的焦虑是一种与国家文学的纯粹性的意识形态联系在一起的焦虑。就其在中西交互语境中对主体性的强烈表达而论，张江似可列入宇文所安激烈批评的"信奉者们"，因此，在宇文所安们看来，张江凭借"中国""传统"所进行的一种文化抵抗是一种意识形态症候。我曾撰文批驳过宇文所安的论调，我也有理由在学术和文化认同层面附和张江的论断，但我仍然想指出，张江的偏激确乎折射了"一种民族国家的意识形态"，而如果对这种意识形态缺乏一种审慎的判断，再往前一步，我们就能迎面触摸到文学的义和团精神。

张江对西方理论采取了几乎是全盘否定的态度，甚至在文字上也毫无保留。他在讨论西方文论的"问题和局限"时，对看似信手拈来的每一种理论皆极尽破解、拆卸之能事，每每流露置之死地而后快的意愿。在张江看来，西方理论对于中国文学而言几无阐释上的有效性，他说："当下，我们面临一个难以解脱的悖论：一方面是理论的泛滥，各种西方文论轮番出场，似乎有一个很'繁荣'的局面；另一方面是理论的无效，能立足中国本土，真正解决中国文艺实践问题，推动中国文艺实践蓬勃发展的理论少之又少。中国文艺理论建设和研究渐入窘境。"② 换句话说，在他看来，中西文学在理论上几无通约的可能。随后在《强制阐释论》里，他干脆认为西方文论即便

---

① ［美］宇文所安：《把过去国有化：全球主义、国家和传统文化的命运》，载《他乡的石头记：宇文所安自选集》，田晓菲译，江苏人民出版社 2003 年版，第 347 页。
② 张江：《当代西方文论若干问题辨识——兼及中国文论重建》，《中国社会科学》2014 年第 5 期。

在阐释西方文学时也是破绽百出、谬误横生的，甚至浅陋到可笑的地步。他甚至认为，正是这种浅陋，导致西方文论不断被刷新、取代，各领风骚三五年，以致各种理论层出不穷。坦率地说，像张江这样在中/西之间制造断裂的举动，与我们在历史上曾在新/旧、传统/现代之间制造断裂的举动异曲同工。张江以否定（抵抗）的方式表达了中国在全球化进程中遭遇的自我身份危机，以拒绝的方式表达了中国在向世界学习的过程中遭遇的阐释焦虑。

我承认，张江对西方文论涉猎之广博、研究之深切，是令人感佩的。但为了给西方文论以一剑封喉式的致命一击，他急切间使出的招式也是令人惊诧的。比如，张江所痛斥的对《厄舍老屋的倒塌》的生态主义式阐释、对《哈姆雷特》的女性主义式阐释，其实是可以被现代解释学与接受美学所允许和包容的：当作者或文本的意图的神圣权威性在现代文论中被驱逐之后，阐释才又获得自由，阐释的动力、阐释的空间和阐释的维度都空前提升或拓展，可以举隅的是：女性主义理论的出现，完全地、令人信服地改变了对《简·爱》固有的阐释方向。艾略特在《传统与个人才能》一文中也讨论过经典的"发明"，他认为，经典是可以在持续的、不间断的阐释中被发明的。因此，如果阐释行为只能依据作者或文本意图而发生，那样的阐释很难有持续性，并有可能早早终结。这对于经典的"发明"，毫无疑问是灾难性的。

再如，张江习惯于一种二元切分式的论述和思维方法，如外部研究/内部研究、场外理论/场内理论、中国/西方、形式/内容等。二元切分虽有助于表述的清晰，但也容易引起逻辑纠纷。比如，文学研究虽有"外部""内部"之分，但说到底，文学研究既非单纯的"外部研究"，也非单纯的"内部研究"。张江的论述中就不时会看到如下这般无法自洽的逻辑悖论：他一方面反对文学理论"悖离社会生活"，反对形式主义"对自律性、纯粹性和超验性的过度强调"，反对"将研究目光都紧紧锁定在文本上"，反对"过滤了形式和语言在形成、发展和传播过程中所承载的复杂的社会历史内容"，但另一方面，他又反对"文化研究"这样的"场外理论"，反对文学研究的"文化学转向"。这也表现在他对中国/西方进行切分后，几乎不承认西方文论对中国文学的有效性。

张江对海德格尔、弗洛伊德及其所开创的理论、方法的批评，颇值商榷。的确，海德格尔对"鞋"的解读有结论上的错误甚至荒唐，但这并不说明他的批评路径是没有价值的，就像陈寅恪，他的学术结论已不断被后人否定、超越和改写，但他开创的历史研究方法却被继承下来，施惠于一代又一代的学人。弗洛伊德亦复如是。

张江也用西方文论百年来的更新次数来认定西方文论失败的次数。某种意义上讲，这样的理解似无不可。但实际上，理论发展到现代，已上升为一种元概念，已成为知识共同体内部的基本语言。既然是语言，它便具有自我分析、自我生成和自我更新的能力。每一种看似失败从而消失了的理论，其实都会内在于一种升级过的新版理论之中。因此，就"理论"而言，也切莫以成败论英雄。就像这二十多年以来，虽国际共运屡遭重创，不断"失败"，但在资本主义最为发达的西方，仍然有人会郑重写下"马克思为什么是对的?"①或许，也会有中国人在国家/民族意识之外，为西方文论写下"为什么是对的"？

苏珊·桑塔格说过："我们谁都无法回归到当初在理论面前的那种天真状态。"② 或许，正因为对天真状态的渴慕，才使我们有了一种责任感，用最审慎的态度去面对理论。

---

① ［英］特里·伊格尔顿：《马克思为什么是对的?》，李扬、任文科、郑义译，新星出版社 2011 年版。

② ［美］苏珊·桑塔格：《反对阐释》，程巍译，上海译文出版社 2003 年版，第 11 页。

第三编

方法论研究

过度阐释与文学研究的未来
——读张江《强制阐释论》[*]

张隆溪[**]

文学是语言的艺术，而作为艺术，文学语言不仅有达意的通讯功能，更有语言形式表述完美的审美功能，并超出文本字面，有更丰富、更深远的含义。对于一般语言，孔子认为"辞达而已矣"（《论语·卫灵公》），然而诗的语言则远不止于此，所以《论语》里有学生向老师请教诗句含义的记载。《学而》篇载子贡向孔子请教："贫而无谄，富而无骄，何如？"孔子回答说："未若贫而乐，富而好礼者也。"这本是师徒两人在讨论一个人无论贫富穷通，怎样做才算符合道德规范，子贡却引诗说："《诗》云：'如切如磋，如琢如磨'，其斯之谓与？"对此孔子颇为赞赏，便夸奖子贡说："赐也，始可与言《诗》已矣，告诸往而知来者。"这里以时间为比喻，孔子说贫富应当如何是"往"，而由之推知的"来者"，就是子贡超出诗句本意所作讽寓性的理解。《八佾》篇的一段对话更有趣，子夏请教孔子说："'巧笑倩兮，美目盼兮，素以为绚兮'，何谓也？"孔子回答说："绘事后素。"然而子夏对老师这比较实在的解释似乎不够满意，就进一步问道："礼后乎？"孔子对此大为赞赏，甚至认为学生对老师有所启发，就说："起予者商也！始可与言《诗》已矣。"然而这两段记载都是截取《诗经》里的字句来附会孔门所言礼乐仁义，是先秦常见"赋诗断章"的做法，从文学批评的角度看来，实在不足为

---

[*] 本文原刊于《文学评论》2017年第4期。
[**] 作者单位：香港城市大学人文社会科学学院。

训。但这两段话却说明了一点,即诗的语言不是简单直白的表述,诗的含义往往需要解释。可以说文学从一开始,就离不开阐释。

在西方文化传统中,诗和阐释也有悠远的历史。古代希腊有一种传统观念,认为诗人就像巫师一样,因为神灵附体,才在一种迷狂状态中唱出诗句来。这就是所谓诗人"灵感"的概念。柏拉图在《伊安篇》里就说,诗人只有"受到灵感,完全失去自我,不再有理性的时候,才可能作诗"①。在苏格拉底的《申辩篇》里,柏拉图描述苏格拉底与诗人们谈话,发现他们全然不知道自己作品的含义,于是"可以毫不夸张地说,任何旁人都比真正的作者更能解释诗的意义。……他们发出高深的讯息,却丝毫不知道其意义是什么"②。这就使得批评和阐释成为必要,作品的意义必须通过批评和阐释的理性说明,才得以被一般读者所理解。19世纪阐释学在德国哲学中兴起时,施莱尔马赫就为阐释学的任务作了这样著名的界定:把作者无意识的创作带入意识的领域,"首先理解得和作者一样好,然后理解得比作者更好"③。现代的文学批评家不再说诗人处于迷狂状态、神志不清或无意识创作,却认为文学不能直接诉诸读者,只有批评才能直接而明确地告诉读者,文学的意蕴何在。加拿大著名批评家弗莱就一再强调,"艺术只是表现,但不能直说任何东西","并非诗人不知道他在说些什么,而是他不能够直说他所知道的东西"④。换言之,文学要在社会上具有存在价值,产生影响,都必须经过文学批评和阐释的中介。

由上面简短的讨论我们可以见出,无论在东方还是西方,诗或文学都与批评和阐释共存,东西方也都各有悠长的阐释传统,而诗或文

---

① Plato, "Ion", trans. Lane Cooper, 534b, in *The Collected Dialogues of Plato*, Including the Letters, ed. Edith Hamilton and Huntington Cairns, Princeton: Princeton University Press, 1961, p. 220.

② Plato, "Socrates' Defense (Apology)", trans. Hugh Tredennick, 22bc, in *The Collected Dialogues of Plato*, Including the Letters, p. 8.

③ Friedrich Schleiermacher, *Hermeneutics: The Handwritten Manuscripts*, trans. James Duke and Jack Forstman, Missoula, Mont.: Scholars Press, 1977, p. 95.

④ Northrop Frye, *The Anatomy of Criticism: Four Essays*, Princeton: Princeton University Press, 1957, p. 5.

学的语言因为意蕴深厚，丰富含蓄，往往允许多种解释，可以见仁见智，乃至诗无达诂，使批评和阐释更显得重要。当然，没有文学及其深厚的意蕴，就不会有文学的阐释，但没有能揭示深厚意蕴的阐释，文学作品也就像一些"无言的花朵"，终究不能被读者深入理解。这里所谓"无言的花朵"，来自德国诗人海涅的一段话，他在《论德国宗教与哲学的历史》序言中说：

> 近来法国人以为，如果他们接触到德国文学的精品，就可以了解德国了。其实他们只不过是从完全的蒙昧无知，进入到肤浅表皮的层次而已。只要他们没有认识宗教和哲学在德国的意义，对他们说来，我们文学当中的精品就永远只是一些无言的花朵，整个德国的精神就只会显得枯涩难解。[①]

海涅这段话把阐释之重要表述得十分清楚，同时也使我们意识到，不仅东西方之间有文化差异，就是同属欧洲的法国与德国，其间也有文化差异，也就有阐释的必要。伟大的文学作品往往以优美而深刻的形式，表现一种文化传统的精神价值，而文学批评和阐释就可以深入那种文化传统，清楚地揭示那些价值。但由此我们也可以知道，批评和阐释之重要，就在于可以揭示文学本身的意蕴和价值，加深读者对作品的理解和鉴赏，更进一步，则在于培育人们的道德情操和人文精神，使我们认识到个体的人生存在宇宙当中的意义。

传统上文学批评往往是作家诗人的夫子自道、经验之谈，到20世纪，文学批评逐渐成为一门专科，成为学者和批评家的专业和职业。文学阐释的专业化一方面极大拓展了理论深度，也极大提高了认识能力，对文学的性质、文学体裁、文学演变和接受的历史，以及文学作品的鉴赏、分析和深入理解，都有很大帮助，远比以前停留在印象式的评点更有说服力，更能揭示文学作品的意蕴；但另一方面，文学批评和阐释也有越来越依赖理论的趋向，理论越是精致，就越有自

---

① Heinrich Heine, "Concerning the History of Religion and Philosophy in Germany", in *Selected Works*, trans. Helen M. Mustard, New York: Random House, 1973, p. 274.

己的一套概念和专门术语，也往往越加抽象虚玄，离开了表现具体鲜活的人生之文学，也就渐行渐远。

在 20 世纪文学批评和阐释的发展当中，这种趋向在西方学界，尤其在美国，表露得十分明显，到后来不仅理论掩盖了文学，而且大有文化研究取代文学研究之势。这一趋势已经引起很多文学研究者的不满，在美国比较文学学会 2006 年出版的关于比较文学总体状况的报告中，主持此报告的学者苏源熙就明确指出，文学理论取代文学本身已经成为当前文学研究面临的一大问题。他讽刺那些离开文学空谈理论的学者说："现在做一个语言学家，你可以不必懂很多语言，在过去几十年里，似乎同样可以以研究文学为业而无须不断提及文学作品。"① 文学理论取代文学，使文学沦为理论的仆从，把文学当作文献资料，为文学之外其他领域的理论提供佐证材料，甚至为宣扬一种理论而肆意歪曲文本，强词夺理，强作解人，这些都使文学研究产生了深刻的危机。在这个全球化时代，文学研究的问题已经不仅是美国和西方学界的问题，更重要的是，文学和阐释之间的关系具有普遍性，而非仅限于某一文化或某一传统。我们在上面已经提到，无论东方或西方，文学与阐释都有悠久的历史，所以从不同角度探讨阐释与文学研究的关系，对整个国际学术的发展都具有重要意义。

在中国具有权威影响的《文学评论》2014 年第 6 期，张江发表了《强制阐释论》，接着又在 2016 年第 5 期，发表了续篇《理论中心论——从没有文学的"文学理论"说起》。这两篇论文对于在西方理论影响之下、脱离文学空谈理论的趋向，提出了十分尖锐的批评。作者很熟悉 20 世纪西方文论的发展，对其成果和问题有广泛了解和深入思考，所以文章例证丰富，颇有说服力，是目前在文学研究领域具有相当分量和价值的论文。《强制阐释论》开宗明义，指出西方文论在中国有相当大的影响，"特别是在最近三十多年的传播和学习过程中，一些后来的学者，因为理解上的偏差、机械呆板的套用，乃至

---

① Haun Saussy, "Exquisite Cadavers Stitched from Fresh Nightmares: Of Memes, Hives, and Selfish Genes", in *Comparative Literature in an Age of Globalization*, ed. Saussy, Baltimore: The Johns Hopkins University Press, 2006, p. 12.

以讹传讹的恶性循环，极度放大了西方文论的本体性缺陷"。作者说明，他提出"强制阐释"这一概念，"目的就是以此为线索，辨识历史，把握实证，寻求共识，为当代文论的建构与发展提供一个新的视角"。接下来他界定了"强制阐释"的含义："强制阐释是指，背离文本话语，消解文学指征，以前在立场和模式，对文本和文学作符合论者主观意图和结论的阐释。"① 全文由四个部分组成，分别讨论强制阐释的四个基本特征，即"场外征用""主观预设""非逻辑证明"和"混乱的认识路径"。每个部分都举出例证，分析其脱离文学文本，以主观预设的立场、方法，把歪曲文意的解释强加在文学作品之上的谬误。

所谓"场外征用"指挪用文学之外的学科，如哲学、语言学、心理分析、生态和环境科学等，将其理论、方法和术语套用到文学作品上，结果往往是误读文学文本，把文学作品曲解为这些理论的文本例证。张江文中举例，一个是用当代生态批评理论解读爱伦·坡的名著《厄舍老屋的倒塌》，把这部哥特式恐怖小说按照生态批评的需要重新剪裁，将之变成关于环境和生态的寓言。另一个例子则是曾在学界引起一阵轰动的"索卡尔事件"。1996 年，纽约大学物理学教授索卡尔（Alan Sokal）在美国后现代文化研究刊物《社会文本》（Social Text）上，发表了一篇文章，论证"量子重力"不是什么客观真理，而是社会和语言的建构。文章发表时，索卡尔又在另一刊物撰文，说明他发表在《社会文本》上的文章，是故意把在科学上完全荒谬的内容，用一套后现代话语的形式表述出来，所以尽管在科学上站不住脚，却因为看起来符合后现代主义者消解真理、事实、客观性等意识形态的需求，便得以顺利发表。他这样做的目的，是要试探《社会文本》作为后现代主义话语的一份重要刊物，在学术上是否严谨。索卡尔发表这篇"诈文"，当然使《社会文本》蒙羞，但也受到许多后现代主义者的批判和攻击。张江认为，索卡尔事件说明，"文学理论向场外理论借鉴的，应该是科学的思维方式和研究方法，而不是对现成

---

① 张江：《强制阐释论》，《文学评论》2014 年第 6 期。

结论和具体方法的简单挪用"①。不过索卡尔不是把物理学理论挪用到文学和文化研究中去，而是故意用荒谬的挪用去证明，后现代理论只顾其意识形态，却完全没有学术的严谨，不遵从学术规范。当然，"场外征用"在当代西方文学批评中，实在是屡见不鲜，用心理分析理论解读文学，用文学作品印证心理分析概念，就是常见的一种。几乎各派理论都利用文学作品宣扬自己的主张，可以说这是西方文学批评的一个通病。

张江认为主观预设是"强制阐释的核心因素和方法"，所以对此的批评也是他论文的中心部分。他以女性主义批评家肖瓦尔特将奥菲利亚而非哈姆雷特视为莎士比亚《哈姆雷特》的主角和中心的解读为例，说明预设立场对文学作品明显的歪曲和重构，不符合作品原文，"超越了文学批评的正当界限"。女性主义争取妇女权利，对社会进步当然很重要，但把社会和政治立场强加到文学作品的解读上去，结果只会如张江所说，"其过程难免强制，结论一定远离文本"②。我可以举另一个例子来说明主观预设之荒谬。也许莎士比亚的作品太有影响力，所以西方各派理论都争先恐后要借用莎剧宣扬他们的理论观念，其中就我所见最为荒谬者，莫过于同性恋研究者乔纳森·戈德堡对《罗密欧与朱丽叶》的误读。在此悲剧结尾，互相敌对的两个家族决定和好，用纯金建造罗密欧与朱丽叶的纪念像，这固然表示了和解和社会秩序的恢复，即"异性恋秩序"的稳固，但戈德堡强调说，在此之前，卡普莱特把手伸给蒙塔古并称他为"兄弟"，就是同性恋者的动作，所以他宣称，"更确切地说来，剧的结尾所肯定的乃是一种同性恋秩序"③。《罗密欧与朱丽叶》剧中著名的一幕，是月光下朱丽叶在阳台上的独白，她感叹说，罗密欧何必要叫罗密欧呢？"名字有什么呢？我们叫做玫瑰的那种花，换一个名字还不是同样香甜？"批评家们历来认为，朱丽叶此话的意思是说，罗密

---

① 张江：《强制阐释论》，《文学评论》2014 年第 6 期。
② 同上。
③ Jonathan Goldberg, "Romeo and Juliet's Open Rs", in *Critical Essays on Shakespeare's Romeo and Juliet*, ed. Joseph A. Porter, New York: G. K. Hall & Co., 1997, p. 85.

欧虽然来自蒙塔古这一仇家,却无碍于她爱罗密欧这个人。名字是外在的,人的本身才是她之所爱。可是戈德堡对此却另有一番曲说别解,他坚称朱丽叶在这里说的"玫瑰"(rose)是指"罗莎林"(Rosaline),即此剧开场时,罗密欧先爱上的那个女人。罗密欧后来爱上了朱丽叶,所以朱丽叶是罗莎林的替代品。戈德堡更进一步说:"我们如果按朱丽叶话中暗示的另一种等同关系,即把罗密欧替代为玫瑰,也就是替代为罗莎林,那又会是什么样的结果呢?起码我们可以认识到,欲望不一定由其对象的性别来决定,罗密欧与朱丽叶相配并不是什么异性相爱的完美和私隐的时刻,而是一个系列之一部分,而这一系列的互相替换既不尊重个人的独特性,也不尊重性别的界限。"① 把这句绕来绕去的话直白地说出来,那就是朱丽叶说玫瑰换一个名字会是同样香甜,指的不是罗密欧,而是罗莎林,也即另一个女人。"把罗密欧替代为玫瑰,也就是替代为罗莎林",也同样是说朱丽叶在月光下思念的不是男人,而是一个女人,即"欲望不一定由其对象的性别来决定"。这样一来,自莎士比亚时代以来的数百年间,几乎所有的读者、观众和批评家们都没有理解《罗密欧与朱丽叶》这出悲剧的真正意义,因为大家都一直以为,这是表现男女之间热烈爱情的悲剧。在当代同性恋批评的光辉照耀之下,戈德堡才破天荒指出了此剧暗含的同性恋之深层意义。在《理论中心论》一文中,张江点出了同性恋批评的要害:"他们就是要尽一切努力,把正典作家和经典文本,紧紧贴附于同性恋诉求,对之重新加以审视,并以此为主线,重写全部文学史。"② 由同性恋批评的预设立场出发,无论罗密欧与朱丽叶还是别的什么爱情故事,最终都只能是同性恋的故事。在我看来,这只是对莎士比亚作品肆无忌惮的歪曲、匪夷所思的误解。这不是武断的强制阐释,还能是什么呢?

文学作品的确可以有多种理解和阐释,但这并不等于理解和误

---

① Jonathan Goldberg, "Romeo and Juliet's Open Rs", in *Critical Essays on Shakespeare's Romeo and Juliet*, ed. Joseph A. Porter, New York: G. K. Hall & Co., 1997, p. 85.
② 张江:《理论中心论——从没有文学的"文学 理论"说起》,《文学评论》2016 年第 5 期。

解、曲解没有区别,没有界限。张江提出批评的公正性很有道理,他拟定了三个基准:第一是文学批评必须尊重作品的本体存在;第二需要考虑作者意图;第三则须考虑作品文本的实际效应,以此来检验读者的理解是否合理。关于作者意图,我们可以进一步讨论,但可以肯定,当代西方文论几乎完全排除作者,是走极端的偏狭。不少人奢谈"作者已死",却没有意识到,这不过是听从了一位作者的话,即法国批评家罗兰·巴尔特提出的概念。针对强制阐释,张江认为文学批评应当有基准,而不能脱离文本实际,造成误解和曲解:"我们赞成对文本的深度解析,承认作者意图与文本实际呈现存在的分离,欣赏批评家对作品的无限阐释和发挥,但是,所有这一切都应以上述三点为基准,在这个基准上开展超越文本的批评。"① 这里对"文本实际"的强调非常重要,我在下面还会详细讨论,因为那是抵制强制阐释最根本的基础。

在西方文学批评中,不合逻辑、自相矛盾的论述并不少见。后现代理论否认普遍真理,但那否认普遍真理的理论本身就是后现代主义普遍宣讲的真理。解构主义一方面强调意义的不确定,解读之不可能,另一方面又把各种文本都作解构式分析。诸如此类,不一而足。张江揭示主观预设必然产生"非逻辑证明":"为达到想象的理论目标,批评无视常识,僭越规则,所得结论失去逻辑依据。更重要的是,一些逻辑上的明显错误,恰恰是因为强制阐释造成的。"② 在文章最后"混乱的认识路径"一节,张江批评西方理论不断变换风尚,多是从理论到理论,脱离文学实践。又批评其空洞抽象,其中符号学理论尤其典型,把具体的文学化为抽象符号,"用抽象集纳具体,具体存在的思想和内容凝缩于抽象结论,导致文本内容尤其是思想内容的虚无。……离开具体的文本,离开对具体文学的具体分析,就没有文学的存在。无感情、无意义的符号必然导致对文学特性的消解,导致理论的神秘化"③。另一方面,解构批评

---

① 张江:《强制阐释论》,《文学评论》2014年第6期。
② 同上。
③ 同上。

又把文学的文本打碎拆散，只有片段的具体而无整体的抽象，就像把一个完整的钟表，拆散为互不相干的零件，结果是把文学彻底解构，"成为零乱飘飞的一地鸡毛"，不得要领①。这种种问题涉及实践与理论、具体与抽象、局部与整体之关系，而如何正确把握、妥善处理这些互相牵连的关系，当然不是一件容易的事。在全文最后，张江提出"一个完整有序的系统"，这是文学研究作为一个成熟学科应有的理论："在这个系统中，各方向的专业分工相对明确，配套整齐，互证互补。"② 不过他的文章主旨在于批评西方的强制阐释问题，对这个系统没有作进一步的详细描述，而更多是指出西方理论的自相矛盾：

> 解构主义主张无中心，以往的一切理论都要被否定。真若如此，解构主义不是成为理论中心，而且是唯一的中心吗？形式主义、新批评、结构主义、后现代主义，以至于文化研究、新唯美主义，哪一个不是以对以往历史的完全否定、对场内其他理论的完全否定而表达自己理论的整一性和全局性的？③

这样以一种理论取代另一种理论，只能造成整个文学研究的碎片化，形成各种壁垒。张江说："以理论为中心，依循理论的意志展开和运行自己，是20世纪西方文艺理论生成和发展的基本特征。"④ 与此相对，他用有机整体的观念来描述更理想的文学理论系统。他说：

> 一个成熟学科的理论必须是系统发育的。这个系统发育体现在两个方面。从历时性上说，它应该吸取历史上一切有益成果，并将它们贯注于理论构成的全过程；从共时性上说，它应该吸纳多元进步因素，并将它们融为一体，铸造新

---

① 张江:《强制阐释论》,《文学评论》2014年第6期。
② 同上。
③ 同上。
④ 张江:《理论中心论——从没有文学的"文学 理论"说起》,《文学评论》2016年第5期。

的系统构成。①

吸收过去和现在一切合理有益的理论成果,综合起来建立一个能加深我们对文学作品的理解的批评系统,这当然应该是文学研究者努力的目的。而要达到这个目的,我们既需要了解西方各派的文学理论和研究方法,又必须独立思考,依据文学文本的实际、中国文学深厚的传统以及我们自己的审美经验和阐释立场,得出文学研究的基本准则。张江在《理论中心论》的结尾提出,中国学者应该"改变过去曾经有过的盲目依从和追随,推动中国自己的理论健康壮大"②,这的确值得我们深思。

40年前,中国经历了"文化大革命",刚刚进入改革开放的新时期,我们走出完全闭塞、对外部世界一无所知的蒙昧状态,渴求一切新知识和新思想,在文学批评和研究方面,对西方当代各种理论也充满了好奇和了解的愿望。那时候在文学批评领域,机械的"反映论"仍然是占据正统地位的观念,介绍当代西方文论有助于打破"反映论"的僵化教条,所以无论新批评还是形式主义,结构主义还是后结构主义,阐释学还是接受美学,对当时国内的文学批评来说,都有刺激思想、开阔眼界的作用。我那时在《读书》杂志上曾连续发表介绍西方文论的文章,1986年结集为《二十世纪西方文论述评》出版,在国内对西方理论的介绍中,是较早的一本书。我在那本书的《前记》里说:"我认为仅仅介绍这些理论是不够的。它们各具特色,也各有局限,各派文论家在提出某种理论,把文学研究推向某个新的方向或领域的时候,往往又把话讲得过火冒头,走向某种极端。我们可以了解各派的理论,但不可尽信盲从其中的任何一派,而所谓了解其理论,本身已经包含了解其问题和局限的意思在内。"③ 30多年过去了,这几句话到现在看来仍然没有过时。西方各派文论的确各有独到

---

① 张江:《强制阐释论》,《文学评论》2014年第6期。
② 张江:《理论中心论——从没有文学的"文学理论"说起》,《文学评论》2016年第5期。
③ 张隆溪:《二十世纪西方文论述评》,生活·读书·新知三联书店1986年版,第2页。

见解和长处，但也的确常走极端，形成张江所说的"强制阐释"，所以我们不能盲目追随，而应该有自己独立的思考，对文学批评和研究，提出我们自己的意见和看法。

关于文学阐释，我希望在此稍作进一步讨论。张江认为，伽达默尔注重文艺和美学，"其目的是用文学丰富和扩大哲学，用艺术解释证明哲学解释"①。这句话说得固然不错，但把伽达默尔阐释学作为"场外征用"的一例则并不妥当。伽达默尔之注重文艺和美学，其重要性在于强调人生的真理并非科学方法可以穷尽。他一再说阐释是人之生存的本体状态，不是一种可以按部就班去操作的方法，所以阐释学在西方的学院里，并没有像德里达的解构主义那样，在20世纪八九十年代成为广泛流行的文学理论。西方文学批评有解构各种文学作品的论文，有用符号学、心理分析、女性主义、后殖民主义、性别研究、同性恋研究等各派理论套用在文学作品上的论文，却没有或很少有人声称，用阐释学作为一种方法去分析文学作品。在20世纪，科学技术主导一切，计量化的科学方法也普遍应用于社会生活的各个方面，事事只讲求实效和利益，结果往往重量不重质，社会组织和运作方式也往往变得机械，只讲形式，不顾内容。那些无法量化的价值，尤其是人类精神文化的价值，则日益被边缘化而不受重视。针对这种状况，伽达默尔反对以自然科学为唯一的真理和唯一的认知模式，所以特别重视文学艺术和美学的问题。他在《真理与方法》中说："艺术中难道没有知识吗？难道艺术经验不也包含真理吗？那肯定是不同于科学的真理，但难道不是同样可以肯定，那也绝不是较低层次的真理吗？"他接下去又说，尽管艺术的知识不同于自然科学的知识或伦理道德的知识，也不同于任何概念化的知识，但"美学的任务恰恰就在于要阐明这样一个事实，即艺术经验（Erfahrung）是一种独特的认知模式"②。伽达默尔强调文艺作品的本体性质，认为文学艺术可以给我们不同于科学技术的知识和真理，而对人类生活来说，那是同样

---

① 张江：《强制阐释论》，《文学评论》2014年第6期。
② Hans-Georg Gadamer, *Truth and Method*, 2nd revised edition, trans. & rev. Joel Weinsheimer and Donald Marshall, New York: Crossroad, 1989, p. 97.

重要的知识和真理。在我们这个科技主导一切的时代，伽达默尔的名著《真理与方法》可以说为艺术和人文之真理和价值做出了极为深刻有力的哲学论证。

在具体阐释方面，由于伽达默尔肯定人的主观作用，认为对文本的解释不能以作者意图为准，所以很容易被人误认为是激进的相对主义者。《真理与方法》于1960年出版后不久，E. D. 赫斯就发表了《解释的可靠性》一书，批评伽达默尔动摇了意义的稳定性和解释的可靠性。赫斯认为，解释的可靠性必须以意义的稳定为前提，而作者的本意就是这可靠性的来源，所以他说："一切可靠的解释都是以重新认识作者本意为基础。"① 他当然知道，事实上，对同一个文本，不同的人可能有不同的理解，但他坚持认为，可能因人、因时、因地而改变的是文本的含义（significance），而固定不变的则是文本的意义（meaning）。在19世纪德国阐释学传统中，早已有固定的意义（Sinn）与变动的含义（Bedeutung）之分，但这并不能解决人们对同一文本有不同解释的实际问题。至于作者本意，就文学批评而言，那也是批评家在解读作品中自己的理解，而不是作品文本以外真正客观的存在。像莎士比亚的作品，就很难肯定作者的本意是什么，但也由此而产生出各种丰富的批评和阐释。对阐释之多元，对作者本意的理解可能因人而异，中国古人也早有很清晰的认识。沈德潜《唐诗别裁·凡例》说："古人之言包含无尽，后人读之，随其性情浅深高下，各有会心。如好晨风而慈父感悟，讲鹿鸣而兄弟同食，斯为得之。董子云：'诗无达诂'，此物此志也。"王夫之《姜斋诗话》卷一《诗绎》，更明确指出读者的作用："作者用一致之思，读者各以其情而自得。……人情之游也无涯，而各以其情遇，斯所贵于有诗。"我们在一开始已经说过，诗或文学的语言不是简单直白的表述，其含义往往需要解释，所以文学语言往往有多义性，作品的阐释也就有多种可能。

海德格尔首先把理解者的主观性带入阐释之中，承认理解者的立

---

① E. D. Hirsch, Jr., *Validity in Interpretation*, New Haven: Yale University Press, 1967, p. 126.

场、观点、知识背景等因素形成理解事物的眼界或水平（horizon），对理解必定会产生影响。他认为，理解总是"植根于我们预先已有的东西，即先有（fore-having）之中"①。这就是说，理解开始于预先的期待，或称理解的先结构。然而这并不意味着理解始终陷在先入之见里，不能自拔，也不意味着理解过程是一个恶性的阐释循环。海德格尔十分明确地说："在这循环之中，暗藏着最基本认识的正面的可能性，我们要把握这一可能性，就必须懂得我们最先、最后和随时要完成的任务，就是决不容许我们的先有、先见和先构概念呈现为想当然和流行的成见，而要依据事物本身来整理这些先结构，从而达到科学的认识。"② 由此可见，尽管阐释由理解的先结构开始，但在理解过程中，被理解的事物会构成一种挑战，理解者必须随时"依据事物本身"来修正自己理解的先结构和先入之见，以求达于正确的认识。伽达默尔在《真理与方法》里引用了海德格尔这段话，并进一步解释说："海德格尔阐释思考的要点，并不在于证明有阐释的循环，而在于指明这一循环在本体意义上有正面作用。"③ 所谓在本体意义上有正面作用，就是承认我们的理解总是从理解的先结构开始，我们看事物总有自己的视野和眼界，但这仅仅是开始，而不是理解的全部。理解是一个逐步完善的过程，此过程不可避免会始于已经先有的看法，然后再修正这看法，而每次修正又形成新的看法，在逐步修正中渐渐达到接近正确的认识。由此可见，理解和阐释是一个主观观念与客观事物不断互动的过程，虽然理解必然从预设的概念开始，但在与事物本身互动的过程中，这种先入之见会得到不断修正，越来越接近正确的认识。最后达成的理解是理解者和文本"视野的融合"（Horizontverschmelzung, fusion of horizons）④。所以伽达默尔描述理解的过程说："理解是从先有的观念开始，然后用更合适的观念来取代先有

---

① Martin Heidegger, *Being and Time*, trans. John Macquarrie and Edward Robinson, New York: Harper & Row, 1962, p. 191.
② Ibid., p. 195.
③ Hans-Georg Gadamer, *Truth and Method*, 2nd revised edition, trans. & rev. Joel Weinsheimer and Donald Marshall, New York: Crossroad, 1989, p. 266.
④ Ibid., p. 306.

的观念。"① 他又说:"在方法上自觉的理解,不仅仅注意形成预测性的观念,而且要自觉到这些观念,以便验证它们,并且从事物本身获得正确的理解。海德格尔说应该从事物本身得出先有、先见和先构想的概念,从而达于科学的认识,也就是这个意思。"② 对"事物本身"的强调,也就是对客观"文本实际"的注重。由此可见,以为阐释循环只是肯定主观成见,阐释学是一种主观主义或相对主义理论,就实在是一种误解。

伽达默尔的阐释学承认,对客观存在的事物或文本,不同的人可能有不同的理解,但这并不等于消除不同理解之间的差异和区别,没有正误、高低、优劣之分。在这里,我们可以把伽达默尔的阐释学和尧斯的接受美学作一比较。尧斯认为审美过程是读者参与作品的创造,文本的意义是在接受过程中建构的。法国诗人瓦勒利(Paul Valéry)曾说,文学作品在读者的审美经验中才得以完成,尧斯十分赞同,认为这就意味着,"创造现在的意思就是一个接受者参与创造作品的过程。这也就是那句挑衅式的、从阐释学上看来不合理而引起争议的话的简单意思:'mes vers ont le sens qu' on leur prête'(读者给予的意义,就是我的诗之意义)"③。尧斯的接受美学明显受伽达默尔阐释学影响,审美过程中接受者有参与的作用,也来自伽达默尔,但伽达默尔强调文艺作品的本体意义,并不认为作品不完整,需接受者来完成。伽达默尔也提到瓦勒利的话,但他认为,由那句话必然得出结论,以为"对作品的任何一种理解,都并不比另一种理解更差。并没有合适反应的标准",这是完全错误的,是一种"站不住脚的阐释虚无主义"④。阐释必然多元,但并不能因此就消除一切价值判断的标准,误以为不同阐释之间没有高下之分。

---

① Hans-Georg Gadamer, *Truth and Method*, 2nd revised edition, trans. & rev. Joel Weinsheimer and Donald Marshall, New York: Crossroad, 1989, p. 267.

② Ibid., p. 269.

③ Hans Robert Jauss, *Asthetic Exprience and Literary Hermeneutics*, trans. Michael Shaw, Minneapolis: University of Minnesota Press, 1982, p. 56.

④ Hans-Georg Gadamer, *Truth and Method*, 2nd revised edition, trans. & rev. Joel Weinsheimer and Donald Marshall, New York: Crossroad, 1989, pp. 94–95.

在《真理与方法》里，伽达默尔提出一个重要概念，即"经典"。他说："关于经典这个概念最重要的就是规范的意义（而且无论在古代还是在现代使用的经典这个词，情形都是如此）。"① 坚持规范，就有文本意义稳固的基础，所以具有规范意义的经典概念，就与前面提到的"文本实际"的概念密切相关。经典是在文化传统中长久存在、影响深远的文本，虽然对经典的解释也有不同，但其文本有权威性，其意义也是相对稳定的。伽达默尔引用黑格尔的话说，经典是"自身有意义的（selbst bedeutende），因而可以自我解释（selbst deutende）"②。这在西方阐释学尤其在《圣经》阐释传统中，有一个悠久深厚的基础，可以一直追溯到奥古斯丁（354—430）的时代。奥古斯丁在《论基督教教义》一书中宣称，圣灵有意使《圣经》的经文有浅显易懂的段落，以满足急于了解经文意义的读者，也有晦涩难解的段落，以满足那些习惯于深思而喜爱艰深的人，以免他们以浅显为浅薄，对简易的经文产生鄙薄轻视的态度。于是奥古斯丁说，《圣经》是一部意义明确的书，其中有意义显豁的段落，也有晦涩难解的段落，但"晦涩之处所讲的一切，无一不是在别处用晓畅的语言讲明白了的"③。奥古斯丁这一论断在基督教阐释传统中，对维护经典的权威性和坚持《圣经》文本的基本意义，都有很大影响。13世纪著名神学家托玛斯·阿奎那深受亚里士多德影响，尽量以理性的态度对待《圣经》解释，他反对脱离经文文本的讽寓解释（allegorical interpretation），而强调经文字面意义之重要。他在《神学大全》里说："凡信仰所必需的一切固然包含在精神意义里，但无不是在经文的别处又照字面意义明白说出来的。"④ 这当然是继承了奥古斯丁的观点，坚持文本实际之重要。在16世纪欧洲宗教改革兴起之时，马

---

① Hans-Georg Gadamer, *Truth and Method*, 2nd revised edition, trans. & rev. Joel Weinsheimer and Donald Marshall, New York: Crossroad, 1989, p. 288.

② Ibid., p. 289.

③ St. Augustine, *On Christian Doctrine*, II. vi. 8, trans. D. W. Robertson, Jr., Indianapolis: Bobbs-Merrill, 1958, p. 38.

④ Thomas Aquinas, *Basic Writing of St. Thomas Aquinas*, ed. Anton Pagis, 2 vols., New York: Random House, 1945, 2: 17.

丁·路德继承了从奥古斯丁到阿奎那关于经典阐释的这一传统，宣称圣灵"只可能有最简单的意思，即我们所说的书面的、或语言之字面的意义"①。黑格尔认为经典"自身有意义"，而且"可以自我解释"，就承袭了自奥古斯丁、阿奎那到路德这一阐释传统，把宗教经典的解释扩大到《圣经》之外重要文本的阐释。

张江在《理论中心论》中也说："路德宗教改革的目的之一，就是回到经文的本义，改变教会对《圣经》的独断论阐释，意即教会按照自己的意志和利益，对文本实施的强制阐释。"②他把朱熹对汉儒解经的批评，相比于路德对中世纪教会对《圣经》的强制阐释之批评，并说朱熹"称以经典为名强制文本的方法是'只借圣人言语起头，自演一片道理'，'直以己意强置其中'"③。我很赞同这一看法，而且我一直认为，马丁·路德在世界上可以说无人不知，但朱熹却在研究中国历史和哲学的学者之外，知之者甚少，这应该是东西方比较研究应该注意的一个问题。在我看来，宋儒推翻汉代经学的强制阐释，尤其朱熹注重经文本义，在中国阐释传统中的贡献，其意义正不下于路德在西方历史文化中之重要④。在中国阐释传统中，宋人反对汉唐注疏的繁琐武断，主张回到文本本义，就很类似西方始于奥古斯丁、承传于阿奎那和路德那样以文本为基础的阐释倾向。朱熹说："旧来儒者不越注疏而已，至永叔、原父、孙明复诸公，始自出议论。"⑤这就说明经学至宋代便发生一大变化，而自出议论的依据，就是回到经典文本，在对经文整体的理解和把握中，做出自己的解释。周裕锴在论及欧阳修等人对汉唐注疏的怀疑批判时，认为这反映出宋人治经时的理性态度。他说："对权威的盲从意味着理性的萎缩，而对经传的怀疑则源于理性的张扬。欧阳修曾说明自己疑古的动因，

---

① Martin Luther, *Works*, ed. Helmet T. Lehman, trans. Eric W. Gritsch and Ruth C. Gritsch, vol. 39, Philadelphia: Fortress Press, 1970, p. 178.
② 张江:《理论中心论——从没有文学的"文学理论"说起》,《文学评论》2016 年第 5 期。
③ 同上。
④ 参见 Zhang Longxi, *Allegoresis: Reading Canonical Literature East and West*, Ithaca, New York: Cornell University Press, 2005, pp. 134 – 146.
⑤ 《朱子语类》卷第八十，中华书局 1986 年版，第 2089 页。

这就是摒弃那些偏离儒家思想体系的曲解和杂说，恢复儒家经典的原始本义。"① 从欧阳修的《诗本义》到朱熹的《诗集传》和其他著述，都可以明显见出这一倾向。今天探讨文学批评和阐释问题，这种注重事实和文本实际的理性态度，仍然值得我们借鉴。

20 世纪西方文学理论的发展，的确越来越离开作者，而以读者为中心。巴尔特故作惊人之语，喊出"作者已死"的口号，宣称"文本的统一不在其起源，而在其目的地"。所有文本都由各种语言片段组成，复杂交错，没有主从关系，也没有恒定统一的组织，而"这各种各样的文本只在一个地方集中，那个地方就是读者"②。以斯坦利·费希为代表的美国读者反应批评更走极端，不仅宣称作者已死，而且连什么是文本，也由读者决定。费希甚至说："文本的客观性只是一个幻象。"③ 其实这当中有自相矛盾、不能自圆其说的困难。如果连文本是否存在都由读者来决定，没有客观意义上的文本，没有文本的原意，那么读者反应批评还对什么东西作出反应呢？还叫什么读者反应批评呢？走到这一步，文学批评确实把文本抛开，变成无限扩张的自我写照，也必然引起许多有理性的读者和批评家的反感。意大利著名学者和作家安贝托·艾柯很早就从符号学的角度，讨论过读者在阅读中的积极作用，论证作品的开放性质④。但他对读者反应批评这类极端片面的倾向，显然颇不以为然。1990 年，他应邀在剑桥大学做坦纳讲座的系列演讲，就在"作者意图"（intentio auctoris）和"读者意图"（intentio lectoris）之外，又提出"作品意图"（intentio operis）这样一个新奇概念。所谓"作品意图"并不是摆在文本表面，无须读者参与就可以发现，却是"读者要下决心才会'看见'它。

---

① 周裕锴：《中国古代阐释学研究》，上海人民出版社 2003 年版，第 210 页。

② Roland Barthes, "The Death of the Author", *Imagine-Music-Text*, trans. Stephen Heath, New York: Hill and Wang, 1977, p. 148.

③ Stanley Fish, "Literature in the Reader: Affective Stylistics", *Is There a Text in This Class? The Interpretive Authority of Interpretive Communities*, Cambridge, Mass.: Harvard University Press, 1989.

④ 参见 Umberto Eco, *The Role of the Reader: Explorations in the Semiotics of Texts*, Bloomington: Indiana University Press, 1979; *The Open Work*, trans. Anna Cancogni, Cambridge, Mass.: Harvard University Press, 1989.

第三编　方法论研究

因此只有作为读者方面猜测的结果，才谈得到文本的意图。读者最初的行动，基本上就是猜测文本的意图"①。可见艾柯仍然十分重视读者积极参与的作用，但他提出"作品意图"的目的，在于突出作品的"文本实际"在阅读过程中起引导读者的作用。超出文本，不合情理的强制阐释，艾柯称之为"过度的解释"（overinterpretation）。艾柯明确地说，"作品意图"也就是从奥古斯丁到阿奎那都一直强调的文本的一致，以及字面意义之重要这个古老观念。艾柯说：

> 如何验证关于文本意图的猜测呢？唯一的办法就是把文本作为一个统一的整体来检验它。这也是一个老的概念，来自奥古斯丁（《论基督教教义》）：文本任何部分的解释，如果得到同一文本另一部分的证明，就可以接受，但如果与同一文本的另一部分相抵触，就必须断然拒绝。在这个意义上，文本内在的统一就可以控制此外无法控制的读者的意愿。②

在阅读过程中，"文本意图"就体现为文本的统一，表现为语言文字意义总体的一致。文本的阐释就必须以文本的一致或统一为前提，即文本的解释必须圆满，各部分互相支撑而不相互龃龉，不能抓住一点，以偏概全，以局部掩盖总体。有这一基本观念为标准，就可以辨识不同解释的高下优劣，越能够顾及文本各部分关联，从整体到局部细节都能够做出合乎情理的解释，越有说服力，也就越是高明的解释。反之，则是强制的阐释或艾柯所谓"过度的解释"。我们需要了解各种文学理论，熟悉其概念和方法，但在实际的文学批评中，我们不能机械搬用理论概念，更不能套用理论概念，用文学作品去印证理论。我在此文开头就说过，文学文本总需要阐释，文学作品的意义往往不局限在文字本身的意义，所以文学阐释就总在文本字面意义之外或之上，探索作品更深或更高远的意蕴。这里就有一个度的问题，

---

① Umberto Eco with Richard Rorty, Jonathan Culler and Christine Brooke-Rose, *Interpretation and Overinterpretation*, Cambridge: Cambridge University Press, 1992, p. 64.
② Ibid., p. 65.

即如何既阐发作品的含义，又不脱离文本容许的范围和程度，做出合情合理的解释。阐释是一种艺术，文学的阐释尤其如此，这当中没有一个机械硬性的规定，而全看阐释者个人的知识积累、文化修养和思辨能力，看阐释者能否把握合理解释之度。文学阐释是多元的，但阐释的多元不应各执一端，承认读者的作用也就不必排除作者和文本的作用，因为真正有说服力的阐释，一定是考虑到各种因素，可以把文本意义的总体解释得最完满圆通、最能揭示作品的意蕴、最合情合理的解释。如果我们的文学批评能够做到这样，那就是我们在学术发展上充满了希望的未来。

"强制阐释论"的方法论元素*

姚文放**

2014年西方文论研究领地中闯出了一匹黑马,"张江"这个圈内人士可能感到有点陌生的名字高频率、高显示度、集束性地发表了若干有关当代西方文论的长篇大论,[①] 其思想之锐利、文风之犀利、语言之峻利,让人刮目相看,错愕不已,使得当代西方文论研究的2014年几乎成了"张江年"。这些充满精气神和冲击力的文章搅动西方文论领域一时风生水起,惊涛拍岸。尽管读了这些文章后笔者窃以为其中有些论断仍可以进一步推敲和打磨,但触及其凌厉之处有如冷水浇背,陡然一惊,很是提神!张江将当代西方文论的积弊归结为"强制阐释",并在上述文章中对之进行了批评。所谓"强制阐释",用张江的原话,是指"背离文本话语,消解文学指征,以前在立场和模式,对文本和文学做符合论者主观意图和结论的阐释"。[②] 从而"强制阐释"论也就成为他评说当代西方文论的逻辑起点,其中包含了颇多值得关注的方法论元素。

---

* 本文原刊于《文艺争鸣》2015年第2期。
** 作者单位:扬州大学文学院。
① 张江发表的相关文章主要有:《当代西方文论若干问题的辨识——兼及中国文论建设》,《中国社会科学》2014年第5期;《当代文论重建路径:由"强制阐释"到"本体阐释"——访中国社会科学院副院长张江教授》,《中国社会科学报》2014年6月16日;《强制阐释论》,《文学评论》2014年第6期;《当代西方文论:问题和局限》,《文艺研究》2012年第10期。
② 关于"强制阐释",张江在《强制阐释论》(《文学评论》2014年第6期)一文中论述比较全面和清楚,本文主要依据该文进行论述,以下引用之处不再注明。

"强制阐释论"的方法论元素

一

张江指出,"强制阐释"的表现之一是"场外征用"。如今,"场外征用"已经成为当代西方文论诸多流派的通病。尤其是晚近以来国际政治、经济、文化的格局发生深刻变动,矛盾愈加尖锐,当代西方文论对于其他前沿学科理论的依赖愈见严重。这些被征用的理论并无任何文学指涉,也无任何文学意义,却入主于文学理论和文学批评之中,直接侵蚀了文学理论和文学批评的本体意义和基本范式,改变了其基本生态和走向。张江将这一现象称为"场外征用"。就笔者看来,文学理论借助其他学科的理论以建构自身已成惯例,由来已久,即如现行"文学概论"教材中关于"文学"的意识形态性质的厘定借用了社会学中关于社会结构三层次的分析,关于"文学内容/文学形式"范畴的凝练沿用了"内容/形式"这对哲学范畴,关于"艺术生产/艺术消费"二者关系的分析则移植了政治经济学的理论,如此等等。即便是中国古代文论,魏晋南北朝文论受玄学影响,唐宋文论受佛教、禅宗影响,明清文论受理学影响,都是不言而喻的事。应该说,不同学科、不同理论的交叉融合总是给文学理论提供丰富的营养和不竭的动力,但关键之处还是如张江所说,这种借用、沿用和移植必须依靠文学实践的内生动力,必须达成与文学经验的强力碰撞和深度融合。否则这种"场外征用"就是生搬硬套、生吞活剥,不仅伤害了文学,也伤害了引进的理论。在此张江划清了一条界线,即必须考量"场外"的其他学科理论与"场内"的文学实践和文学经验是否具备较高的互洽性和交融性。

二

同样的情况来自对于文学文本的当下意义的认定。文学文本在时光隧道中穿行,逝者如斯,人不可能两次跨过同一条河流,因此人们对于文本就有两种理解——历史理解与当下理解;从而文本也就有两种意义——历史意义与当下意义。在阐释学中对此有两派对立的意见,以施莱尔马赫、狄尔泰为代表的古典阐释学主张对于文本应通过历史理解去把握其历史意义,阐释应原封不动地回到历史事实的本义,因此它只谈理解功能而不谈应用功能。而以海德格尔、伽达默尔为代表的现代阐释学则反其道而行之,对于历史在当下的应用功能予以重视,认为应用是阐释学首要的东西和不可或缺的组成部分,人们如果要正确把握历史的话,那就不能忽视阐释者当下处境、自身主观因素和生命状况的影响,必须将这两个方面联系起来。伽达默尔指出,在观照历史时,"即使是历史方法的大师也不可能使自己完全摆脱他的时代、社会环境以及民族立场的前见"①。任何阐释都体现着一定的动机与需要,因此当阐释者在特定时代、具体语境中以不同的方式做出阐释时,它就已经是一种应用了,因此"应用不是理解现象的一个随后的和偶然的成分,而是从一开始就整个地规定了理解活动"②。

伽达默尔的观点导致了晚近西方文论中关于文本释义的"当下论",主张通过当下理解去把握文本的当下意义。张江并不反对对文本做当下理解,但对于这种谋求当代"应用"的做法划定了一个不可逾越的限度:对于文本历史和原生话语的理解,是一切理解的前提。只有在这个基础上,当下理解才有所附着。否则皮之不存,毛将焉附?对于文本的当下理解可以对文本原意有所发挥,但是不能歪曲文本的本来含义,用当下理解强制文本历史。同样,用新的理论去回溯旧的文本更应警惕,可以用新的眼光认识文本,但不能用今天的理论取代旧日的文本。

三

"主观预设"是"强制阐释"的又一表现,张江认为它是"强制

---

① [德] 伽达默尔:《诠释学与历史主义》,《真理与方法》下卷,洪汉鼎译,上海译文出版社1999年版,第678页。

② [德] 伽达默尔:《真理与方法》上卷,洪汉鼎译,上海译文出版社1999年版,第416—417页。

阐释"的核心因素和方法。这里有一个必须明辨的问题：文学批评应该从哪里出发？文学批评的结论应该产生于文本的分析还是理论的规约？张江指出，"主观预设"即属于后者，它是指批评者的主观意向在前，即先预定明确立场，用以强制裁定文本的意义和价值。主观预设的批评是从现成理论出发的批评，对它来说，文学文本和文学活动已沦为证明理论的材料，而文学批评只是变成对文学文本和文学活动符合理论目的所做的注脚。而这一切主观的预设均与原生文本无关。这显然是不合适的。

马克思指出，任何科学研究都有两种方法，一是研究方法，一是叙述方法："当然，在形式上，叙述方法必须与研究方法不同。研究必须充分地占有材料，分析它的各种发展形式，探寻这些形式的内在联系。只有这项工作完成以后，现实的运动才能适当地叙述出来。这点一旦做到，材料的生命一旦在观念上反映出来，呈现在我们面前的就好像是一个先验的结构了。"[1] 就是说，从科学研究的工作程序来说，应是研究在先而叙述在后，不言而喻，只有通过大量探讨、求证、分析、综合等研究工作，才能把握研究对象的本质和规律，然后才有可能"适当地叙述出来"；而从科学研究的表达方式来说，事情恰好颠倒过来，变成叙述在先而研究在后了。此时研究成果的叙述是从结论开始，而此前经历的所有研究过程都只是成为检验和支撑结论的印证了。到这个时候，研究的结论就变为讨论的起点，而这个起点"就好像是一个先验的结构了"。就拿马克思的《资本论》来说，这一庞大的理论结构就是建立在"剩余价值理论"这一对于资本主义制度的颠覆性发现之上，是从"现存事物必然灭亡""把资本主义制度……看作社会生产的绝对的最后的形式"的概念和判断出发的，这些结论性的东西恰恰成为叙述资本主义发生发展全过程的起点。[2] 这一做法并非马克思首创，其实在哲学史上早已是通则，像黑格尔《精神现象学》的体系就是从"理念"出发建构起来的，而黑格尔《美

---

[1] [德]马克思：《资本论》，《马克思恩格斯文集》第5卷，人民出版社2009年版，第二版跋，第21—22页。

[2] 同上书，第16、22页。

学》的体系就是从"美是理念的感性显现"这一命题出发展开论述的,只不过他是在物质与精神"头足颠倒"的世界里完成这一建构而已,可见从某一概念和命题出发乃是科学研究之叙述方法的常规。说得近些,即便张江本人的西方文论研究亦然,检视以上引述张江的有关论文,大多是从概念和命题出发的,当然这些概念和命题的得出,均有作者对于西方文论的长期关注和潜心研究在先。《强制阐释论》一文就是显例,该文开门见山指出强制阐释的四大特征"场外征用""主观预设""非逻辑证明""混乱的认识路径",这些概念和命题看似是"先验的结构",但它恰恰是大量研究的"结果",看似是"预设",实际上恰恰是"结论",它们在文章中都成了叙述的"起点"。

这就引出了一个问题,马克思所说"好像是先验的结构"是"预设",而张江批评的"主观预设"也是"预设",此"预设"非彼"预设",二者不可混为一谈,其中的界限何在?在笔者看来,界限有三条:其一,马克思所说的合理的"预设"应是有大量的、深入的甚至是艰苦卓绝的研究工作在先的,而就张江批评的"主观预设"而言,这些前期的研究工作是缺位的、不在场的;其二,对于文学批评和文学理论来说,合理的"预设"其前期研究是以文学为对象或切近文学本身的,而张江批评的"主观预设"则是远离文学甚至是无关乎文学的;其三,合理的"预设"即便借鉴吸收其他学科的理论和方法也是时时眷顾文学自身的内生动力,始终保持与文学经验密切联系的,而张江批评的"主观预设"则是生搬硬套其他学科的理论和方法而毫不顾及它与文学及文学理论之间的互洽性和相融性的。总之,两相对照,两种"预设"孰正孰误、孰是孰非,一目了然。

四

在"主观预设"问题上让人感兴趣的,还有张江提出的有关文本阐释的"道德论"标准。在他看来,从道德的意义上说,公正的文本阐释应该符合文本的实际情况,文本中实有的则称之为有,文本中没有的则称之为无，这符合道德的要求。对作者更应如此，作者无意表达而文本中又没有确切证据的，批评家却偏要将自己的意志强加于人，这是违反道德的。不过张江也承认，文本是复杂的，文本的复杂性决定了批评的复杂性，批评家可能比作者更深刻地理解文本，从而找到文本中存在而作者并不自觉认知的内容，这都是道德论可以承认和接纳的。但"强制阐释"不在其列，因为"强制阐释"是一种前期研究缺位、背离文学经验、照搬其他学科概念的"主观预设"，因而既违反了认识规律，又违反了道德理性。

张江讲的其实就是现代阐释学的一大要义"视界融合"的问题。所谓"视界"，是指从某一占主导地位的观点出发所能看到的区域，包括这一区域的宽窄情况以及它可能的张开限度。现代阐释学认为，任何阐释活动都是"视界融合"的过程，即阐释者的现在视界与文本的过去视界的交融，两者相互开拓、相互彰明，最终都突破了原有的水平而达到了新的水平。文本的视界总是属于历史、属于过去，但阐释者的视界则是现时的、当代的。在这两种视界的对话和交谈中，往往阐释者的声音更加洪亮，盖过了文本所发出的声响。阐释者总是根据自己所处的时代条件，从自身的现实需要出发来理解和解释历史。因此，阐释不是对历史客体的趋赴，而是对现时主体的执着。伽达默尔说，"在精神科学里，致力于研究传统的兴趣被当代及其兴趣以一种特别的方式激发起来""每一时代都必须按照它自己的方式来理解历史流传下来的文本"。[①] 由于阐释者视界的现时性介入，文本的意义才不会被锁闭在历史的迷雾之中，而不断地表现为对现时的从属和向现时的生成。唯其如此，文本才会反复被人提起，时时翻出新意，并在这种旧话重提和意义重建中不断地发挥其追随时代前进的社会功能。

但是阐释者对于现时主体的执着有可能带来阐释的随意性，甚至造成主观性的恶性膨胀，导致对于文本的客观规定性的无视。对于文本阐释来说，起码必须承认这样一个事实：一部文学作品一旦问世，

---

① ［德］伽达默尔：《真理与方法》上卷，洪汉鼎译，上海译文出版社1999年版，第365、380页。按译文依原意稍有改动。

它便具有某些客观存在的、不以人的主观意志为转移的性质和特点，它的题材和情节、形象和场景、结构和语言、技巧和手法等都是有其自身规定性的，并不是没有客观标准、可以任意解释的。不管读者的理解如何独特、诠释如何新颖，这些客观的规定性都是不能否定和推翻的。俗话说，"种瓜得瓜、种豆得豆"，不管种子撒在什么土地上，遇到的生长条件如何，种瓜总不至于得豆，种豆也不至于得瓜。读者的主观认识再悬殊，在阅读《死魂灵》时，也不至于将乞乞科夫造访的玛尼罗夫、科罗潘契加、罗士特莱夫、梭巴开维支、泼留希金五人混为一谈，尽管他们都是旧俄农奴制度下的地主形象；在阅读《红楼梦》时，也不会对大观园中数十上百的少女混淆不清，尽管她们都是那样活泼可爱。

因此不应对文本阐释做一种实用主义的理解，更不应将历史看成可以任意打扮的女孩子，甚至对文本进行随心所欲的释义和断章取义的使用。人们只能在继承和接受的既定条件下进行阐释，只能在辩证把握现实与历史之关系的前提下进行建构。因此，文本阐释对现时的执着同时也应是一种对历史的致敬，应是现时性与历史性、真实性与真理性、科学性与进步性的辩证统一。

五

在阅读和梳理张江的论文时，笔者有一个强烈的感觉：张江做的不是"拾遗补阙"的学问，而是"补偏救弊"的学问，或者说做的是"症候解读"的工作。张江的"强制阐释"论质疑了晚近以来盛行的种种新潮理论，例如对于文本的历史意义与当下意义之关系的辨析质疑了克罗齐"一切历史都是当代史"的观念，对于主观预设前置立场、前置模式、前置结论等做法的拷问质疑了伽达默尔"视界融合"的主张，对于批评的公正性的掂量质疑了乔纳森·卡勒"过度阐释"概念，如此等等。这些新潮理论流行多年，在学术研究中似乎已成定则，鲜见对其合法性的挑战，其实它们不无偏颇和瑕疵。它们在突破旧有的理论框套和学术范式方面功不可没，但往往矫枉过正、过犹不及，进而为当代西方文论中种种凌越规矩、弃绝绳墨之见输送理论根据。张江的"强制阐释"论运用"症候解读"的方法,通过发现其种种"症候"去探寻整肃纪律、重建规范的路径,因此时时会让人感觉到其中有一种设限和画线的冲动。不用说,上述新潮理论不乏真理性,但也带有片面性,因此不妨说是一种"片面的真理"。如果分寸拿捏得不好,对于事情的某一侧面强调得过了头,就有可能走向极端,到这时,真理离谬误往往只有一步之遥、只是一念之差了。而张江就在这"一步""一念"之上设定界限、划清底线。譬如他强调文学理论的方法应当是它自己的方法,但也不否认文学理论在生成过程中可以接受其他学科的研究方法,不过需要设定一个前提和条件,那就是这种接受必须基于对于文学实践的深刻把握,必须与文学经验达成深度融合。

  看得出来,张江除了质疑20世纪以来其他新潮理论之外,主要对现代阐释学的理念提出挑战,如所谓"视界融合""历史效果""阐释循环""前有""前见""前结构"等命题,都不无"强制阐释"之嫌。而当代西方文论的种种偏执也往往肇端于此,因此张江的文章对于这一块所做的分析特别细腻和周密,既有理念方面的推演抽绎,又有逻辑方面的条分缕析,还有文本个案的细腻解读。这里需要插一句,张江概括"强制阐释"的四大特征其实是两个层次,"场外征用""主观预设"属于理念层次,而"非逻辑证明""混乱的认识路径"属于逻辑层次。但无论是理念层次还是逻辑层次,对于问题的分析厘定都做得特别细,抽丝剥茧,丝丝入扣,这一特点不啻是古典阐释学的"释义"精神与新批评派的"细读"方法的巧妙结合。联系对于现代阐释学的质疑态度,使得张江对于"强制阐释"的批评似乎表现出向古典阐释学"倒退"的动向。不过笔者以为,在事物发展的正、反、合三段论中,与其将这认知为向过去"倒退",毋宁将这理解为理论在螺旋式上升的运动中在更高的水平上向起点复归。

强制阐释论的范式定位

傅其林

一 强制阐释论与文学理论的批判性突围

马克思主义的力量在于对社会现实及其文化现象进行批判性分析，彰显出鲜明的批判性锋芒。正是这种锐利的锋芒，在现代文化思想中发挥着重要的创造性功能，推动着人类生活方式的转型与文化的更新。中国马克思主义文学力量无疑要彰显并实践这种批判性，推动中国化的马克思主义文学理论发展，显示中国当代文学理论的姿态，并在全球话语空间凸显中国的声音，这是中国文学理论自信与理论创新的重要路径。张江2014年发表在《文学评论》第6期上的《强制阐释论》，为中国当代文学理论的批判性思考开拓了新的路径，以强烈的问题意识与鲜明的理论概括，探究西方文论的"根本缺陷"及其"核心缺陷的逻辑支点"，[①] 即文章的核心论题"强制阐释"。这种批判性的锋芒透视出21世纪中国马克思主义文学理论的新形态，值得深入研究和密切关注。

回顾中国文学理论的历程，不难看出批判性姿态始终没有充分地展开。中国传统文学理论以独特的文学审美体验与话语方式显示出中

---

* 本文系国家社科基金重点项目"国外马克思主义文论的本土化研究——以东欧马克思主义文论为重点"（12AZD091）的阶段性成果，原刊于《学术研究》2016年第3期。

** 作者单位：四川大学文学与新闻学院。

① 张江：《强制阐释论》，《文学评论》2014年第6期。

国文学理论的独特性，在世界诗学体系中可谓独具一格，甚至受到国外汉学家的推崇。但是这种文学理论更多的是一种静观式的文学理论形态，不仅表现在基本观点的延续性，诸如"诗言志""诗缘情"等，而且在话语中强调静态的审美感受，理论话语与文学经验融合一体，形成了文人士大夫的悠闲情调。汉语家眼中的这种话语方式与审美风格恰恰是异域的体验，对于中国文学理论的发展没有起到根本的推动作用。相反，中国现代文学理论的发展主要立足于西方话语，形成了新的批判性特色，以西方的文学观念与话语范畴批判中国传统文学理论的话语与文学经验，体现出鲜明的动态的批判性，正如茅盾所说，中国传统社会根本没有严格意义的文学批评，只有建立西方意义的批评概念才能促进文学的进步。虽然茅盾强调了中国自身的立场，但是文学理论的西方价值观念在中国文学理论界获得了极大的优势力量，甚至形成了主导的文学观念。于是，随着西方文学理论的风起云涌，不同观点的文学理论，从语言学符号学、精神分析心理学、结构主义与解构主义、存在主义、后现代主义、新历史主义、女性主义、生态主义，到文化研究、媒介理论等等，不断涌入中国文学理论的场域，形成了文学观念的多元化、复杂化，形成了文学理论的概念范畴的漂浮与泛滥，形成了中国文学理论界对西方文学理论的复制、模仿、套用。这事实上失去了中国文学理论的批判性特色，失去了中国文学理论家探索的根基，失去了中国文学理论的原创性与独特的话语体系建构与阐释。难怪一些国外学者审视20世纪中国文学理论甚至美学时，寻觅不到独特的中国学者的探索，而更多地转向中国传统的独特的静态的文学话语，只能以"长城""熊猫""孔子"等标示来理解中国现代与当代文化形式，这隐含着对中国现代当代文学理论的漠视。强制阐释论的提出不仅意味着当代西方文学理论具有强制阐释的特征，而且直接针对当代中国文学理论现状与文学批评实践，具有很强的现实意义。

在中国文学理论的历史性梳理中，反思强制阐释论的文学理论建构的思路无疑是有启发性的，它重新打开了中国学者面对西方文学理论的批判姿态，表达了中国学界对西方文学理论的否定性思考，这是中国学者理论自信的表达。更为具体地说，这是从对西方文学理论的价值肯定走向价值否定。虽然这不是完全的肯定或者完全的否定，但是价值天平发生了根本的转型，也就是从以肯定为主走向以批判为主。这种批判性形态无疑在较为沉寂的中国文学理论界传来一种震耳欲聋的声音，这是试图体现中国学界的话语力量与声音，标示中国学者如何学理性地审视西方话语的尝试。如果学术乃天下之公器，就必须以学术的追求对已有的研究进行质疑，以推动学术的进步。批判性内含于真正的学术之中，充分意识到这一点，中国文学理论界似乎延缓了很长的一段时间，也许还会延长。

二　强制阐释论的范式定位

这种批判性在于张江提出了一个新颖的概念"强制阐释"，用"强制"与"阐释"组合成为偏正短语。这种组合是新颖的，西方有所谓的"过度阐释"，但是汉语的组合更特别。《现代汉语词典》解释"强制"为"用政治或经济力量强迫"。[①] 根据张江的定义，"强制阐释是指，背离文本话语，消解文学指征，以前在立场和模式，对文本和文学作符合论者主观意图和结论的阐释"。[②] 通过对比，"强制阐释"改变了一般意义的"过度阐释""主观阐释""错误阐释"等概念，突出了西方文论的特征，更彰显了西方文论的根本缺陷。不过，更具洞见的是，"阐释"概念的提出，较为准确地概括了当代西方文论的根本特征与基本范式。

当代西方文论在语言学转向的趋势中获得了新的形态。现象学涉及语言符号的问题，存在主义也是走向语言之路，俄国形式主义、英美新批评、法国结构主义、解构主义、精神分析心理学、后现代主义、接受美学等等，都与语言符号有着不可分离的关系。这种形态使得西方文学理论与 19 世纪及以前的文学理论形态有着重要的差异。《诗学》《诗艺》等西方传统文学理论在话语形态上类似于中国传统

---

① 中国社会科学院语言研究所词典编辑室编：《现代汉语词典》，商务印书馆 1983 年版，第 918 页。

② 张江：《强制阐释论》，《文学评论》2014 年第 6 期。

文学批评，重视经验规则的使命感。亚里士多德的《诗学》频繁地使用"必须""应该""一定"等表述，譬如"情节的安排，务求人们只听事件的发展，不必看表演，也能因那些事件的结果而惊心动魄，发生怜悯之情"。① 如果说以前的文学理论看重文学经验技巧的概括，寻求文学作品的直接自发的体验，那么20世纪的西方文论强调文学的意义，审美体验被文学作品的意义所取代，这是当代西方文学理论的重要特征。由此，阐释的模式较之以前得到突出的表现。以意义为旨归就成为当代西方文学理论的阐释动向。胡塞尔的现象学追寻本质直观的意义，海德格尔的存在主义探寻存在的意义，他在1927年的《存在与时间》中提出："任何存在论，如果它未首先充分地澄清存在的意义并把澄清存在的意义理解为自己的基本任务，那么，无论它具有多么紧凑的范畴体系，归根到底它仍然是盲目的，并背离了它最本己的意图。"② 符号学也成为意义的科学，符号学批评与文学实践不断建立意义规则与意义机制，解构主义成为意义的延伸，解释学涉及的则是文本与解释者的意义问题。虽然当代西方文论对意义本身的理解纷繁复杂，莫衷一是，但是都以意义为导向，形成了阐释形态，都在阐释。而阐释则需要阐释者，阐释者则有自己的价值立场。这样看来，当代西方文学理论都属于阐释学，这就是鲍曼所提出的从立法者转向阐释者。③

基于阐释者的文学理论不断追求意义，这是文本的意义，但最终是阐释者的意义，在某种意义上都可以说是强制阐释。这种理论与实践无疑忽视甚至失去了作者的创作经验与意图，形成所谓的"创造性背叛"，即强制阐释。从20世纪的西方文学理论的发展来看，阐释形态是内在的，也可以说体现了现代的时代精神。按照赫勒的思考，西方现代处于阐释的牢笼之中，"作为意义归属或者意义产生的意义的

---

① ［古希腊］亚理斯多德：《诗学》，罗念生译，人民文学出版社1962年版，第43页。
② ［德］海德格尔：《存在与时间》，陈嘉映、王庆节合译，生活·读书·新知三联书店1987年版，第15页。
③ ［英］齐格蒙·鲍曼：《立法者与阐释者：论现代性、后现代性与知识分子》，洪涛译，上海人民出版社2000年版。

解释发展为现代性的最强有力的想象制度"①,"现代性的精神一方面产生了民主,另一个面产生了阐释学"②。在赫勒看来,"阐释学是我们的社团精神的最充分的自我表达"。③阐释学是包罗万象的,反阐释学也是阐释学。阐释学调和着过去与现在,它们重新思考曾经被思考的东西,重新解释曾经被解释的东西或者颠覆这些东西。它们用被借来的意义产生意义,它们用陌生人的血液把生活注入现在。我们的世界不创造新的意义,我们的精神是无精神的,因为它依赖被借来的意义生活。现代人发现了文化与意义,恰恰因为他们依赖被借来的意义生活。我们的时代是杂食的,我们没有特殊的趣味,我们的思想吞没所有的趣味。在浪漫主义时代的现代哲学与艺术创造天才的一种显著的倾泻之后,我们成为无创造的。哲学在灰色中涂着灰色,它成为文化哲学。这样只有阐释才能赋予我们以意义。④但是阐释的意义因为不断解释而又面临枯竭的危险。强制阐释可以说是枯竭的意义的表现。基于技术想象逻辑基础之上的阐释无疑有着强制阐释的弊病。

三 强制阐释论与当代文学理论系统的建构

如果说当代西方文学理论主导范式是强制阐释,并成为其根本的缺陷,那么是否有摆脱这种范式的可能性呢?

张江在批判西方当代文学理论的同时,表达了新型文学理论建构思路即新理论系统。如果说强制阐释具有"场外征用""主观预设""非逻辑证明""混乱的认识路径"四个特征,那么他提出的新型文学理论则是克服场外征用、抛却主观预设、严格逻辑证明、澄清认识路径,这是重新回到"文学理论及批评的本体特征",使文论立足于文学。也就是说,文学理论与批评必须坚持总体性和系统性原则,

---

① Agnes Heller, *A Philosophy of History in Fragments*, Oxford and Cambridge, MA: Blackwell, 1993, p. 172.
② Ibid., p. 189.
③ Ibid., p. 202.
④ 傅其林:《宏大叙事批判与多元美学建构》,黑龙江大学出版社 2011 年版,第 243 页。

"当代文学理论话语的建构必须坚持系统发育的原则,在吸纳进步因素的基础上,融合理论内部各个方向和各个层面,建构出符合文学实践的新理论系统"。① 基于逻辑系统发育与整合的新理论系统无疑超越了当代西方文学理论的破碎性、矛盾性、复杂性、多元性,因此是具有科学意义的文学理论观念,它既有可能克服当代西方文学理论的根本缺陷,也可能超越中国传统文学理论的话语系统,显示出了中国学者的理论建构能力。这使我们想起苏联20世纪60年代的综合科学工程的文艺理论研究态势,譬如斯托洛维奇的审美价值与功能的系统研究,卡冈的文化价值系统的研究等。

值得反思的是,强制阐释论所蕴含的新理论系统是否摆脱了当代西方文学理论的基本范式?这个问题涉及新理论系统突破的关键问题,也涉及中国当代文学理论突围的问题。根据已有的研究进展来看,新理论系统还没有到达让文论回顾文学的状态,没有达到使文论直面文学实践的问题。从符号学角度来说,新理论系统仍然是元理论的层面,也就是关于理论的理论层面。如果说当代西方文学理论具有强制阐释的特征,那么已有的新理论系统仍然带有这种特征,仍然"背离文本话语","消解文学指征",具有"前在立场和模式"、张扬主观意图等特征,在某种意义上这是很难根除的。因为正如张江所深刻提出的,文学是人文学科,"文学创作是作家独立的主观精神活动,作家的思想和情感支配着文本。作家的思想是活跃的,作家的情感在不断变化,在文本人物和事件的演进中,作家的意识引导起决定性作用,文学的创作价值也恰恰聚合于此。而作家的意识、情感不能被恒定地规范,由此,文本的结构、语言,叙事的方式和变幻同样不能用公式和模板去挤压和校正"。② 文学的非理性化特征使得文学始终在规范与超越规范之间发生激烈的撞击。这意味着文学批评与理论始终是具有主观创造性的,理论在主观性的基础上向客观性推进,但这种客观性不是科学意义的客观性,而是具有主体间性的客观性,也就是交往共识的形成。进一步审视,理论始终无法回顾文学本身、回顾文

---

① 张江:《强制阐释论》,《文学评论》2014年第6期。
② 同上。

学实践本身，因为理论始终是抽象的话语体系，而文学经验与实践则是感性的活动，这两者始终存在着理论普遍性与经验活动特殊性的张力，存在着语词概念与审美经验的错位。这些张力使得强制阐释不可避免，理论判断与文学批评的错误不可摆脱。阿多诺、赫勒、费赫尔等对现代美学学科话语的洞见可以作为参考。阿多诺尖锐地批判了传统美学即哲学美学，认识到美学的过时，"哲学美学曾经面临乏味的抉择，它或者追随微不足道的一般概念或共相，或者基于约定俗成的抽象结果对艺术作出独断的陈述"，因此它"抓住一般普遍性（generalities）不放，可这些原则对具体的艺术作品既不适合，而且还固定在本身要死的不朽价值之上"。① 赫勒与费赫尔认为，现代重要的美学都是一种历史学的学科，具有史学精神，各种艺术的审美价值最终将取决于哲学体系，因此"真正充满历史学精神的美学是足够傲慢的，就是说，仅通过创立一个历史时期的等级，它就足够地确信其创造一个艺术等级和艺术分支的普遍排列原则的价值"。② 阿多诺所说的"独断的陈述"、赫勒与费赫尔所言及的"傲慢"，无疑是强制阐释的典型表现。

总之，强制阐释论的提出重新确立了中国学者面对西方文论的批判态度，提出了中国文学理论建设的新理论形态，是值得关注并进一步推进的。它在全球化的语境具有确定坐标的意义，在世界文论话语中显示出了中国的声音，在某种程度上标示了中国文学理论发展的新方向。不过也面临着新的困境，如何突破强制阐释，还需要进行深入的多维度的探究。

---

① ［德］阿多诺：《美学理论》，王柯平译，四川人民出版社1998年版，第559页。
② Ferenc Fehér and Agnes Heller, "The Necessity and the Irreform ability of Aesthetics", in *The Philosophical Forum*, vol. 7, no. 1 (1977), pp. 1–21.

从"强制"到"虚无"

——批判的武器不能代替武器的批判*

陈众议**

　　《伊索寓言》中有一则《驴子和小狗》的故事,说的是,驴子羡慕小狗不劳而获,于是也学着小狗的模样去乞人欢心。它摇头摆尾、又蹦又跳,结果被痛打一顿并关进了马棚。某些现当代西方文学理论于我们或亦如此。张江教授斥之为"强制",然而它们又何尝不是"虚无"呢?譬如,所谓客观主义的"零度"说或"去意识形态"的戏说,基本上都是对作家意图的规避,进而也是对社会责任和崇高、庄严等传统价值的嘲弄。戏说作为一种狂欢形式源远流长,但在后结构主义时期达到高峰,并在所谓"后"之后继续盛行,其虚无主义倾向不言而喻。

　　虚无主义的更大表象是无限的多元化和相对说,其载体和目的却是消费主义。面对来自西欧的经典文化及苏联意识形态,美国所推行的正是大众消费文化。用著名法籍美国学学者马特尔的话说,"美国文化通过娱乐产业和大众文化获得了最显著而且数量最多的影响力,主要归功于好莱坞电影、流行音乐、百老汇商业戏剧和文学畅销书"[①];跨国公司在制造产品时充分注意到了不同民族、群体与个人的需求。而跨国资本正是美国式大众文化觊觎世界市场的"去意识形

---

　　* 本文原刊于《中国文学批评》2016年第1期。
　　** 作者单位:中国社会科学院外国文学研究所。
　　① [法]弗雷德里克·马特尔:《论美国的文化:在本土与全球之间双向运行的文化体制》,周莽译,商务印书馆2013年版,第447页。

态""去二元论""去中心化"的物质基础。鉴于有关虚无主义其然已有较多讨论和针砭,本文将聚焦于其所以然:文化消费主义及其与社会主义核心价值的天然矛盾。

一

先说"强制"。张江的"强制阐释"论①至少有几层含义。一是规避,即脱离文学实际;二是偏激,即主观臆断或过度阐释;三是教条,即用一个模子装所有的水。并将"强制阐释"的话语特征总结为四条:"一是场外征用。在文学领域以外,征用其他学科的理论,强制移植于文论场内。场外理论的征用,直接侵袭了文学理论及批评的本体性,文论由此偏离了文论。二是主观预设。批评者的主观意向在前,预定明确立场,强制裁定文本的意义和价值,背离了文本的原意。三是非逻辑证明。在具体批评过程中,一些论证和推理违背了基本的逻辑规则,有的甚至是明显的逻辑谬误。为达到想象的理论目标,无视常识,僭越规则,所得结论失去逻辑依据。四是反序认识路径。理论构建和批评不是从实践出发,从文本的具体分析出发,而是从现成理论出发,从主观结论出发,认识路径出现了颠倒与混乱。"②关于批评脱离实际,又被归结为"话语转换""硬性镶嵌""词语贴附""溯及既往"。然而,所谓"强制"归根结底是同一性,即以某种强势话语、方法压制和淹没其他话语、方法。这对我们的话语体系有破坏作用,但我们的核心价值也是一种同一化诉求。这是一对矛盾,尽管目的不同,意义有别。

但问题是,别人并未将"强制"或"虚无"强加给我们,而是我们对自己进行"强制",自我"虚无"了(两者存在古往今来庶几无限庞杂的各种主义和方法)。笔者这里主要说后者。

首先,"虚无"的最大表象是多元和相对。面对来自西欧文化及

---

① 张江:《强制阐释论》,《文学评论》2014 年第 6 期。
② 毛莉:《当代文论重建路径:由"强制阐释"到"本体阐释"——访中国社会科学院副院长张江教授》,《中国社会科学报》2014 年 6 月 16 日。

苏联意识形态的"强制",美国在第二次世界大战以后慢慢发展起来的大众消费文化恰恰是反其道而行之。

其次,马特尔所说的大公司其实就是跨国公司。它们在制造产品时充分注意到了不同民族、群体、个人的需求。而跨国资本正是美国式大众文化"去意识形态化""去二元论""去中心化"的基础。在此,我不妨举例如下。

(一)资本逻辑:有奶便是娘

对于"奶酪"热,我们应该记忆犹新。如果说传统文化是将简单的事情复杂化,而现今的快餐文化似乎恰好相反。我想这大抵可以从《谁动了我的奶酪》来窥见一二。首先是商业运作、商业炒作,譬如股票或者名目繁多的有价证券;又仿佛任何一种商品,比如汽车,又比如家电、服装甚至还有令人眼花缭乱的苗条霜或丰乳膏。只是未必名副其实而已。在文艺领域,好莱坞称得上是开路先锋,麾下"大片"几乎都是高投入、高产出的典范。这符合跨国公司的全球战略。其次,不能否认斯宾塞·约翰逊的"奶酪理念"有着比较突出的现实意义。我们确实处在一个史无前例的信息的时代、变化的时代,而且这种变化同时印证了一统江湖、一日千里的说法。它的一元性指向和变化速度完全是几何级的。人们不但可以一夜暴富,变成比尔·盖茨,也可能一觉醒来一贫如洗。就近而论,下海、下岗以及各色利益调整和地位变易天天都在大呼小叫中发生。莫言的《师傅越来越幽默》说的就是这个。然而,渐渐地,人们也就见怪不怪了。

谁也不知道明天会是怎样一种情况。这与前现代社会相对静止、稳定的状态全然不同。日出而作,日入而卧,信而有证,薪尽火传的生活方式迅速成为神话。面对变化,无论情愿与否,恐怕再没有人可以高枕无忧了。而约翰逊的"奶酪理念"正是在这样的背景下形成的。

当然,这种理念本身并不新鲜。在我们自己的文化传统中,就不乏类似理念。拿成语而言,我们即可随手拈来"未雨绸缪""与时俱进""随机应变"等,还有反义而用作批评的"守株待兔""听天由命""随遇而安"等。而且,其中有些成语还是由寓言演化而来的。

约翰逊的"奶酪"其实不过是个寓言故事。而且，从寓言的角度看，它又过于简单、幼稚，缺乏传统寓言的文学价值。拉封丹的《知了和蚂蚁》就比它高明。而我们老祖宗在《守株待兔》一类寓言中则仅用两三行字就超越了这个又长又臭的"奶酪故事"。不就是两只相信直觉的老鼠和两个头脑复杂的小矮人失去"奶酪"、寻找"奶酪"的故事吗？故事的内涵外延都很简单，无非是遭遇突变之后的态度。是"听天由命""消极等待"，还是"与时俱进""随机应变"？活人哪能被尿憋死？这其实是一个再简单不过的道理，对于生活、工作等都有一定的普适性。

恰恰是这么一个众所周知的普通道理，却被炒作成了"救世良方"。这未免太夸张、太过分了。这样的道理在我们的寓言故事和生活理念中并不新鲜。自古代文化至日常生活，"守株待兔"之类的批评比比皆是。但反过来说，我们同样有理由否定"奶酪逻辑"。就以我等从事的工作为例吧，人文研究或广义的科学研究的确需要与时俱进，但它们同时也需要坚忍不拔、持之以恒。假如因为现有的"奶酪"不够多、不够好而动辄随机应变，又会怎样？往远处说，孔夫子肯定会丢弃诗、书、礼、乐；就近而论，造导弹的也统统下海卖茶鸡蛋去算了。尤其是人文学科，它又当如何抵抗市场经济、消费主义的巨大压力？

这就产生矛盾了。我们可以由此推导出哲学的两个维度：理想主义和现实主义，或者相对的老庄和孔孟。两者不可或缺，且同时又都是复杂和多面的。老庄思想中饱含着辩证法，而孔孟也不是彻头彻尾的实用主义。譬如孔子，他一方面四处奔走，大有凌云之志；另一方面又念念不忘诗、书、礼、乐。因此，当楚国狂人接舆一针见血地指出他的这种矛盾时，夫子大为感慨。这种矛盾和多维是人性的基本属性，不能笼统否定。何况从最基本的层面说，人除了考虑怎么活，总还要思考为什么活之类的形而上问题。

（二）"世界主义"：丹·布朗的秘诀

且说丹·布朗将西方文学的畅销要素玩弄于股掌之间。1998年的《数字城堡》解密了一起骇人听闻的数字阴谋：某秘密组织用神秘密码劫持了国家安全机关的核心所在。美女数学家、密码专家苏珊·福来切尔奉命排除魔障,却遭遇重重艰难险阻。随着调查的深入,她逐渐发现,自己是在用生命和一个看不见的数字高手展开一场前所未有的搏杀。在 2000 年的《天使与魔鬼》中,符号学家罗伯特·兰登闪亮登场。故事从瑞士某研究机构说起:该机构的一位物理学家被人谋杀,兰登教授在死者身上发现了一个神秘的符号,它与某秘密社团(光明会)有关。该隐修会长期以来一直致力于摧毁天主教圣地梵蒂冈。阴谋的实现只差最后一步了。一枚无法拆除的定时炸弹被埋入梵蒂冈中心,而兰登恰好在梵蒂冈大会前夕证实了这一事实。兰登教授在意大利女科学家维克多利亚的协助下,于最后关头拯救了梵蒂冈,并使教皇和罗马教廷幸免于难。2001 年,丹·布朗又以《骗局》一书把读者带入一场骗局:一方面是安全部门通过卫星发现了稀有物质,这一发现将对世界产生重大影响;另一方面,美女分析师雷切尔及其搭档为了戳穿骗局惨遭追击,命悬一线。2003 年,丹·布朗的扛鼎之作《达·芬奇密码》问世。作品的主人公依然是兰登教授。故事从卢浮宫老馆长遇害说起,围绕一个莫名其妙的符码展开。与兰登教授合作的是死者的孙女、年轻貌美的法国密码专家索菲·奈芙女士。他们通过一系列神秘线索以及这些线索所指的达·芬奇作品,发现了一个暗道和已故老馆长的隐修会会员身份。这个秘密组织与诸多名人有关,而揭开谜底的秘诀正是历史和现实的双重维度的一个交节点。

四部作品皆以神秘符号为焦点,并在《失落的秘符》中几乎悉数出现:怪异的谋杀、神奇的符号、惊悚的描写、迭出的悬念和闻所未闻的秘密社团,当然少不了美女搭档、凶险对手和剥笋式场景、递进式情节。作品不仅囊括了上述作品的几乎所有要素,而且在许多方面有过之而无不及。首先,它是一座符号迷宫,可谓美轮美奂,而谜底居然是彼得·所罗门。彼得暗喻大使徒圣彼得,此名在拉丁文又指石头,故而与"金字塔"相关联。小说险象环生。兰登教授和美女搭档与狡猾的凶手及无能的警探机智周旋,最终破解了秘密修会(共济会)的核心秘密——"失落的秘符"。后者比《达·芬奇密码》中的"倒金字塔"(中世纪传奇中屡屡提及的探险目标——"圣杯"的意象)更具体,但也更高妙、更富有现实意义,盖因它是一个古老的理念:"赞美上帝"。这个西方文化核心理念的"重新发现"将一切回溯到《圣经》本身,并与现代物质文明构成了反差。而故事中的凯瑟琳作为现代意念学家,其研究成果似乎恰好与这一发现不谋而合。反之,凶手殚精竭虑、无所不用其极的追寻结果,却是找死,即"怎样死去"。

作品继承西方中世纪传奇及哥特式小说传统,同时揉进了侦探推理小说元素,借大善大恶的人物彰显西方主流价值观,以大起大落的情节夺人眼球,进而对犹太—基督教文化核心内容的诠释,尤其是对其中的神秘主义传统进行了一次细致入微的梳理。同时,从古印度的奥义书到中国的易学和西方的炼金术、占星术、纹章学、塔罗牌及中世纪以降各种神秘修会、西法底文化中的某些神秘社团(如发轫于12世纪的喀巴拉犹太神秘主义)等,无所不包,却独不提伊斯兰苏菲神秘主义。而这恰似"全球化"背景下的 NBA,其文化含义和商业动机不言而喻。

(三)大众消费文化先锋:好莱坞

从罗斯福到肯尼迪、约翰逊等白宫主人再到 WTO 中美谈判,美国政府对好莱坞的重视可谓不遗余力。而好莱坞所遵循的主要是文化消费主义。后者与现代化是二而一、一而二的关系,两者相辅相成,这是美国文化的重要体现,同时也是美国政府从 20 世纪 50 年代中后期开始奉行的国家战略(艾森豪威尔称之为"民众资本主义")。它不仅是美国战胜苏联的利器(80 年代以"淡化意识形态"的表象出现),而且也是取代欧洲经典资本主义的法宝。

简言之,现代化伴随着资本主义的产生而产生、发展而发展,它见证了奈斯比特、托夫勒他们所说的"第二次浪潮",却并没有就此歇脚,而是以新的面目走向了所谓的"后现代"或"后工业时代"("第三次浪潮")。好莱坞则以其文化消费主义为现代化提供了不可多得的范本:理论和实践的相对与多元。最初是 20 世纪 30 年代华纳兄弟和派拉蒙公司的走出去战略:二者相继在德国和西班牙拍摄电影并就近在这些国家及其周边地区发行;然后是起用欧洲演员,譬如派拉蒙公司在法国本土制作了一些法语电影,吸纳了一些法国演员。同时,好莱坞花了三年时间探寻和解决配音问题,从而打破了欧洲非英语国家对好莱坞的有意无意的抵制。这些尝试不仅降低了成本,而且为好莱坞的"国际化"进程展示了更为广阔的前景。从此,境外制作和起用外籍影星、使之为美所用逐渐成为好莱坞的重要模式之一。这后来被 NBA 等各行业或领域所吸收并发扬光大。凡此种种,在将美国的价值观和审美方式输送给世界观众的同时,巧妙地借"国际明星"的衣食住行将美国的产品和生活方式推销到了世界各地。

法兰克福学派曾致力于研究大众消费文化。不少西方马克思主义学者甚至是大众消费文化的积极鼓吹者,盖因他们认为大众消费文化可以消解资产阶级意识形态霸权。但事实并非如此。从某种意义上说,大众消费文化逐渐演变为文化消费主义,它不仅淡化了无产阶级的阶级意识,而且加速了资本主义的发展。因此,马尔库塞在《单向度的人》中转而抨击大众消费文化,认为真正的艺术是拒绝的艺术、抗议的艺术,即对现存事物的拒绝和抗议。换言之,艺术即超越:艺术之所以成为艺术,或艺术之所以有存在的价值,是因为它提供了另一个世界,即可能的世界;另一种向度,即诗性的向度。前者在庸常中追寻或发现意义并使之成为"陌生化"的精神世界,后者在人文关怀和终极思考中展示反庸俗、反功利的深层次精神追求。与之相反的是文化批评家费克斯。后者在《理解大众文化》中继续支持大众消费文化,认为大众(消费)文化即日常生活文化,其消遣消费过程则是依靠文化经济自主性对意识形态霸权进行抵抗的过程。

孰是孰非姑且不论。然而,文化消费主义对文艺的伤害有目共睹。譬如村上春树、阿特伍德,甚至郭敬明,他们战胜大江健三郎、门罗或莫言,在市场的天平上毫无悬念。

二

随着互联网的普及和全球化的扩展,我国改革开放的深度和广度前所未有,文化多样性和丰富性也前所未有。这为我国的政治经济和社会文化建设提供了选择的余地、发展的契机,但同时也冲击、消解民族认同感和凝聚力。如何以我为主、为我所用、取利驱弊、进退中绳地处理多元和核心的关系，既是历史对我辈国人的考验，又事关中国特色社会主义实践的成败得失。鉴于本文所涉问题直接指向民族认同和国家利益，在此不妨取法大处着眼、小处入手的原则，就文化多元化和核心价值观的某些关系和处理这些关系的可能方法提出一得之见。

红楼梦中人探春替曹雪芹说过这样一番话："可知这样大族人家，若从外头杀来，一时是杀不死的……必须先从家里自杀自灭起来，才能一败涂地！"① 在此，"外头"和"家里"并非二元对立，而是二元思维。它好比一般意义上的坐标系，是辩证法的基础，其所反对的恰恰是非白即黑的形而上学和排中律，盖因万物皆在运动和关系之中。

首先，在全球化时代，世界一村、内外融通成为事实。其次，以美国为首的西方世界并未放弃冷战思维，以致具有"威胁论"和"崩溃论"双重涵义的"黄祸论"不绝于耳。联系到本话题的两大关系，即文化—多元化、核心—价值观，本文当有所规约。

（一）何谓文化？

有关定义之多，可谓汗牛充栋、不胜枚举。譬如文化有广义和狭义之分，有大、中、小之别，有"认识"与"实践"之说，有"看法""说法""活法"之论，诸如此类，不一而足。本文无意否定前人和同道的观点，却有意将可能之谓忝列其中，故视文化为价值观，即一般意义上的世道人心。这样的界定既可置文化多元化于核心价值观的矛盾统一关系之中，亦可避免随心所欲和牵强附会。

以上是概而括之的一种说法，不能涵盖文化历时性与共时性所呈现的复杂性。然而，为使话题不至于流入宽泛和空洞，我们必须约之以名。如是，倘使我们将文化视为相对狭义的一般价值观，那么其多元也就意味着国人的价值观正处于发散状态。而所谓核心，也正是相对于一般而言。倘无一般，何谓核心？这是对核心价值观的一种合理反证。

---

① 曹雪芹：《红楼梦》，中国对外翻译出版公司2009年版，第517页。

考"文化"一词，最早定型于《易经》，"观乎天文以察时变，观乎人文以化成天下"。①"文"和"化"的结合，也便有了"文化"。它和文学、政治、经济等众多现代词汇一样，是偏正结构。

因此，其中的"文"字包含了整个人文，而人文无疑是关于世道人心，乃至世界万物的看法和说法。至于西方，文化（譬如德文 Kultur，英文或法文 Culture）来自拉丁文 Cultura，其词根"Cult"指崇拜、信仰，"Culto"指栽培、养育、修养、高雅等。因此，文化在西方语言中首先指人文，即人或人类的精神层面，其次才是更为广泛的物质生产。后者不在笔者的讨论范围。

（二）何谓多元？

前面说到的发散，便是对多元程度的一种描述，这种描述也被称之为"化"。它意在表达目前我国狭义文化的繁复。

文化的多元化显而易见。比如微信微博，它们无疑是文化多元的见证，体现了不同个人、群体（性别、年龄、阶层等）的信仰与诉求。加之五花八门的新老媒体及各种表征，这世界确实充满了喧哗与骚动、自由与狂欢。这与我国几千年农耕社会相对稳定、单一的价值观（比如家国道义）形成了巨大的反差，其中的历时性冲击和共时性矛盾不言而喻。

举凡文学。近三十年，不少文学界的同行呼应域外学者，在冷却鲁郭茅巴老曹的同时，取而代之以张爱玲、徐志摩、穆时英、林语堂、周作人、废名等；此外，虚无屈原、恶搞杜甫、否定经典、将鲁迅斥之为尖酸刻薄的假洋鬼子，如此等等，皆非偶然。

再举凡中文。废黜之声沉渣泛起。如果说"五四"新文化运动时期，激进主义者取法偏颇情有可原，那么今天重弹老调就令人费解了。也就是说，我们可以理解钱玄同把新国家、新人心的希望寄托在废黜中文之上，却不能理解今人将方块字比作限制思维、束缚想象力的猪圈。

还有，近年来充斥文艺市场的世界主义和那些调笑、戏说、恶搞

---

① 《易经》，傅佩荣注释，台北立绪文化事业有限公司2005年版，第184页。

或玄幻、鬼魅、穿越，等等，又恰好与网络的虚拟文化殊途同归。它正极大地消解着传统（包括真善美与假恶丑的界限以及对于发展中、崛起中的中华民族还至为重要的民族向心力和认同感）。

　　反之，多元也可能对核心产生培育、辅佐的向心作用，譬如好莱坞之于美国文化。以大家耳熟能详的《拯救大兵瑞恩》和《泰坦尼克号》为例，前者的国家利益以战时司令部为一个母亲救下一个儿子而不惜牺牲整个分队的感人方式呈现出来；后者则将"高大上"的美国形象寓寄于一个穷小子的人格魅力（包括指向爱情、公德—集体主义的牺牲精神）。这其中充满悖论和艺术想象，却并未使我们的青少年"不明觉厉"！盖因艺术可以自立逻辑。唯其如此，它才更需要想象力，以便核心价值如盐入水、化于无形：让观众由衷地感喟"美国多人道，美国多美好"！

　　这正是文化消费主义，也即文化虚无主义顺应资本逻辑的明证。只有"淡化了意识形态"、削弱了国家认同，资本才能全球化、化全球，并且如鱼得水。

　　千万不要以为美国不讲政治。资本、利益本身就是其意识形态的基础和目的。更何况清教思想在美国根深蒂固。后者被认为是美国个人主义、自由主义和财富观、人生观的基础。正因为如此，美国清教徒的生活方式和价值观至今影响着美国人的心灵。但是，清教思想决不单单指向个人主义，它同时也是美国集体主义和爱国主义的思想源泉。譬如17世纪中叶的一天，清教徒温斯洛普受命抵达马萨诸塞出任总督时，有一篇脍炙人口的布道，其核心内容是他们将高筑山巅之城，为万世瞩目；如果不能实现这一目标，主就会收回庇佑，从而使他们成为世人的笑柄、天下的丑闻。他还用身体比喻个人与家庭、集体的关系，认为个人犹如五官，是身体的组成部分。个人事务具有公共意义，并对整体产生影响。换言之，如果身体的局部病了，人会难过、会痛；若不及时处置，则可能危及生命。反之，如果整个身体面临威胁，那么所有局部都必须义无反顾地维护她的安全。用我们古人的话说，是"皮之不存，毛将焉附"，或者"天下兴亡，匹夫有责"。17世纪的清教徒和我们的古人尚且明了"集体利益是个人幸福的前提"，况我辈乎！当然，以集体的名义否定个人权益的做法也是可怕的和可悲的。在这方面,中华民族有过血的教训。因此,不偏不倚、中道衡度才是正理。

由是,如何在同一和个性发散、核心和多元文化之间找到一个合理的区间、有效的平衡,文学及文学批评责无旁贷。文学及文学批评有意识形态属性,但其方法却是相对客观的。因此,我们必须借鉴一切优秀成果,尤其是美国的成功做法,即对外正面捍卫国家利益,对内强调以人为本;更要学习好莱坞春风化雨润物无声的宣传方式,潜移默化不动声色的教化功夫。

然而,后现代主义是一把火,它在焚烧一切的同时也烧掉了自己。当然,这里所谓的一切并不指宇宙万物,盖因宇宙万物依然按照自身规律运行着,并将继续运行;这世界也一如既往,并在资本的强劲驱动下愈来愈物化,是谓大众消费主义。

此外,后现代主义是一个复杂的体系,一般认为它包含了自新历史主义至后殖民主义的一系列"新理论""后理论"。故此,加之立场使然,学术界对它的内涵外延至今争论不休,在可以预见的将来也难有定论。"虚无"只是对它的一种大而化之的说法,盖因后现代主义的核心是解构主义。它一方面针对结构主义及其所代表及反转的古典二元论思想(这是就学理而言);但另一方面它在批判西方主流文化,尤其是传统资本主义的同时矫枉过正、形过饰非、攻其一点不及其余,从而反过来成为并强化了跨国资本主义的意识形态一元论(这是就实际效果而论)。

于是,众说纷纭,莫衷一是,是谓"后权威时代"。这对谁有利呢?也许是跨国资本,盖因当下所谓的多元是极其可疑的,它本质上是跨国资本主义消解一切民族主义和非资本主义意识形态的意识形态一元化,其表象则为个性化、碎片化。说穿了,只有在众声喧哗、是非混淆的氛围中,资本才如鱼得水、犹龙入云。它与马克思设想的必然王国——社会主义共同体是两股道上跑的车,完全不能同日而语;一如歌德的"世界文学"概念完全不是马克思恩格斯关于资本以己之色染就的"世界的文学"的论断。

总之,后现代主义彻底否定了认识和真理的客观性,导致了文化相对主义的盛行。换言之,它用绝对的相对性取代了相对的绝对性,其所主要针对的是传统认知，如对理性主义、辩证法，乃至中庸、中道和民族主义的否定与解构，方法不可谓不彻底。但无论初衷何如，后现代主义归根结底是跨国资本主义的意识形态，滋生于跨国资本主义的土壤，并客观上为跨国资本主义的发展奠定了理论基础。于是，现实是：资本逻辑与技术理性合二为一，尽管以美国为首的西方国家从未放弃二元思维。中华民族，乃至苏联解体之后的俄罗斯，依然是需要防范，甚至扼制和消解的他者。

我国学术界对后现代主义的接受缺乏文化自觉和民族立场，以至于争先恐后地捡起其余烬来焚烧自己。究其原因，则既有前面所说的国际趋势及其影响，也有我国经济社会内动力所导致某些本可规避的负面作用，甚至不乏对民族历史、传统的简单逆反和盲目否定等等。

作为结语，笔者不妨列举伊格尔顿为例。近年来，这位西方马克思主义者接连发表了试图重构文学理论的《文学事件》（2012）、《如何阅读文学》（2013）及《文化与上帝之死》（2014）等重要著述。它们是伊格尔顿回归文学本体及作家—作品—读者"神圣三位一体"的一次"寻根之旅"，也是他在虚无主义泛滥的"后信仰时代"批判大众消费文化、强调文学教化功能和社会责任的有益尝试。

具体性误置：强制阐释论的哲学方法论探讨[*]

刘方喜[**]

一个理论范畴或命题的提出有多大意义，很大程度上取决于其针对性和涵盖性：一般来说，针对性越强、涵盖性越大，其理论价值越大。张江教授提出的"背离文本话语，消解文学指征"的"强制阐释"首先是对西方当代文论的整体特征的一个高度概括，涵盖性极大、针对性极强。强制阐释论所揭示的"场外征用""具体与抽象的错位"等现象，可以说一方面是一种当代现象，与西方当代后现代主义、解构主义思潮密切相关；另一方面，这些现象又有着文化传统上的历史渊源，与西方哲学传统的机械论的存在论、以抽象代具体的方法论相关，在反思西方机械论存在论不足基础上倡导"有机"哲学的英国哲学家怀特海，用"具体性误置"来概括这种方法论的谬误，这对我们从哲学方法论上揭示并反思强制阐释的根本性缺陷，有重要启示；而哲学方法论上的深入反思，对于强制阐释论的进一步拓展及中国当代文论建设等，有重要助益。

一

张江教授提出并建构"强制阐释论"的出发点是：西方文论的有效性与中国当代文论的建设，借用他自己"场外征用"的表述可以

---

* 本文原刊于《云南师范大学学报》（哲学社会科学版）2016 年第 1 期。
** 作者单位：中国社会科学院文学研究所。

说：前一方面涉及的"场"是"文学场"，后一方面涉及的则是"文化场"；或者说：前一方面涉及的是"征用""非文学性"理论来强制阐释"文学"，后一方面涉及的则是"套用""非中国性"理论来强制阐释"中国的"文学及其理论①，在我看来，"征用""套用"精到地描画出了强制阐释的色彩，而另一汉语词"化用"则少有强制阐释色彩，由此或许可以说："本体阐释"与"强制阐释"的不同不在于是否"运用"场外理论，而在于是"化用"还是"征用""套用"之，"化用"或许正是"化解"场外理论强制阐释色彩之道，兹不多论。我本人非常同意：重视"本体阐释"或者说重视文学阐释的本体性，就是坚持民族的立场和方法；与此相关，我把作为我们民族的传统理论和批评资源的古代文论的特点之一，概括为"即文本性"。从正面来说，"强制阐释"论的提出，既体现了极强的文学本位（本体）意识，同时也体现了极强的文化本位（本土）意识。强制阐释现象既具有历史性，同时也具有超历史的文化性：这种现象在西方当代文论尤其是后现代、解构主义思潮中有突出表现，而在此前的西方文论中的表现相对并不突出；但在西方传统哲学方法论上又可谓渊源有自。

张江教授还对"强制阐释"的基本特征作了较为具体的分析：场外征用，既包括征用自然科学等学科理论强制阐释文学，也包括征用哲学一般理论强制阐释文学，当代西方"一些重要的思潮和流派都是由哲学转向文学，借助文学实现、彰显其理论主张"，这又与哲学认识论、方法论密切相关；他又用"反序"来概括强制阐释的认识论路径的混乱，"反序"造成的后果是"具体与抽象的错位"：用抽象"改造、肢解"具体，"用具体任意证明抽象"②。他还对此作了更进一步的辨析：

所有的理论，特别是哲学理论，无论怎样抽象空洞，只要贴

---

① 毛莉：《当代文论重建路径：由"强制阐释"到"本体阐释"——访中国社会科学院副院长张江教授》，《中国社会科学报》2014年6月16日。
② 张江：《强制阐释论》，《文学评论》2014年第6期。

附于文学，只要找来几个文学例子混杂其中，就可以是文学的理论，就可以用作广泛的文学批评。强调文学理论的独特方式，就是强调其文学理论区别于其他理论并独立存在的基本依据。文学理论的独特方式是什么？我认为，最重要的就是理论的具体化。这个具体化是指，理论与文本阐释的紧密结合，理论落脚于文本的阐释，通过阐释实现自己，证明自己。

当下的学院派有一个明显的倾向，就是理论的生存和动作与具体的文本阐释和批评严重脱节，其理论生长和延伸，完全立足于理论，立足于概念、范畴的创造和逻辑的演进，与文学实践及其文本的阐释相间隔和分离。①

以上这些现象在当今文论界的缺失较为普遍地存在，强制阐释论的提出具有很强的现实和理论上的针对性。

强制阐释论还关乎一个极具挑战性的尖锐问题：马克思主义历史唯物主义哲学的立场方法，可不可以指导文学理论和批评的建设发展？这是不是一种场外征用？张江教授辨析指出：包括马克思主义历史唯物主义在内的哲学当然可以指导文学，但是，"盲目移植，生搬硬套，不仅伤害了文学，也伤害作为理论指导的哲学"②，可见，强制阐释论反对对哲学理论生硬的套用，但绝不反对哲学本身：哲学抽象的理论建构自有其自身价值，但不能替代对文学的"具体"的研究，当然，另一方面，对文学的"具体"的研究也并不试图替代哲学的"抽象"的研究，有意思的是，这与提出"具体性误置"说法的英国哲学家怀特海在基本思路上是非常一致的：怀特海反对用"抽象"代替"具体"，但作为哲学家，他丝毫没有否认或轻视哲学"抽象"研究的价值。重视实践、一切从实际出发、实事求是、具体问题具体分析等，都是马克思主义哲学认识论的基本思想，而强制阐释论可谓这些基本思想在文学研究活动中的具体落实。在文学理论研究中

---

① 张江：《场外理论的文学化问题》，《探索与争鸣》2015 年第 1 期。
② 张江：《关于场外征用的概念解释——致王宁、周宪、朱立元先生》，《清华大学学报》（哲学社会科学版）2015 年第 2 期。

对马克思主义历史唯物主义一些哲学概念的盲目移植、生搬硬套,同样也是"场外征用""强制阐释",这在我们过去的文学研究中是出现过的。要特别强调的是:在文学研究中简单地"征用""套用"马克思主义的哲学概念而不对文本、文学活动作具体分析,貌似遵循马克思主义的理论指导,其实恰恰有违马克思主义唯物主义认识论的基本精神和原则,这在当代西方马克思主义文论中是存在这种现象的。

此外,张江教授还指出,"强制阐释"其实也较普遍地存在于西方其他人文社会学科的研究中,可以说关乎西方基本的哲学方法论,需要对此加以深刻反思。

二

总体来说,到了当代,西方文论才出现了非常突出的"强制阐释"倾向,但这种理论倾向又有着西方哲学文化传统上的历史渊源。基于西方中心论的偏见,西方哲学家曾经一度认为包括中国在内的东方没有严格意义上的"哲学",西方才有真正意义上的"哲学",但20世纪以来,随着西方中心论受到越来越多的质疑,西方哲学也开始反思自身的不足,这其中英国哲学家 A. N. 怀特海的反思较为深刻,也极有价值:在存在论(本体论、世界观)上,针对西方哲学传统的过分偏重"实体"的机械论倾向,他提出建构重视"过程"的"有机"哲学;在哲学方法论上,他用"misplaced concreteness"——"具体性误置"(或译作'错置''失位')来概括西方传统哲学的不足,张江教授所谓的"具体与抽象的错位""理论的具体化"等的表述与此在涵义上比较接近。

所谓"具体性误置",首先是怀特海在对西方近现代科学、哲学发展史的反思中,用来概述17世纪科学思想方法的基本特征之一的:

> 在往后的几次讲演中,我都将说明,这种空间化是把具体的事实,在非常抽象的逻辑结构下表现出来了。这里面有一个错误。但这仅是把抽象误认为实际(具体)的偶然错误而已。这就是我们说的"实际性(具体性)误置的谬论"中的例子。这种

具体性误置：强制阐释论的哲学方法论探讨

谬论在哲学中引起了很大的混乱。

17世纪终于产生了一种科学思维体系，这是数学家为自己运用而拟定出来的。数学家的最大特色是他们具有处理抽象概念，并从这种概念中演绎出一系列清晰的推理论证的才能。只要那些抽象概念是你所要探讨的，你就能圆满地运用这些论证。科学抽象概念的巨大成就一方面提出了物质和物质在时间与空间中的简单位置，另一方面又提出了能感觉、感受和推理，但不干涉外界的精神。这样就不知不觉地迫使哲学承认它们是事实的最具体的说明。

在这种情形下现代哲学就被推翻了。它以极复杂的方式在三个极端之间摇摆。一种说法是二元论，认为物质与精神具有同等的地位。另外两种都是一元论，其中一种把精神置于物质之内，另一种则把物质置于精神之内。但这样玩弄抽象概念并不能克服17世纪科学思想方法中"具体性误置"所引起的混乱。①

迫使哲学承认"抽象概念"是"事实的最具体的说明""玩弄抽象概念"等，正是"具体性误置"的一般表现，而这种"具体性误置"可以说正是西方传统哲学在基本方法论上的重要不足之一。

作为哲学家，怀特海当然并不一般性地反对"抽象"，但反对"把抽象误认为具体""把抽象误置为具体"，对于文学理论家来说同样应如此，理论研究离不开抽象，但不能把抽象的概念或命题误置为文学具体的现实，用抽象概念的演绎来取代对文学现实的具体分析。后来，怀特海还继续用"具体性误置"进行了相关分析。牛顿根据柏拉图《蒂迈欧篇》撰写了《诠释》一书，怀特海认为，"从哲学角度看，其抽象程度是不恰当的"，"使之降到我在别处曾经说过的'误置具体性的谬误'"：

哲学进行普遍性概括，其目的是不成问题的，然而对这种概

---

① ［英］A. N. 怀特海：《科学与近代世界》，何钦译，商务印书馆1989年版，第49、54页。

括的成功所做的估计通常被夸大了。这类夸大其词有两种形式。一种形式是我在其他地方所说过的,即所谓"把抽象误置为具体的谬误(fallacy of misplaced concreteness)"。这种谬误表现在,当仅仅以实际存在物作为某些思想范畴的实例来考察实际存在物时,它忽略了其中所涉及的抽象程度。在各种现实性中有这样一些方面,一旦我们把思想严格地限制于这些范畴时,它们就几乎被忽略了。①

张江教授强调在文学研究中"盲目移植,生搬硬套,不仅伤害了文学,也伤害作为理论指导的哲学",而以上引语表明,怀特海实际上也强调:在哲学研究中,"具体性误置"不仅伤害了对"实际存在物"的具体研究,其实也伤害了哲学本身。强制阐释不顾"理论的具体化"而造成的"具体与抽象的错位",显然非常接近怀特海所谓的"具体性误置的谬误"。简单地说,"具体性误置"就是以抽象代具体:哲学的话语形式主要是抽象概念,主要运作方式是普遍性概括,但如果把抽象概念本身就视作最具体的现实,并替代对现实的具体的说明和分析,就会犯"具体性误置的谬误",与哲学相比,文学不缺普遍性概括,但其话语方式总体说不是抽象概念,而是非概念的具体的感性的表达方式,"在各种现实性中有这样一些方面,一旦我们把思想严格地限制于这些范畴时,它们就几乎被忽略了",对于文学这种现实来说更是如此:当我们把文学现实性严格地限制于某些抽象范畴时,对于文学来说更为本位性,本体性的感性的具体的方面,就被严重忽略了。对于哲学来说,"具体性误置"或许还不是"本体性"的谬误,还不能称之为"本体性误置",但对于文学来说,以抽象代具体的"具体性误置"就是一种"本体性误置",因而也是一种本体性谬误。

怀特海在哲学方法论上揭示了自然科学研究领域的"具体性误置的谬误",而张江教授的强制阐释论则可以说揭示了文学研究领域乃

---

① [英] A. N. 怀特海:《过程与实在》,杨富斌译,中国城市出版社2003年版,第170、12页。

具体性误置：强制阐释论的哲学方法论探讨

至整个人文社会科学研究领域的"具体性误置的谬误"，这对于我们从哲学方法论上反思西方当代文论乃至其整个人文社会科学理论的不足，有重要启示。化用怀特海的"具体性误置"的说法，我们可以把用非文学性理论强制阐释文学称为"本体性误置"（以场外理论裁剪具体的文学现实），把用非中国性理论强制阐释中国文学称为"文化性误置"（以西方理论裁剪中国文学及其理论），而用一个文化时间中的理论强制阐释另一文化时间中的文学可称为"历史性误置"（比如常见的用西方"现代"理论阐释中国"古代"文学及其理论等）。

三

相对于西方哲学传统的机械论倾向，中国哲学传统更多是怀特海所谓的有机论色彩，而建立在有机哲学基础上的中国传统文论则少有怀特海所谓的"具体性误置"的谬误。但在中国古代文艺与文论一个世纪左右的现代研究中，套用西方理论对中国古代文艺及其理论进行"现代阐释"，已成为一种主导传统，这首先是一种"非中国性"强制阐释和"文化性误置"，而在这种"西化"的进程中，中国古代文论重视"文学性"的"本体阐释"也被西方"非文学性"强制阐释与"本体性误置"所扭变。为了对西方当代文论强制阐释、本体性误置做总体性的纠偏，张江教授还从正面提出一个"以文本为核心"的新概念——"本体阐释"，强调"多文本阐释的积累，可以抽象为理论，上升为规律"[①]。我们还可以加一句：多文本阐释的积累，还可以"凝结为范畴"。他还强调："本体阐释"以文本为出发点和落脚点，我觉得这些特点可以概括为"即文本性"，而这也正是中国古代文论的总体特点之一。

"即文本性"是个比较抽象的概念，为避免怀特海所谓的"具体性误置的谬误"，首先要强调的是：这一抽象概念是对中国古代文论

---

① 毛莉：《当代文论重建路径：由"强制阐释"到"本体阐释"——访中国社会科学院副院长张江教授》，《中国社会科学报》2014年6月16日。

一系列具体的话语运作方式及其文化精神的描述。为更为具体化,我们不妨从中西早期文化的比较开始。古希腊亚里士多德有《诗学》,古中国有《毛诗序》。《毛诗序》分大序、小序,大序为《诗经》之总序,小序为各篇之序。一般认为,小序为汉代卫宏所作,大序可能也是卫宏所作,但也有人认为是孔子弟子子夏所作:如果视为子夏(前507年—不详)所作,则诗大序的创作年代比亚里士多德(前384年—前322年)的早,若视为汉人所作,则晚,但不管怎么说,《毛诗序》《诗学》大抵可视作人类文明最具原创性的辉煌的"轴心时代"的产物,对后来中西文论的发展有深远影响。从外在形制上,就可以看出两者的明显差异:《诗学》是独立的专著,可以说具有"离文本性";而《毛诗序》则是对诗歌作品的"序",小序则可以说是对具体作品的注释或解读,"即文本性"很强,从对后世的影响来看,亚里士多德后,西方出现了不少独立的文论专著,而中国古代文论的独立专著则相对较少,在这方面以西方文论中的"文化性误置"表现为:许多相关学者认为中国古代没有严格意义上的"文学理论",这与认为中国古代没有严格意义上的"哲学"的说法是一致的。

张江教授强调本体阐释的归结点是对文学创作实践要有所影响,在这方面,可以说古代文论还存在一种"选本批评":孔子删诗可以说就是一种"选本批评",而后世文学研究者的各种选本对文学创作实践的实际影响似乎要远大于理论著述:《文心雕龙》与《文选》皆可视为六朝文学创作实践的总结,而从对后来唐诗的实际影响来看,《文选》的影响显然要大得多,大家如李白、杜甫等皆受其影响很大;在唐人自己的文献中,殷璠唐诗选本《河岳英灵集》的诗学理论价值未必就比皎然《诗式》要低;再如《花间集》对宋词创作的影响等等。南宋以来出现很多唐诗选本:首先是杨士弘的《唐音》之选,其重要理论意义在于以"音"选诗论诗,强调"体制声响";其次是周弼的《三体唐诗》,周氏与严羽一样也标举盛唐,并且强调即使飘逸如李白诗也是有"法度"可循的,探寻和总结唐诗尤其是盛唐诗之法度、体制等,对其时宋诗流弊有所批评。杨以"音"选诗论诗而强调声情交融,周以虚实论而强调情景交融,正体现了诗体建构的两个基本方面,这两个选本对后世诗学影响很大,尤其对明人的诗歌创作实践也有很大直接影响,其影响力恐怕也未必小于严羽的《沧浪诗话》,而我们已有的古代诗歌理论研究尤其通史研究成果,对这种"选本批评"的发展脉络关注不够。同样,明人也有很多关于唐诗的选本,也很能体现他们关于诗歌创作的基本理念,也应是研究明代诗歌理论不可忽视的基本文献。

当然,问题的复杂性在于:外在形制上的"即文本性"还并不能绝对保证可以避免强制阐释,这方面突出的例子也是儒生对诗经作品的注解,并且尤其突出地表现在用道德教化观念去强制阐释来自民间诗歌作品的意义。所以,形制上的"即文本性",只有与阐释上的"即文学性"或"趋文学性"充分结合在一起,才能保证文学阐释的本体性。张江教授提出"场外理论的文学化",这一点在古代文论中也有突出表现,比如用文学化的方式来进行批评,如论诗等,而在诗话、词话中,有很多表述往往是用形象的比喻等文学化方式来对作家作品进行批评或理论分析。怀特海对"具体性误置"所造成后果的描述是:"当仅仅以实际存在物作为某些思想范畴的实例来考察实际存在物时,它忽略了其中所涉及的抽象程度。在各种现实性中有这样一些方面,一旦我们把思想严格地限制于这些范畴时,它们就几乎被忽略了。"诗歌理论中当然也存在很多"思想范畴",西方人往往是先对诗学范畴下定义,然后进行概念演绎和推导,形成某种理论体系,中国古人则不这么做,比如,赋、比、兴等,是中国古代诗学中的重要思想范畴,而它们较早恰恰就出于对诗经作品的序、注中,比如在小序中,往往会在某篇作品旁边标上"赋也",在另外作品旁边注上"比也"或"兴也",如此等等。后世诗话、词话等深受其影响,比如"神""韵""境"等众多理论范畴会有一些定义,但更多的是罗列出具体的文学篇章或字句,告诉你此谓"有神",此之谓"韵",如此等等,这一理论传统一直影响到清末民初王国维的《人间词话》,其中重要的思想范畴是"境"或"意境""境界",王国维也是通过罗列大量的诗句词句,告诉我们何谓"境",何谓"有我之境",何谓"无我之境",如此等等。今人或据此认为中国古人抽象思辨、范畴概括能力弱。这未免厚诬古人。古人并不忽视在具体批评中把具体的文学现实凝定为思想范畴,但并不"把思想严格地限制于这些范畴"而忽视文学的现实性、具体性,因而也就少犯怀特海所谓的"具体性误置"或张江教授所谓的"强制阐释"的谬误。

前面从哲学方法论上对强制阐释、本体性误置作了初步分析,而往深处讲,方法论又与世界观(存在论、本体论)相关:强制阐释所涉及的阐释者(人)与文本的关系,从哲学存在论上讲,关乎主体与客体的关系。张江教授强调文本的"自在性",也可以说是"客观性"或"客体性",其中强制阐释的"主观预设"可以说就是放纵主观性;另一方面他也分析指出:新批评、结构主义的"文本中心主义"其实也未必就避免了强制阐释的谬误。所以,对于西方的强制阐释,还需从哲学文化传统上加以深入剖析。怀特海非常尊重柏拉图以来的西方哲学文化传统,但他也指出:"倘若我们不得不以最小的变化来表达柏拉图的一般观点的话——两千年来社会组织、美学成就、科学和宗教中的人类经验的干预使之成为必要,——那么,我们就必须着手创立一种有机(原译'机体',据通译改)哲学。"[①]"有机哲学"是相对于西方近代哲学的机械论而言的。他还指出,无论是二元论,还是只重视物质(客体)或只重视精神(主体)的两种一元论,都不能克服"具体性误置"所引起的混乱,其根子在于:把主体与客体的关系看成是机械性的,而非有机性的。而相对而言,中国古代哲学则重视主体与客体关系的有机性,这在文学活动中一方面表现为重视"即文本性",另一方面则表现为重视"即身性"。

我最近在研究中发现:刘勰《文心雕龙》多次用"身文"论诗文,后世也有不少这方面的相关文献,而这些体现了一种独特的"即身性"语言哲学观或文本观,而这从生命哲学来看体现了身心不离的观念,从哲学存在论来看则体现了一种"有机"世界观。[②] 与之相比,建立在机械世界观上的西方哲学,则有割裂人与物、身与心、音

---

① [英] A. N. 怀特海:《过程与实在》,杨富斌译,中国城市出版社2003年版,第70页。

② 刘方喜:《"身文"辨:汉语文学语言哲学刍论》,《南华大学学报》(社会科学版) 2015年第2期。

（形式）与义（内容）的总体倾向。落实到文学文本与接受论中，如果人与作为外在物的文本之间的关系是机械性的，则在文学接受活动中，人可离文，文可离人，这为脱离文本而强制阐释文本意义提供了可能性。机械论又把文学文本作为物的存在分为内容（语义等）与形式（语音等）两大割裂的部分，与此对应的是：也把人的存在分为心（精神、理性等）与身（肉体、感性等）两大割裂的部分。两者的"对应性"在文学接受活动中表现为：人的心、理性把握文本的"意义"，而人的身、感性把握文本的"形式"；文本的内容可以脱离形式而存在，人也就可以脱离身（感官、感性等）而单纯地以心、理性来把握文本的意义——这就为强制阐释大开方便之门了。而建立在有机世界观上的中国古代文论，则强调文本内容与形式的联系是有机性的——与此对应的是：人的心与身的联系也是有机性的——两者的"对应性"在接受活动就表现为：人不可能脱离"身"而单纯地以"心（理性等）"来抽象地把握文学文本——这就是古代文论所强调的接受活动中文本的"即身性"，这又突出地表现在诗歌接受理论中：我们古人强调只有用口（身体、感官）去诵读，才能真正把握诗歌文本的"韵味"，这种接受、把握方式的非抽象的"具体性"，反过来实际上也确证着诗歌文本"内容"存在的"具体性"：通过诵读所体察到的"韵味"作为诗歌的"内容"，就不仅仅只是可以脱离诗歌存在具体感性形式（声韵结构等）而抽象地存在的概念、观念等，这也就又从另一方面确证了诗歌接受、阐释活动的"即文本性"。

以上分析了建立在有机世界观基础上中国传统文论较少有"具体性误置"的谬误，这里要强调的是：简单不加分析地直接"征用""套用"中国古代文论的范畴来分析当代文学实践，同样也是一种"强制阐释"。中国当代文论建设最基本的立足点是中国当代文学实践，我们所要继承和发扬的是传统文论的基本文化精神。以上分析表明，怀特海反对"具体性误置"的思想与马克思重视实践、具体问题具体分析的认识论是颇为接近的，在哲学方法论上充分吸收这些方面的相关思想资源，将有助于强制阐释论的深入拓展。

总之，西方当代文论的强制阐释，既具有特定的历史性，这在后现代、解构主义思潮中有突出表现，同时也具有文化性：跟西方哲学机械论的存在论、"具体性误置"的方法论等密切相关，而更多"有机性"的中国哲学文化传统及建立其上的文学理论，与重视具体问题具体分析的马克思主义实践认识论，对于反思进而纠正这种总体上的"本体性缺陷"、推动立足本土立场的中国当代文论建设等有重要启示。

阐释的冲突："认识"与"理解"的张力
——关于"强制阐释论"的哲学方法论思考[*]

宋 伟[**]

近年来，张江教授以其系列文章所阐发的"强制阐释论"，已引起中国文学理论界的广泛关注和高度重视，并成为当下极具理论探讨空间的热点议题。[①] 难能可贵的是，在学科分层越来越细化、知识共同体越来越分化、问题聚焦越来越离散的当今学术界，"强制阐释论"以其鲜明的价值立场、宏大的理论视野以及切身的中国问题意识，受到学术界的广泛关注和高度重视，这必将有助于中国文论的建设与发展。或许也可以说，"强制阐释论"一经推出便获得这样的"理论效果"，不仅证明了自身的理论价值，同时也增强了学界同仁进一步拓展其论争空间的理论兴趣与理论信心。

一

"强制阐释论"为什么会获得如此之高的关切度？其原因在于，作为一个宏大的理论议题，"强制阐释论"关涉如何评价当代西方文

---

[*] 本文为辽宁省教育厅哲学社会科学重大基础理论项目（ZW2103010）、辽宁省教育厅人文社会科学重点研究基地项目（ZJ2013006）的阶段性成果，原刊于《文艺争鸣》2015年第5期。

[**] 作者单位：辽宁大学文学院。

[①] 围绕"强制阐释"等相关问题，《文艺研究》2015年第1期、《探索与争鸣》2015年第1期、《清华大学学报》（哲学社会科学版）2015年第2期，以专栏形式陆续发表了张江、朱立元、王宁、周宪关于此问题探讨的书信及相关文章。

论和如何重建当代中国文论这两个相互关联的重大问题,其问题的反思进路是,对当代西方文论的评价或批评实际上关涉如何评价或批评当代中国文论的现状及其存在的问题,进而直接关涉到如何选择当代中国文论重建的方向与路径等一系列关键而重大的议题。

读过"强制阐释论"的学者都会获得一个共同的感觉,其立论的字里行间无不透露出一种雄心勃勃的理论追求。我想,可以将这一"理论雄心"简要地概括为:在对当代西方论文进行批判性辨识的基础上,探寻中国文论话语体系的重建路径。我们看到,为表达或实现这一"理论雄心",张江教授不遗余力地阐扬其"强制阐释论"。在这里,之所以要强调"强制阐释论"所具有的"理论雄心",其目的在于提请人们注意,"强制阐释论"并非一般知识学意义上的学术问题,而是关乎中国文论话语重建的重大理论问题。为此,张江教授曾在其系列文章中反复强调"强制阐释论"是一个必须予以高度关切的重大理论问题,其中所牵涉的一系列问题无一不是具有基础性、根本性、前提性、本质性、体系性、原则性、原理性——即"元理论"的问题。不难理解,对于任何一位抱有宏大"理论雄心"的理论家来说,要真正实现其宏大理论的雄心壮志,就必须建构宏大的理论体系,而宏大理论体系则必须建基于坚实的理论前提上。对此,张江教授有十分清楚的认识。我们看到,他围绕相关议题,认真求索,谨慎论证,交流探讨,笔谈论争,刻苦经营,力争以坚实的"理论奠基"完成或实现其"理论雄心"。正如他在文中所强调的那样:"当代西方文论的根本缺陷到底是什么,如何概括和提炼能够代表其核心缺陷的逻辑支点,对中国学者而言,仍是应该深入研究和讨论的大问题。本文提出'强制阐释论'的概念。目的就是以此为线索,辨识历史,把握实证,寻求共识,为当代文论建构与发展提供一个新的视角。"[①]在我看来,《强制阐释论》在概念的凝练、逻辑的论证、观点的阐发、结构的关联等各个方面都显得更为谨严和缜密,可以作为其"理论奠基"工作的一个阶段性成果的总结。我想,任何一个认真读过此文的学者都会认同这一点,从中读出其建构理论的良苦用心,并被其

---

① 张江:《强制阐释论》,《文艺争鸣》2014年第12期。

热情执着的学术探索精神所感动和激励。

如果上述的感觉和判断基本准确的话,那么,我们可以从中提取出两个关键词,即"理论雄心"和"理论奠基"。在我看来,提取这两个关键词是我们进一步切入"强制阐释论"讨论的关键所在。大致上说,"理论雄心"主要指理论家在探寻或建构某种理论过程中所表现出来的宗旨、意向、动机、目的、诉求、愿望等;而"理论奠基"则是指理论家为实现其"理论雄心"所必须进行的包括归纳总结、逻辑范畴、推理论证、体系结构、视角方法等基础性理论工作。如前所述,作为一种"理论雄心","强制阐释论"立意高远、视野开阔、问题切身、立场鲜明、目标明确,这正是其引起学术界广泛关注和高度重视的主要缘由,尤其是在"小叙事""微叙事"盛行的今天,我们似乎已经丧失了对"宏大叙事"的热情关注,或许,这才是"理论之死"的症结所在。然而,作为一种"理论奠基","强制阐释论"在方法视域、范畴确立、逻辑论证、体系建构等方面尚存在诸多有待进一步细化和完善的地方。因此,要真正实现其"理论雄心",尚需扎实细致的"理论奠基"工作。也就是说,"强制阐释论"目前有待解决的问题是,"理论雄心"与"理论奠基"之间的不平衡。平心而论,这种不平衡现象是一种"理论"形成或建构过程中所必然经历的阶段,只不过越是重大的理论建树所面临的不平衡问题也就越突出,解决的难度也就越大。因为,一种有所建树的重大理论需要经历一个不断完善成熟的艰难建构过程,其中至关重要的是支撑其理论大厦的前提性"理论奠基"工作,正如大厦设计得越高越大所实施的奠基性工作的强度和难度就会越大。对此,张江教授也曾坦言:"对这些问题做出清晰、科学、全面的回答,是一项系统而浩大的工程,试图在一篇文章中加以解决,实在难以实现。"① 毫无疑问,"强制阐释论"的理论目标是确定明晰的,其理论雄心是宏大高远的,但这确是一项系统而浩大的理论建构工程,要真正完成这一重大的理论建构依然任重而道远。

---

① 张江:《当代西方文论若干问题辨识——兼及中国文论重建》,《中国社会科学》2014 年第 5 期。

第三编　方法论研究

基于上述理解，本文想就"强制阐释论"的哲学方法论问题谈一点粗浅的看法，以就教于张江教授及其关注此问题的学界同仁。同时，也希望以此为契机积极参与"强制阐释论"的理论建设工程，为这一理论大厦的建设做一些添砖加瓦的工作。本文认为，作为一种理论奠基，"强制阐释论"应该建基于何种哲学方法论视域上来展开其理论体系的建构？或者，"强制阐释论"应该以何种哲学思维方式为范导搭建起自己的理论平台？这些问题的提出及解决，乃是其"理论奠基"工作的"前提性"议程。

本文认为，开展"强制阐释论"的理论奠基工作，最直接最有效的路径应该是从"阐释学"视域出发反思"强制阐释论"的哲学方法论问题，其具体问题大概是，"强制阐释论"的理论体系建构是否可以建基于阐释学的哲学方法论视域之上？如果可以，我们应该在何种意义上或何种程度上进行"阐释学"与"强制阐释论"的方法论视域链接？如其可能，那么这一尝试将对"强制阐释论"的理论体系建构意味着什么？

从"阐释学"视域出发，探讨"强制阐释论"的哲学方法论问题，首先需要确定"阐释学"与"强制阐释论"之间是否具有其内在的关联性。应该说，张江教授在其理论建构过程中并未受制于"阐释学"单一学科的阈限，也未循"阐释学"模式来确定其理论的方法论视域。但他还是看到了"强制阐释论"与"阐释学"之间的内在关联："从解释学的意义上讲，我希望强制阐释能够是这个理论链条上的一个新节点。从桑塔格的反对阐释（1964），到赫施的解释的有效性（1967），再到艾柯的过度阐释（1990），强制阐释这个论点是有所推进的。"① 张江教授也曾论及以海德格尔和伽达默尔为代表的当代阐释学，他说："从海德格尔和伽达默尔开始，当代阐释学彻底否定了传统阐释学的客观主义立场，认为阐释'以解构存在论历史为使命'，具有'强行施暴的性质'。"② 从以上论述看，张江教授比

---

① 张江：《关于"强制阐释"的概念解说——致朱立元、王宁、周宪先生》，《文艺研究》2015年第1期。
② 同上。

较明确地意识到两者之间的内在关联性，甚至表达了将"强制阐释论"作为"阐释学"理论链条上的一个新节点的理论期许。也就是说，以张江教授的理论视点看，从"阐释学"视域出发，探讨"强制阐释论"的哲学方法论问题不啻为一个有效的路径。这一点得以确立后，接下来的问题便是，我们应该在何种意义上或何种限度内进行"阐释学"与"强制阐释论"的方法视域对接，进而探寻其哲学方法论的理据和意涵。并且，一旦把这两种方法论视域结合在一起，将会对"强制阐释论"产生怎样的理论后果？会使其更为清晰呢，还是更为混杂呢？会使其更为规范呢，还是使其丧失活力？一切都似乎悬而未决。

二

虽然，张江教授比较明确地表达了"强制阐释论"与"阐释学"之间的内在关联性，但他所论述的"阐释"并非严格意义上的"阐释学"概念，其内涵和外延都比较宽泛。出于探讨方法论问题的需要，本文则选择相对狭义的阐释学视域来探讨与之相关的哲学方法论问题。在本文看来，虽然，"强制阐释论"并不能完全等同于纯粹意义上的"阐释学"视域中的一个理论问题，但"强制阐释论"毕竟始终围绕文学理论应如何阐释文学的问题而立论展开，因而将其纳入"阐释学"视域进而寻找其哲学方法论的路径或理据，应该是其题中应有之义。

从西方学术史看，阐释学的建立与发展可谓是传承深厚，历史悠久。自"阐释学"这一概念在17世纪出现以来，经由施莱尔马赫、狄尔泰，尤其是伽达默尔所开辟的"哲学阐释学"方向，阐释学逐渐从一门关于阐释技艺的学问提升为一门具有哲学意蕴的学科。正是由于阐释学与哲学之间的这种内在联系，促使我们在西方哲学思维方式变革转换的语境中思考阐释学及其哲学方法论问题。在本文看来，作为一种理论视域，作为一种哲学思维方式，"强制阐释论"的理论视域与方法，与当代阐释学之间构成着十分紧密的内在关联，或者说，当代阐释学不仅可以为"强制阐释论"的提出与理论建构提供丰厚的理论资源，而且还应该构成其哲学基础和方法论视域。基于这一理解，我们认为，从哲学思维方式上梳理阐释学的历史发展与当代走向，对于我们进一步思考和理解"强制阐释论"具有十分重要的哲学方法论意义。

不难理解，作为一门理论学科，阐释学的思维方式与理论建构深植于哲学思维方式之中，而不同的哲学思维方式势必产生不同范式或不同类型的阐释学。众所周知，西方哲学在不断发展的历史过程中经历了许多重大的哲学思维方式的转型变革，其中，认识论转向、实践论转向、存在论转向和权力论转向，均不同程度地影响并改变了阐释学的方法视域、理论范式及发展方向，先后形成了四种最具代表性的阐释学范式或类型，即以认识论范式为主导的传统阐释学、以实践论范式为主导的实践阐释学、以存在论范式为主导的存在阐释学和以权力论范式为主导的权力阐释学。对各种阐释学的范式或类型的梳理，将有助于我们在哲学思维方式转换的语境中思考或探寻"强制阐释论"的哲学基础及方法论视域。

在此，我们重点考察和梳理以认识论范式为主导的传统阐释学。之所以将以认识论范式为主导的阐释学称之为传统阐释学，乃是因为认识论哲学思维方式对阐释学的影响始终存在并积淀为一种非常坚固的传统。从阐释学的历史发展看，阐释原本是一种理解的技艺，阐释学原本是一种注重具体文本理解和阐释的技艺学。但是，人们不满足于此，试图创立一种具有普遍意义的"一般阐释学"，使之成为一门普遍的精神科学方法论。后来，经由施莱尔马赫、狄尔泰等人的开拓努力，阐释学越来越具有了哲学的意涵。这样，从创立"一般阐释学"的开端，阐释学与哲学就十分紧密地连接在一起。因而，作为传统的认识论哲学思维方式便以一种"前结构"的方式嵌入到阐释学的肌理之中。

伽达默尔在回顾阐释学的起源时说："诠释学问题从其历史起源开始就超出了现代科学方法概念所设置的界限。"[①] 这里所说的现代科学方法指的就是传统认识论的哲学思维方式。从阐释学的发展历史

---

① ［德］伽达默尔：《真理与方法》，上海译文出版社1999年版，第17页。

看，阐释学自正式诞生之初便在认识论的传统壁垒上撕开了一道裂缝，从此拉开了"阐释学"与"认识论"之间相互冲突的大幕。狄尔泰在阐释学的创立之初就明确意识到自然科学方法的局限性，因而希望将阐释学确立为一门精神科学的方法论。正因为此，狄尔泰将自己置于面临两难选择的境地之中，既想超越实证主义认识论以建立具有浪漫主义气质的精神生命的阐释学，又无法摆脱传统认识论的实证科学方法论而试图建立一种既类似又有别于自然科学方法论的精神科学的阐释学。或者可以说，狄尔泰只能在实证主义认识论传统的阈限内突破认识论传统。这既是狄尔泰难能可贵之处，又是其历史局限的无可奈何。对此，伽达默尔对自己的前辈做了准确的评析："狄尔泰不能使自己摆脱传统的知识理论。"① 利科也曾对狄尔泰所面临的处境进行了恰当的分析："在实证主义哲学时代，狄尔泰的问题是要赋予精神科学一种可以自然科学相媲美的有效性。用这些术语来提问，问题就是认识论的了：它涉及如何构思一种对历史认识的批判，如同康德之批判自然认识那样强有力，如何使古典解释学散乱的程序，如文本内在关联的法则、上下文的法则、地理环境、种族、社会等等的法则，服从于这批判。"② 富有启发性的是，在利科眼里狄尔泰类似于康德，以至于利科几乎将施莱尔马赫与狄尔泰创立阐释学的意义等同于康德在哲学领域所实现的哥白尼式的革命。康德的哥白尼革命同样将其置于二律背反的境地，在认识如何可能的批判中给予了理性认识的奠基，但又提出了理性认识的限度问题，为认识论的瓦解预留了一道深深的裂痕。正如康德只能在解决认识如何可能时提出理性的限度问题，狄尔泰也只能在实证主义阈限内突破认识论传统。"因为他的革命仍是认识论的，他的反思标准压倒了他的历史意识。"③ 因此，"尽管狄尔泰对历史本身的可理解性这一重要问题进行了哲学的思考，他却倾向于不是在存在论领域里，而是通过对认识论的改造，借助于

---

① ［法］利科：《诠释学与意识形态批判》，载洪汉鼎主编《理解与解释——诠释学经典文选》，东方出版社2006年版，第439页。
② ［法］利科：《解释的冲突》，莫伟民译，商务印书馆2008年版，第3页。
③ ［法］利科：《诠释学与意识形态批判》，载洪汉鼎主编《理解与解释——诠释学经典文选》，东方出版社2006年版，第439页。

第二类重要的文化事实去寻求解决这一问题的途径。……狄尔泰的时代是全面拒绝黑格尔主义和赞成实验知识的时代。因而唯一公平对待历史知识的方法,似乎就是使其具备自然科学业已具有的那种科学性。于是狄尔泰努力为人文科学提供了像自然科学中的方法论与认识论一样受到尊重的方法论与认识论,这是符合实证主义的"①。

"自然需要说明,精神需要理解。"——这是狄尔泰为阐释学写下的著名论断。正是在自然与精神、自然科学与精神科学、事实判断与价值判断、客观主义与相对主义、说明与理解、浪漫与实证、经验与观念、认知与体验、认识与阐释等诸多两元对立的分野中,狄尔泰试图将阐释学确立为一门客观化的精神科学,但由于难以摆脱"符合认识论"的传统哲学思维方式,终究未能弥合主客二分认识论的巨大鸿沟。

三

需要强调的是,由于认识论哲学传统的深远影响,以至于这一传统在今天依然作为我们思维方式的深层结构,积淀为"理论无意识"或"理论潜意识",这就使如何看待传统认识论哲学,进而如何看待传统阐释学理论显得异常的重要和艰难。因为,如果旧有的传统认识论哲学范式依然坚固强大,新的理论范式和方法视域便难以建构生成。

作为一种哲学思维方式,传统认识论预设了主客二分的两元对立思维方式,这就决定了认识论所要解决的核心问题是主体如何切近客体,以达到在主客统一或主客符合中认识世界,即人们所说的"符合认识论"。从客观方面看,认识论预设了现成的、在场的、固定的、有待认识的对象,因而,认识论确信知识的客观确定性,实质上是一种经验的实证的科学的哲学;从主观方面看,认识论预设了冷静观

---

① [法]利科:《诠释学的任务》,载洪汉鼎主编《理解与解释——诠释学经典文选》,东方出版社2006年版,第415页。参照利科"从认识论到存在论"的阐释学历史梳理,笔者将原译文的"本体论领域"改为"存在论领域"。

察、经验实证、逻辑归纳、抽象概括的理性认识主体,因而,认识论追求知识的普遍有效性,实质上是一种概念的逻辑的理性的哲学。①从实质上看,认识论乃是一种建基于自然科学基础上的哲学思维方式,人们因此将其称为"自然态度"的哲学。伊格尔顿在谈及这种"自然态度"的哲学时说:"所说的'自然的态度'——具有普遍知识的街上人的信念:相信客体独立存在于我们之外的外部世界,并且我们关于它们的知识一般是可靠的。这样一种态度只是想当然地承认知识的可能性,然而恰恰这一点明显地受到怀疑。"② 这段话是伊格尔顿在介绍现象学创立时所说,表明经由当代西方哲学的诸多转型变革,传统认识论哲学的理论缺欠及内在矛盾已经显露无遗。或者也可以说,当代西方哲学的诸多转向变革其核心意图就是颠覆瓦解根深蒂固的认识论哲学传统。

狄尔泰留给阐释学的遗产是,如何解决自然的认识论"说明"与精神的生存论"理解"之间所存在的张力和冲突。正是在此方向上,海德格尔尤其是伽达默尔开辟了从认识论到存在论的当代阐释学——存在论阐释学的路向。摆脱传统认识论阈限之后,阐释学势必将关注的视角转向"人生此在"的"生活世界"。从人与世界的基本存在经验出发,存在论阐释学认为理解是人类存在的基本事态或基本结构,阐释因此获得其存在论的意义。传统哲学思维和知识体系,执着于在场的实体本体论和主客二分的符合认识论,只能在现象世界与本体世界、经验世界与超验世界、客观世界与主观世界的分离状态中理解世界。存在论阐释学以存在境遇之整体性克服认识论所预设的两元对立,因此,伽达默尔既反对客观化的理解,也反对主观化的理解,而是将阐释、理解或解释视为存在境遇的对话性敞开与呈现。作为"人生在世"的一种境遇、情境或情状,阐释学因而只能被理解为一种存在哲学。这意味着,阐释学已不再是一种知识理论,不再是一种工

---

① 参见宋伟《一个问题史的勘察:从再现与表现看"主客二分"的传统美学》,《文艺争鸣》2014 年第 7 期。

② [英]伊格尔顿:《现象学、阐释学、接受理论——当代西方文艺理论》,江苏教育出版社 2006 年版,第 53 页。

具、方法或技艺，它已超越了传统认识论哲学的阈限而成为存在论哲学的重要内容。

在此，需要我们继续追问的是，存在论阐释学是否真正解决了那些令人困扰的阐释学难题了呢？虽然，存在论阐释学试图凭借存在境遇的敞开性或者阐释学循环来填补主客二分认识论留下的巨大裂痕，甚至干脆取消了阐释学所固有的方法论意义，但依然未能破解阐释学的难题。不仅如此，清洗掉方法论的阐释学还随时有可能陷入"存在"的巨大黑洞之中再度成为一种形而上学。显然，伽达默尔已经意识到了这一点，因此他试图展开存在之社会维度、历史维度、实践维度和批判维度，努力将"存在论阐释学"拓展为"历史阐释学""实践阐释学"或"批判阐释学"，以期在视界融合的阐释学情境中不断完善自身。

显然，突破主客二分的传统认识论阈限乃是西方哲学自身发展的内在逻辑要求，从某种意义上可以说，如果没有认识论哲学传统的瓦解，诸多当代哲学的范式转换就不可能完成。但是，认识论哲学传统的瓦解依然存留下诸多难以解决的问题。对阐释学来说，传统认识论模式一旦瓦解，阐释的确定性、有效性、客观性、普遍性就必然遭遇巨大的挑战。因为，传统认识论模式乃是保障阐释具有确定性、有效性、客观性、普遍性的哲学基础。从这个角度看，凡是认为文本自有其原本的"意义"，而阐释的任务就是不断切近文本"本义"的观点，一般来说，都或隐或现地持有认识论的哲学立场。这种认识论立场的阐释学认为，文本所固有的原本意义乃是一切阐释活动的前提。只有在此前提下，阐释才可能获得确定性、有效性、客观性、普遍性。否则，势必会滑落到相对主义的泥淖之中而失去阐释的效力。在认识论哲学思维方式的规定下，传统阐释学将"文本"等同于现成、已成、在场的"客体"，而理解、解释或阐释的任务就是如何符合"文本"。然而，"文本"毕竟不是固定的"客体"，"理解"也不是原本意义的"复制"或"再度呈现"，这就为突破传统认识论的阈限打开了缝隙或缺口。

虽然，"强制阐释论"并未就哲学方法论问题进行充分的论述和展开，但是我们还是可以辨析其立论的哲学基础和方法论视域。从总体上看,"强制阐释论"的方法论构成是多维的,其缘由在于所论及问题本身的涵括性复杂而丰富,其中,既有"认识论",也有"阐释学",而且,两种方法论视域往往会交错融汇在一起。此种状况的出现应该说也是难以避免的,从某种意义上说,它恰恰呈现出阐释学所必须面对的"认识"与"理解"之间所构成的张力与冲突。从其隐形结构上来看,以认识论为主导的阐释学模式经常构成辨识和立论的基础。应该明确的是,当代西方哲学虽然对认识论传统发动了颠覆性的瓦解,但是并不意味着认识论模式就一无是处,在许多情况下认识论方法依然是我们审视问题的前提性视域。如此看来,问题的关键,不在于我们是否运用了认识论的方法或视域,而在于我们是否能够意识到"认识如何可能"及其限度,这样,我们才有可能超越认识论的限度,从而敞开阐释学的广阔理论空间。正如阐释学的历史所呈现的那样,从认识论模式的阐释学开始,不同的阐释学路径和方向因而渐次敞开,"存在阐释学""历史阐释学""实践阐释学""批判阐释学""权力阐释学",等等。阐释学倡导"视界的融合",我想,在哲学方法论上同样也需要"视域的融合",以此丰富"强制阐释论"的方法视界和理论内涵。

正如阐释学在其生成发展的历史过程中需要面临和解决"认识"与"理解"的难题,"强制阐释论"在今天同样需要做出自己选择。诚然,选择是艰难的,因为任何一种选择都要付出一定的理论代价。或许,问题的关键在于如何把握相对主义与绝对主义之间的平衡。对当今时代的阐释学来说,"认识",还是"理解"?这依然是一个悬而未决的问题。

从"强制阐释"到"界面研究":
一种文化分析的理论视角[*]

王 进[**]

晚近以来在中西方学界普遍发生的文学理论危机,始终困扰着以理论为主业的文艺理论家们。欧美学界不断呈现出以"反对理论""抵制理论"和"理论之后"为代表的种种"理论厌倦症"[①],国内学界则依次出现过"失语症"[②]"理论过剩""后理论"[③],以及"强

---

[*] 本文原刊于《暨南学报》(哲学社会科学版)2017年第5期。
[**] 作者单位:暨南大学外国语学院。
[①] "理论厌倦症"在20世纪80年代以后的欧美学界逐渐成型,主要包括斯坦利·费希的"理论无用论"、保罗·德·曼的"反对理论"、乔纳森·卡勒的"从理论回到文学理论",以及伊格尔顿、拉卡普拉和让巴特关于"理论之后"的各种论调。相关论述主要参见 Paul de Man, *The Resistance to Theory*, Minneapolis: University of Minnesota Press, 1986; Jonathan Culler, *Framing the Sign: Criticism And Its Institutions*, Oxford: Blackwell, 1988; Jean-Michel Rabate, *The Future of Theory*, Oxford: Blackwell, 2002; Terry Eagleton, *After Theory*, London: Penguin 2003; Jonathan Culler, *The Literary in Theory*, Stanford: Stanford University Press, 2007.
[②] 曹顺庆先生最早在20世纪90年代中后期提出国内学界的"失语症"问题,并由此引发理论界的广泛反思和激烈探讨。相关论述主要参见曹顺庆《文论失语症与文化病态》,《文艺争鸣》1996年第2期;《从"失语症"、"话语重建"到"异质性"》,《文艺研究》1999年第4期;《失语症:从文学到艺术》,《文艺研究》2013年第6期;杨乃乔:《新时期文艺理论的后殖民主义现象及理论失语症》,《徐州师范大学学报》1996年第3期;蒋寅《关于失语症的一点反思》,《文学评论》2005年第2期;陶东风:《关于中国文论"失语"与"重建"问题的再思考》,《云南大学学报》(社会科学版)2004年第5期等论述。
[③] "理论过剩说"与"后理论"观念在国内学界集中表现为对于本体阐释与本土经验的再度重视,相关代表性的论述主要包括高小康、余虹、王逢振和陈剑澜等人在《文艺研究》(2005年第11期)对"理论过剩"的系列专题论文,周宪的《文学理论、理论与后理论》、姚文放的《从文学理论到理论》、王宁的《"后理论时代"的文学与文化研究》,以及段吉方的《理论的终结?——"后理论时代"的文学理论形态及其历史走向》等诸多文章。

制阐释论"①为代表的阵阵"理论反思潮"。相比之下,所谓"理论危机"之说在国内外学界的提出,明显具有不同的学术语境和文化诉求:欧美学界围绕理论的"文学性"问题,着力扭转文学理论日渐偏执的泛文化与唯理论倾向;国内学界反思理论的"本土性"问题,致力于建构学术研究日益崛起的中国视角与价值体系。正如国内学界近期热议的"强制阐释论"批判话语指出,当代西方文论具有自身独特的"价值观体系与问题视域",对当代中国文论重建"只能是方法论意义上的启迪和借鉴"。②因此,借助"强制阐释论"的理论视角,本文围绕"理论之后"的思想动因与观念变革,在"学科跨界""概念旅行"和"界面研究"三个层面探讨当代文论作为"文化分析"的范式转型,同时梳理其理论形态、学科概念与研究方法。具体来说,从文化性的溢出效应反思当下跨学科人文研究的困境,从学科性的边界效应考察跨界批评的基点,从对话论的旅行效应总结界面研究的范式,同时在此基础上梳理并建构一种作为文化分析的理论研究新视角,继而探讨其对当代中国文论重建的方法论意义。

一　文化性的溢出效应:跨学科人文研究困境

就"理论危机"的历史成因来看,大多数文论家们反对和抵制的并不是从理论层面分析意义生产的研究视角,而是单纯以理论话语置换文学经验的阐释范式。正如乔纳森·卡勒所指出,"理论的不可控制性是人们抵制理论的一个主要原因"③。在消解理论话语的经验结

---

①　近期在国内外引起广泛讨论的"强制阐释论",最早是由中国社会科学院张江教授提出,主要观点详见其系列专题论文《当代西方文论:问题与局限》《当代西方文论若干问题辨识》《强制阐释论》《当代文论重建路径——由"强制阐释"到"本体阐释"》《关于"强制阐释"的概念解说》,以及《关于"场外征用"的概念解释》等。《文艺争鸣》《文学评论》《文艺研究》《文艺理论研究》和《学术研究》等重要刊物相继为"强制阐释论"开辟专栏,高建平、党圣元、朱立元、陆扬、周宪、陈晓明、王宁、陈众议等众多文论家们纷纷加入讨论,继续推进相关问题的深度研究。

②　张江:《当代西方文论:问题与局限》,《文艺研究》2012年第10期。

③　[美]乔纳森·卡勒:《文学理论入门》,李平译,译林出版社2013年版,第17页。

构和价值体系之后,理论本身或许只能沉溺于文本意义的符号逻辑,就此陷入从虚无意义到理论泡沫的话语迷宫。当代语境的文化研究思潮推动"文学性"向"文化性"的理论转型,更是加剧这种理论生成方式的现实危机:一方面,作为其研究对象,文化范畴日益膨胀,已然成为一种无所不包、无处不在的超级能指符号;另一方面,作为其研究方法,跨学科视角日渐空泛,以一种"无学科者无畏"的研究态度,随意消解传统人文学科的现实边界,肆意评点原本属于不同学科专业的知识领地。其结果只能是"文化研究的发展过程实际上始终面临对学科边界任意性的敌意和指责"①。应该说,作为跨学科研究对象,文化范畴呈现出一种发散式的溢出效应,它消解的是研究对象原本具有的理论边界和意义结构,理论学界对此已经多有批驳之论述。然而,作为跨学科研究方法,文化研究则突出一种整合式的溢出效用,反而成为受到热捧的跨界视角,没有引起充分的理论关注与反思。

应该说,任何一个人文学科的合法存在,首先必须具有自身独特的研究对象和理论方法,否则必然将沦为其他学科专业的理论附庸和知识注脚。欧美学界的批评理论与文化研究,由一种学科性的理论方法扩张成为整体性的学科领域,名为跨学科,抑或无学科的文化批评实践,实则是对人文学科传统边界的越俎代庖,并且过犹不及。然而,以泛文化之名、行跨学科之实的文化研究,在很大程度上没有正视跨学科性的溢出效应,反而将其置换为文化主义与结构主义之间的范式矛盾。对此,英国文化理论家托尼·本尼特认为"文化对于广泛人文社会学科的跨学科影响尚未得到充分探讨",他本人主张"单一学科的分析视角有所不足,只有跨学科研究才可以在相互交叉的学术领域提升对于文化的考察和分析"②。但是,荷兰文论家米克·巴尔却针锋相对,激烈批判这种名为整合方法论、实则取消学科边界的研

---

① Mieke Bal, "Introduction", in Mieke Bal ed., *The Practice of Cultural Analysis: Exposing Interdisciplinary Interpretation*, Stanford: Stanford University Press, 1999, p. 6.

② Tony Bennett, John Frow, *The Sage Handbook of Cultural Analysis*, London: Sage, 2008, pp. 3 – 4.

究误区，认为其对人文学科的多样化发展在很大程度上存在着"真实的、致命的"潜在威胁。① 或许，以文化经验作为研究对象，以意识形态作为理论范式，批评理论或文化研究，对于人文研究来说不失为一种关照文化、关注经验和关怀主体的新型研究视角，但是无论其如何扩张无度，终究不可能成为消解和置换传统人文学科的"超级"学科。

这种以"文化性"为中心的跨学科理论建构，实际上反映出的是"强制阐释论"的"场外征用"问题。正如张江先生所言："依靠场外理论膨胀自己，证明了当代西方文论自身创造能力衰弱，理论生产能力不足，难以形成在文学与文论实践过程中凝聚、提升的场内理论。"② 换句话说，脱离了文学实践与生活经验的理论原动力，当代理论的最终结局只能是迷失在"场外征用"的理论泡沫与话语迷宫。针对当代文论的"场外征用"误区，朱立元先生同样指出"文化研究的多学科、跨学科阐释模式强制性地支配和逐步取代了文学批评以审美为主干的传统阐释模式"，并且强调"文化研究主宰文学研究的这种强制阐释的风行，正是当代西方文论危机的征兆之一，昭示着文学研究有可能走向自我衰竭的现实危险"。③ 从理论生成过程来看，文化研究缘起于对文学文本的文化关照，成长于文学批评的文化视角，崛起于文学生产的文化经验，却逐渐迷失在文化批评的场外理论。因此，学科意识的缺席、现实经验的缺乏、研究对象的混沌，以及理论方法的混搭，使得跨学科人文研究必须首先反思"理论之后"的文化研究，积极应对其跨学科性的溢出效应。

针对文化研究"场外征用"的这种溢出效应，米克·巴尔提倡当下人文研究者转向作为"文化分析"的理论研究，并在此基础上强调文化分析在两个理论层面的范式转型。其一，作为学科意识的文化分析，界定"跨学科人文研究"的学科身份，坚持"其本身并非是

---

① Mieke Bal, *Traveling Concepts in the Humanities*, Toronto: University of Toronto Press, 2002, p.7.
② 张江：《关于场外征用的概念解释》，《清华大学学报》（哲学社会科学版）2015年第2期。
③ 朱立元：《关于"强制阐释论"的几点补充意见》，《文艺研究》2015年第1期。

无学科意识,在方法论层面也并非奉行折中主义,抑或漠视学科差异";其二,作为研究方法的文化分析,关注不同人文学科的传统边界,主张"文化分析的工作主要是分析性的,其分析过程通常涉及'告别习以为常的学科传统'"。① 从以上两个层面来看,文化分析的理论范式,通过恢复跨学科人文研究的理论边界和学科意识,目的在于消除文化研究日益膨胀的理论泡沫及其溢出效应,并将早已溢出和泛滥的文化性的跨学科研究推回到分析性的经验视角和理论模式。因此,同样是以文化性作为研究对象,以跨学科作为研究方法,从文化研究到文化分析的范式转型,不但在于以学科边界为基础的批评视角,以分析性为维度的思维模式,而且延伸到以跨界研究为平台的理论生产。

二 学科性的边界效应:跨界研究的理论基点

以文化研究为代表,当代文论的跨学科范式强调在文化性基础上的学科整合,却疲于应对日渐迷失的学科方向和日益膨胀的文化范畴。针对这种"场外征用"的强制阐释本质,正如张江先生所指出,"场外理论的简单征用挽救不了西方文论不断面临的危机",根本原因在于"这种单一化、碎片化的理论走向本身就是解构,其结果必然是文学理论及其学科的存在受到质疑"。② 因此,作为文化分析的理论研究,批判凭借文化之名消解跨学科人文研究的学科边界,主张在分析性的基础上推进不同学科之间的协同研究,关注不同研究对象的文化性及其跨界研究。作为研究对象的文化性,使得不同学科之间获得对话的基础和协同的平台,"对于文化的关注意味着在不同学科之间的诸多边界暂时被搁置、忽略,或者服从于整合不同人文学科的宏大视角";然而,分析性的理论模式却又使得人文研究回到不同学科的学术语境,"更加强调考察在不同领域当中存在和发挥影响的不同

---

① Mieke Bal, *Double Exposures: The Subject of Cultural Analysis*, New York: Routeldge, 1996, p.11.
② 张江:《强制阐释论》,《文学评论》2014年第6期。

文化对象，以及其历史性重建、日常性阐释和美学性的断代（periodization）"。① 换句话说，文化性的理论视角超越人文研究的传统学科边界，分析性的批评实践则又回归其理论研究的当代学科意识。因此，文化分析的理论基点在于对学科边界的认可和关注，其分析方法在于跨界研究的理论旅行。

作为文化分析的研究范式，明显具有三个方面的理论立场：其一，推进不同人文学科的理论交流，改变文化研究的研究对象日益膨胀和壮大，方法论却相对单一的脱节现状；其二，促进不同人文学科的平等对话，扭转文化研究在新旧理论之间的二元对立，以及由此形成的不同学科和理论之间趋同化发展趋势；其三，加强不同人文学科的身份意识，防止借文化研究的跨学科之名消解传统学科门类的同质化危机。② 然而，同文化研究的"被经典化"过程相似，文化分析同样呈现出学科性的边界效用。一方面，在不同学科之间，文化分析必然是施为性的，其搁置和超越学科边界，考察作为文化存在的研究对象；另一方面，在文艺学科内部，文化分析又必须是分析性的，其关注和回归学科意识，厚描文化文本的诗性空间。因此，米克·巴尔指出，"对文学的文化分析过程存在的这些张力关系，归根到底都是涉及不同价值观念之间、不同批评概念与理论方法之间的边界问题"③。在文化分析的边界问题上，作为文化分析的理论研究，主张跨学科的文化视角与学科性的分析范式，以此建构不同学科的对话关系和协作空间。为了避免"场外征用"的强制阐释，文化分析的跨学科观念主张搁置对于学科边界的各种本体论幻想，提倡在不同学科之间保持"居中"的跨界研究，致力探讨"在边界之后以往无法看到的，却永远不会逝去的地平面"，以及在文化视野的"地表"与学科边界的

---

① Mieke Bal, "Introduction: My Practice of Cultural Analysis", in the Conference Booklet *The Practice of Cultural Analysis*, Amsterdam: Amsterdam School for Cultural Analysis, 1995, p. 4.

② Mieke Bal, "Working with Concepts", *European Journal of English Studies*, No. 1, 2009, pp. 13 – 23.

③ Mieke Bal, "Meanwhile: Literature in an Expanded Field", *Thamyris/Intersecting*, No. 11, 2003, pp. 191 – 192.

第三编　方法论研究

"地标"之间的对话关系。①

作为文化分析的理论研究视角,实际上提出与"理论方法论"截然不同的"概念方法论",并且明显呈现出三个层面的范式转型:作为研究领域的概念本体、作为研究方法的概念范式以及作为分析视角的概念旅行。其一,在本体论层面,每一个概念本身蕴含着各自不同的思想观念和理论渊源,是作为"理论探讨、差异意识和思想交流的不同现场",因此即使是相同的理论概念,也会由于学科语境的现实差距而产生迥然不同的阐释结论;其二,在认识论方面,概念可以有效提升不同学科内部的研究过程和阐释效果,是作为"主体间性的不同工具",有助于"在批评家与研究对象之间描述一种无法言明却存在共生关系的思想交流,特别是当批评者毫无学科传统渊源,研究对象毫无经典或历史地位可言的时候";其三,在方法论层面,批评概念同样能够在充分重视学科差异的基础上推进不同学科的理论对话和协作研究,以及人文研究领域不同方法论的彼此借鉴和相互融通。②因此,作为文化分析的理论范式,充分关注"批评概念的临场特征"③,以概念方法论作为跨界研究的理论基点,通过批评概念在不同学科之间的理论旅行,一方面考察和反思其自身学科性的溢出效应,另一方面分析和探讨研究对象作为文化存在的当代生产和历史传播。

作为跨界研究的理论基点,文化分析的概念方法论首先检讨当代文学理论以理论方法论为主导的范式危机,并在此基础上厘清继文化研究思潮以来各种理论危机言论的问题根结与突围路径。这种缘起于"强制阐释"的理论危机是西方文论自身的本体论缺陷,其在思想观念上呈现出"背离文本话语,消解文学指征,以前在的立场和模式,对文学和文本做出符合论者主观意图和结论的阐释",在研究方法上

---

① Mieke Bal, "Meanwhile: Literature in an Expanded Field", *Thamyris/Intersecting*, No. 11, 2003, pp. 191–192.

② Mieke Bal, *Traveling Concepts in the Humanities*, Toronto: University of Toronto Press, 2002, p. 5.

③ Mieke Bal, "Introduction", in Griselda Pollock ed., *Conceptual Odysseys: Passage to Cultural Analysis*, London: I. B. Tauris, 2007, p. 9.

则表现为"场外征用""主观预设""非逻辑证明"与"混乱的认识路径"等多种形式。① 换句话说，作为思想观念的"强制阐释"，反映出的是在消解不同学科边界之后的本体论误区，以及在回避文学经验之后的唯理论思维；作为研究方法的"强制阐释"，则呈现出文化范畴作为理论对象膨胀无度的现实困境，以及跨学科作为理论立场过度消解的潜在问题。从当代文论的文化转向来看，泛文化的批评观念造成理论对象的溢出效应，跨学科的理论范式导致研究方法的边界效应，相对论的价值体系引发理论意义的混沌效应。就强制阐释现象的具体形式而言，"场外征用"实际上指的当代文论泛文化主义的跨界旅行与理论混搭；"主观预设"呈现的是唯理论主义的主观想象与话语游戏；"非逻辑证明"体现的是泛解构主义的意义虚空与文本迷宫；"混乱的认识路径"反映的则是泛相对主义的虚无价值与无效知识。因此，"强制阐释"的理论危机，表面上看是源自于文化性的溢出效应和学科性的边界效应，但是归根结底却是因为对话性的混沌效应，其症结在于如何从跨学科人文研究的现实困境重新确立跨界研究的理论基点，从理论方法论模式的话语体系建构积极转向概念方法论范式的跨界经验研究。

三　对话性的混沌效应：文化分析的界面研究

从"强制阐释论"的批判视角来看，欧美学界的理论危机直接源自理论与批评、观念与经验、结构与语境之间的本末倒置。因此，"在理论之后"的当代文论研究转向，首先需要在文化性、学科性与对话性的三个层面重新探索跨学科人文研究的理论新思维。针对当代人文学术的跨学科误区，加拿大哲学家玛斯素美从自身的哲学学科视角强调传统人文学科本位意识的重要性："每一个学科都据认为拥有其自身的建构模式，基于此种模式，它发明了维持自身秩序的评判标准"，但是作为理论之王的哲学反而"既不对其他学科施加评判，也不在它们的评判面前俯首称臣，而是从它们那里

---

① 张江：《强制阐释论》，《文学评论》2014 年第 6 期。

获取自身所需的东西"。① 有鉴于此,作为文化分析的理论新思维,提倡转向以批评概念为核心的研究方法,以及不同学科基于概念方法论的界面研究。然而,同哲学领域的概念体系有所不同,文化分析的概念方法论或许更多只是作为一种跨学科人文研究的研究方法和分析范式,并不具备连贯、完备和严谨的观念体系。但是,对文化分析的界面研究来说,跨学科研究的根本目的不在于概念本体的思想内涵和价值维度,而是在于研究对象作为一种文化存在而不断生成的跨界经验与阐释效果。

从文化分析的理论视角来说,"与既定概念相对应的是构成分析对象的文化文本或作品,对文化分析有意义的概念,由此必须有助于超越研究客体更加深刻的理解研究对象,呈现出与人文研究的当下状况有所不同的学术背景或理论基点"②。对此,文化分析的概念方法论更多关注的是理论观念的生成过程,更多突出的是跨界理论的分析经验。实际上,针对当代西方文论的强制阐释现状,文化分析的理论范式主张实践的是一种被米克·巴尔称为"做理论"的新思维。与理论主客体二元对立的传统模式不同,"'做理论'实际上是理论概念与研究对象之间的协作和交流,强调的是借助批评概念分析研究对象,或者是借助研究对象分析批评概念,并不是通过像工具一样'使用'批评概念,而是要将其与研究对象进行接触,甚至融合"③。与"做理论"的新思维相对应,巴尔本人进而又为文化分析提出一种被称为"概念旅行(流动思想)"的新范式。从文化分析的理论范式来看,"概念旅行"的跨界研究在作为"文化分析的不稳定工作平台"之上"组织不同学科之间的联席会议":一方面,通过分析各个概念在不同学科之间的旅行过程,"研究方法因而[整合]成为某种新兴的、结构并不稳定的研究领域";另一方面,通过厚描理论概念与研

---

① [加]玛斯素美:《代序:概念何为?》,[法]德勒兹、加塔利:《资本主义与精神分裂:千高原》,姜宇辉译,上海书店出版社2010年版,第4—5页。

② Mieke Bal, *Traveling Concepts in the Humanities*, Toronto: University of Toronto Press, 2002, p. 4.

③ Mieke Bal, "Scared to Death", Mieke Bal and Inge E. Boer eds., *The Point of Theory: Practices of Cultural Analysis*, New York: Continuum, 1994, pp. 32 – 47.

究对象的融合过程,"研究对象呈现的不再是当时让你颇为着迷的'物件',而是成为某种具有生命力的活体,在概念旅行的风尘旅途当中不断黏附上各种问题和考量,继而呈现出置身其中的'研究领域'"。①

文化分析的概念方法论,实际上是将各个批评概念视为跨学科人文研究的流动载体,研究对象与研究主体驾驭其上并穿行于不同学科的理论地带:前者俨然成为"活动主体"参与文化分析过程并不断呈现其自身作为文化存在的多学科理论景观,后者则自然成为"对话主体"参与其中并逐步拥有其本人同样作为文化存在的跨学科分析经验。通过"概念旅行"的跨界方式,理论的研究主体和研究对象可以融为一体,通过"流动思想"的分析模式,理论的学科边界和意义结构同样可以实现对话与融通。对于当下语境的西方文论研究来说,强制阐释论的批判话语明确指出西方文论在理论对象、研究范式与价值体系等方面的本质缺陷与思想危机,并且清晰地界定出它自身作为一种西方思想资源的历史局限及其文化间性;在此基础上,文化分析主张将当代文论视为文化现象并提倡"界面研究",为当代中国文论建设提供一种立足本土问题、回归学科本体、强化身份经验的人文研究。或许,诚如彼得·巴里所指出,"理论之时代过去之后,'理论之时刻'必将随之而来"②。在中西方语境被传播和扩散至今的"理论危机",从来就不曾终结,将来也不会阻碍当代文论家们对文学理论突围的各种反思与探索。应该说,立足现实语境的理论话语不会终结,遵循学科边界的本体阐释不会过时,尊重文化差异的本位意识不会消亡。从这个意义上来讲,"后理论时代"并不意味着理论本身的自我消亡或被迫终结,而是更多地反映出文论家群体对当下理论发展状况的种种不满与焦虑情绪,最终导向的可能是一种新型跨学科人文研究的开放诗学空间。

---

① Mieke Bal, *Traveling Concepts in the Humanities*, Toronto: University of Toronto Press, 2002, p. 4.

② [英]彼得·巴里:《理论入门:文学与文化理论导论》,杨建国译,南京大学出版社2014年版,第1页。

第三编　方法论研究

对强制阐释的批判意见明确指出当代西方文论跨界研究的现实问题与思想局限，对文化分析的理论构想则大致勾勒出跨学科人文研究的新型范式与对话空间。针对当代人文学科的理论前景，乔纳森·卡勒曾经指出："我们人文学科的教学目的不是文本自身，而是我们对自己的界定如何联系到这些文本，由此深入展开分析在那些激活人文领域的理论假设和结构之间的不同意见。"[①] 以西方文论为症候的当代人文研究，必须重新审视泛文化、跨学科和相对论的理论误区，摆脱泛化对象、消解学科和虚无价值等思想弊病，并在此基础上从理论对象的溢出效应反思跨学科人文研究的理论困境，从研究方法的边界效应考察跨界研究的理论基点，从理论意义的混沌效应探讨文化分析的界面研究。强制阐释批判对西方文论本质缺陷的论断，从理论对象与研究方法两个层面推动文化分析论的理论构想；文化分析论对跨学科界面研究的论述，从学科意识与理论范式两个方面应对强制阐释的理论危机。既然"后理论时代"的学科边界仍然存在，学科本位意识不容忽视，那么对文化分析的界面研究来说，概念方法论可以有效解决理论方法论的学科间性问题，双向考察概念本身同时作为理论对象与研究方法的诗学空间。正是在这个意义上，米克·巴尔强调："与概念同行，探讨概念本身、分析对象，思考概念如何促进知识生产，才是跨学科人文研究的民主化之路。"[②] 因此，从强制阐释到界面研究的批评转向，不仅呈现出一种回归学科本位与立足本土立场的文化分析理论视角，或许更多的是描绘出一种关注学术民主与强调知识生产的跨学科研究前景。

---

① Jonathan Culler, "The Humanities Tomorrow", *Framing the Sign: Criticism and Its Institutions*, Oxford: Blackwell, 1988, p. 56.
② Mieke Bal, "Working with Concepts", *European Journal of English Studies*, No. 1, 2009, pp. 13 – 23.

"强制阐释"的方法论危机[*]
——兼论 20 世纪西方文论的"强制阐释"倾向

董希文[**]

"强制阐释"是近年来张江先生针对 20 世纪西方文论发展特征提出的一种重要认识。"强制阐释是指,背离文本话语,消解文学指征,以前在立场和模式,对文本和文学作符合论者主观意图和结论的认识"。[①] 张先生将其基本特征概括为四个方面:场外征用,主观预设,非逻辑证明和混乱的认识途径。该认识一针见血,可谓把握住了西方文论的"病根"。抛开阐释结论不论,单就其运行逻辑而言,"强制阐释"存在方法论上的危机。任何一种方法就其具体运用来说,必须适应研究主、客体条件;同时,方法作为中介,又是对两者的超越。而方法本身,因主体采用思维视角不同,也有深浅层次之分;并且在具体运用过程中,不同方法还可以互补。而 20 世纪西方文论与批评在上述方面都存在较大问题,具有"强制阐释"倾向。

一 "强制阐释"方法选择的偏误

马克思在论述人与动物的根本区别时说过:动物只是按照它所属的那个种的尺度和需要来建造,而人却懂得按照任何一个种的尺度来

---

[*] 本文为国家社会科学基金年度项目"文学文本理论中国化问题研究"(17BZW052)成果,原刊于《江汉论坛》2017 年第 11 期。
[**] 作者单位:鲁东大学文学院。
[①] 张江:《强制阐释论》,《文学评论》2014 年第 6 期。

进行生产，并且懂得怎样处处都把内在的尺度运用到对象上去；因此，人也按照美的规律来建造。人的本质特点在于其活动必须遵循两个"尺度"完成。虽然文学研究不是艺术创造活动，不以追求感性形象和情感感染力为最终目的，而是诉诸人的理智以达到完美的科学形态，但其顺利完成也必须遵循人之思维两个"尺度"的统一：既立足研究对象客观存在及其演变规律，又密切结合研究目的，在超越两者基础上形成创见，真正做到"合规律性"与"合目的性"的有机统一。方法选择的对应性和中介性就是产生于人类思维的固有规律。所谓对应性，就是方法必须符合研究对象和主体客观实际，适应主、客体的需要；所谓方法的中介性，意味着方法是沟通主、客体的工具和桥梁，是在超越两者基础上的提升和升华。方法的对应性和中介性是方法存在的前提，忽视前者，方法就失去了存在的必要；漠视后者，就成了单纯为方法而"方法"。

（一）方法选择讲究对应性

方法的对应性包括两个方面，一是必须与研究对象内在本质相适应，二是必须符合研究需要，即对应于对象规律与自身目的，达到"合规律性"与"合目的性"的统一。当然，在上述两者中"合规律性"具有支配作用，研究对象的客观属性决定方法的选择和适应程度，方法的合目的性归根到底取决于客体提供的条件。正是在这个意义上，黑格尔说："方法不是某种跟自己的对象和内容不同的东西"，方法是"对象的内在原则和灵魂。"[①] 以烹饪为例，为了达到健康而合理的营养膳食效果，针对不同菜蔬必须采取不同方法。若炒做青菜，当以急火爆炒；否则不仅色味不佳，还容易造成营养流失。若烹饪肉食，当以慢火焖炖；否则肉类欠熟，影响健康。当然研究目的也很重要，在相当程度上对方法选择产生制约。以游泳为例，若短距离比赛竞速，自由泳较为省力且快；若长距离自由健身，仰泳和混合泳更具可行性。因此，方法选择必须对应主、客体条件和需要。

在文学研究过程中，方法的选择也必须遵循对应性原理。

---

① 黑格尔：《逻辑学》下卷，杨一之译，商务印书馆1976年版，第536—537页。

首先,文学研究方法的选择必须立足研究对象本身,符合并适应对象特性。文学研究方法的产生取决于对象本身,对象本身的多方面内涵决定了研究方法的多元化。众所周知,文学对社会生活的反映具有整体性,涉及生活中方方面面的事情,既要表现人物心理,又要揭示历史变迁;既要反映人物伦理道德意识,又不可避免涉及政治权力变化。同时,文艺反映社会还必须经过独特的技巧处理,使作品具有一定的审美风格和形式创新。因此,文艺存在本身的复杂性决定了方法选择的多样性,可以说,只要与文艺本质内涵相关联,任何方法对于文本阐释都具有可能性和可行性。当然,在具体批评实践过程中,最佳选择必须与研究目的相结合,最有效的方法可能只有几种或一种。如对《荷马史诗》进行研究,社会学方法、人类学方法、历史学方法、考古学方法、神话学方法等都具有较大适应性,而维柯在《新科学》中自觉采用社会学分析无疑是其取得成功的关键,文艺社会学方法对于该类作品研究更为可行。同理,若对"文化大革命"时期的作品进行研究,"意识形态分析"必不可少;若对诗歌作品进行赏析,审美批评势在必行。

其次,文学研究方法的选择要与主观目的相适应,符合主体需要。一般而言,文学研究的目的在于探讨文艺本质及其发展规律,学术、学理性文学研究报告及结果主要服务于研究机构的从业人员,而不是一般读者大众。可以说,文学研究应追求客观性、科学性。在当前消费语境中,文艺批评领域出现了突出功利目的甚于尊重研究对象的奇观,这使得批评著述肤浅、苍白,失去了应有的认识价值。有些文艺批评论著过于随意,脱离了文本内涵,直奔"主题";而另有一些研究过于讨好读者,应景随俗,批判价值全无。

因此,对研究者和研究对象的双重适应是选择批评方法的制约性因素。强制阐释的一个突出特征是"场外征用"理论与方法,其谬误源于对研究对象的忽视和对论者自身需求的盲目放大,没有很好地平衡两者关系,丝毫谈不上尊重客观存在。检视 20 世纪西方文论"强制阐释"倾向盛行,可以发现其产生的根本原因固然与"理论的批评化"(文学研究和批评成为某种理论或学说的明证)趋势有关,但最重要的原因乃是方法选择上的偏误。20 世纪西方文论肇始于对传统社会历史批评和作者理论的扬弃,进而专注于文本和读者因素的张扬。一般而言,立足文本,像进行科学实验那样剖解文本,应该能够产生科学的文学批评。但遗憾的是这些理论家、批评家在具体研究过程中,一味突出作为特殊的读者——研究者本人的主观意识,偏向主观一端。科学意义上的文学研究,应充分尊重研究对象特质,充分了解、剖析客体本身,在探究文艺本质及其规律的科学精神指导下,选择恰当的研究方法,有序完成研究工作。西方文论中的"强制阐释"研究则对研究对象关注不够,甚至"背离文本话语",夸大论者主观目的,过于倚重"场外理论"的指导,用"场外理论"肢解文学作品与文艺现象,得出不符合文学实际的片面认识。弗洛伊德分析《俄狄浦斯王》不是为了研究作品本身的艺术特色,而是为了宣扬其精神分析学说;格雷马斯通过作品分析提出"符号矩阵"模式,目的也在于探究语言叙事中普遍存在的"二元对立"秩序,而不是作品的创作特色。他们在方法选择方面的"偏执"决定了其研究必然具有"强制阐释"性。

(二)方法选择强调中介性

任何方法,包括文学方法都是沟通主体与客体的中介和桥梁,它一方面固然决定于客体,另一方面也联系着主体,是对两者的超越。方法作为达到目的的手段、工具,它通过协调处理主观目的和客体规律以发挥中介功能。这就意味着,研究者在执着于自己的研究任务和目的的时候,必须避免一种无视客体制约性的纯粹主观性;同时,也要避免脱离目的追求纯粹客观性。从马克思哲学认识论角度讲,人类知识的获得必须遵循"合规律性"与"合目的性"的统一,这样的知识才是真知,而方法的自由选择和自觉运用正好确证了人之为人的本质属性和人类知识获得的规律。在方法的使用过程中,遵循客观规律表现为对研究对象的亲近和重视,以对象特质为核心延伸方法。就从属于目的的方法的客观性来看,任何研究方法都必须尽量发掘研究对象的内在涵义,因此,它将随着研究对象潜在的发展可能性而未有穷尽。"合目的性"则显示了研究者本人的视野和追求,显示着研究本身的功利价值。作为合目的性的活动,任何研究都必须有一个特定的目的,因此,研究者对客体的考察,也就有所限定,研究成果必定成为各自有限视界内的知识,不可能成为放之四海而皆准的"绝对真理"。

这样看来,方法的中介性正在于把合目的性与对象本身统一起来,并找到一种统一的契机。因此,追求方法的成功,恰恰是决不能生搬硬套地对待方法,而要充分重视方法的中介性。只有当客体的特征充分展开时,才能寻找到恰当的方法;也只有当主体的思维能力、智能结构与研究对象大体相符时,才能展开分析。对《阿Q正传》运用阶级分析法研究就比较合适,一方面,作品本身客观上显示了阶级斗争状况,是民国初年阶级斗争的缩影;另一方面,这种分析与中华人民共和国成立后至"改革开放"前国内加强意识形态建设的任务也相符合。而西方有些学者采用精神分析方法硬将达·芬奇名画《蒙娜丽莎》看成是作家的自画像,并以"俄狄浦斯情结"进行评述则显得牵强。有无资料佐证尚且不谈,"俄狄浦斯情结"的普遍性本身就值得怀疑,因此,这一研究,主观先行的味道较浓。

在文学研究中,方法的中介性值得重视,因为忽视主、客体任何一方都会导致研究本身缩水或失败。夸大主观能动性、忽视客体制约作用,就会以生硬的简单化的某种理论去规范作品,对研究对象进行肢解,得出片面见解和结论;也可能对作品作肤浅描述,概括出文学常识范围内尽人皆知的"公理"。而相反的极端,则可能导致文艺研究缺少积极动力和饱满热情,使文艺本身包含的人文精神丧失殆尽。这就要求在文学研究过程中,必须立足研究对象本身和实际需要,不能唯方法而"方法"。而"强制阐释"批评在选择方法时,显然没有充分考虑方法的中介性,没有仔细辨析方法是否适用于研究对象,而把方法视为目的,或者说目的决定着方法。选用某种方法,就是为了达到某种目的;为了达到某种目的,才选用了这一方法。在这里,方法和主观目的合二为一,这实际上就是"主观预设","主观预设"了方法及其必要性。因此,从方法的选择与使用角度来看,"强制阐释"不可能获得公正、科学的研究成果,只能是一些似是而非的主观臆想。

以此考察20世纪西方文论,可以发现其具有明显的"强制阐释"

倾向。而其产生的一个重要原因就在于没有充分重视方法的"中介性",没有深入探究方法的两极否定功能,过于膨胀论者的主观意图与见解,甚至将主观认识等同于方法本身,偏执地认为运用某种方法必然得出唯一正确的结论,完全忽视了方法作为工具与手段的"桥梁"职能。改革开放以来,西方20世纪出现的各种研究方法曾先后被引入中国文坛,不可否认,这些方法曾以令人清凉、给人耳目一新的感觉方式掀起"方法论"热潮,给当时沉寂的文坛带来冲击。令人遗憾的是在引进方法过程中,有些学者仅仅满足于方法译介,而不顾其现实使用价值。一方面,导致方法本身"水土不服",根本不能进行有效转化;另一方面,一味求新求奇,争夺所谓的话语"命名权",导致学术资源浪费。20世纪西方文论的这一突出问题对中国当代文论的影响在于,其本身"强制阐释"倾向以及引进后对中国文学实践的"强制"阐释所造成的双重"强制"的批评后果,严重恶化了当代文学研究与批评"生态",需要特别引起重视。

二 "强制阐释"执著知性方法的失误

在选择了适合研究对象和研究目的的方法后,还需要注意方法本身的内在结构与层次。如果说前者是制约方法选择外部条件,那么,后者则是方法的"内部规律",是对方法内在本质的深层次挖掘,是对方法"自足性"的研究。

(一) 方法具有层次性

方法是人类知识获得的工具和桥梁,而遵循思维规律,人的认识是分层次的,认识的层次性决定于方法的层次性存在。历史上,不少学者曾对人类思维方法进行过研究,做出各式各样的解释。有的立足自身体验,从朴素唯物主义出发,按照事物的结构层次模糊划分,提出了形象感受与内容领悟两个层次。有的进行"言—象—意"式的层进式解读,相应地认为人的认知方法也是语言体认——形象感受——意义涵咏三个层次,如中国古代。还有的从各自哲学体系出发,逻辑地进行推演,得出五花八门的理解,如西方符号学的结构层次分析、现象学的悬置——本质直观——现象描述等，此不赘述。但总体而言，以感性认识、理性认识两层次划分最为流行、最有影响。事实上，这种认识看似辩证，实则笼统，它没有合理解释感性认识与理性认识之间如何关联、如何转化。

就历史发展而言，一般认为西方哲学经历了古典本体论——近代认识论——现代语言论的跨越式发展，其中近代德国古典哲学对于人之心理结构和思维规律的剖析最为严谨、精密和深刻。这一时期的代表哲学家如康德、黑格尔等人都将人的认识分为感性、知性、理性三个层次，并对各自内涵和其间关系做了精辟分析。康德哲学的核心是研究人类知识形式，也可以说是形式逻辑的集大成者。康德关注的不是知识的内容，而是知识的逻辑形式，他称其为"先验形式"。在《纯粹理性批判》中，康德明确提出感性、知性、理性是知识获得的三种"先验形式"。他认为感性是指"心之感受性，即心在被激动时容受表象之能力"①，它主要包括人的时空感觉，简称"表象之能力"；知性是"心由自身产生表象之能力"②，主要涉及质量、必然与偶然等十二对先验范畴，简称"知识之能力"；理性乃"整理直观之质料而使之隶属于思维之最高统一"③ 的能力，主要涉及人的先验综合能力，简称为"原理的能力"。康德认为人类理性知识的获得是由认识主体的"先验"能力决定的，正确知识的获取要经过由感性到知性再到理性的渐次深入过程。在康德看来，先验存在的认知心理结构制约着认识水平与层次，而后者的核心就是方法的不同，不同的认知方法对应着不同的知识形式。剔除其先验唯心主义谬误，我们由此可知，方法包含三个层次：感性认识方法、知性认识方法和理性认识方法。黑格尔也有大致相同的认识，感性是对个别性的感知，知性是普遍性的抽象，理性认识则是个性与共性、具体与抽象矛盾对立中的多样统一。在经过了正——反——合的否定之否定过程后，辩证理性知识自然获得。因此，将认识方法划分感性认识、知性认识和理性认识三个

---

① ［德］康德：《纯粹理性批判》，蓝公武译，商务印书馆 1997 年版，第 73 页。
② 同上。
③ 同上书，第 247 页。

层次更为合理。在感性认识阶段,认识仅限于感觉、知觉、表象三个环节,相当于一般经验感悟方法。知性认识阶段,对事物各个局部特征进行抽象,是理论思维的初级形式,相当于单纯的分析或分解的方法。理性认识阶段,揭示事物内部联系和运动性质,是一种整体思维方法,相当于分析与综合相结合的方法,它是理论思维的高级形式。

(二) 文学研究方法层次及功能

一般认识方法的层次划分也适用于文艺研究方法,文艺研究与文学批评方法也是从感性经验方法、知性分解方法到理性辩证方法由浅入深的三个层次构成。并且,作为相对独立的每个层次方法在批评实践中发挥着不同功能,甚至在某一历史时期成为主流方法。

第一,感性方法与感悟。通俗地讲,感性认识就是人通过自己的感觉器官对客观事物进行感知,在头脑中形成感性印象的认识方式,也就是通过感觉、知觉形成表象的过程。感性认识虽然较为浅显,但它却是知性、理性认识形成的基础。感性认识最突出的特点在于直觉性,它是对认识对象所进行的整体性感知,虽有时失于笼统,但由于包含亲身体验、灌注主体心性,因此更为形象、直观且富有灵性。感性认识的局限性也比较突出,那就是逻辑不够严密,系统性不强,较为直白、浅显,停留在研究对象的表层,不够深入。诚如黑格尔所言,"这种确定性所提供的也可以说是最抽象的、最贫乏的真理",因为"它对于它所知道的仅仅说出了这么多:它存在着"。[①] 至于表面现象背后的深刻原因,不在其认知范围。在文学研究和批评过程中,感性认识表现为对研究对象的印象感悟,其立足点在于对象的个别状况,形成对对象个别特征的强烈主观印象,并进行描述。因此,感性方法注定不能成为文学研究的主流方法。

第二,知性方法与分析。"知性"又译作"悟性"(蓝公武译),其原意为智力、理解力、分析辨别事物的能力、抽象思维的能力,是人类思维活动具有自觉性、主动性的突出表现。"知性"思维是人类认识过程中不可缺少的一个环节,缺少抽象思辨,感性

---

① [德] 黑格尔:《精神现象学》,贺麟等译,商务印书馆1981年版,第63—64页。

感觉无法上升为理性知识。由此可见，在认识过程中知性思维必不可少。知性认识突出了人类认识活动的主体性，显示出认识主体强烈的求知欲望和剖析认知对象能力。但由于这是一种单方面思维，在很多情况下忽视了认知对象本身的复杂性及其与其他相关事物的多方面联系，所做出的判断有时失于片面与机械。与辩证法相比较，知性认识具有以下几个突出的特点：辩证法突出联系，知性方法则孤立看待问题；辩证法突出具体的统一、有差别的同一，而知性方法则停留在抽象的同一上；辩证法突出具体的普遍性，讲多样统一，而知性方法则仅注意抽象的普遍性。辩证法最突出的特点就是具体问题具体分析，将普遍原理与具体实际问题结合起来，得出专属该问题的结论。在这里，普遍性原理仅仅是行动的指南，而不能取代行动本身。知性方法则夸大原理的普遍性，让问题适应原理，以一种削足适履的逻辑看待其间关系，经常做出错误解释。总体而言，知性思维在很大程度上忽视了鲜活的现实，从事着从理论到理论的逻辑演绎。例如，关于中国革命出路问题，毛泽东灵活运用辩证法提出了"农村包围城市"的战略构想，成为实现马克思主义理论中国化的成功范例；而王明全盘照搬苏联革命模式的做法注定不会成功，因为那是机械运用马克思主义。从正反事例中，我们可以得出结论：知性思维分析问题较为僵化与顽固。

第三，理性方法与理解。不同于一般感性思维满足于体悟研究客体表面形象，也不同于知性思维流连于主体剖解能力的炫耀，理性思维是对前两者的超越，其逻辑行程是从感性的具体认知到知性的抽象分解再到理性的具体认知，最终实现对前两者的整合与超越，达到具体个别性与一般共性的交融统一。理性思维的最大贡献在于它能促进思想的增值，促使思想火花产生，最大限度上得出既立足主客双方又超越它们的新知。辩证法是理性思维的最高形态。黑格尔说："辩证法是现实世界中一切运动、一切生命、一切事业的推动原则。同样，辩证法又是知识范围内一切真正科学认识的灵魂。"[1] 所谓辩证法，就是采用普遍联系的观点研究问题，并且做到

---

[1] ［德］黑格尔：《小逻辑》，贺麟译，商务印书馆1980年版，第177页。

具体问题具体分析，把普遍原理与具体个案有机结合起来。在探究具体问题时，注意突出主要矛盾，在研究主要矛盾时，又要侧重矛盾的主要方面。理性认识及其思维方法总体特征就是把握事物的整体性，在矛盾对立统一中合理解决问题，得出理论依据坚实、现象印证充分的阐释。这就要求做到归纳与演绎相结合，分析与综合相结合，历史与逻辑统一，特别是从抽象返回到具体，即从感性的具体到知性的抽象再到理性的具体。马克思在《政治经济学批判〈导言〉》中曾将其描述为：在第一条道路上，完整的表象蒸发为抽象的规定；在第二条道路上，抽象的规定在思维行程中导致具体的再现。这种方法与文学研究对象本性极为符合，面对任何文学现象，研究者首先感觉到的当然是一个混沌的表象，然后要分析，要一部分一部分地切割后加以审察，以前的失误往往在于就此止步，未能做出最后的整合与综合。即使归纳几句，大都执滞于现象，未能把握客体的诸多规定性，因而显得贫乏和肤浅。

（三）"强制阐释"理论思维的偏执与混乱

依此来看，"强制阐释"就是一种知性分析，它并没有遵照由感性——知性——理性的思维程序展开，更没有提升到"理性"的高度综合剖析研究对象，而是仅仅依靠强大的知性分析削足适履般地肢解作品。为了论者的某种主观目的，"强制阐释"研究停驻知性层次，满足于作品与文艺现象对于论者"意图"的印证，不再将真知灼见作为文学批评的最高目标，缺少科学探求精神。因此，这一研究很难得出公正、科学的论断。事实上，思维上的"非逻辑证明"和"混乱的认识路径"决定了其只能如此。

依此检视20世纪西方文论，可以清楚地看到其"强制阐释"倾向的症结所在：没有很好做到感性、知性和理性方法的有机统一，因而必然不能获得包涵感性、知性和理性认识相统一的科学见解。第一，一定程度上的文本细读和现象剖析，在没有细致感悟研究对象的前提下，直奔"主题"，"意图先行"弊端明显。第二，突出"知性"方法和主观理解，夸大主体能动性，用"知性"方法肢解作品，使文学作品与文艺现象成为理论预设的佐证材料。张江先生将其概括为

"片面的知性执著"。① 第三，不能坚持辩证思维，综合分析研究对象，结论有所偏颇，无法获得科学的理性认识。这在精神分析、女权主义、生态批评等理论中都有突出体现。20世纪西方文论"强制阐释"倾向盛行与不正确地运用方法密切相关。

三 "强制阐释"否定方法之间的互补

对于同一研究对象可以从不同视角介入，得出虽然相异但却符合研究对象实际的认识，这是文学研究中经常遇到的现象。导致该现象出现的根本原因在于研究方法之间具有互补性。

所谓互补，就是指源于同一事物的两个或多个方面相互依赖，共同维护事物整体性存在。作为思维方法，其源自于对事物多样性的认识，任何事物，特别是复杂事物和现象不可能只具有单一本质规定，它是多方面关系和属性的综合。因此，研究该类客体，就必须多角度、多层次展开。在此情况下，各种研究视角都具有有效性，它们之间就是互补关系。作为哲学方法，互补性源于中国古代道家的"太极"理想，"道"是万物本源，"道"的生生不息及无穷演变构成了变幻莫测的大千世界，各种事物之间互相依存，互补共生。道家理想的极致是"太极图"所传达的理念，在共存的圆形世界中，阴与阳、太阴与太阳、少阴与少阳的和谐存在共同推进了宇宙万物的发展。这一思维模式及哲学智慧影响深远，在东方世界生活的方方面面留下了它的烙印。

自古以来，西方哲学惯于直线思维，二元对立模式盛行不衰，互补思维较少运用。直至近代，互补思维才被关注。在科学研究领域明确提出"互补性"的是近代丹麦物理学家波普尔。波普尔研究量子物理，提出了著名的"波粒二重性"理论。他在研究中发现，在微观世界中，光既显示其波动性，又显示其粒子性，光的波、粒两种形态却不能在同一实验中进行，而是在不同的实验条件下相互补充。这一发现具有里程碑意义，它打破了传统物理——刚体物理对事物非此

---

① 张江：《强制阐释的独断论特征》，《文艺研究》2016年第8期。

即彼的认识,也使人类认识外物的思维方式有了转变,即从不同角度、采用不同方法可以发现客体不同特点,对其做出亦此亦彼,但都贴近事物本质的阐释。这一发现不仅对自然科学,而且对人文科学产生了极大影响,甚至可以认为,后现代主义多元化阐释方法就受到了这一观念的启发。

文学研究中的"互补"大致有纵向互补与横向互补两种形式。纵向互补则表现为研究方法层次间的关系,即包括从一般哲学方法到特殊文学方法再到具体使用方法(操作模式)间的互补关系,逐步实现了研究的具体化;也包括从感性到知性进而上升为理性的层次间的互动。横向互补则表现为各种研究方法之间的互相补充,如对鲁迅《阿Q正传》进行阐释,既可以采用社会学方法,剖析阿Q革命的现实意义;也可以运用心理学方法探讨阿Q对革命、恋爱的变态认识;还可以运用现代语言学批评,解析作品的叙事技巧。这些方法之间就是互补性关系,虽然它们的出发点各不相同,但都是发现作品本质的一条有效途径。事实上,不但对文学作品可以进行上述研究,而且研究文艺理论本身问题也必须遵循互补性原则,如新时期以来对马克思主义文艺理论认识就是如此。20世纪80年代以后,伴随着方法论热潮,对马克思核心文艺思想的研究先后出现过哲学认识论范式、审美意识形态论范式、艺术生产论范式、文艺文化学范式等多种样态。各种方法尽管不同,但互为补充,从不同角度发现了马克思主义文艺思想精髓,并进行集中放大处理,加深了国人对马克思文艺理论的理解,推动了国内马列文论研究。

一般而言,"强制阐释"会固执地坚持一种方法、一个视角看待问题,对于其他可能有效的方法决然不提、视而不见。如形式主义文论家只看到文本语言与形式结构,存在主义批评家只注意到作品中的自由与荒诞,而原型批评理论家只想到了文本意象与神话的关联及置换技巧。显然,这一研究倾向在20世纪西方文学批评中大量存在。这些学派各自孤立、绝对地强调自身理论和阐释的唯一正确性,抨击其他研究与批评为非法错误。海德格尔在《艺术作品的起源》中认定凡·高的《鞋》中刻画的就是农妇的鞋,因为唯有是农妇的鞋,才能用以宣扬其具有神秘性的存在主义主张。弗洛伊德断定蒙娜丽莎神秘的微笑与恋母情结有关，只有如此才能印证其精神分析理论。各种形式主义批评认为文学研究只能讨论文本字、词、句子及其各种叙事技巧乃至挖掘潜隐的二元对立结构，与此无关的历史内容、意识形态分析绝对错误，其目的在于维护文学研究的"科学神话"。

综上所述，在各种研究中，方法的运用并不是手到拈来、随意选取，而是受到多方面因素制约，必须遵循诸多制衡原则。对应性是依据主、客体需要选择方法的根本依据；中介性则是避免具体操作过程中任性偏执和机械搬用的制衡原则；层次性是方法本身的展开，在区分方法层次的同时，还应辩证处理各层次间的相互关系，突出理性方法的主导功能；而互补性则具有协调各种方法的独特功能，以便使各种方法围绕核心问题发挥更大效能，对文学现象和文艺理论本身做出更为深入、全面的研究。因此，任何领域运用方法研究具体问题，上述"四项"原则都必须自觉遵守。而"强制阐释"理论则在选择方法时过于突出主观目的、相对忽视研究对象的制约作用；在运用方法研究文学对象时，过于倚重知性方法，相对忽视更为辩证的理性综合研究，并且在处理各方法之间关系时，过于夸大自身方法的唯一性和权威性，忽视甚至否定其他方法的合理性。就此而言，"强制阐释"理论存在方法论上的危机。20世纪西方文论具有"强制阐释"倾向，尤其值得关注。

从"反本质主义"到"强制阐释论"
——中国当代文艺学的"本质论"迷失及其理论突围[*]

单小曦[**]

进入 21 世纪之后,中国当代文艺学最轰轰烈烈的两次理论争鸣莫过于几年前的"反本质主义"和当下如火如荼的"强制阐释论"了。"反本质主义"和"强制阐释论"发生的时间点不同,讨论主题也未形成直接的前后呼应。不过,如果把两者放在 21 世纪中国文艺学发展行程中作整体考察,就会发现它们实际上具有较强的内在关联性。这种关联既有表面上的排异性,又有深层次的相通性。就排异性而言,"反本质主义"把文学的自在性、自律性视为"本质主义"思维的产物而予以否定和抛弃,"强制阐释论"则主张只有回到以文学"自在性"为前提的"本体阐释",才能进行有效的文学阐释;"反本质主义"主张对文艺学进行"扩容""越界",使用文化研究的方法和策略进行文学研究,"强制阐释论"则认为使用文化理论阐释文学属于典型的"场外征用",如使用不当即为"强制阐释"。就相通性而言,"反本质主义"反对的是脱离历史、语境、关系理解"本质",但主张在历史、语境、关系中抓取文学"本质"的"非本质主义"的"本质论";"强制阐释论"没有直接谈论文学"本质"问题,但在其反对"强制阐释"和主张"本体阐释"的理论深部却埋着文学

---

[*] 本文系国家社科基金项目"当代数字媒介场中的文学生产方式变革研究"(10CZW011)成果,原刊于《山东大学学报》(哲学社会科学版)2016 年第 5 期。
[**] 作者单位:杭州师范大学人文学院。

"本质论"的根基。即是说,"反本质主义"和"强制阐释论"最终在"本质论"范式中又达成了理论逻辑上的和解。对于这种情况,"反本质主义"和"强制阐释论"并非个案,回顾中国当代文艺学的主要理论争鸣,基本属于"本质论"范式之中的内部矛盾。在20世纪哲学人文学术对"本质论"反思、批判历经百年后的21世纪,中国当代文艺学主流仍固守"本质论"范式,而需要突破这一范式寻找理论突围之路。

一

中国当代文艺学"反本质主义"挑战的对象是20世纪80年代后形成的中国当代主流文艺理论形态,并称之为"本质主义"理论范式,而主张超越这种理论范式并以"建构主义""关系主义""穿越主义"等理论模式开展中国当代文艺学的建设工作。但如深入分析就会发现,这三个主义与它们反对的主流文论一样,仍未脱离"本质论"文艺学范畴。

"建构主义"在吸收借鉴布迪厄、福柯、利奥塔、罗蒂等人的社会学、后现代理论、实用哲学基础上,为"本质主义"作了一个界定:"本质主义是一种僵化、封闭、独断的思维方式。在本体论上,本质主义不是假定事物具有一定的本质而是假定事物具有超历史的、普遍的永恒本质(绝对实在、普遍人性、本真自我等),这个本质不因时空条件的变化而变化;在知识论上,本质主义设置了以现象/本质为核心的一系列二元对立,坚信绝对的真理,热衷于建构'大写的哲学'(罗蒂)、'元叙事'或'宏伟叙事'(利奥塔)以及'绝对的主体',认为这个'主体'只要掌握了普遍的认识方法,就可以获得超历史的、绝对正确的对'本质'的认识,创造出普遍有效的知识。"[①] 这种早已被西方学界所摒弃的"本质主义"思维方式,却弥漫于"文化大革命"之后的中国文艺学学科研究和教学中。比如20世纪80年代的权威文论教材把历史上各种文学观点归入"唯物"和

---

① 陶东风:《文学理论的基本问题》,北京大学出版社2004年版,第3页。

"唯心"两类,前者是真理,后者是谬误,这是典型的庸俗社会学的本质主义文论。20世纪90年代主流派文论抛弃了庸俗社会学的本质主义,却把审美、非功利、文艺自律性视为文学"内在本质",这就走入了另外一种本质主义——"审美的本质主义"①。按照西方反本质主义的思路,文学理论在此后一般会走向文学本质取消论、虚无论或转移论。比如伊格尔顿在解构了传统文论中的"虚构性""想象性"文学本质观和20世纪形式主义"陌生化语言"文学本质观后,斩钉截铁地说:"文学根本没什么'本质'可言……它不过是一些人出于某种理由赋予其高度价值的任何一种写作。"② 卡勒也得出了相似结论:"文学是被一个社会认定的任何作品,亦即由文化认定的可以称其为文学的任何一套文本。"③ 而德里达更是彻底解构了文学"本质",提出:"文学是一种允许人们以任何方式讲述任何事情的建制。文学的空间不仅是一种建制的虚构,而且也是一种虚构的建制,它原则上允许人们讲述一切……文学是一种倾向于淹没任何建制的建制。"④ 中国当代的"建构主义"在反对它所认定的文学本质主义之后,并没有彻底走向上述西方本质取消论或转移论,而是自觉与之作了区分:"我们所说的反本质主义并不是根本否定本质的存在,而是否定对本质的形而上学的、非历史的理解(在这一点上不同于有些'后'学家那种根本否定事物具有任何本质的极端反本质主义)。"⑤也正是如此,"建构主义"反复声明,它的严格称谓不应是"反本质主义",而必须使用"建构主义"。此处似乎深藏着一个内在逻辑:"反本质主义"立足点是"反"即"破";"建构主义"立足点是"建"即"立"。"建构主义"受惠于西方"反本质主义"只体现在"反"的层面,与这种"反"相比,它更看重"建"的层面。进一步

---

① 陶东风:《文学理论的基本问题》,北京大学出版社2004年版,第6页。
② Terry Eagleton, *Literary Theory: An Introduction* (3rd edition), Minneapolis: University of Minnesota Press, 2008, p. 8.
③ Jonathan Culler, *Literary Theory: A Very Short Introduction*, New York: University of Oxford press, 1997, pp. 21 – 22.
④ [法]德里达:《文学行动》,赵兴国等译,中国社会科学出版社1998年版,第34页。
⑤ 陶东风:《文学理论的基本问题》,北京大学出版社2004年版,第20页。

说，"建构主义不是认为本质根本不存在，而是坚持本质只作为建构物而存在，作为非建构的实体的本质不存在"。这种"本质建构观"落实到文学和文学理论上，就认为文学本质和标准也是由社会历史文化建构生成。这样，对于文艺学的研究主题而言，就不应再是某一正确的文学理论对文学固有"本质"进行揭示的问题，而应反思和追问，某种文学"本质"、文学理论是如何被建构出来的。①

至此，我们已经能够清楚地看到，"建构主义"只反它所说的那种超历史文化时空的形而上学意义上的"本质"，但并不反对有条件的具体意义上的"本质"。因为，在倡导者看来，尽管不存在绝对的、一般的、普遍的、实体性的"本质"，却是存在着相对的、历史的、特殊的、具体的"本质"的。与此同时，它"反对通过本质主义的方式言说本质"，认为"那些声称自己是唯一正确、合法的本质言说是不合法的"，但它"不认为关于本质的言说是不可能的。建构主义自己就是一种言说本质的方式"。② 它要使用福柯的"事件化方法"、布迪厄的"反思性方法"和其他理论家的文化研究方法建构一种政治学和知识学的文艺学，目的还是要进行一种文学"本质"言说。具体就是言说被建构起来的文学"本质"或某一文学"本质"是如何被建构起来的。可见，所谓"建构主义"其实质也就是"本质建构主义"。在具体操作中，这种"本质建构主义"不再直接给出文学本质和以此为核心的文学基本问题的具体答案，而是分析中外古今诸多文学"本质"言说的话语条件和权力关系。这样的文艺学实质上已经从原来讨论"什么是文学"的理论，变成了考察古今中外已有的文学理论流派是如何讨论"什么是文学"的理论。

"关系主义"批判和反思以往那些把文学视为"独立的，纯粹的，拒绝社会历史插手"③ 的文论形态，认为其具有"思想僵硬，知识陈旧，形而上学猖獗"的本质主义典型症状④，并有如下特征：

---

① 陶东风：《文学理论：建构主义还是本质主义？——兼答支宇、吴炫、张旭春先生》，《文艺争鸣》2009 年第 7 期。
② 同上。
③ 南帆：《文学理论新读本》，浙江文艺出版社 2002 年版，第 3 页。
④ 南帆：《文学研究：本质主义，抑或关系主义》，《文艺研究》2007 年第 8 期。

（1）坚持表象/本质二元对立和本质决定表象的决定论思维模式；（2）以探究深度或内在性为理论旨归；（3）世界图像的静止看法，而非与运动的历史相兼容；（4）具有维护既定体制的保守主义倾向。这些特征中最根本的是第一条，它也是"本质主义"其他特征形成的根源。因为坚持表象/本质二元对立的思维模式必然遮蔽其他各元关系和要素间的非决定论的动态生成性品格。在"关系主义"倡导者看来，任何理论都是需要进行理论预设的。既然"本质主义"可以对事物做出表象/本质二元对立关系的理论预设，那么，我们也可以对事物做二元之外的多元关系预设，而"超越表象与本质的对立，更为广泛地注视多元因素的相互影响"。进一步说，还可以不再把多元因素中的某一元强制性地置于特殊的深度位置。倘若如此，决定论也就自然解体了。这种理论预设"显然不再指向那个惟一的焦点——'本质'；相对地说，我们更多地关注多元因素之间形成的关系网络"①，"关系主义强调进入某个历史时期，而且沉浸在这个时代丰富的文化现象之中"，发现各种关系，分析各种现象，进而达到对对象的把握。落实在文学上，就是将其"置于同时期的文化网络之中，和其他文化样式进行比较——文学与新闻、哲学、历史或者自然科学有什么不同，如何表现为一个独特的话语部落，承担哪些独特的功能等等"，即"我们论证什么是文学的时候，事实上包含了诸多潜台词的展开：文学不是新闻，不是历史，不是哲学，不是自然科学……文学的性质、特征、功能必须在这种关系网络之中逐渐定位"②。

不难发现，与"建构主义"一样，"关系主义"的确也是反"本质主义"的，但它仍然没有放弃寻求"什么是文学"这一文学"本质论"命题。不过它反对把"文学是什么"化约为一个单一的深埋于表象之下的"本质"。它也回避了"本质"一词，而是使用"性质""特征""功能"等概念代替"本质"，作为对"什么是文学"的回答。可以看出，它要讨论的还是使文学之为文学的"文学

---

① 南帆：《文学研究：本质主义，抑或关系主义》，《文艺研究》2007年第8期。
② 同上。

性"(尽管雅各布森的这一著名论题被其斥为"本质主义"),即它还是要考察出文学独有的可以将之与其他文化形态相区别的特殊属性。不过,在它看来,"本质主义"的二元思维和具体操作方式并不能找到这个属性。要找到这个属性,需要使用关系性思维,将文学还原为社会关系场中的具体存在。这种关系首先是各种社会文化形态之间的横向关系,其次是社会发展过程中的历史关系。即只有在共时性和历时性相交叉的多元关系中,才有可能抓取出文学的"性质""特征""功能"等或"文学性"。问题是,这个从多元关系中抓取到的"文学性"与从二元关系中抓取到的"本质"的区隔意义究竟有多大?分别以它们为核心概念的文学理论能够形成两种不同的文论范式吗?笔者对此深表怀疑。如果说从二元关系中把握"本质"属于"本质主义",那么,从多元关系中把握"性质""特征""功能"仍难逃脱"本质论"范式。至于如何使用"比较"法、"文学不是什么"质询法或排除法等具体操作方式,并不能实现理论范式的超越。

"穿越主义"不同意目前中国当代文艺学提出的种种"反本质主义"的思路,认为一些"反本质主义"者没有对西方"本质主义"和"中国式文学本质论""中国式文学本体论"做出区别。反对西方式的"本质主义"也许是有道理的,但在今天的中国如果"彻底放弃'本质论'或'本体论'思维",会使中国人文社会科学理论的"自主化"建设更加遥遥无期。"穿越主义"认为,今天中国当代文艺学的首要任务不仅不是告别而恰恰是努力建设"中国式"文学本质论与本体论。在如何建设上,它主张"通过对中国文学如何穿越意识形态、文化观念、艺术现实所构成的现实之束缚、建立一个区别于上述现实的存在世界,以直接建立'中国文学何以成为自身'的问题来间接回答'文学是什么'这一中国式的本质追问,从而与中西方各种文学本体论和文学本质观,构成'不同而对等'的对话状态"。这样就可能建构出一种由"知识论"和"价值论"复合而成的"价值知识论"文艺学。它不仅要回答"文学是什么",还要回答"好文学是什么"。照此逻辑,"好文学是什么"就应该是"文学是什么"问题的"穿越"和提升。①

"穿越主义"表现出的中国问题意识无疑是可取的,但问题是,它的"穿越"仍然没有"穿"出"本质论"框架。与"建构主义"和"关系主义"实际上把文学本质论划分为"本质主义文学本质论"和"非本质主义文学本质论"(可以概括为"本质建构论"和"本质关系论")不同,"穿越主义"划分了"西方本质主义文学本质论"和"中国式文学本质论"。当然也需要看到,它没有驻足于"中国式文学本质论",而是希望通过"穿越"把"中国式文学本质论"提升为"中国式文学本体论"。它认为,"'本质论'倾向于回答'文学是什么'而'本体论'倾向于回答'文学是通过什么区别于非文学'的"。其实这样的"本体论"还是在一个存在者和其他存在者通过什么可以区别开来的层面上打圈圈。同样,它企图通过对"什么是好文学"的分析"间接回答'文学是什么'"的问题,仍然未能走出"本质论"思路,而同样也是归入"非本质主义文学本质论"之途了。

二

"强制阐释论"质疑和批判的对象是整个当代西方文论,特别是西方后现代文论和受其影响的中国当代文论与批评,"反本质主义"文艺学自然包含其中。严格说来,"强制阐释论"还不是一种内容完备的文论体系,而主要属于理论反思成果和相对于当代中西文论与批评中存在问题提出的文论建设观念、立场以及方法论思想。然而,这些已足以使其立足的"本质论"理论范式彰显无疑了。与"反本质主义"一样,"强制阐释论"也包括"破"和"立"两大理论板块,其"本质论"立场和理论诉求也具体体现在这两个方面。

首先,在批判反思对象的甄别和取舍中,"强制阐释论"有意无意地流露着"本质论"倾向。"强制阐释论"认为当代西方文论最大的缺陷可以用"强制阐释"来概括,有四个特征,即"场外征用"

---

① 吴炫:《论文学的"中国式现代理解"——穿越本质和反本质主义》,《文艺争鸣》2009年第3期。

"主观预设""非逻辑证明""反序认识路径"①。这四点中前两点是关键,后两点是前两点的具体化。因此,抓住了前两点也就等于抓住了"强制阐释"的理论精神。从理论诉求的总体情况说,"强制阐释论"未必完全认同俄国形式主义和英美新批评,但它别有意味地将这两个流派排除在了批判对象之外。按照"场外征用"说的逻辑,这两个流派很明显地"征用"了语言学、符号学的理论。如果把语言学、符号学的分析抽掉,等于抽掉了这两个流派的理论魂魄。也许"强制阐释论"钟爱这两个流派并不取决于它们是否犯了"场外征用"的错误,而在于它们持有最为典型的文本中心论和文学"本质论"立场。俄国形式主义反对的是19世纪俄国流行的"文学形象思维本质论"。但这种反对不是理论范式层面上的,而是"本质论"范式内部的,即企图以新的"本质"——"文学性""陌生化"语言、文学创作"程序""诗功能"等代替形象思维,形成了"文学形式本质论"这一新的文学"本质论"。新批评不仅采用了俄国形式主义"文学形式本质论"的理路(尽管没有直接受到影响),而且通过对"含混""肌质""张力""悖论"等语言和文本形式特质的阐释,使这一新文学"本质论"得到了更为深入的探讨。新批评主将兰色姆最先把"本体"范畴从哲学领域"征用"到了文学理论与批评中,他倡导的"本体论批评"第一要义就是以文学作品或文本为"本体"。"强制阐释论"提出的"本体阐释",主要采纳的就是这种以文学文本为"本体"、把文学文本看成文学本质来源的"本质论"文学观和批评观。

其次,"强制阐释论"坚持以"场内""场外"区隔了文学和其他文化形态、文论批评和其他学科,显现着"本质论"思维路径。所谓"场外征用",即"广泛征用文学领域之外的其他学科理论,将之强制移植文论场内,抹煞文学理论及批评的本体特征,导引文论偏离文学"②。这些学科包括哲学、史学、语言学等传统人文学科,女性主义批评、后殖民理论、生态批评等新兴文化理论,还有自然科学

---

① 张江:《强制阐释论》,《文学评论》2014年第6期。
② 同上。

中的一些理论和方法。具体"征用"方式包括"挪用""转用""借用"三种。这一看法，一定程度上点中了当代西方文论与批评的要害。同时，也体现出了"强制阐释论"自身的"本质论"理论性质。如果我们把人的精神活动也看成一种文化实践行为，那么，自然科学、社会科学主要表现为人对世界的认知活动及其成果，而人文学科则主要表现为人对意义的追索方式和解释形式。文学艺术属于典型的对意义的追索方式，哲学、历史、宗教学、伦理学、人类学、心理学、语言学、符号学、文艺学等则属于典型的意义解释形式。不仅意义的追索方式与解释形式之间密切关联，而且诸解释形式之间也没有明确清晰界限。常识告诉我们，无论西方还是中国的文化源头处，并无今天意义上的学科划分。古希伯来《圣经·旧约》、古希腊《荷马史诗》、中国先秦诸子学说无不是今天的文学、宗教、哲学、历史、教育学、伦理学等多种学科的混杂物。在今天的学科体制下，只能对它们作功能上的区别，即将其看作或用作哪门学科它就是哪门学科。我们很难说这些文化形态具有哪个学科特有的"本质"。那时，将旧约故事（文学）作宗教性解释、将《荷马史诗》（文学）作教育儿童的教育性范本来解释、将庄子的《逍遥游》（文学）作道家哲学上的解释，是再自然不过的事情了。这里无所谓"场外""场内"，也没有什么"征用"的问题。之所以形成了"场内""场外"之别，之所以有了今天的"场外征用"一说，无不与后来的"本质论"思维方式的兴起和受制于"本质论"思维思考问题有关。"本质论"思维要求对世界进行分类认知，对存在进行分层把握，特别是人为设定存在物深层"本质"，并企图以抓取"本质"方式达到把握存在本身的目的。它始于古希腊，经过近代理性主义和认识论哲学的建构，到19世纪末，已臻极致。也正是随着"本质论"思维的进一步强化，近现代学科分类越来越精细，界限越来越分明。黑格尔在《美学》中提出，一门学科要想成立的基本条件是具有明确而独特的研究对象，即要明确："第一，这个对象是存在的；其次，这个对象究竟是什么。"① 而要明确这两点，其实就是在把握对象的"本质"。反过来

---

① ［德］黑格尔：《美学》第1卷，朱光潜译，商务印书馆1979年版，第29页。

说，把握到了对象的"本质"，某一学科的研究对象才是明确的；研究对象明确了，作为一门学科才是成立的。这样，各门学科之间也就有了明晰的界限，也就出现了"场内""场外"之别。当然，"强制阐释论"并不反对跨学科，但同时认为文论"更要依靠其内生动力"，即是说，学科发展最终还是要依靠"场内"之力。同时，要使用"场外"理论，必须要服从"文学的特质"，否则就是非法"征用"。总之，严格区分为学科内/外，固守研究对象"本质"，是"强制阐释论"的基本思维方式。

再次，"强制阐释论"的"本质论"思维方式还体现在，它反对文学阐释的"主观预设"问题上。"主观预设"被认为是"强制阐释"的核心因素和方法，指的是"批评者的主观意向在前，预定明确立场，强制裁定文本的意义和价值"。具体操作包括："前置立场"，即"在展开批评以前，批评者的立场已经准备完毕，批评者依据立场选定批评标准，从择取文本到作出论证，批评的全部过程都围绕和服从前置立场的需要展开"；"前置模式"，即"批评者用预先选取的确定模板和式样框定文本，作出符合目的的批评"，使用符号学模式、数学物理模型进行文学批评就是最突出表现；"前置结论"，即"批评者的批评结论产生于批评之前……批评不是为了分析文本，而是为了证明结论"[①]。"前置结论"的说法没有太大的说服力，因为如果结论已经前置了，一个阐释活动已经失去了基本的动机、动力和意义，这种阐释活动在现实中并不多见。因此，这里的"主观预设"应主要表现在"前置立场"和"前置模式"两大方面。如此的"主观预设"其实是指认知阐释之前主体认可和选择用以指导具体认知阐释活动的立场、观念、范例、模式、原则等，它广泛地存在于现实的阐释活动中。可以认为，没有这种"前置立场""前置模式"为具体内容的"主观预设"，认知理解活动是难以想象的。理论史上，格式塔心理学派所说的"整体观念"、皮亚杰提出的"认知图示"、库恩标举的"预设前提"等谈的都是这个问题。在认知和阐释活动中，"主观预设"具有强大的功能，它以假定、投射、推断方式突破既定

---

① 张江：《强制阐释论》，《文学评论》2014年第6期。

知识体系，创造新的价值内涵，使新的意义得以产生。其实，重视"前置立场""前置模式"或"主观预设"是现代阐释学区别于古典阐释学的标志之一。在海德格尔那里，"主观预设"被解释为"前结构"，具体包括"先行具有""先行视见""先行掌握"。它们内在于解释，并且为解释奠定基础："解释从来就不是对某个先行给定的东西所作的无前提的把握……任何解释一开始就必须有这种先入之见，它作为随着解释就已经'设定了的'东西是先行给定了的，这就是说，是在先行具有、先行视见、先行掌握中先行给定了的。"① 在伽达默尔那里，"主观预设"被称为"前理解"，它已经构成了阐释活动历史性形成的重要因素，也构成了阐释主体进行阐释活动的首要条件："一切诠释学条件中最首要的条件总是前理解，这种前理解来自于同一事情相关联的存在（im Zu-tun-haben mit der gleichen Sache）。正是这种前理解规定了什么可以作为统一的意义被实现，并从而规定了对完全性的先把握的应用"② 当然，"强制阐释论"并不反对阐释学意义上"前结构""前理解"，并对它们和"前置立场"作了区分性说明。认为，前者是"隐而不显"的、模糊的、不明确的作为解释发生背景而存在，而后者是目标清晰的、自觉主动的，或者干脆说是主观故意的。按照上文的分析，无论是"前置立场"还是"前置模式"都已经进入了阐释学历史性或阐释循环的内部，一定程度上它是历史和文化强加给具体阐释者的。它不是阐释者主观故意、主观选择能改变和左右的问题。所以"主观预设"中的"主观"只是假象，"预设"才是关键。而"强制阐释论"认为，"主观"是关键，"主观"可以改变"预设"，进而反对"主观预设"对阐释活动的介入，其实这是"本质论"模式下的一厢情愿。在这里，体现出的是"本质论"一贯坚持的"自足论"思维。正是在"本质自足性"意义上理解事物，才会认为，阐释之前可以没有"前置立场""前置模式"，

---

① ［德］海德格尔：《存在与时间》，陈嘉映、王庆节译，生活·读书·新知三联书店2000年版，第176页。

② ［德］伽达默尔：《真理与方法》，洪汉鼎译，上海译文出版社2002年版，第378页。

阐释活动可以在纯粹客观意义上或"自然化"状态中进行。而实际上，这是无法做到的。

最后，"强制阐释论"的"本质论"特征最充分、最直接地体现在"本体阐释"的理论诉求中。相对于它所批判的"强制阐释"，"强制阐释论"提出了"本体阐释"概念，即"以文本为核心的文学阐释，是让文学理论回归文学的阐释"。在此，它特别强调，"'本体阐释'以文本的自在性为依据。原始文本具有自在性，是以精神形态自在的独立本体，是阐释的对象"。这样，"文本的自在性"就成了"本体阐释"的依据和关键。那么何谓"文本的自在性"呢？答曰：它"是指文本自身的确当含义是自在的。这个确当含义隐藏于文本的全部叙述之中。叙述一旦完成，其自在含义就凝固于文本，他人，包括作者无法更改"。文学阐释的基本要义就是"对文本自在含义的阐释"。换言之，"本体阐释"的目的就是阐释"文本的自在性"，或者干脆说"本体阐释"即"文本自在性阐释"。至此，我们已经可以看到，前面批判"强制阐释"种种说法的隐形理论依据，现在终于浮出了水面。我们也不难看到，这种理论思路与20世纪上叶英美新批评是非常相似的。需要指出的是，笔者没有把这里的"本体阐释"称为"本质主义"的，而是称之为"本质论"的，这是因为，它并没有完全在单一、封闭、静止的意义上理解"文本的自在性"。在它看来，"本体阐释"或"文本自在性阐释"不能一蹴而就，而需要通过"核心阐释、本源阐释和效应阐释"三重阐释、三重话语来实现。"核心阐释"是对文本"自身确切含义"或文本"原生话语"的阐释，它是"作者能够传递给我们，并已实际传递的全部信息"，它构成了"本体阐释"的第一层次；"本源阐释"阐释的是"创作者的话语动机，创作者想说、要说而未说的话语，以及产生这些动机和潜在话语的即时背景"，它构成了"本体阐释"的第二层次；"效应阐释"是"对在文本传播过程中，社会和受众反应的阐释"，它构成了"本体阐释"的第三层次。就是说，"强制阐释论"还是在一个较为开放和流动意义上理解文本意义的，这里似乎有了"建构论"的味道。不过，我们也不能就此说他已经走向了"建构论"，因为，它坚持把"精神形态自在的独立本体"作为文本的终极解释，文本一旦完成了，它的意义是他人包括作者都无法更改的。如此才会有"核心阐释"是中心、"本源阐释"只能是"对核心阐释的重要补充"、"效应阐释"只能是"验证核心阐释确正性的必要根据"的说法。① 总体上，"本体阐释"走的是古典阐释学亦即被现代阐释学批评为独断型、决定论的阐释学的路子。它以回到某种客观、固定、自足性意义为旨归，其背后遵循的是"本质论"思维方式和理论法则。

三

回顾 21 世纪中国当代文艺学的两次论争，"反本质主义"最大的理论成果是让人们认识到，"本质主义"需要抛入历史的垃圾堆，无须任何留恋。但留下了一个并未澄清的问题，即应该如何看待文学理论中的形形色色的"非本质主义本质论"；"强制阐释论"的理论成果是让人们警惕雄霸一时的现当代西方文论并非完美范本，今天到了严正反思的时刻。问题是，"反本质主义"花大力气开拓出来的"建构""关系"等思路是否需要继续？中国当代文论又再次回到文学"自足论""自律论"老路上来是否可取？需认真讨论的更根本问题是，当代文艺学必须要在"本质论"范式中打圈圈吗？当代文艺学能否突破和如何突破"本质论"范式的怪圈？在笔者看来，中国 21 世纪文艺学建设需要反思的不仅仅是"本质主义"和"强制阐释"，还应深入到理论基础层面，对"本质论"范式进行反思。目前，中国 21 世纪文艺学建设的关键不是在"本质论"范式内部继续制造话题，而应是认清"本质论"范式的缺陷，进而在思想上明确，今天，还沉迷于 20 世纪中叶之前盛行的"本质论"，并将之奉为主流文论形态，不符合当代文学、文论发展潮流。21 世纪中国文艺学应立足于 20 世纪以来现当代哲学人文学术的研究成果，寻找符合当代需要的理论范式，回应今天的文学文论现实，推动文艺学开拓出新的发展道路。

---

① 毛莉：《当代文论重建路径：由"强制阐释"到"本体阐释"——访中国社会科学院副院长张江教授》，《中国社会科学报》2014 年 6 月 16 日。

文艺学"本质论"范式具有难以克服的先天缺陷。这一问题上面已有所涉及，此处再作些深化。文艺学"本质论"范式是西方哲学"本质论"在文论上的落实与延展，而哲学"本质论"又是西方哲学本体论的变种或具体形态。西方传统哲学"本体论"（Ontology），以把握"存在"（On）为最终目的。它的具体把握方式是：以抽象的逻辑演绎方式特设出某个终极存在者，并以此作为解释一般存在者存在的依据。这个终极存在者在古希腊即巴门尼德的"一"、柏拉图的"相"或"型"（Idea, Eidos）、亚里士多德的"本体"（Ousia）。到了亚里士多德这里，"本质"得到了系统表述。在亚氏的"形而上学"中，"本体"（Ousia）是"存在"（On）10个范畴的首要范畴，处于基础和决定地位。而"本体"的4项内容中，"是其所是"（totieneinai）最为重要，被规定为决定事物之为该事物的恒久不变属性。近代西语学者多把 totieneinai 理解为"本质"（Wesen, Essence），为了强调"本质"在"本体"的决定性意义，有人直接把 Ousia 翻译为 Wesen 或 Essence。黑格尔哲学的核心概念"绝对精神"（absoluter Geist）保留了 Ousia 和 totieneinai 的基本意义，亦即它的 Wesen（本质）意义，同时赋予它以主体性和运动性。黑格尔说："哲学的任务或目的在于认识事物的本质，这意思是说，不应当让事物停留在它的直接性里，而须指出它是以别的事物为中介或根据的。事物的直接存在，依此说来，就好象是一个表皮或一个帷幕，在这里面或后面，还蕴藏着本质……事物中有其永久的东西，这就是事物的本质。"① 这句话适用于大多数西方近代认识论哲学，认识论哲学的目的还是要把握"存在"，其基本路径和思维方式则是通过把握"本质"达到把握"本体"的目的，再通过把握"本体"达到把握"存在"的目的。在这个意义上，西方近代认识论哲学还属于"本质论"哲学。通过如上简单描述可以发现，"本质论"哲学的一些思维缺陷：首先，它采用了以部分代整体的和决定论的思维方式。尽管"本质"可能是"本体"的首要方面，"本体"是"存在"的首要方面，但忽略了存在者非"本质"的、非"本体"的方面，而认为抓住了"本质"就

---

① ［德］黑格尔：《小逻辑》，贺麟译，商务印书馆2003年版，第242页。

等于抓住了"本体"、抓住了"本体"就等于抓住了"存在",是武断的、片面的和决定论的。其次,会形成"本质"中心主义。即当"本质"被确定为"存在"的重中之重后,自然它也被置于了中心地位,并形成对非"本质"方面或因素的统治和支配。而一旦某种处于中心位置的"本质"自我膨胀和滥用特权,就可能造成诸多严重后果。人们常说的各种中心主义——"理性中心主义""人类中心主义""男性中心主义""西方中心主义",等,就是"本质"中心主义的具体化。今天,这些中心主义已经给人类带来了各种灾难性后果。再次,导致"本质"还原主义。如果"透过现象看本质"和"以部分代整体分析法"的过度使用,就可能造成对现象世界中非"本质"性的存在方面和因素的忽视、轻视和盲视,就可能把丰富多彩、多元立体的现象世界简化或还原为简单的、一元的本质,并自以为抓到了简化、单一的"本质"就已经把握到了存在整体和存在本身。最后,形成"本质论"的基础主义。上述几个特点叠加在一起,可能会给"本质论"带来一种错觉:探究世界和存在者的"本质"就是哲学的终极目的,而以这一目的为旨归的"本质论"哲学就应该成为其他人文学科的理论基础。

哲学"本质论"思维方式运用于文学理论,也使它的种种缺陷被保留了下来。"本质论"文论的基本目标也是企图通过"透过现象看本质"和"以部分代整体"方式达到把握文学存在本身的目的。具体做法是,把文学整体活动中的某个局部过程或环节看成是决定性,人为将之抽离出来进行抽象分析,最后把这一局部性存在属性宣布为文学"本质",并就此认为已经一劳永逸地解决了文学的基本问题。文论史上,古老的"模仿说"及其各种后世变体——"镜子说""再现说""反映说""能动反映说""审美反映说"等,无不是着眼于文学活动中的"世界—作品"或"世界—作家—作品"的局部环节和关系,做出关于文学是对世界或某种"客观精神"的模仿、反映、再现等"本质"规定。表现说及其各种变体——"直觉表现说""本能升华说""精神主体说""人类学本体论说"等,都是立足于文学活动的"作家—作品"环节和关系,将作家的主体方面,诸如心灵、情感、潜意识、生命能量等的表达、表现规定为文学"本质"。我们知道，20世纪初开始，"本质论"成为哲学反思和批判的对象，但文论领域仍滞后性地延续到20世纪中叶。如上所述，广义形式主义文论主要是立足于文学活动的"作品"这一单一环节，从语言形式、叙事结构等方面做出了文学"本质"的种种规定。

西方文论自20世纪中叶之后，进入了一个新的发展阶段。现象学文论、接受美学、阐释学文论逐渐抛弃了"本质论"思路，而是以一种新的哲学眼光关照文学存在问题。这种新的哲学思想在具体流派中表述不同，但将之统一称为"现代存在论"应该是成立的。"现代存在论"不再追问作为存在者"本质"或"是什么"的问题，而是追问存在的"如何是"问题。它立足于存在者的整体而非某个部分（尽管可能是重要的具有决定意义的部分），通过分析存在者的如何存在即存在方式达到把握存在本身的目的。以"现代存在论"为哲学基础建构的文学理论即存在论文艺学。它主张立足文学活动整体、文学文本全貌对文学进行综合性和总体性研究。这一点是适应近半个世纪以来中西方文论发展的大趋势的。有学者曾对这一趋势作过阐述：20世纪后半叶以来，"一种综合性、总体性研究早就显现出了强劲的发展态势。例如，杜威的实用主义批评、英伽登的现象学美学、萨特的存在主义文论等等，都不约而同地加强了对研究对象的综合性探讨和整体性把握，他们都注意到了传统文论将作家、作品和读者割裂开来进行孤立研究的缺陷和不足。在这一方面，现代解释学和接受美学的理论自觉性表现得更为突出"[①]。存在论文艺学反对传统"本质论""本体论"关于文学某一固定、单一、一元"本质"和"本体"的追索，不赞同一些文化研究派所主张的文学相对主义和意义虚无论，也不同意所谓文学"本质"多元论和在历史、语境、关系中有条件地把握文学"本质"的做法。存在论文艺学把文学存在方式和文学存在价值看成两大基本研究主题，在这两大基本主题形成的基本框架下开展文学具体问题研究。文学存在方式研究，即研究作为存在者诸文学要素和整体文学现象是如何存在的，它是以何种状态、结构、面貌整体性地呈现在我们面前的。按照笔者的浅见，这些

[①] 陈定家：《文本意图与阐释限度》，《文艺争鸣》2015年第3期。

文学存在者包括世界、作家、作品、读者、媒介等具体要素，前四个要素被作为文学活动第五要素的媒介连成一个整体，形成活动过程。文学存在价值研究是对文学存在方式研究的进一步推进，即研究文学存在方式或文学活动对于人而言的价值。文学活动之于人的价值是存在论层面的，即关乎人对最根本的意义性"存在"本身追索、感悟的问题。正是在文学活动中，人"在世界中存在"的状态发生了不同于一般现实世界中的变化。此时这个"世界"是文学艺术的世界，人"在世界中存在"就具体化为了人"在艺术世界中存在"。这个艺术世界是不同于现实的超越性世界，它是个虚构世界，是个虚拟世界，是个可能世界。在这一世界中的作者以艺术创造方式不断追问意义（存在）、探索意义（存在），并将理解、感悟的意义投入文本；读者则根据"前理解"阐释文本，这种阐释不可能是对文本固定意义的还原。在文学活动中，意义不可能是"自洽""自主""自在"的。作者投入文本中的意义如果还处于静止凝固状态，只是文学意义发生的潜在状态，还算不上真正的文学意义。真正的文学意义是在主体间交流、"谈话"中不断生成、涌现、绽放出来的，并以这种方式存在着的。随着意义（"存在"）的不断发生，人的存在状态也在不断变化，不断走向澄明境遇。

　　存在论文艺学在中国当代文论发展中早已展露过头角。20世纪90年代，在实践美学争鸣中涌现出了"存在论美学"，后来有学者把现代存在论思想与马克思的实践哲学结合在一起，形成了"实践存在论"美学。此外，后实践美学中的"生命美学""超越美学"也积极吸收了存在论思想，尽管有理论变形的状况。20世纪90年代末，有学者把存在论思想用于对生态美学的研究，改造了"认识论生态美学"，形成了"生态存在论"美学。这些以存在论为理论基础的各种美学思想，给存在论文艺学提供了方法论和理论资源。在文艺学领域，早在20世纪80年代文艺学方法论的讨论中，有学者就曾倡导过文学存在方式研究。之后，关于文学存在方式的研究尽管未进入主流视野，但一直没有中断。最近几年，笔者不揣浅陋，从今天的新媒介文化、文学现实出发，将现代存在论与现代媒介学研究结合在一起，提出了"媒介存在论"思想，并以此为哲学基础努力建构媒介文艺学,可以被视为当代存在论文艺学研究的一支。当然,关于存在论文艺学的研究,还存在着诸多问题。比如,20世纪90年代有学者把艾布拉姆斯、刘若愚倡导的文学活动四要素说引入中国,并与马克思的人的活动理论相联系,构造中国当代文学活动论,其中就有着存在论文艺学的理论观念。而理论界却把它看成是文学"本质论"的一种。更有学者把存在论中的"存在"也看成一种"本质",倡导"存在论的本质主义"。这种将存在论混淆为"本质论"、将文学存在方式混淆为文学"本质"的问题亟须认真清理。

　　总之,在"反本质主义"和超越"本质论"范式之后,在今天的理论多元化背景下,建构现代存在论文艺学应该成为文艺学建设的重要选择之一,它蕴含着推动中国当代文艺学走向新发展阶段的强大力量。

第四编

研究综述

"强制阐释论"的回应与思考[*]

李庆本　凌淑珍[**]

一　"强制阐释论"的提出及其内涵

最近几年,张江提出的"强制阐释论"在国内外文艺理论界受到普遍关注。这种讨论对于如何评价百年来的西方文论,如何看待西方文论阐释中国文艺实践的有效性,如何建设中国文论体系和文论话语,都具有重要的价值,理应受到关注。

2012 年 10 月,张江发表《当代西方文论:问题和局限》,从六个方面分析了当代西方文论所存在的问题:"向内转"走向、自我中心主义、非理性主义、"形式崇拜"、"反教化论"、精英主义取向,首次将批判的锋芒指向西方文论,可以看作是"强制阐释论"提出的先声。张江明确提出,我们要怀着批评的态度清醒地认识当代西方文论,并在此基础上,"以中国的文艺实践和文艺经验为基础",重建中国文论体系和文论话语。[①]

2014 年 5 月,张江发表《当代西方文论若干问题辨识——兼及中国文论重建》,在深入辨析引入国内较早并产生重大影响的弗洛伊德的精神分析和俄国形式主义等几个西方文论流派的基础上,进一步

---

[*] 本文原刊于《中国社会科学院研究生院学报》2017 年第 5 期。
[**] 作者单位:李庆本,杭州师范大学艺术教育学院;凌淑珍,西北农林科技大学外语系。
① 张江:《当代西方文论:问题和局限》,《文艺研究》2012 年第 10 期。

指出当代西方文论的主要局限有:"脱离文学实践,用其他学科的现成理论阐释文学文本、解释文学经验,并将之推广为普遍的文学规则;出于对以往理论和方法的批判乃至颠覆,将具有合理因素的观点推延至极端;套用科学主义的恒定模式阐释具体文本",① 再次将批判的锋芒指向西方文论。

《中国社会科学报》于2014年6月16日刊登了题为《当代文论重建路径:由"强制阐释"到"本体阐释"——访中国社会科学院副院长张江教授》的长篇访谈。在这次访谈中,张江首次提出"强制阐释"这一概念。2014年9月,在"当代中国文论:反思与重建"学术研讨会上,张江提出"强制阐释论是当代西方文论的基本特征和根本缺陷之一"的观点,引起与会者的高度重视和热烈讨论。

2014年11月,张江发表《强制阐释论》,全面阐发了他对于这一问题的见解。张江敏锐地察觉到,虽然过去一百多年以来的当代西方文论打破了希腊以来的理论传统,以其丰富的想象力和创造力,促进了当代文艺理论的强劲发展,但是强制阐释却如阿喀琉斯之踵一样,成为制约当代西方文论有效性的根本缺陷。张江在文中指出:"强制阐释是指,背离文本话语,消解文学指征,以前在立场和模式,对文本和文学作符合论者主观意图和结论的阐释。其基本特征有四:第一,场外征用。广泛征用文学领域之外的其他学科理论,将之强制移植文论场内,抹煞文学理论及批评的本体特征,导引文论偏离文学。第二,主观预设。论者主观意向在前,前置明确立场,无视文本原生含义,强制裁定文本意义和价值。第三,非逻辑证明。在具体批评过程中,一些论证和推理违背基本逻辑规则,有的甚至是逻辑谬误,所得结论失去依据。第四,混乱的认知路径。理论建构和批评不是从实践出发,从文本的具体分析出发,而是从既定理论出发,从主观结论出发,颠倒了认识和实践的关系。"② 随后,张江不断深化论述"强制阐释论"的具体层面问题。如"理论中心论"、作者意图、

---

① 张江:《当代西方文论若干问题辨识——兼及中国文论重建》,《中国社会科学》2014年第5期。

② 张江:《强制阐释论》,《文学评论》2014年第6期。

多元阐释须以文本"自在性"为依据、阐释的边界、批评的公正性、批评的伦理、前置结论与前置立场、场外理论的文学化问题、主观预设、阐释模式的统一性、文学不能虚无历史等。

2015年2月,张江在《关于场外征用的概念解释——致王宁、周宪、朱立元先生》一文中,集中讨论了强制阐释的一个重要特征——场外征用,指出从20世纪初开始,当代文论明显表现出模仿、移植、挪用其他学科的理论和方法来服务于自己的话语和理论体系的走向。场外征用表现为三个特征:其一是"强制",即"许多概念、范畴,甚至基本认知模式都从场外直接取来,强行用作文学场内的基本范式和方法,直接侵袭和消解了理论与批评的本体意义,使文学的理论背离了文学"。其二是解构,即用场外理论"强制文本,使文本服从理论"。其三是"重置",即打乱原生话语,"重新组织、转换为场外理论指定的话语"。①

张江承认当今跨学科和超学科的现象已成为大势所趋,但他认为场外理论的有效应用,必须以场外理论的文学化作为前提,并从以下几个方面理解场外理论的文学化:其一,理论的应用必须指向文学并归属文学;其二,理论的成果落脚于文学并为文学服务;其三,理论的方式是文学的方式。②

关于强制阐释的特征之二——主观预设,张江认为,包含三方面的内涵:一是前置立场,这是指批评者的站位与姿态已预先设定,批评的目的不是阐释文学和文本,而是要表达和证明立场,且常常为非文学立场。二是前置模式,这是指批评者用预先选取的确定模板和式样框定文本,作出符合目的的批评。三是前置结论,是指批评者的批评结论产生于批评之前,批评的最终判断不是在对文本实际分析和逻辑推衍之后产生,而是在切入文本之前就已确定。③

张江严格区分"前见"(包括"视域")与"立场"。他认为前

---

① 张江:《关于场外征用的概念解释——致王宁、周宪、朱立元先生》,《清华大学学报》(哲学社会科学版)2015年第2期。
② 张江:《场外理论的文学化问题》,《探索与争鸣》2015年第1期。
③ 张江:《强制阐释的主观预设问题》,《学术研究》2015年第4期。

见是无意识的,是理解者在所处的文化传统中形成的理解文本前的知识背景和认知模式;①"立场是一种主动、自觉的行为表达,是一种清醒意识的选择。它经过理论的过滤和修整,且以进攻的姿态而动作"。② 在严格区分"前见"与"立场"的基础上,张江得出"立场"乃是导致强制阐释的真正根源的结论。张江认为批评视角的选取和确立的唯一牢靠的办法就是基于文学文本,除此以外别无它法。另外,张江在《前置结论与前置立场》中深入分析了强制阐释的核心和关键问题——前置结论以及立场的关系,并详细解释了在自觉的强制阐释和非自觉的强制阐释这两种不同现象中前置立场、模式、结论的相互关系、作用和分配比重。张江认为对非自觉的强制阐释过程来说,哪怕先有了立场和模式,只要能坚持"交谈"而非"独白",坚持"调节"而非"同化",在认识过程中不断修正、否定自己的意见或偏见,就能避免强制阐释。但是对自觉的强制阐释行为而言,它很难出现与文本的平等对话和立场的相应调节。在自觉的强制阐释中,前置立场、模式和结论,是其有目的的、主动的行为;而非自觉的强制阐释虽然不去预设立场、模式、结论,但其一旦固执于前见,立场和结论就可能随之而出,阐释者本人也难以察觉。前见的隐蔽性与非自觉状态,不会确定模式和结论。而立场的自觉性和进攻姿态必然决定模式和结论的选择。固执于前见,也必将影响阐释者的态度。③

针对当今西方文论普遍否定作者意图的偏执倾向,张江在2016年连续发表《作者能不能死》《"意图"在不在场》两篇文章,详细讨论作者意图对于理解文学文本的重要性。张江明确指出,当今西方文论总体上否定作者及其意图的存在,对文本作符合论者目的的强制阐释,最终导致当代阐释学研究走上了相对主义、虚无主义的错误道路。他呼吁读者应该深入研究生产作者意图进而生产文本的历史传统和社会实践语境,应该回归文本,尊重作者意图,这样才能保证正确

---

① 张江:《前见与立场》,《学术月刊》2015年第5期。
② 张江:《强制阐释的主观预设问题》,《学术研究》2015年第4期。
③ 张江:《前置结论与前置立场》,《北京师范大学学报》(社会科学版)2015年第4期。

认识文本并给予确当的阐释。

张江还从职业批评家的职业伦理和批评公正的角度论证当今西方文论中出现的根本缺陷即强制阐释。张江在《批评的公正性》中指出，对文本和作者的强制阐释，违背了批评的伦理，失去了批评应有的公正性。"从道德论的意义上说，公正的文本阐释，应该符合文本尤其是作者的本来意愿。文本中实有的，我们称之为有，文本中没有的我们称之为没有，这符合道德的要求。"① 他呼吁专业批评家要从职业批评伦理出发，要承担起揭示客观文本本来含义的重任。如果职业批评家不从文本原意和作者意图出发，"为了证明阐释者的前置结论，将阐释者意志强加于文本，以论者的意志决定阐释，这明显违反批评伦理的道德律令。"②

二 国内学者对"强制阐释论"的回应

"强制阐释论"涉及当代西方文论很多具体问题。为了深化理论研究，朱立元、王宁、周宪诸位学者与张江以通信形式展开对话，其研讨成果在《文艺研究》《清华大学学报》《探索与争鸣》《学术研究》《社会科学战线》《学术月刊》等学术刊物发表，由此引发有关"强制阐释论"的广泛而热烈的讨论。《文艺争鸣》杂志社于2015年1月和7月两次召开有关"强制阐释论"的研讨会。2015年4月，在北京举办的"当代西方文论的有效性"国际高层论坛上，来自美国、英国、俄罗斯等国的专家学者围绕"强制阐释"问题与国内学界展开了交流和对话。

国内学者都普遍同意场外借用在文学批评中有其必然性和普遍性，认为当今跨学科趋势更使得文学理论不可避免地受到场外理论的影响，有些影响还是积极、有效的。周宪在《场外理论的场内合法性》中建议我们需要在文本的审美价值、形式特征和社会历史方法这

---

① 张江：《批评的公正性》，《中国文学批评》2015年第2期。
② 同上。

两种方法之间保持"必要的张力"。① 朱立元在《关于场外征用问题的几点思考》一文中，提出应该对真正的场外征用与有一定合理性的场外借用（利用）做出严格的区分。比如弗洛伊德的精神分析学派也应该从弗洛伊德的前后期、其本人和其学生不同的分析来做具体分析，不应该统一界定为和文学无关的场外征用而一概否定。② 王宁在《也谈场外理论与文学性——答张江先生》和《场外征用与文学的跨学科研究再识——答张江先生》中建议我们要区分比较文学的跨学科研究中场外征用的不同情况："生态批评家在阐释文学现象时也有着两种取向：其一是从文学文本出发，借助于生态学的理论视角来重新审视文学，力图使自己的阅读丰富文学意义的阐释；另一种取向则是您所批评的那样，以生态学的理论对文学文本进行强制性的阐释，其最终目的在于实现自己更大的'野心'。"③ 姚文放在《"强制阐释论"的方法论元素》一文中认为，文学理论借助其他学科以建构自身已成惯例，由来已久，但关键在于，这种借用、沿用和移植必须依靠文学实践的内生动力，必须达成与文学经验的强力碰撞和深度融合，必须考量"场外"的其他学科理论与"场内"的文学实践和文学经验是否具备较高的互洽性和交融性。否则这种"场外征用"就是生搬硬套、生吞活剥，不仅伤害了文学，也伤害了引进的理论。④

关于"强制阐释论"的主观预设特征，国内学者整体上是赞同张江的观点的，也有学者对其中某些看法进行了补充和完善。他们普遍认为前置立场和前置模式在文学研究中实际上有其合理性和必然性，问题的关键是如何避免前置结论。周宪在《文学的对话性与文学研究的对话性》中指出强制阐释的关键并不在于研究者是否有"前见"或"立场"，避免强制阐释的方法取决于在其阐释过程中阐释者在保持自己的价值立场的同时，能与阐释对象保持一种积极、平等的对话

---

① 周宪：《场外理论的场内合法性》，《学术争鸣》2015年第1期。
② 朱立元：《关于场外征用问题的几点思考》，《清华大学学报》（哲学社会科学版）2015年第2期。
③ 王宁：《场外征用与文学的跨学科研究再识——答张江先生》，《清华大学学报》（哲学社会科学版）2015年第2期。
④ 姚文放：《"强制阐释论"的方法论元素》，《文艺争鸣》2015年第2期。

关系。① 朱立元在《也说前见和立场》中认为立场有时候也是不自觉、无意识、身不由己的，或直觉的，以模糊、潜意识、不自觉的方式发生作用。这个"立场"毫无疑问就是前置的，但这个前置立场也是正面的、必要的，而且不可规避的。② 王宁在《文学批评的预设和理论视角》中认为文学研究者和批评家从生态批评的理论视角出发来解读文学作品中表现的生态环境主题，其旨归仍然是文学，其批评实践为当代文学批评开辟了一个新方向，这种批评不应该归入主观预设中。我们从西方引介到中国的一批女性主义理论家严格说来并非都是专事文学研究的批评家，即使有些可算作文学批评家，其兴趣也不主要在文学上。③

关于作者意图和在场问题，国内学者普遍认为，不应该把作者没有的意图强加给作者和文本，同时呼吁要尊重读者的阅读体验。朱立元在《文学批评的任务主要不在于还原作者的意图》中，认为作者的创作意图是不确定的、也难以确定的，更不是唯一的、权威的。④ 周宪在《从文本意义到文学意义》中强调以歧义、多义和不确定性形式出现的文本意义是正常的，作者意图、文本语义、批评家或读者理解的意义相互交错。⑤ 王宁在《阐释的有效性和文学批评伦理学》一文中认为，阐释要多元化，即兼顾作者意图和读者体验。⑥

三 国外学者对"强制阐释论"的回应

"强制阐释论"在国外学界也引起了积极的回应。俄罗斯著名刊物《十月》2015 年第 1 期全文发表了张江的《强制阐释论》一文。2015 年 6 月，由《中国社会科学报》、俄罗斯《十月》杂志、俄罗斯

---

① 周宪：《文学的对话性与文学研究的对话性》，《学术月刊》2015 年第 5 期。
② 朱立元：《也说前见和立场》，《学术月刊》2015 年第 5 期。
③ 王宁：《文学批评的预设和理论视角》，《学术研究》2015 年第 4 期。
④ 朱立元：《文学批评的任务主要不在于还原作者的意图》，《中国文学批评》2015 年第 2 期。
⑤ 周宪：《从文本意义到文学意义》，《求是学刊》2015 年第 5 期。
⑥ 王宁：《阐释的有效性和文学批评伦理学》，《求是学刊》2015 年第 5 期。

科学院高尔基世界文学研究所、"洛谢夫之家"俄罗斯哲学和文化图书馆在莫斯科联合举办了"东西方文学批评的今天和明天"国际学术研讨会。在这次国际专题研讨会上,张江的《强制阐释论》所提出的问题也成为了研讨的中心。

当今耶鲁学派代表人物、著名的文学理论家希利斯·米勒就这个问题与张江展开了多次通信,相关成果已发表在《文学评论》《文艺研究》以及由国际比较文学协会和美国比较文学学会共同主办的权威刊物《比较文学研究》(Comparative Literature Studies)上。① 王宁和王敬慧较为详细地介绍了米勒和张江之间的对话。王宁在《再论中国文学理论批评的国际化战略及路径》一文中,重点讨论了张江和米勒对话中所涉及的阅读、理解和阐释文学作品时碰到的许多重要的理论问题。如解构主义是仅仅要摧毁文本,还是同时也有着积极的建构性的一面?当代文学批评论著是否可以成为经典?如果可以的话,那么,随着时间的推移,一部文学批评著作如何才能成为经典?②

另外,巴黎政治学院兰斯分校教授科莱特·卡墨兰(Colette Camelin)、俄罗斯科学院世界文学研究所副所长瓦基姆·波隆斯基(Vadim Polonsky)、德国学者、前柏林文学与文化研究中心负责人西格丽德·威格尔(Sigrid Weigel)、芝加哥大学罗曼语言文学系教授托马斯·帕威尔(Thomas Pavel)等人也纷纷刊发文章,参与到关于"强制阐释论"的热烈讨论之中。③

芝加哥大学罗曼语言文学系教授托马斯·帕威尔在《批评的宽

---

① Zhang Jiang & J. Hillis Miller, "Exchange of Letters About Literary Theory Between Zhang Jiang and J. Hillis Miller", *Comparative Literature Studies*, vol. 53, no. 3, 2016, pp. 567–610.

② 王宁:《再论中国文学理论批评的国际化战略及路径》,《清华大学学报》(哲学社会科学版)2016年第2期。

③ Sigrid Weigel, "Literature, Literary Criticism and the Historical Index of the Readability of Literary Texts", *Social Sciences in China*, vol. 37, no. 3, 2016, pp. 175–185; Colette Camelin, "On 'Imposed Interpretation' in Literary Criticism: The Issue of 'French Theory'", *Social Sciences in China*, vol. 37, no. 3, 2016, pp. 157–167; Vadim Polonsky, "The Academic History of Literature and Art as a 'Disease of Interpretation': On the Paradoxical Nature of Interdisciplinary Boundaries", *Social Sciences in China*, vol. 37, no. 3, 2016, pp. 168–174; Thomas Pavel, "Critical Latitude", *Social Sciences in China*, vol. 37, no. 3, 2016, pp. 148–156.

度》一文中,首先肯定了张江对西方文论中所存在的强制阐释倾向的批判,赞成西方文论中确实存在"割断与历史传统的联系、否定相邻学派的优长、从一个极端转向另一个极端,以及轻视和脱离文学实践、方法偏执与僵化、话语强权与教条等问题"。① 帕威尔详尽回顾了西方阐释学的发展历程,指出先于阐释行为的主观预设是与欧洲文学研究的演变一路发展而来的伴生现象。他还将张江所提出的文学研究领域存在的主要缺陷归因于美国高等教育,并高度评价张江提出的"强制阐释论"对文学研究的重要意义和启示。

柏林文学与文化研究中心的西格丽德·威格尔在《文学、文学批评及文本可读性的历史指数》中谈及强制阐释时认为,在人们诠释文学文本时很容易将其"翻译"成另一个概念或语言,或将"翻译"后的概念和语言融入某种意义模式。这种翻译模式越强大,就越有可能在诠释文本时消解文本原意。威格尔用本雅明的"虚拟可构造性",呼应张江提出的文学批评应尊重作品这一重要观点。不过,威格尔认为由于文学与人类生活的各方面紧密相关,所以文学研究确实是一个跨学科研究领域。威格尔用本雅明的"历史指数"概念提出"综合性的文学批评"要求"历史和批判观察的渗透",文学批评者阅读和诠释文学文本的出发点应该立足于对所处的社会、文学作品产生的时代的研究。他提出"在文学批评中,中国的要务是寻找介于传统的生活方式、思维以及新的工作与生活方式之间的表达形式,并将其反映在文学理论的构建上"。②

巴黎政治学院兰斯分校的科莱特·卡墨兰发表了《源出"法国理论"文学批评的"强制阐释"》一文来回应张江提出的"强制阐释论"。科莱特·卡墨兰认为张江援引、阐释爱伦·坡的小说《厄舍老屋的倒塌》和陶渊明的诗作是具有说服力的。科莱特·卡墨兰认同张江的观点,认为无法将这两个文本与生态意识联系在一起,这种阐释违反时序。卡墨兰认为从女性主义角度来阐释《哈姆雷

---

① [罗马尼亚] 托马斯·帕威尔:《批评的宽度》,潘雯译,《文艺研究》2016 年第 8 期。
② [德] 西格丽德·威格尔:《文学、文学批评及文本可读性的历史指数》,薛原译,《文艺研究》2016 年第 8 期。

特》也是存在问题的。在卡墨兰看来，建构"超历史的、置诸一切时代和文本而有效的统一方法"是不可能的。和张江的观点相似，卡墨兰认为格雷马斯的结构主义语义学或者热奈特的叙事学，不能够充分理解文学。①

俄罗斯科学院世界文学研究所副所长瓦基姆·波隆斯基在《作为"阐释病"的经院派文艺学——兼论学科界线的悖论性》一文中说："张江教授所批评的那些阐释实践正是在西方文学中形成和确立的，而且毫无疑问的是，这些阐释活动当下依然拥有全球性影响。"② 瓦基姆·波隆斯基从学科发展史的角度，梳理了在作为语文学家的行吟诗人和作为阐释者的哲学家之间长期存在的、既相互敌对又相互依存的复杂关系，并重点围绕张江的系统发育的理论，提出了一些措施：让众多理论各就各位，保持对传统的忠诚，而且要直接参与实践活动。③

应该说，国外学者的参与，大大扩展了"强制阐释论"所涉及的问题的广度，增强了"强制阐释论"的国际影响力，进一步促进了中外文论的平等对话与交流。

四 对"强制阐释论"的思考

必须承认，张江并没有完全否认当代西方文论对中国文论的积极影响。他的着眼点在于西方文论阐释中国问题的有效性问题。在他看来，西方文化语境下的当代西方文论，与中国文化之间存在的语言差异、伦理差异和审美差异，决定了其理论应用的有限性。张江在辨识"强制阐释论"的概念、范畴和具体层面问题的基础之上，提出建构中国文论话语体系既不能简单地回归中国古代文论而排斥西方文论和中国当代文学的价值，也不能全盘接受西方文论而舍弃中国文论之精

---

① [法]科莱特·卡墨兰：《源出"法国理论"文学批评的"强制阐释"》，涂卫群译，《文艺研究》2016年第8期。
② [俄]瓦基姆·波隆斯基：《作为"阐释病"的经院派文艺学——兼论学科界线的悖论性》，刘文飞译，《文艺研究》2016年第8期。
③ 同上。

华,而要立足于民族性,要有自己的理论基点,合理整合中国古代文论资源、中国当代文学现象和西方文论精华。

我们认为,张江所提出的"强制阐释论"对于打破当前学界所存在的盲从西方文论的状况,拨正文艺理论从理论到理论而忽视文学文本的不良现象,都是有重要价值的。确如李春青所说:"在近三十年以来的中国文化语境中,西方文论一直处于绝对的强势地位,其'强制阐释'倾向也就显得格外突出,或许正是由于这个原因,张江的批判较之西方学者的反思更加深入而全面,也更加具有现实的针对性。"① 但作为一种新产生的理论,"强制阐释论"也存在着可以进一步完善的地方。基于此,学者们提出了不同的补充意见。

党圣元、陈民镇在《中国古代诗文评的思维与方法举隅——走出"强制阐释"的启示》一文中认为,中国古代诗文评密切结合文学实践、立足文本的尚实传统以及基于感性的审美体验,实际上为如何走出"强制阐释"提供了思路。传统诗文评与西方文论的差异,实际上根植于中国文化与西方文化的不同传统。它们之间,应该是共生共济的关系,应该以平等的姿态进行互利互补的对话。②

关于如何构建中国文学理论体系,在辨析中西方文化思维差异和各自存在的缺陷的基础上,吴子林认为中西方两种思维方式存在彼此并非完全对立的关系,理应进行融合、会通。因此用西方文学理论来解释中国古代文学并不是一无是处,重构中国文论话语体系须在坚持民族化方向的前提下,融会中西方文论的精髓。吴子林提倡要以中国概念重新诠释中国思想传统,要切实深深扎根于自身民族文化。这样我们才能与世界上最优秀的灵魂对话,才能创造出丰富世界思想的现代中国文学理论体系,真正"深邃壮大"国人的"精神生活"。③

我们认为,这些建议不论正确与否,对于深化"强制阐释论"的

---

① 李春青:《"强制阐释"与理论的"有限合理性"》,《文学评论》2015 年第 3 期。
② 党圣元、陈民镇:《中国古代诗文评的思维与方法举隅——走出"强制阐释"的启示》,《首都师范大学学报》(社会科学版) 2015 年第 6 期。
③ 吴子林:《走向中西会通的中国文论——兼论张江教授"强制阐释论"》,《文艺争鸣》2015 年第 9 期。

探讨，都是有一定积极意义的。对于任何一种概念、范畴和理论，在使用时都应该有适用的边界。如果将某种概念范畴和理论，无限制地扩大，很可能就会扼杀这种理论的生命力。这也是使用"强制阐释论"时须要解决的问题。

"反思与重构:'强制阐释论'理论研讨会"综述

李明彦

2015年7月24—26日,由《文艺争鸣》杂志社主办的"反思与重构:'强制阐释论'理论研讨会"在长春召开。来自中国社会科学院、北京大学、清华大学、北京师范大学、南京大学、澳门大学、华东师范大学、苏州大学、中山大学、吉林大学、东北师范大学、杭州师范大学、华侨大学、辽宁大学、沈阳师范大学、海南大学等高校和科研机构30余名学者参加了此次研讨会。

本次研讨会主要围绕"如何认识西方文论话语体系中存在的'强制阐释'问题""如何反思西方文论对中国的影响"以及"如何构建中国文论话语体系"三个主题展开,取得了丰硕的成果。

一 如何认识西方文论话语体系中存在的"强制阐释"问题

20世纪70年代末以来,当代西方文艺理论在中国成为显学,备受推崇,它成为评价和检验中国文学艺术实践的标准和文艺理论建设的基本要素,改变了中国文学理论的研究格局,对中国文学理论的现代转换起到了巨大的推动作用。然而,西方文艺理论的繁荣发展的背后,完全

---

* 本文系中央高校基本科研业务费专项资金资助项目(XS15009)成果,原刊于《文艺争鸣》2015年第8期。
** 作者单位:东北师范大学文学院。

适应中国经验并能推动中国文艺实践蓬勃发展的理论却少得可怜。这种悖论不得不让学界认真辨识和反思西方文论的缺陷。

近年来，中国文学理论界认为"强制阐释"问题的普遍存在，是西方文论的总体特征和根本缺陷。因此，如何认识西方文论话语体系中存在的"强制阐释"问题是此次研讨会与会学者关注的核心问题。不同研究领域的学者，从不同的角度对这一问题提出了自己的见解。

有的学者是从历时的角度来分析西方文论存在的"强制阐释"问题及其危害。张江（中国社会科学院）通过梳理20世纪西方文论的发展历程来呈现其存在的"强制阐释"问题。他认为，20世纪以来，西方文论蓬勃发展，它以惊人的想象力和创造力，推出了诸多重要的理论成果，对文学的发展起到了重要的推动作用，这是毋庸置疑的。但近30年来，由于轻视和脱离文学实践、方法偏执和僵化、话语强权的问题，西方文论也有诸多缺陷。根本的缺陷就是"强制阐释"，即脱离了文本话语，消解了文学指征，以前置的立场和模式，对文本和文学做出符合论者主观意图和结论的阐释。从阐释学的角度，看西方文论的主要缺陷就在于"强制阐释"。从1964年桑塔格提出"反对阐释"，到1967年赫施提出的"解释的有效性"，再到1990年艾柯提出"过度阐释"，西方的理论家业已开始反思文学阐释中存在的种种问题，"强制阐释"是这个理论链条上的一个新节点，是在对过去理论资源的总结基础上的一个推进。有关"强制阐释"的一些论点或许有些偏激，存在一些漏洞，有些论题还有待深入研究，但从这个视角来反思西方文论还是有必要的，值得大家去思考。"强制阐释"提出的一些问题，是一些文学原点问题和哲学原点问题，如"强制阐释"这个概念本身是否完备？如何理解"强制阐释"中的"前见"？前见在文本阐释中到底起什么作用？前见和立场是一回事吗？前见与视阈、定势、立场是什么关系？主观预设过程中，前置模式它到底起什么作用？这些问题，非常值得讨论，对于提高我们自己的文学建设水平是非常有意义的。张政文（中国社会科学院）通过勾勒西方阐释学的发展谱系来反思西方文论"强制阐释"的根源。他认为，从2014年开始，对西方文论中存在的"强制阐释"问题的反思，逐渐变成了一个在国内外学界产生影响的学术事件，很多学者都结合着自己研究的领域进行反思、批判、研究和拓展。它和20世纪80年代的美学大讨论、90年代的重写文学史、90年代后期日常生活审美化的讨论一样,会对中国的文艺理论建设产生重大影响。西方文论体系的确存在"强制阐释"的弊端,它的逻辑起点就是场外征用——将场外理论引进文学内部,构成文学的场内理论。场外理论本身没有问题,诸多文学理论都是场外的,学科多元化也是理论生长的新趋势。"强制阐释"的核心问题不是场外理论,而是场外"征用",即以前置的立场和模式,对文本和文学做出符合论者主观意图和结论的阐释。这是西方文论"强制阐释"的核心。从哲学的角度而言,它的出现是近几十年来,西方哲学中工具理性化的泛滥所导致的。党圣元(中国社会科学院)认为,20世纪以来,中国古代文论研究中"强制阐释"现象尤为突出,最主要的表现是以西解中、以西律中,这在相当程度上改写了中国古代文论的一些概念、现象和内涵。

许多学者结合自己的研究领域探讨了"强制阐释"问题之所以普遍存在的原因。高建平(中国社会科学院)从接受美学的角度来揭示"强制阐释"的危害。他认为,由于文本语言的不透明性,作者不能直接通达读者的,接受者会把自身的经验填充进去,对同样的作品会有不同的理解。这种理解可能和原来作品的意义有很大差别,因此很多批评理论就强调这种差异性。从接受层面而言,不同的读者面对同一部作品会做出不同的解释,但这种阐释需要一个度,需要受到批评伦理的制约,而西方文论中的许多"强制阐释"逾越了这个界限。我们要警惕和反对打着接受美学的旗帜去"强制阐释"文本,特别是要反对把文本作为理论的注脚而任意曲解。陈晓明(北京大学)以理论家布鲁姆为例来讨论西方理论家对"强制阐释"的认识。他认为,"强制阐释论"并不是一个耸人听闻的理论,它是当代学术进行自我反思时必然要做出的反应,它的提出在世界学术背景下去理解自有其合理性和必要性。"强制阐释论"还是现代学术必然要进行的一项工作。西方理论家也曾经意识到"强制阐释"的问题。如哈罗德·布鲁姆在《西方正典:伟大作家和不朽作品》中就认为一些社会性的学派,比如女权主义、解构主义、后殖民理论、身份政治等学派不是文学学派而是政治学派,他们实际上脱离了文学和西方的文学传统来讨论文学,强制性地把文学作为自己理论的注脚。这种"强制阐释"的传统也是值得我们反思和警惕的。王宁（清华大学）则认为，"强制阐释论"的提出是有它的逻辑背景和意义的。当下西方理论家虽然不断地制造新的理论，但和他们接触后发现，这些理论家的理论并不是建立在对文学作品的阅读上，相反，他们是远离当下的文学，他们的理论是没有经过历史的定评和理论的考验。许多理论家的目的就是要建立自己的话语体系，发出自己的声音，为了达到这一目的，往往不屑于对已有的理论进行重复，而是试图从新的视角对之进行质疑和批判。他们的做法往往是矫枉过正，通过提出一些极端化的观点来吸引同行的注意，这就导致了"强制阐释"问题的出现。贺绍俊（沈阳师范大学）一方面强调西方文论中普遍存在"强制阐释"现象，另一方面，他认为"强制阐释"并不是判断理论正确与否的唯一依据。他认为，"强制阐释论"的提出是从问题出发，有理论深刻性和锐利性。它不是一个孤立的概念，而是理论重构的一个环节，它是在一个理论群中设想的。"强制阐释"并不是西方文论中的唯一现象，但它是理论研究中普遍存在的现象，也是在具体运用理论过程中常有的现象。"强制阐释"的核心要害是用形而上学的观点僵化对待已有的理论成果，去生硬规范和剪裁不断发展变化的现实世界。

"强制阐释"是理论和现实相分离的论证方式，是与文学的审美实践相分离的。任何理论都有可能发生强制阐释的情况。因此，强制阐释并不是判断理论正确与否的唯一证据。赵勇（北京师范大学）从当下的文学理论危机现象入手，认为之所以出现危机，是由于今天的文学理论生产不是从文学出发，不是从文本本身出发，而是从理论到理论，成了理论的自我繁殖。西方文论中出现"强制阐释"的问题，也是由于当下文学理论生产方式出了问题，这对我们文论界是一个提醒，需要我们进行深刻的反思。杨冬（吉林大学）从理论话语自身的悖论出发，探讨了"强制阐释"现象出现的不可避免。他认为，任何理论一旦产生，必然以追求普遍性为目的，但理论的产生，都源自于对一些独特性现象的归纳总结，这种普遍性和独特性之间的裂隙使得理论在面对具体问题时会出现"强制阐释"问题。因此，当下文学理论问题的研究重点不是讨论是否存在"强制阐释"，而是要探究阐释的"度"。从"强制阐释"这一理论话题的意义出发并提出合理化建议来谈如何认识西方文论，也是许多学者讨论的出发点。高楠（辽宁大学）认为，"强制阐释论"最主要的理论价值在于它非常难得地提出了文学理论的"母题",给当下的文论界提供了一个相关的问题群,把在中国文论界延续了几十年的形式主义、解构主义、女权主义、生存主义、现代性与后现代性理论和流派席卷进来了。在这一"母题"的统摄下,新的理论问题会源源不断地释放出来。高小康(南京大学)用生物学的"转基因"理论形象地解读西方文论中存在的"强制阐释"问题。他认为,过度阐释和强制阐释之间是有差别的。前者并没有脱离文本,而是从文本出发,因阐释过度形成了理论的泡沫化,后者的核心是场外征用,脱离文本,从某个先在的理论概念出发强行对文学文本施以暴力,最后的结论是为了证明自己假设理论的正确。这种场外征用就是知识生产的"转基因化",与20世纪以来的反本质主义、反中心主义和解构主义是息息相关的。当下我们的任务并不是反对知识生产的"转基因化",而是要寻求和建构我们自身的理论话语方式,在"转基因化"的强大压力下建构我们自己理论话语。张福贵(吉林大学)则从当下文学批评的现状来谈"强制阐释"问题。他认为,"强制阐释论"的提出,是对西方文论的一次集中反思,反映出中国文论界的理论自信。在这一问题下,还有许多问题需要学界深入研讨,使之具体化和体系化。白杨(吉林大学)认为,"西方"这一指称过于笼统,在西方世界,不同的国家对"西方"的认知是不一样的,对"西方文论"这一概念应该有所区分。

二 如何反思西方文论对中国的影响

近百年来,西文文论的输入不仅对中国文论的现代转型起到了关键性的启动和示范作用,而且它在一定程度上影响了中国文学发展的进程。因此,如何认识和反思西方文论对中国文学发展的影响,是此次研讨会各位学者关注的又一重点。

许多学者通过回顾新时期以来西方文论在中国的发展历程来反思西方文论对中国的影响。张江(中国社会科学院)认为,对西方文论要有敬畏之心,新时期以来的西方文论改变了中国文艺理论的研究格局,没有它,中国文艺理论的局面不像现在这样先进、开放、深入和完整。

西方文论的进步意义大于消极意义,这是必须充分肯定的。在此基础上,我们还应该以更加开放的胸怀、眼光来学习、借鉴西方文艺理论,传播其精华,辨识其缺陷,舍弃其糟粕。张政文(中国社会科学院)认为,改革开放的40年来,我们学习和引进了诸多的西方理论,从模仿到借鉴、延展,取得了很多成绩,这是需要肯定的。40年过去了,现在到了反思和总结的时候了。中国文论界应该像黑格尔对启蒙运动的反思那样,重新思考西方文论对中国文论的意义和构建我们自己的理论体系等诸多问题。党圣元(中国社会科学院)认为,当下我们迫切需要对文艺理论的深入总结和反思,"强制阐释论"的提出是一个非常好的视点。"强制阐释论"作为一种问题意识和方法论,对于我们反思中国古典文论和中国古代文学批评史研究提供了非常好的问题阈。吴子林(《文学评论》杂志社)认为,"强制阐释论"的提出,是建立在对西方文艺理论有效性的思考之上的。我们在反思西方文论的基础上,应该引进并使之与中国经验结合起来。西方文论重逻辑思辨,中国文论重现实可能性,体现的是东方人的智慧,虽然它没有西方文论精确、容易推广和普及,但中国文论对现实可能性的重视使之更丰富和生动。中西方文论应该融合化通,而不是相互排斥,在坚持民族化方向的同时,实现中西方文论的汇通。

从西方文论自身存在的问题和特点出发,进而讨论和反思西方文论与中国文论的关系,这也是许多学者思考的路径。贺绍俊(沈阳师范大学)认为,反思西方文论对中国的影响,应该从当代西方文论的文化政治特征入手进行。从20世纪五六十年代以来,西方文论走向政治化,它强化了文学理论的政治元素的维度,热衷于对民权运动、学生运动、反战、生态运动、妇女运动等社会运动发言,成为激进的文化政治的一部分。西方文论的优点和缺点都体现在文化政治这一点上。无论是以性别政治为核心的女权主义文论,还是强调身份政治的后殖民主义,或者是强调历史文本、文学文本、物质实践、文化政治之间的互动关系的新历史主义,它们都是一种文化政治,把文学看成现实和意识形态的结合体,是统治阶级和被统治阶级之间展开意识形态斗争的战场。他们是把文学看作有着重要意识形态功能的载体,丢弃了文学的人文性和审美性。所以我们对当代西方文论的批判性反思,就有必要从文化政治这个入口进入。李春青（北京师范大学）认为，西方文论为中国古代文论的阐释提供了一个反思的视角，这是值得肯定的。但古今之间、中西之间有非常大的差异，简单地用西方的言说方式、思维方式来思考中国古代的文学思想，就是一种"强制阐释"。西方是以逻辑的方式来看待世界，中国古代是以美学的、非逻辑的方式来看待世界，两者之间的差异不能简单抹平，否则就会出现"强制阐释"的现象。罗岗（华东师范大学）认为，20世纪60年代后，"理论"一词才在英语文学研究界流行起来，但它也不断受到质疑，如拉塞尔·雅各比的《最后的知识分子》、艾伦·布鲁姆的《走向封闭的美国精神》、理查德·罗蒂的《构筑我们的国家》、特里·伊格尔顿的《理论之后》等著作，都对西方文论提出过种种质疑。因此，讨论西方文论对中国的影响，这些西方理论家自身的反思是值得我们借鉴的。

还有一些学者从文学批评的角度来讨论西方文论对中国文论的影响。朱寿桐（澳门大学）认为，西方文论对中国文学批评的影响可以分为四种情形。第一种是良性的。这些西方理论以审美经验方式介入我们的阅读和理论当中，即便是它存在某种强制阐释倾向，但它的强制性是一种善意方式跟我们进行一种理论的、审美的交流，对我们的文学批评是有益的，如丹麦文学理论家勃兰兑斯对鲁迅的影响。第二种是次良性的。西方理论进入文学批评领域，它对各种作品不顾主观意图进行理论性的"强制阐释"，但作为理论、批评方式有它存在的价值和合理性。第三种是次恶性的。即西方理论作为意识形态存在，有意要在文学和社会各个领域造成强势影响，它会带有某种恶意的后果。第四种是最恶性的。即这种西方理论本身没有要影响中国文学批评的意图，但我们把它作为被强制阐释的对象，甘心情愿为西方的理论提供实验场所，提供我们的数据，验证这些理论的正确性。这是很被动的，也是最恶性的。这种恶性不仅仅使我们在理论话语建构上极为被动，更使得在我们的批评实践中错误连连。张清华（北京师范大学）认为，新文化诞生以来，是西方文化的副本嵌入我们原有的文化母本之后产生的一个"宁馨儿"或者怪胎。西方理论作为一种工具和方法对我们认知自我和认知世界是非常必要的，也是不可替代的。我们作为一个有非常深远历史传统和文学理论传统的民族，从自身主体的角度必须思考如何构建自己的话语。反思不是否定，是需要具体对待的。在总体上要质疑，提出问题，具体问题具体分析。王尧（苏州大学）认为，西方文论之于现当代文学批评和文学史的意义是毋庸讳言的。从文体的角度而言，中国古代流行的文体是诗歌和散文，古代文论更多的是解决这两类文体所遇到的问题。而现当代文学的主要文体是小说，这类文体的解决还需要引进西方理论，做到西方文论的本土化。洪治纲（杭州师范大学）认为，任何理论都有其片面性，西方的文学理论也不例外。当代西方文论研究总体上政治化倾向很明显，这也使得当代中国的文学批评也呈现出强烈的政治倾向性，使得中国的文学批评变成了验证西方文论正确的试验场。

三　如何构建中国文论话语体系

厘清了西方文论的缺陷，辨析了西方理论对中国的影响，这只是本次研讨会议题的一部分，另一个重要议题是如何加强理论自觉，思考中国文论的独特价值与民族特色，寻求西方文论与中国经验的互证与互补，进而重构中国自己的文学理论话语体系。对于这一议题，许多学者提出了自己的理论见解。

从当下文学研究界的现状入手讨论如何建构中国文论话语体系，是许多学者思考问题的切入点。张江（中国社会科学院）认为，构建中国文论话语体系，离不开对西方文论的吸收和借鉴。不能单纯地回到古代文论上，也不能以"拿来主义"的方式回到西方文论的老路上，必须把各方面研究的优势组合起来，构建我们自己的文艺理论，走出一条新路。当下中国文论界的现状是研究力量极为分散，研究中国古代文论的埋头于古代文论而排斥西方文论；研究西方文论的一味地以西方文论为中心，对中国大量优秀的古代文论资源视而不见；研究现当代文学的视野也集中在现当代文本或文学现象，不去思考理论问题。因此，必须整合这三方面的力量，打破固有疆界，重构中国文论话语体系。王宁（清华大学）认为，当下中国理论界对西方文论的研究有两种态度：一种是盲目崇拜，一种是完全拒绝。要想掌握西方文论的真谛，重构中国文论话语体系，应该取第三种态度，即既要用西方文学理论解释一些文学实践，又要在解释过程中重构西方理论，实现了理论的双向旅行，使之成为中国文论话语体系中的一部分。

有学者是从重构中国文论话语体系需要注意的问题入手来思考如何建立中国文论的言说方式。陈晓明（北京大学）梳理了德国浪漫派的思想形成原因，认为建构中国文论话语体系，必须回到民族性这一点上。他认为，在德国的浪漫派那里，无论是歌德、席勒还是谢林，他们对理论绝对性的推崇影响了西方文论界，这种对绝对性的理解是建立在德国民族性上。因此，我们必须立足于民族性去讨论和反思西方文学理论。重建我们的理论和批评，重点是回到中国的民族性上，找到一种中国的言说方式。程革（东北师范大学）则通过对犹太民族的民族性具体分析，来反思重构中国文论话语体系的立足点。他认为，民族性是一个民族国家的文化基因，要重构中国文论话语体系，必须回到中国的民族性上，这是第一位的。郭冰茹（中山大学）认为，重构中国文论的话语体系，无法回避参照系、价值观和批评标准等问题，最根本的是回到文学、回到民族性才能真正建构反映中国经验的中国文论。党圣元（中国社会科学院）认为，重构中国文论话语体系，不是要回到经学里所讲的"疏不破注""以古释古"，而是在强调古为今用的时候，可以通过对"以古释古"的批判性考察，吸取古代文论的养分。李春青（北京师范大学）以郭象的《庄子注》为例，认为要做到有效地阐释，必须是阐释者和阐释对象之间的逻辑形成自洽、平衡、和谐的关系。要重建中国文论话语体系，也应考虑这两者之间的逻辑是否自洽和和谐。

有学者是从具体的文学实践和理论资源来讨论如何重构中国文论话语体系的。张清华（北京师范大学）认为，由于中西文论的不对等，重构中国文论话语体系是有难度的，任重而道远，需要在综合性和历史性结构中去考察。古代文论中的一些理论资源是可以重新利用的，比如诗话理论。一些当代著名作品也是可以用中国古代文论来重新解释的。比如，贾平凹的《废都》就采用了传统的叙事方式，莫言的《生死疲劳》对章回体的运用，格非的《江南三部曲》对传统的致敬，等等，古代文论对作品的解释是有效的。因此，重构中国传统话语体系，不能忽略古代文论。庄伟杰（华侨大学）通过反思20世纪90年代以来中国文论发展的历程，提出要建构中国自己的言说方式，有很多可以利用的资源。如朱光潜提炼概括出从古代到现代文艺批评的"判官式批评""诠释式批评""印象式批评"和"创造式批评"四种模式,就为我们建构中国文学批评方式提供了理论依据。赵勇(北京师范大学)通过叶嘉莹运用弗洛伊德理论解释唐诗和宋词的例子,认为西方文论用来解释中国古代文学并不是一无是处,重构中国文论话语体系就在于把西方文论和中国文论融会贯通。杨冬(吉林大学)认为,要重构中国文论话语体系,可以从王国维、朱光潜、钱锺书等学者身上找到理论资源。王桂妹(吉林大学)通过对施蛰存运用弗洛伊德心理学创作《石秀》的分析,认为西方理论并不一定会损害传统文学经典,相反,它有可能是对经典的丰富,因此,构建中国文论话语体系,现代文学中运用西方理论重构经典的作品是一个可以考察的维度。

总的来说,本次会议的时间虽然不长,但理论碰撞和观点交锋极为精彩,与会学者以饱满的理论热情和使命自觉围绕相关议题展开了深入的研讨,这次会议必将对体现中国经验的中国文论的重建产生深远的影响。